HORST GEORG PÖHLMANN

GOTTES DENKER

Prägende
evangelische und katholische
Theologen der Gegenwart
12 Porträts

*Geleitwort
von Milan Machovec,
Prag*

ROWOHLT

Umschlag- und Einbandgestaltung
von Werner Rebhuhn
Bildquellennachweise auf Seite 313

1. Auflage März 1984
Copyright © 1984 by Rowohlt Verlag GmbH,
Reinbek bei Hamburg
Alle Rechte vorbehalten
Gesetzt aus der Bembo-Antiqua auf der Linotron 404
Gesamtherstellung Clausen & Bosse, Leck
Printed in Germany
ISBN 3 498 05247 0

Inhalt

GELEITWORT

von Milan Machovec

Prof. Dr. Milan Machovec, einer der Initiatoren des Dialogs zwischen Christen und Marxisten, wurde 1925 in Prag geboren, wo er von 1953 bis 1970 an der Karls-Universität einen Lehrstuhl für Philosophie innehatte. Wegen seiner aktiven Teilnahme am «Prager Frühling» 1968 wurde er 1970 von seinem Lehrstuhl suspendiert und war dann als Organist tätig. Weil er zu den Unterzeichnern der «Charta 77» gehört, wurde 1977 über ihn ein Berufsverbot verhängt. Von Milan Machovec sind mehrere Arbeiten auf deutsch erschienen, darunter «Jesus für Atheisten».

Was erwartet ein Atheist von der Theologie?

Noch vor fünfzig Jahren hätten die meisten Atheisten mit einer gewissen Selbstverständlichkeit, ja mit dem Ausdruck des Staunens über eine solche Frage, darauf geantwortet: Gar nichts erwartet ein Atheist von der Theologie, zumindest nichts Positives. Man wartete darauf, daß die Theologen aus der Geschichte so bald wie möglich verschwinden. So wie einst die römischen Wahrsager, Eingeweidebeschauer, Auguren aus ihr verschwunden sind – und es war keineswegs schade um sie.

Inzwischen hat sich die Situation im Atheismus und in der Theologie vollkommen geändert. Im atheistischen Lager wurde alles anders, weil mittlerweile eine Art «atheistische Obrigkeit» entstanden ist, unter deren Druck und Engstirnigkeit die tiefer denkenden Atheisten heute oft mehr leiden als unter gläubigen Gegnern, die sogar eher als Verbündete gesehen werden. In der Theologie wurde alles anders durch neue Anstöße, die zu einer großen Wende führten. Dieses Buch von

Horst Georg Pöhlmann gibt uns die wesentlichen Informationen über die führenden theologischen Köpfe beider Konfessionen aus den letzten zwei Generationen, die diese große Wende
in der Geschichte der Theologie herbeigeführt haben.

   Diese Wende in der Entwicklung des theologischen Denkens seit dem Ersten Weltkrieg verwandelte auch die Beziehung vieler Atheisten und Theologen zueinander. Denn der
Gott dieser Theologen hat nichts mehr zu tun mit jenem «kos-
mologischen Theaterdirektor» der traditionellen Theologie,
der so viele Jahrhunderte lang die skeptischen und kritischen
Geister zur Opposition provozierte, weil seine angeblich absolute Güte und Weisheit im krassen Gegensatz zu ihren Erfahrungen in Natur und Geschichte standen. Der alte Gott war die
Krönung der alten «Weltanschauung». Er hat sich letztlich als
eine illegitime Frucht aus der Kreuzung grundverschiedener
Denkweisen erwiesen: nämlich der jüdischen und frühchristli-
chen Sinnsuche, die in die menschliche Selbstreflexion die
Frage nach dem «Wozu», nach dem letzten Sinn des Menschen
im Kosmos hineingebracht hat, mit der antiken analytischen
Frage nach dem «Woher» des Seins. Durch die Vermischung
der griechischen «Theaterdirektor-Vorstellung» von Gott mit
der jüdisch-christlichen Suche nach Sinn und Heil machten
sich die Theologen des Altertums und des Mittelalters ihre Sache zu leicht: alles wurde schnell und leicht erklärbar. Leicht-
gläubigkeit und Zukurzdenken sind symptomatisch für diese
Epochen. Sie mußten einen «kämpferischen Atheismus» provozieren, welcher unter diesen Voraussetzungen auch voll berechtigt war.

   Heute leidet der Atheismus im Grunde unter demselben Zukurzdenken! Er schoß übers Ziel hinaus. Denn daraus, daß es
etwas nicht gibt, also aus einer bloßen Negation, können niemals echte menschliche Werte entstehen. Nur psychopathische
Individuen können in der Negation vegetieren. Wenn also
Atheisten in der Geschichte moralische Kraft zeigten, strömte
sie ihnen immer aus etwas anderem zu: aus politischem, wis-
senschaftlichem oder humanitärem Engagement, aber nie aus
der bloßen Verneinung des Gottesbegriffes.

   Wären allerdings die frommen Apologeten der Religion auf

diesem geistlosen Niveau stehengeblieben und hätten sie sich
nicht ins bequeme Reich der platonischen Illusion geflüchtet,
dann hätten sie diesen «kämpferischen Atheismus» schwerlich
hervorgerufen, weil es geistig nichts Ernstzunehmendes zu bekämpfen gegeben hätte.

In diese platonische Sackgasse des Denkens haben wir uns
fast zweitausend Jahre verrannt, und Millionen von Menschen
sitzen dort noch immer fest. Pöhlmanns Buch ist deswegen so
wichtig, weil es aus dieser Sackgasse herausführen will. Es
zeichnet ein treffendes Bild von dem großen Augenblick in der
Geschichte menschlicher Selbstreflexion, in dem christliche
Theologen neue Grundlagen für das Denken unserer Zeit leg-
ten und die große Wende herbeiführten. Gott ist bei diesen
Theologen kein altertümlicher Superman vom Typ Deus ex
machina mehr und kein billiger Lückenbüßer, der immer her-
halten muß, wenn es wissenschaftlich-rational mal nicht wei-
tergeht. Dieser Gott der neuen Theologen muß nicht mehr
negativistische Leidenschaften wecken. Sondern umgekehrt:
dieser «Gott» kann sogar dem Menschen atheistischer Provenienz wichtige Fragen vertiefen helfen, Fragen nach seiner
Selbstreflexion und Selbstverwirklichung.

Dreißig Jahre lang habe ich mich als Philosoph mit diesen
Fragen befaßt: Je mehr ich es tat, desto mehr wuchs meine
Abneigung gegen alle Ismen. Insbesondere wenn sich ihre Anhänger nur im Theorienkäfig ihrer zum jeweiligen Ismus
gehörigen dogmatischen Begrifflichkeit bewegten. Denn
warum sollten von einem Menschen mit religiöser Sozialisation skeptische Fragen ferngehalten werden? Und warum
sollte ein Mensch aus atheistischem Milieu die Fragen nach
dem Urgrund des Seins und nach dem Sinn des Ganzen ausklammern? Denn Feuerbachs religionskritische These, daß das
Geheimnis der Religion und der Theologie in der Selbstreflexion des Menschen besteht, ist nicht so weit von der These
Karl Barths entfernt, daß das genuin Christliche nicht aus
«richtigen» Aussagen des Menschen über Gott besteht, sondern umgekehrt: daß die Bibel ein «Gotteswort vom Menschen» sein will.

Von daher ist ein grundsätzlicher Kampf nicht mehr nötig,

sondern eine gemeinsame Suche nach dem, was wir – gott-
gläubig oder nicht – heute und morgen tun sollen. Denn weil
die Menschheit heute hart am Rande einer globalen nuklearen
und ökologischen Katastrophe steht, ist es nicht mehr legitim
zu fragen, «ob es Gott gibt», sondern nur noch zu fragen, wie
aus den Werten der Religionsgeschichte und der Geschichte
der Religionskritik Rettungsmittel für die Menschheit zu gewinnen sind.

Religion, das ist die Sinnfrage in mythischem Gewande. Ich
erwarte von der Theologie, daß sie – im Gegensatz zu dem oft
so platten Weltverständnis unserer Zeit – nach dem letzten
Sinn unseres Lebens fragt, daß sie über den Tag hinausdenkt,
daß sie uns vorwärtsreißende Visionen gibt, die uns vor dem
Untergang retten. Daß der Atheist von heute diesen Beitrag
von ihr zu Recht erwartet, das zeigt die «Umbruchs-Phase»
der Theologie, die Pöhlmann in diesem Buch beschreibt. Das
Buch ermutigt den Atheisten, erneut das Gespräch mit dem
Theologen zu suchen und mit ihm für das gemeinsame Ziel zu
kämpfen.

Das Absolute kann nie
vergessen werden.

LESZEK KOŁAKOWSKI

EINLEITUNG

«Christentum, was soll's?» wird sich manch einer fragen, der dieses Buch anblättert. Selbst Kirchentage können darüber nicht hinwegtäuschen, daß das Christentum für viele zu einer pensionierten Größe geworden ist, von der man keine Lösungen der Gegenwartsprobleme mehr erwartet, ein bloß noch antiquarisch interessantes Phänomen – wie ein Erinnerungsstück, das man pietätvoll in der Truhe aufbewahrt und dem gegenüber man so etwas wie eine ironische Treue empfindet. Entsprechend hat auch die Theologie für viele nur noch einen Kuriositätswert, und man weist ihr allenfalls eine Spitzwegmansarde zu – wenn sie nicht sowieso als wissenschaftlich garnierter Aberglaube abgetan wird. Das Christentum hat, wie es scheint, nur noch eine Lückenbüßerfunktion als rhetorische Sonntagsreligion. Gut genug für die Pflege des Innenlebens, aber ohne Außenwirkung. Sozusagen eine klöppellose Glocke – und oft nicht einmal das!

Andere gehen noch einen Schritt weiter. Das Christentum, das tausendfach durch Kreuzzüge, Hexenwahn, Inquisition und das Schweigen angesichts des Holocausts seinen Herrn verraten hat, hat für sie restlos ausgespielt. Sie meinen mit

Nietzsche: «Es ist unanständig, heute Christ zu sein.» Ihre
Skepsis multipliziert sich gegenüber denen, die berufsmäßig
von Gott reden und mit immer neuen Erfolgsmeldungen auf-
warten, statt das Versagen ihrer Institution einzugestehen. Ob
ihre Siegesfanfaren die Schreie der Gequälten übertönen können? Ob ihre Rechtfertigungsstrategien, mit denen sie das Unrecht persilifizieren wollen, nicht die Opfer beleidigen? Manche fragen vielleicht besorgt weiter, ob denn die christliche Re-
flexionselite, die in diesem Buch aufgeboten wird, etwa neue
Rechtfertigungs- und Verteidigungsstrategien für dieses
«Bankrott-Unternehmen Christentum» bereithält?

Doch ich glaube, die Theologen, die hier vorgestellt werden, treten eher den Gegenbeweis an. Der Bruch mit dem gängigen Christentum ist ihnen allen – ob evangelisch oder katholisch – gemeinsam; ebenso die Absicht, es von seinem biblischen Ursprung her zu erneuern und von daher einen neuen
Anfang zu wagen. Diese Theologen verkörpern ein anderes
Christentum. Sie alle suchen nach den verschütteten Quellen
des genuinen Christentums. Ein Christentum, das auch heute
noch – wie ich meine – eine Chance hat und das im Grunde
immer eine Chance hatte, weil es auf den Menschen – nicht auf
seine Selbsterhaltung – zielt. Ein Christentum, das reinen
Tisch macht mit den Illusionen unserer Zeit und das ihr gerade
dadurch keinen leeren Tisch bietet. Das dem heutigen Menschen eben dadurch einen Ausweg aus dem Dilemma zeigt,
daß es ihm jede Ausflucht verwehrt – sei es in ideologische
Zukunftsphantasien oder durch den sentimentalen Rückgriff
ins Vorgestern. Das die Horizonte offenhält und ihm übergreifende Ziele signalisiert, wo er in Gefahr steht, nur noch zu
konsumieren und zu produzieren. Das ihm inmitten seiner
Sinnleere Hoffnungs- und Geborgenheitsvisionen anbieten
kann. Diese zwölf Theologen erbringen den Nachweis: Das
Christentum ist keine Nachhut, wie man ihm vorwirft, sondern es ist der vorgeschobenste Posten im Kampf um den
Sinn. Wenn die Theologie heute noch eine Aufgabe hat, dann
die der Sinnvermittlung.

Das Buch will primär Nichttheologen über den Stand der
gegenwärtigen Theologie informieren. Dies geschieht an

Hand von Einzelporträts, in denen das Leben und Denken zwölf führender evangelischer und katholischer Theologen dargestellt und aus der Sicht des Verfassers beurteilt werden. Es war kein geringes Problem, die Materie in leichtfaßlicher Form Nichttheologen zu vermitteln und doch wissenschaftlichen Ansprüchen gerecht zu werden. Es geht nicht darum, die Systeme der besprochenen Theologen enzyklopädisch-erschöpfend auszubreiten, sondern ihre Grundintentionen zu markieren. Der Leser, an den ich mich mit diesem Buch wende, erwartet keine wissenschaftlichen Detailexpertisen, sondern eine auf das Wesentliche konzentrierte Darstellung der Theologie. Er sucht eine Antwort auf die Fragen: Worum geht es eigentlich dem Christentum heute? Was hat es anzubieten an Lösungsversuchen zu den Fragen unserer Zeit? Was hat das Christentum heute zu sagen? Hat es überhaupt noch etwas zu sagen? Worin besteht die Eiserne Ration christlichen Glaubens, womit man leben und woraufhin man sterben kann? Die Kriterienraster, nach denen diese Theologen untersucht werden, ergeben sich hieraus wie von selbst: Kristallisationskern ist die Gottesfrage. Theologie, was ja in des Wortes Urbedeutung soviel wie Rede von Gott oder Nachdenken über Gott heißt, muß zuerst und vor allem danach befragt werden, was sie von Gott hält. Hinzu kommen andere Elementarfragen der Theologie wie etwa die: Worin sehen diese Theologen Ziel und Sinn des Lebens? Wie beurteilen sie den Menschen, die Welt, die Zukunft, den Tod? Wer ist für sie Jesus Christus, und worin besteht das unterscheidend Christliche gegenüber den nichtchristlichen Religionen? Wie nehmen sie zu aktuellen ethischen und politischen Fragen Stellung? Wie beurteilen sie die Frage der Einheit der Kirchen?

Ich bin dem Leser wohl darüber Rechenschaft schuldig, warum ich gerade diese Auswahl getroffen habe. Die Beschränkung auf sechs evangelische und sechs katholische Gegenwartstheologen, die prägend, also wirkungsgeschichtlich bedeutsam sind, war ein nicht leicht zu lösendes Problem. Meine Auswahl ist notwendig subjektiv, obwohl sie das Ergebnis vieler persönlicher Umfragen widerspiegelt. Man hätte sicher noch andere Namen ins Spiel bringen können wie zum

Beispiel evangelischerseits Emil Brunner, Gerhard Ebeling und Helmut Gollwitzer, katholischerseits Marie Dominique Chenu, Yves Congar, Michael Schmaus und Karl Adam. Ausschlaggebend für die Auswahl war nicht sosehr Bekanntheitsgrad und Reputation, sondern ob der Betreffende eine unverwechselbar eigene Spur gelegt hat, ob er jenseits von Mode und Antimode neue Wege ins Unbefahrene gewagt hat. In allen Wassern plätschernde Modetheologen, die nicht bei der Sache bleiben, kamen ebensowenig in Frage wie zu stark mit wissenschaftlichen oder kirchlichen Binnenproblemen befaßte Denker. Das Kriterium des Aktualitätsbezuges (Was will das Christentum heute?) wird dem Buch ja schon von seiner Zielgruppe aufgezwungen, weswegen es kein Zufall ist, daß unter den Zwölfen die Systematische Theologie dominiert – die die Aufgabe hat, die christliche Botschaft zu aktualisieren. Ein weiteres Auswahlkriterium wäre, daß ein Theologe sich an seinen Wirkungen messen lassen muß. Theologen, die sich zum Beispiel in der Nazizeit kompromittiert haben, können kaum Vorbild sein.

Obschon es hier selbstverständlich nicht um eine theologische Walhalla geht, repräsentieren diese zwölf Theologen die christliche Theologie der Gegenwart. Mit «Gegenwart» ist dabei die Zeit seit dem Ersten Weltkrieg gemeint, die auch für die Theologie beider Konfessionen eine Zeit des Umbruchs und Neuanfangs war. Die Zeit zwischen den zwanziger und den sechziger Jahren kann als Innovationsphase christlicher Theologie gelten, ähnlich wie die Reformationszeit. Auch die Kirchengeschichte verläuft ja – wie Geschichte überhaupt – in Schüben und Pausen.

Um die Umbruchsphase zu verstehen, sind vorweg noch einige Informationen über die Zeit vor dem Umbruch nötig. Der Umbruch und Aufbruch der Theologie nach dem Ersten Weltkrieg war katholischerseits ein Bruch mit der *Neuscholastik,* evangelischerseits ein Bruch mit dem *Neuprotestantismus*. Der Bruch vollzog sich aber im Katholizismus – anders als im Protestantismus – unauffällig und versteckt. Die seit Jahrhunderten vorherrschende katholische Neuscholastik erreichte 1879 ihren Höhepunkt, als Papst Leo XIII. den führenden

Scholastiker des Mittelalters, Thomas von Aquin, zum Nor-
maltheologen erklärte. Unter dem Pontifikat seiner Vorgän-
ger Gregor XVI. (1831–1846) und Pius IX. (1846–1878) kam
ein reaktionärer *Ultramontanismus** ans Ruder, der sich gegen
die Moderne abschottete, Aufklärung und Liberalismus bekämpfte und den – in der ersten Hälfte des 19. Jahrhunderts
entstandenen – kulturoffenen Reformkatholizismus ausschal-
tete. Das wichtigste Dokument dieses Ultramontanismus ist
die Enzyklika «Quanta cura» von Pius IX. (1864) und das ihr
beigefügte Verzeichnis von 80 «Irrtümern» der Zeit. In diesen
Verlautbarungen wird die Gewissensfreiheit als «Freiheit des
Verderbens»[1]** apostrophiert, die Kultus- und Pressefreiheit
verurteilt[2] und ein religiöser wie politischer (!) Absolutheitsanspruch der römisch-katholischen Kirche verfochten[3]. Ausdrücklich wird auch der Irrtum verworfen, der «Protestantismus» sei «nichts anderes als eine andere Form derselben wahren christlichen Religion»[4]. Wenn man bedenkt, daß päpstliche
Enzykliken nach der Enzyklika «Humani generis» (1950) von
Pius XII. als verbindliche Lehraussagen zu gelten haben und
keineswegs nur als Diskussionsbeitrag zu werten sind, dann
erkennen wir heute mit Schrecken, in welche Sackgasse man
sich hier verrannt hat.

Ein Triumph des Ultramontanismus war das Erste Vatikanische Konzil von 1870. Hier wurde nicht nur die neuscholastische Grundthese, daß «Gott … mit dem natürlichen Licht
der menschlichen Vernunft aus den geschaffenen Dingen mit
Sicherheit (!) erkannt werden kann»[5], zum Dogma erhoben,
sondern vor allem die Unfehlbarkeit des Papstes in Glaubens-
und Sittenfragen definiert.[6] Bestreiter der päpstlichen Unfehlbarkeit wurden zum Widerruf gezwungen oder ausgeschieden
(Separation der Altkatholiken). Gleichwohl entstand in der katholischen Kirche gegen Ende des 19. Jahrhunderts eine von
der protestantischen liberalen Theologie beeinflußte, welt-

---

* wonach Heil und Rettung ultra montes = jenseits der Alpen, das
heißt im Papsttum, zu suchen ist
** Die hochgestellten Ziffern verweisen auf die «Anmerkungen und
Literaturhinweise» im Anhang, siehe Seite 298.

offene, antischolastische Reformbewegung, die sich mit der geistigen Uniformierung nicht abfinden wollte und der von der Kirche das schlecht haftende Etikett «*Modernismus*» aufgeklebt wurde. Führender deutscher «Modernist» war der Würzburger Theologe Hermann Schell, der im Katholizismus ein «Prinzip des Fortschritts» erblickte und – ähnlich wie andere «Modernisten» (Loisy, Tyrrell) – den Riß überbrücken wollte, der zwischen dem traditionellen Christentum und der modernen Kultur und Wissenschaft klaffte. Obschon sich Schell seiner Kirche unterwarf und seine Schriften auf den Index der verbotenen Bücher gesetzt wurden, mobilisierte der Ultramontanismus eine beispiellose Boykotthetze gegen ihn, die den empfindsamen Gelehrten innerlich aufrieb und seinen frühen Tod mitverursachte.[7] Ähnlich erging es vielen anderen «Modernisten».

Was will der «*Modernismus*»? Er ist – ähnlich wie die protestantische liberale Theologie – Erfahrungstheologie. Religion muß persönliche Erfahrung und Überzeugung sein, kein intellektualistisches Fürwahrhalten von Dogmen – wie in der Neuscholastik. Der Sinn eines Dogmas bemißt sich nach seinem Lebenswert. Der Modernismus will darüber hinaus die Methoden der historisch-kritischen Forschung auf Bibel und Christentum anwenden – ähnlich wie evangelischerseits die liberale Theologie. Mit Henry Newman (1801–1870) und anderen Theologen vertritt er den Entwicklungsgedanken: Urchristentum und heutige Kirche verhalten sich zueinander wie das Samenkorn zum Baum.

Der Modernismus wurde 1907 von Papst Pius X. (1903–1914) verurteilt, Verdächtige wurden rücksichtslos verfolgt. Da diese Bewegung aber im stillen weiterwirkte, führte Pius X. 1910 den Antimodernisteneid für alle Kleriker und Theologieprofessoren ein, um die Kirche – wie er meinte – von der «verschmitzten Menschenklasse der Modernisten» zu reinigen. Jeder Priester mußte – die Hand aufs Evangelienbuch legend – eidlich geloben, daß er bis zum letzten Atemzug an den kirchlichen Gesetzen festhalten werde. Seither beherrschte ausschließlich die kirchlich monopolisierte Neuscholastik den katholisch-theologischen Lehrbetrieb. Doch der Modernismus wurde überwältigt, nicht bewältigt. Seine in den Untergrund verdrängten Grundmotive kamen in der Phase des Umbruchs wieder hoch und verschafften sich Geltung gegen die Neuscholastik.[8]

Die *Neuscholastik,* auf die wir in diesem Buch noch oft zu sprechen kommen, ist die Erneuerung der mittelalterlichen Scholastik oder Schultheologie im 19. (oder eigentlich schon 16.) Jahrhundert. Sie will das katholische Glaubenssystem gegen die Reformation, vor allem aber gegen die Aufklärungsphilosophie, den Idealismus und andere neuzeitliche philosophische Richtungen verteidigen. Die Grundintention der Neuscholastik ist dieselbe wie die der mittelalterlichen Scholastik: die Dogmen rational zu begründen bzw. Vernunft und Glaube miteinander zu versöhnen. Gegenüber der genialen Scholastik des Mittelalters hat sie freilich nicht selten epigonale Züge. «Die Neuscholastik bringt nichts Neues» meinte einer. Das trifft jedenfalls für ihre Dogmatikhandbücher zu. Sie sagen alle dasselbe, und – was noch schlimmer ist – sie sagen dasselbe, was sie vor hundert Jahren schon gesagt haben. Ein abschnürender Begriffsschematismus, der auf alle Fragen ein vorgegebenes Raster anwendet, taucht die neuscholastische Dogmatik in ein graues Unisono. Der methodische Aufriß ist überall der gleiche: die kirchlichen Dogmen aufzulisten, ihren Sicherheitsgrad* festzusetzen und ihre Gültigkeit durch Beweise aus der Bibel, der Tradition, dem Lehramt sowie der Vernunft zu erhärten. Eine keimfreie, sterile Theologie, die nur nach der Reinheit des Dogmas fragt, nicht nach seinem Lebenswert. Daher ist die Belagerungsmentalität ihr Charakteristikum: eine ängstliche und ressentimentgeladene Abwehrhaltung gegenüber der Moderne, nicht die unbefangene Auseinandersetzung mit ihr. Die katholischen Theologen des

---

* D. h. ob ein Dogma «de fide» (definita), also unmittelbar offenbart und durch ein Glaubensurteil des Papstes oder eines Konzils definiert wurde – der höchste Sicherheitsgrad –, oder ob es nur «sentientia communis», ein allgemein von Theologen anerkannter Grundsatz ist, über den noch diskutiert werden kann, oder ob es sich um eine «sentientia pia», um eine fromme Meinung handelt, die man nicht glauben muß, aber kann. Und so weiter.

Umbruchs und der Wende konnten sich in diesem jede Originalität abdrosselnden System kaum wiederfinden. Sicher muß man der Neuscholastik zugute halten, daß sie auch bedeutsame Monographien hervorgebracht hat, die die Forschung stimuliert haben. Ein wichtiger Pluspunkt der Neuscholastik ist die logische Klarheit und Durchsichtigkeit ihres Systems. Hier weiß man, woran man ist. Positiv zu bewerten ist auch ihr Wahrheitsernst und ihre Resistenz gegenüber modischen Zeitströmungen. Der Modernismus hatte sich flexibel an den jeweiligen kulturellen Modetrend angepaßt und darüber nicht selten die Mitte der Theologie aus dem Auge verloren. Das starre System der Neuscholastik imponiert durch seine innere Geschlossenheit. Verhängnisvoll war der Verlust der Dimension des Geheimnisses in diesem System, in dem alles logisch verrechnet wurde, auch – wie es schien – Gott (die Gottesbeweise!). Die Wiederentdeckung Gottes als abgründiges Geheimnis ist daher der Ausgangs- und Zielpunkt der katholischen Theologie des Umbruchs.

Der Umbruch in der evangelischen Theologie nach dem *Ersten* Weltkrieg zielte eher in die entgegengesetzte Richtung. Nicht die Öffnung gegenüber der Moderne war das Grundanliegen der Dialektischen Theologie – wie in der katholischen Theologie des Umbruchs –, sondern umgekehrt der Protest gegen die zu starke Öffnung und den Verlust der Mitte in der liberalen Theologie. Man könnte auch sagen: der katholische Umbruch wurde durch den Modernismus angestoßen, während der evangelische Umbruch sich umgekehrt gegen den Modernismus (der liberalen Theologie) richtet.

Was ist mit *liberaler Theologie* gemeint? Diese Spätphase des Neuprotestantismus, die in der evangelischen Theologie bis zum Ersten Weltkrieg dominierte, ging auf Friedrich Schleiermacher (1768–1834) und den Idealismus zurück. Sie ist unter anderem durch folgende Merkmale charakterisiert: Welt- und Kulturoffenheit, Bibelkritik, ein undogmatisches Christentum (die Ablehnung der altkirchlichen Dogmen von der Dreieinigkeit Gottes, der Gottheit Christi und seines stellvertretenden Sühnetodes), Wissenschaftlichkeit und Autonomie (Wahr ist nur, was für mich erlebbar ist und einen Lebenswert hat).[9]

Der Neuprotestantismus, der im Gegensatz zum Altprote-
stantismus (Orthodoxie, Pietismus) steht, beginnt mit der
Aufklärung. Bezeichnend für die Theologie des Neuprotestantismus ist das Prinzip der freien Forschung und der subjektive Ansatz bei der religiösen Erfahrung des einzelnen als
Norm.[10] Im Gegensatz zur reproduktiven katholischen Neuscholastik mit ihrer farblosen Normalität war die protestantische liberale Theologie eine produktiv-schöpferische Theologie. Ihre Fragestellungen blieben bis heute in der Theologie
virulent.

Wichtige Zusatzinformationen über die besprochenen
Theologen dieses Buches bekam ich zum Teil durch Gespräche
und Briefwechsel von ihnen selbst. Ich möchte ihnen dafür
danken. Für ihren Rat und ihre kritische Begleitung des Pro-
jekts danke ich P. Martin Sieg und einer Gruppe von Studenten: Klaus Eberhard, Andreas Flick, Walter Schulz, Hedwig
Voogd-Schulz und Andreas Strohkirch. Außerdem danke ich
Hermann Gieselbusch (Rowohlt Verlag) für den intensiven
Dialog über das Projekt.

Ich möchte dieses Buch Landesbischof D. Dr. Johannes
Hanselmann, dem Pastor pastorum, widmen.

Überall wird das Heu
auf andere Weise geschichtet
zum Trocknen
unter der gleichen Sonne.

HILDE DOMIN

EVANGELISCHE
THEOLOGEN

KARL
BARTH

Auf der Suche nach
den Quellen

Wendepunkt im Leben und Denken des reformierten Pfarrers Karl Barth (1886–1968) war der Ausbruch des Ersten Weltkrieges 1914. Er schreibt: «Mir persönlich hat sich ein Tag am Anfang des Augusts jenes Jahres als der dies ater* eingeprägt, an welchem 93 deutsche Intellektuelle mit einem Bekenntnis zur Kriegspolitik Kaiser Wilhelms II. und seiner Ratgeber an die Öffentlichkeit traten, unter denen ich zu meinem Entsetzen auch die Namen so ziemlich aller meiner bis dahin gläubig verehrten theologischen Lehrer wahrnehmen mußte. Irre geworden an ihrem Ethos, bemerkte ich . . . daß die Theologie des 19.

* schwarzer Tag

Jahrhunderts jedenfalls für mich keine Zukunft mehr hatte.»[1]*
Barth meint die «liberale Theologie», die herbstliche Spätphase des Neuprotestantismus, die das liberale bürgerliche
Zeitalter mit einer milden metaphysischen Gloriole umgab.
Eine typische Bindestrich- und Anpassungstheologie, die –
wie Barth meint – «mit der Nervosität des Vogels Wendehals»[2]
sich je neu auf das Denken der Zeit einstellte und darüber den
biblischen Grund christlichen Glaubens preisgab. Ganz Segel,
kein Anker! Wie anfällig dieser «Kulturprotestantismus» für
den Zeitgeist war, zeigte in erschreckender Weise das Verhalten seiner Repräsentanten im Ersten Weltkrieg. Selbst ein so
maßvoller liberaler Theologe wie Martin Rade genierte sich
nicht, das verbrecherische Kriegsgeschehen mit einer religiösen Aura zu vergolden und den Politikern, die es verschuldet
hatten, ein gutes Gewissen zu machen. Barth fragt seinen vä-
terlichen Freund Rade, warum er nicht wenigstens «Gott aus
dem Spiel lasse». Rade antwortet: «Sie verlangen, wir sollen
bei dem Erleben dieses Krieges Gott außerm Spiel lassen? Das
ist unmöglich. Für eine so überwältigende Sache gibt es nur
einen möglichen Grund und Urheber: Gott . . . und freuen sich
die Engel im Himmel denn nicht über alles, was *gut* ist in der
Welt?»[3] Barth löste sich im Ersten Weltkrieg von der liberalen
Theologie, deren Ideen er vorher entschieden verfochten
hatte. Er distanzierte sich aber auch von den «Religiös-Sozialen», denen er sich angeschlossen hatte, weil sie ebenso wie die
liberale Theologie ein «Bindestrich-Christentum» vertraten.[4]
Identifizierte man hier das Christentum mit der Kultur, so dort
mit der Revolution, also allemal mit dem Zeitgeist. Aber nicht
nur die in allen Wassern plätschernden Liberalen, auch die
Konservativen oder «Positiven» stießen ihn ab mit ihren lauen
Rückzugsgefechten, die sie mit der Moderne ausfochten. Der
sich an den Triumphwagen der jeweiligen Moderne hängende
Neuprotestantismus hatte abgewirtschaftet. Er hatte dem
Evangelium den Stachel des «Ärgernisses» abgebrochen, das
es nach dem Neuen Testament für die Welt sein will, und es

---

* Die hochgestellten Ziffern verweisen auf die «Anmerkungen und Literaturhinweise» im Anhang, siehe Seite 298.

flexibel der Zeit angepaßt. Er hatte nicht mehr die Kraft, Gegenöffentlichkeit zu sein, sondern vermochte allenfalls ein zu Ende gehendes Zeitalter mit einem abendländisch-christlichen Spätglanz zu verklären.

Barth erkannte: Nur ein archimedischer Punkt, der außerhalb des Gegebenen liegt, kann helfen, um es aus den Angeln zu heben. In der Umbruchphase des Ersten Weltkrieges, als die Hausgötzen des Neuprotestantismus umstürzten, entdeckte Barth ganz neu die Bibel als die einzige Quelle christlichen Glaubens. Seine 1919 erschienene Römerbriefauslegung ist Niederschlag dieser intensiven Beschäftigung mit der Bibel.[5]

Zunächst kurz einige wichtige biographische Daten, die vor und hinter diesem Wende- und Schnittpunkt seines Denkens im Ersten Weltkrieg liegen. Der 1886 in Basel geborene Theologensohn bleibt zeitlebens stark von Luther, Calvin, Schleiermacher, Overbeck, vor allem aber von Kierkegaard geprägt, dessen Schattensilhouette sein Denken beherrscht. Als Student ging er bei Großmeistern der liberalen Theologie in die Schule. Er war ein leidenschaftlicher Schüler des weltberühmten Berliner Kirchenhistorikers Adolf von Harnack, der Galionsfigur der liberalen Theologie. Harnack reduzierte das Christentum auf folgenden wahren Kern: «Gott der Vater, die Vorsehung, die Kindschaft, der unsterbliche Wert der Menschenseele»[6] – Jesus Christus fehlt in dem Katalog christlicher Essentials bezeichnenderweise! Der eigentliche Lehrer Barths war aber der Marburger Systematiker Wilhelm Herrmann, ebenfalls eine Symbolfigur der liberalen Theologie. Herrmann meinte, aus der christlichen Überlieferung gilt nur das, was dem Menschen zum eignen «Erlebnis» wird und was ihn innerlich überwindet[7] – eine von Barth später heftig bekämpfte These. Barth war ab 1909 als «pasteur suffragant» in Genf und von 1911 bis 1921 als Pfarrer in Safenwil (Aargau) tätig. In der Bauern- und Arbeitergemeinde Safenwil wurde er unausweichlich mit der sozialen Frage konfrontiert. Nicht zuletzt unter dem Einfluß der schweizerischen Religiös-Sozialen Bewegung von Kutter und Ragaz engagierte sich Barth, der 1915 der Sozialdemokratischen Partei beitrat, für die Arbeiter und trat für ihre gewerkschaftliche Organisierung ein. Die berühmte zweite Auflage seiner Römerbriefauslegung («Der Römerbrief») von 1921 markiert den Bruch mit seiner liberalen oder vorkritischen Phase, der sich im Ersten Weltkrieg vollzog – ein theologisches Jahrhundertbuch. Barth kommt sich vor wie einer, «der im dunklen Treppenturm sich aufwärts tastet und dabei anstatt des Geländers ein Seil ergreift, das ein Glockenseil war, und nun zu seinem Schrecken hören mußte, wie die große Glocke angeschlagen hat». Ich erinnere mich noch gut an jenen Tag im Jahr 1956, an dem ich mir als Student Barths «Römerbrief» kaufte und von der Lektüre derart gepackt war, daß ich alles andere liegenließ, Seminare schwänzte und einen Verwandtenbesuch am Wochenende absagte. Ein Buch, das mir den entscheidenden Anstoß gab, evangelische Theologie zu studieren.

Anfang der zwanziger Jahre formierte sich um Barth eine Gruppe von Theologen (Friedrich Gogarten, Emil Brunner, Rudolf Bultmann u. a.), der man den Spitznamen «Dialektische Theologien» anhängte. Eine lobbykräftige Minderheit, die die bis dahin herrschende liberale Theologie schnell verdrängte. 1921 kam für Barth vollkommen überraschend ein Ruf als Professor nach Göttingen – der unpromovierte und ungraduierte Gemeindepfarrer hatte nie mit einem akademischen Lehramt gerechnet! Später folgten Berufungen nach Münster (1925) und Bonn (1930).

Barth verlor 1935 als Gegner des Nazi-Regimes seinen Bonner Lehrstuhl und wurde kurzerhand in den Ruhestand versetzt. Seine Veröffentlichungen wurden später in Deutschland verboten. Von Basel aus – wohin er 1935 einen Ruf bekam – setzte er seinen Kampf gegen den Hitlerfaschismus fort. Barth verscherzte sich die Sympathien vieler deutscher Freunde, als er am 19. 9. 1938 an den Prager Theologen Josef L. Hromadka angesichts des drohenden Überfalls Hitlers auf die ČSR einen Brief schrieb, in dem er das tschechische Volk zum Widerstand aufrief. In dem Brief stehen die bemerkenswerten Sätze: «Ist denn die ganze Welt unter den Bann des bösen Blickes der Riesenschlange geraten? ... Ich wage es zu hoffen, daß die Söhne der alten Hussiten ... Europa ... zeigen werden, daß es auch heute noch Männer gibt. Jeder tschechische Soldat, der dann streitet und leidet, wird es auch für uns – und ... er wird es

auch für die Kirche Christi tun, die in dem Dunstkreis der Hitler und Mussolini nur entweder der Lächerlichkeit oder der
Ausrottung verfallen kann.»

Sein Hauptwerk, die ab 1932 erscheinende, 13 Bände umfassende «Kirchliche Dogmatik», bringt eine erneute Wende in
seinem Denken, man könnte sie die *nachkritische* Phase nennen
im Unterschied zur *kritischen* Phase seit dem Ersten Weltkrieg
(die Krisistheologie des «Römerbriefs») und zur *vorkritischen*
oder liberalen Phase vorher.[8]

Wende oder Mode?

Barths Krisistheologie, wie sie sich im Hauptwerk seiner
Frühphase, der zweiten Auflage des «Römerbriefs» nieder-
schlägt, war Wende, nicht Mode, wie manche abschätzig
meinten. Seine Sätze wirken daher heute noch mit unvermin-
derter Wucht. Sie wirken, weil sie nicht wirken wollen und
nicht auf Wirkung schielen, weil sie der Selbstevidenz ihrer
Sache alles zutrauen. Barth überzeugt, weil er nicht überzeugen will. Es riß nicht so sehr der Inhalt seiner Gedanken mit,
sondern die Leidenschaft, mit der sie vertreten wurden; die
kompromißlose Ehrlichkeit, die sich – ganz im Unterschied
zur diplomatischen Leisetreterei der Gegenseite – auf keinerlei
blumige Umschweife einließ. Vermutlich war es auch die un-
verbrauchte, neue, dem zeitgenössischen Expressionismus
verwandte Sprache, die die akademische Jugend faszinierte,
die die verschlissenen Klischees der herkömmlichen Theologie
nicht mehr hören mochte; wohl auch der unkonventionelle
hemdsärmelige Stil, der von der zugeknöpften Ordinariendik-
tion wohltuend abstach. Auf jeden Fall wirkte das revolutionäre Nein zu allen bisherigen theologischen Richtungen und
zu allem, was sich Theologie nannte, und die mutige Gegenöffentlichkeit, die Barth und seine Freunde schufen – eine
Gruppe, die anfänglich gleichsam ein brenzliger Geruch von
Konspiration umgab.

Man darf Barths Theologie nicht mit den üblichen Maßstäben messen. Man mißversteht ihn, würde man in seinem Kon-

zept, das der damaligen Fachtheologie wie ein atavistischer
Greuel und ein Rückfall in vorwissenschaftliches Denken erschien, ein abgerundetes theologisches System suchen mit
langgefilterten Prägungen, wohltemperierten Problemstel-
lungen und der in ihr üblichen konjunktivischen Behutsamkeitssprache. Seine Theologie ist nicht Lehre, sondern Auf-
schrei. Barth ist Prophet, nicht Gelehrter. Das in der Theologie
übliche dialektische Tänzeln in Widersprüchen, der Schaukel-
stuhl des Sowohl-als-auch ist ihm zuwider – weswegen das
seiner Theologie von einem Außenstehenden aufgeklebte Etikett «Dialektische Theologie» sein Anliegen im Grunde verfehlt. Es geht Barth um das Paradox des Entweder-Oder, das
mit prophetischer Einseitigkeit gegen die liberale Sowohl-als-
auch-Theologie seiner Zeit verfochten wird. Und damit um
die Ungleichzeitigkeit der Theologie im Gegensatz zu einer
Modetheologie, die ständig eine Nasenlänge der Zeit voraus
oder hinter ihr her sein wollte.

Worauf will Barth hinaus? Seine Theologie hat – obschon sie
nicht Neutönerei sein will – einen eigenen Ton – wenn auch das
Ohr für Zwischentöne fehlt. Der unverwechselbar eigene Ton
besteht im Durchbruch biblisch-reformatorischen Denkens,
in der Binsenwahrheit, daß das *Wort Gottes* die Norm der
Theologie ist, nicht der Mensch, daß Theologie eben *Theologie*
(zu deutsch «Rede von Gott») und nicht Anthropologie ist,
daß Theologie bei ihrer Sache bleibt und nicht Allotria treibt.
In der neuprotestantischen Theologie war, wie Barth schreibt,
der «Mensch» das «Maß aller und so auch der christlichen
Dinge». «Konnte man die ‹Heiden› damit für das Christliche
gewinnen wollen, daß man sich zunächst mit ihnen auf einen
‹heidnischen› Standpunkt stellte ... Ob das den ‹Heiden› Eindruck machen konnte?» Die «sorglos fröhliche Zuversicht auf
die Selbstevidenz der von der Theologie zu vertretenden Sache» fehlte dieser Theologie, weswegen sie scheiterte. «Der
Mensch ... hätte die Theologen vielleicht ernster genommen,
wenn sie ihrerseits ihn nicht so schrecklich ernst genommen
hätten!»[9] Barths Theologie ist Theologie des *Wortes Gottes*.

Wenn man die obige Frage noch präziser beantworten will,
muß man sagen: Barths Theologie steht und fällt mit *Jesus*

Christus, der für ihn ja das *Wort Gottes* ist. Die erste der sechs Barmer Thesen der Bekennenden Kirche von 1934, die Barths Werk sind, faßt brennglasartig sein theologisches Programm zusammen: «Jesus Christus, wie er uns in der Heiligen Schrift bezeugt wird, ist das eine Wort Gottes, das wir zu hören, dem wir im Leben und im Sterben zu vertrauen und zu gehorchen haben.» Oder auf die Kurzformel gebracht: Das Spezifikum des Christentums ist Christus. Aber nichts ist schwerer begreiflich zu machen als das Selbstverständliche. Der Neuprotestantismus sah das Wort vor lauter Wörtern nicht. Barth hatte in seiner liberalen Phase selber auf andere Worte gehört. In einem Vortrag 1910 nannte er neben der Bibel als «Offenbarungsquelle» noch Franz von Assisi, Mozart, Beethoven, Schiller, Goethe und andere. 1911 schrieb er in einer Arbeiterzeitung: «Die soziale Bewegung *ist* Jesus in der Gegenwart» und «Man muß ein Genosse werden, um überhaupt ein Mensch zu werden».[10]

Es sollen jetzt einige Aspekte aus der Theologie des «Römerbriefs» und der «Kirchlichen Dogmatik» beleuchtet werden, um das Gesagte zu exemplifizieren.

Gott ist ganz anders («Der Römerbrief»)

Die zweite Auflage des «Römerbriefs» von 1921 überrollte die damalige evangelische Theologie wie eine Springflut, auf die die Fachwelt zunächst perplex hilflos, dann aber – offenbar um ihre Unsicherheit zu kaschieren – ungewöhnlich aggressiv reagierte. Das ohnehin morsche Gebäude des Neuprotestantismus wurde von ihr so schwer beschädigt, daß es wenig später von selbst einstürzte.

Wenn man im «Römerbrief» nach einer durchgehenden Linie sucht, so ist es die *Andersartigkeit Gottes,* die Barth – ähnlich wie Rudolf Otto in dem kurz vorher erschienenen Buch «Das Heilige» – entdeckte. Gott ist nicht einfach die Überhöhung und Vertiefung der Welt und des Menschen, wie es im Neuprotestantismus seit der Aufklärung nicht selten der Fall war. Er wird nicht erfahren, wenn der Mensch über sich hinaussteigt oder in sich hinabsteigt. Barth kämpft im «Römerbrief» mit aller Leidenschaft gegen diesen Höhen- und Tiefenschwindel. Mit wenigen Schnitten wird der Kern des *biblischen* Gottesglaubens freigelegt: Gott ist nicht Gott, wäre er nicht der ganz Andere, Fremde, Unbegreifliche, sondern nur die Verlängerung der Welt. Denn nur wenn der Mensch vor ihm bis ins Tiefste seiner Existenz erschrickt, erfährt er Gottes Liebe als das unerwartete Wunder, das sie ist. Im Neuprotestantismus schien das Entsetzliche vertraut geworden zu sein. Doch eine Gnade, die nicht durchs Gericht hindurch ergeht, ist unernsthaft.

Was Barth im «Römerbrief» will, ähnelt in fast verblüffender Weise der lutherischen Dialektik von Gesetz und Evangelium[*], die er später so heftig bekämpft hat. Barth schreibt: «Wenn ich ein ‹System› habe, so besteht es darin, daß ich das, was Kierkegaard den ‹unendlichen qualitativen Unterschied› von Zeit und Ewigkeit genannt hat ... möglichst beharrlich im Auge behalte. Gott ist im Himmel und du auf Erden!»[11] «Gott ist Gott». Gott ist «ganz anders» und kein «Ding unter Dingen».[12] Das «Spezifische an Gott» geht verloren, wird nicht «die Gletscherspalte», die «Polarregion», die «Verwüstungszone, die zu überschreiten ist, wenn der Schritt vom Vergänglichen zum Unvergänglichen wirklich getan sein soll», gesehen. «Die Distanz zwischen Gott und dem Menschen» hat eine «grundsätzliche, scharfe, säureartig zersetzende ... Bedeutung».[13] «Ein anderes ist und bleibt das, was Gott ist und tut, ein anderes das Sein und Tun des Menschen. Unüberschreitbar ist zwischen hier und dort die Todeslinie ge-

---

[*] Nach Luther ereignet sich die Offenbarung in der Doppelgestalt von Gesetz und Evangelium. Luther meint: «Das Gesetz sagt: Bezahle, was du schuldig bist (Matth. 18,28), aber das Evangelium: Dir sind deine Sünden vergeben (Matth. 9,2).» Im Gesetz *richtet* Gott den Menschen *hin*, im Evangelium *richtet* er ihn *auf*. Der Sinn dieses Selbstwiderspruches der Offenbarung ist der: Nur wer vom Gesetz hingerichtet wurde, kann vom Evangelium aufgerichtet werden, nur wer unter der Forderung des Gesetzes zusammengebrochen ist, kann vom Evangelium aufgehoben werden. Das Gesetz, in dem Gott alles vom Menschen fordert, ist für Luther das vorletzte Wort Gottes, sein letztes Wort ist das Evangelium, in dem Gott alles schenkt, in dem er Gnade vor Recht ergehen läßt.

zogen – die Todeslinie, die freilich die Lebenslinie, das Ende, das der Anfang, das Nein, das das Ja ist.» «Freigesprochen ist der Mensch nur als vor Gott Verurteilter. Leben kommt immer nur aus dem Tod, Anfang nur aus dem Ende, das Ja nur aus dem Nein. Gerechtigkeit durch das Blut Jesu ist immer Gerechtigkeit abgesehen von den Werken des Gesetzes ...»[14] Glaube heißt ja, «das Unanschauliche» «schauen», «in Gottes Zorn Gerechtigkeit, im Gekreuzigten den Auferstandenen, im Tode das Leben, im Nein das Ja, in der Schranke den Ausgang, im Gericht ... Errettung».[15] Man ist an Luthers Offenbarung Gottes «unter dem Gegenteil» («sub specie contraria») erinnert.

Doch der Akzent liegt bei Barth ganz auf der *Transzendenz**, der Jenseitigkeit Gottes – nicht wie im Luthertum auf seiner *Kondeszendenz***, seinem Abstieg in die Welt. Barth bekennt sich ausdrücklich zu dem reformierten Grundsatz «Das Endliche ist nicht aufnahmefähig für das Unendliche» – «Finitum non capax infiniti».[16] Jede «analogia entis», jede Ähnlichkeit des Seins Gottes mit dem Sein des Menschen ist – ähnlich wie beim späten Barth – ausgeschlossen. Gott steht «in unendlichem, qualitativem Unterschied» dem Menschen gegenüber, «nie und nimmer identisch mit dem, was wir Gott nennen, als Gott erleben, ahnen und anbeten, das unbedingte Halt! gegenüber aller menschlichen Unruhe und das unbedingte Vorwärts! gegenüber aller menschlichen Ruhe, das Ja in unserem Nein und das Nein in unserem Ja, der Erste und der Letzte und als solcher der Unbekannte, nie und nimmer aber eine Größe unter andern».[17] Oder wie Thomas Mann gesagt hat: «Gott ist noch über Gott» («Joseph und seine Brüder»).

Barths Distanzpathos wird erst auf dem Hintergrund neuprotestantischer Additionskünste verständlich. Wie sehr hier Gott in die Welt eingemeindet wurde, zeigt – um nur ein Beispiel zu nennen – Schleiermacher, der «Kirchenvater» des Neuprotestantismus. Er konnte Gott mit dem «Universum»

* vom lat. transcendere = hinübersteigen; Transzendenz = das die Welt Übersteigende
** vom lat. condescendere = hinabsteigen

und dem «Ganzen» identifizieren. Religion läßt er «wie eine heilige Musik alles Tun des Menschen begleiten»[18]. Wäre der Gottesglaube bloß eine Hintergrunds- und Begleitmusik des Lebens, dann wäre er in der Tat überflüssig. Der Mensch ersehnt – um mit Max Horkheimer zu reden – das «Andere», nicht die Verdoppelung seiner Wirklichkeit.

Es liegt in der Konsequenz dieser Distanztheologie, daß die Gnade Gottes als unverfügbares Geschenk verstanden wird. Sie ist, wie Gott selber[19], ein «Wunder» «senkrecht von oben»[20] – so die berühmte Standardformel des «Römerbriefs». «Nur wenn sie als unbegreiflich erkannt wird, ist Gnade Gnade», nur wenn mir sozusagen vor Staunen über dieses Geschenk alles aus den Händen fällt und sie leer werden. «Nur was leer ist, wird voll ...»[21] «Was uns fehlt, ist auch das, was uns hilft. Was uns begrenzt, das ist neues Land.»[22] Entsprechend wäre ein «Glaube», der «mehr als Hohlraum sein will», «Unglaube».[23] «Der leere Kanal redet von dem Wasser, das ihn *nicht* durchströmt. Der Wegweiser von dem Ziel, das da, wo er steht, *nicht* ist.»[24] Von diesem radikal eschatologischen* Ansatz her ist «Glaube» «nie fertig, nie gegeben, nie gesichert, er ist ... immer und immer aufs neue der Sprung ins Ungewisse, ins Dunkle, in die leere Luft».[25] Er kann nie als «unser Besitz» und «unser Erlebnis» reklamiert werden – so gegen Wilhelm Herrmann.[26] Er hat *uns,* nicht wir *ihn.*

Wie sehr der Mensch allein von Gott gefristet und auf Gott geworfen ist, nichts hat und nur hofft, erweist die Christologie** des Römerbriefs. «In Jesus wird Gott wahrhaft Geheimnis, macht er sich bekannt als der Unbekannte, redet er als der ewig Schweigende. In Jesus erwehrt sich Gott aller zudringlichen Vertraulichkeit, aller religiösen Unverschämtheit.» Glaube an Jesus heißt «Gott in seiner ganzen Unanschaulichkeit und Verborgenheit Gott zu nennen».[27] Die Tat Christi wird durch ein surreales Bild erklärt, das von Salvador Dalí stammen könnte: «Jesus als der Christus ist die uns unbekannte

---

   * endzeitlich, auf die Endzeit oder Zukunft bezogen; Eschatologie = die Lehre von den letzten Dingen
   ** Lehre von Christus

Ebene, die die uns bekannte senkrecht von oben durchschneidet.»[28] Die Ebene Gottes durchbricht in Jesus die Welt des Fleisches und hinterläßt in ihr nur «Einschlagstrichter» und «Hohlräume».[29] Christus «überbrückt» «die Distanz zwischen Mensch und Gott», «indem er sie aufreißt».[30]

Aber führt sich nicht in diesen christologischen Aussagen die Barthsche Distanztheologie ad absurdum? Nach dem Neuen Testament reißt Gott in Jesus Christus nicht die Distanz zwischen Gott und Mensch auf, sondern er überbrückt sie in ihm unwiderruflich. Er wird in ihm gerade anschaulich, nicht unanschaulich. Wird in Barths Christologie nicht sein paradoxes Denken in These und Antithese zum Bumerang? Wird das «dialektische» Ja und Nein, durch das Barth alles zu beurteilen pflegt, hier nicht zur Denkschablone und zum Systemzwang?

Ganz Sachwalter der Transzendenz Gottes ist Barth auch in seiner negativen Beurteilung der Kirche. «Dem Evangelium steht die Kirche gegenüber als die Verkörperung der letzten menschlichen Möglichkeit diesseits der unmöglichen Möglichkeit Gottes.» «Hier kommt die Krankheit des Menschen an Gott zum Ausbruch. Denn die Kirche ist der Ort, wo diesseits des Abgrundes, der den Menschen von Gott trennt, Offenbarung ... etwas Gegebenes, Gewohntes, Selbstverständliches geworden ist, der himmlische Blitz zu einem irdischen Dauerbrenner, das Entbehren und Entdecken zum Besitzen und Genießen.»[31] Wenn Glaube nur Hohlraum, Entbehren, Hoffen ist, gibt es im Grunde kein Sakrament. Daher die – für einen Lutheraner schockierende – Feststellung: Das «Sakrament ist nicht mehr Gemeinschaft mit Gott, sondern ... es *bedeutet* sie nur noch. Der Krater, um den die Heiligen wartend sitzen, ist ausgebrannt.»[32]

Die Hammertheologie des «Römerbriefs» kann heute noch in ihrer Wucht mitreißen und zum aufwühlenden Leseerlebnis werden. Sie kann aber auch niederdrücken, so daß man sich – um mit Gottfried Benn zu reden – wie «ein armer Hirnhund, schwer mit Gott behangen» vorkommt. Das Grundanliegen scheint klar zu sein: Was Wasser ist, erkennt man nur in der Wüste. Nur wer arm ist, kann reich werden, nur leere Hände können gefüllt werden. Es ist imponierend, wie Barth im «Rö-

merbrief» «bis ans Ende der Nacht» (Céline) geht und so dem
Morgen des neuen Tages ganz nahe kommt; theologisch ausgedrückt, er hat die eschatologische Dimension des Christentums wiederentdeckt. Das abendbesonnte Idyll der liberalen
Theologie konnte ihn daher – um im Bild zu bleiben – nicht
mehr faszinieren. Er mußte dieses «abend»ländische Unter-
nehmen im Rücken lassen, wenn er vorwärtsschauen wollte.

Viele meinen, Barth hätte mit diesem radikalen Bruch der
Theologie nicht nur genützt, sondern auch geschadet. Durch
den berechtigten Kampf gegen den Neuprotestantismus hätte
er sich in eine Trümmer- und Kahlschlagtheologie abdrängen
lassen, in der die Welt nicht mehr als Schöpfung Gottes wie-
derzuerkennen sei. Die Tatsache, daß der Neuprotestantismus
Gott verweltlicht hat, berechtigt jedenfalls nicht zu dem
Schluß: die Welt ist nichts, Gott ist alles; die neuprotestantische
Vermischung von Gott und Welt rechtfertigt nicht eine derartige Weltverhäßlichung. Wird hier nicht versucht, ein Kopf-
weh durch Enthauptung zu kurieren? Die Welt bleibt nach der
Bibel trotz ihrer Gefallenheit Schöpfung Gottes.[33] Der spätere
Barth konnte diese Dimension der Welt wieder ganz neu ent-
decken.

Eine andere Frage wäre: Wie kann Barths Sprung ins Irrationale vor dem kalten Auge der Wissenschaft bestehen? Harnack
schimpfte Barth einen «Verächter der wissenschaftlichen
Theologie» und apostrophierte seine Theologie als «unkon-
trollierte Schwärmerei». Er geht aber seinerseits zu weit, wenn
er den christlichen Glauben wissenschaftlich nachweisen
will.[34] Der Glaube ist – wie Barth immer wieder zu Recht betont – ein Wagnis gegen den Augenschein. (Hebr. 11,1; Joh.
20,29; 2. Kor. 5,7) und also wissenschaftlich ungreifbar und
unangreifbar. «Beweise sind der Tod des Glaubens» (Jaspers) –
auch im zwischenmenschlichen Bereich. Der Glaube wäre
nicht mehr Glaube, wäre er wissenschaftlich beweisbar. Sosehr der Glaube wissenschaftlich unausweisbar ist, so kann
und muß sich doch die *Wissenschaft* vom Glauben wissenschaftlich ausweisen, was Barth seinerseits übersieht.

Vom «Römerbrief»
zur «Kirchlichen Dogmatik»

Barth setzte neu an mit seinem 1931 erschienenen Anselm-Buch («Fides quaerens intellectum») und mit seinem «Weißen Wal», der zwischen 1932 und 1967 erschienenen dreizehnbändigen «Kirchlichen Dogmatik». Die *Göttlichkeit Gottes* hält sich auch in der nachkritischen Spätphase seiner «Kirchlichen Dogmatik» als Zentralthema durch, obwohl er die *Menschlichkeit* Gottes schärfer akzentuiert als in der Frühphase des «Römerbriefes». Christus, der menschgewordene Gott, rückt dadurch stärker in die Mitte. Während in der Frühphase der ganze Akzent auf der Feststellung liegt, daß Gott *Gott* ist, liegt dem späteren Barth mehr daran, daß Gott gerade *darin* Gott ist, daß er *Mensch* wird. In der Frühphase betont er seine *Unverfügbarkeit* als *solche,* in der Spätphase die *Unverfügbarkeit* seiner *Liebe.* Doch alles Gewicht liegt auch beim späteren Barth auf der *Transzendenz,* der Freiheit Gottes. Nur geht es ihm jetzt mehr darum: «Gottes hohe Freiheit ist in Jesus Christus seine Freiheit zur *Liebe.*»[35] Doch die *Freiheit* Gottes bleibt Grundmotiv wie in der Frühtheologie. Barth meinte später rückblickend, die «*Göttlichkeit* Gottes» mußte in der Römerbriefphase seiner Theologie deshalb so pointiert werden, weil in der damaligen anthropozentrischen* Theologie «der Mensch großgemacht wurde auf Kosten *Gottes*»[36].

Barth muß sich freilich kritisch fragen lassen, ob er nicht umgekehrt in seiner Theologie in Gefahr steht, Gott groß zu machen auf Kosten des Menschen. Der Mensch scheint in der nachkritischen Phase aufgewertet zu werden. Er ist «nicht Nichts, sondern Etwas, aber Etwas am Rande des Nichts» – wie Barth in der «Kirchlichen Dogmatik» schreibt.[37] Ob die Bibel nicht größer vom Menschen denkt, wenn sie von seiner bleibenden Gottebenbildlichkeit ausgeht?[38]

Auch der spätere Barth denkt wie der frühe von oben nach unten, nicht von unten nach oben. Auch er geht von Gott aus, nicht vom Menschen wie Tillich, Rahner und Pannenberg.

---

* auf den Menschen als Zentrum bezogen

Barths Theologie bleibt «Theologie von oben». *Gott* kommt zum Menschen, nicht umgekehrt der Mensch zu Gott. Es gibt auch in der Spätphase keinen Anknüpfungspunkt beim Menschen für das Handeln Gottes. Doch die Akzente verschieben sich mehr und mehr in der «Kirchlichen Dogmatik», vor allem seit dem Band II 2 (1942) über die Gnadenwahl Gottes. Dem düsteren Pessimismus der kritischen Frühphase folgt die heitere Erwählungsgewißheit der nachkritischen Periode. Die wild-ungebärdigen Wortkatarakte der Römerbriefphase weichen in der «Kirchlichen Dogmatik» einer klaren und abgeklärten Sprache. Der Verkündigungsstil bleibt. Die Sprachkraft und die überrennende Wucht des «Römerbriefs» sucht man hier vergebens. Die Sprache verliert an Spontaneität und Biß. Doch auch seine nachkritische Theologie ist engagierte und enragierte Theologie. Noch in seiner 1962 erschienenen «Einführung in die evangelische Theologie» meint Barth, «Betroffenheit» macht den Theologen zum Theologen, und zwar «unvermeidlich vermöge der ... Aggressivität des Gegenstandes, mit dem es der Mensch da zu tun bekommt»[39]. Barth zieht der argumentativen Form des Theologisierens die konfessorische oder appellative (d. h. in Appellen sich artikulierende) Form vor. Diese appellative Form bedingt oft einen fast gewaltsamen Stil mit autoritären Behauptungssätzen (Warum – Darum) und einer mitunter apodiktischen Schroffheit (Vorliebe für Kriegsmetaphern).

In den folgenden Abschnitten soll die «Kirchliche Dogmatik» etwas «aufgeblättert» und einige charakteristische Themen aus ihr besprochen werden, und zwar zunächst die Gotteslehre des Bandes II 1 (1940), sodann zwei Themen seiner Heilslehre und schließlich ein Exempel aus seiner Ethik.

Die freie Liebe Gottes
(Kirchl. Dog. II 1)

Gott kommen nach Barth zwei Grundeigenschaften zu: die *Liebe* und *Freiheit*[40], «die Liebe, in der Gott frei ist» und «die Freiheit, in der Gott liebt».[41] Die *Freiheit* der Liebe Gottes begründet Barth mit der Trinität (Dreieinigkeit) Gottes, der in seiner Theologie ein achsialer Rang zukommt. «Er ist die Liebe», er tut sie nicht nur.[42] Die Trinität bürgt dafür, weil durch sie Gott gleichsam in seiner *Wesens-Struktur* und also *unabänderlich* und *unrevidierbar* der Liebende ist «als Vater, Sohn und Heiliger Geist».[43] Gott ist nicht einfach nur *Einer,* sondern *Drei* und *doch Einer,* weil er ein *sozialer* Gott ist. Er hat sich dadurch, daß er kein egoistischer Sologott, sondern ein partnerschaftlicher Gott sein will, auf Menschenliebe festgelegt. «Als Vater, Sohn und Geist ist Gott sozusagen im voraus der unsrige.»[44] Er ist in sich und folglich zu uns Partner. Doch der Akzent liegt ganz auf der Transzendenz Gottes, auf seiner Unverfügbarkeit und Souveränität. Darauf, daß er eben *aus Freiheit* liebt: Er ist «dieser Liebende» «auch ohne uns, in der Freiheit des Herrn, der sein Leben aus sich selber hat».[45] Seine Liebe wäre keine echte Liebe, wäre sie nicht *freie* Liebe. Eine erzwungene Liebe wäre ein hölzernes Eisen!

Gott liebt «frei», weil er der *«Herr»* ist.[46] Auf seine «Gnade» hat niemand einen «Anspruch».[47] Denn Gott ist als Gott im Unterschied zu den Geschöpfen der sich selbst Bestimmende («aseitas Dei» 339 f).[48] Gott wäre nicht Gott, wäre er nicht «absolut», sondern relativ. Gott ist im Unterschied zu allem, was er nicht ist, «schlechthin unabhängig», «in einzigartiger Weise» «unabhängig», «so wie kein Wesen es einem anderen gegenüber ist».[49] Er steht – das calvinistische Distanzpathos des «Römerbriefs» ist unüberhörbar – «in unendlichem Abstand» zu allen anderen Wesen, «nicht in dem endlichen Abstand, in welchem sie unter sich sind». «Er bleibt auch in der Beziehung und Verbindung mit ihnen, der Er ist. Er schafft und erhält diese Beziehung und Verbindung. Er regiert in ihr in schlechthinniger ... vorbehaltloser Hoheit. Er wäre, der er ist, auch ohne diese Beziehung und Verbindung.»[50]

Sosehr es notwendig sein mag, die Transzendenz und Unabhängigkeit Gottes so zu beschreiben, wird sie doch – auch beim späten Barth – in einer Weise überpointiert, als wäre Gott ein eifersüchtiger Konkurrent des Menschen und als gelte es, den Menschen klein zu machen, um Gott groß zu machen. Ganz im Widerspruch übrigens zu anderen Aussagen, wo er

42KARL BARTH

nicht müde wird, zu betonen, daß Gott sich nicht behalten, sondern sich verlieren will! Die autoritären Züge eines Willkürgottes bekommt Gott fast in folgenden Sätzen, wo Gottes Freiheit auf Kosten der Freiheit des Menschen zu gehen scheint: Gottes «Liebe» ist «heilig», dadurch heilig, «daß Gott ... seinen eigenen Willen» gegenüber dem menschlichen «behauptet, jeden Widerspruch und Widerstand ihm gegenüber ... vernichtet und also ... allein seinen eigenen und als solchen guten Willen gelten und geschehen läßt».[51] Wird eine Liebe, die erzwungen wird, überzeugen?

Zugegeben, in diesem calvinistischen Prädestinationsglauben* kommen – wie kaum sonst – der Geschenkcharakter und die Unbedingtheit göttlichen Liebens zum Ausdruck. Barth schreibt: «Es geht in Gottes Lieben um ein Suchen und Schaffen von Gemeinschaft ohne Rücksicht auf eine schon vorhandene Eignung und Würdigkeit des Geliebten. Gottes Liebe ist nicht nur nicht bedingt durch irgend eine Gegenliebe, sondern auch nicht bedingt durch irgend eine sonstige Liebenswürdigkeit des Geliebten ...» *Sie ergeht bedingungslos.* «Die Liebe Gottes schlägt immer eine Brücke über den Abgrund. Sie ist immer das aus der Finsternis leuchtende Licht.» Gott liebt das «Andere, Fremde, ja Feindselige».[52] Sie ist – wie es analog auch die menschliche Liebe sein sollte (Matth. 5,44) – Feindesliebe, oder sie ist nicht Liebe. Mit anderen Worten: «Gottes Lieben ist Selbstzweck.» Echte Liebe geschieht nie aus Berechnung, sondern spontan. «Gott liebt, weil er liebt: weil eben dieses Tun sein Sein, sein Wesen, seine Natur ist.»[53] «Gott ist heißt Gott liebt»[54] (vgl. 1. Joh. 4,16: «Gott ist die Liebe»).

Trotz des Gesagten bleiben die oben geäußerten kritischen Rückfragen offen. Echte Liebe setzt *gegenseitige* Freiheit und *gegenseitige* Selbstbestimmung voraus. In der wahren Liebe finden die eigene Freiheit und Selbstbestimmung immer eine Grenze an der Freiheit und Selbstbestimmung des anderen. Man stößt auch beim späten Barth immer wieder auf die engen Einbahnstraßen ohne Wendemöglichkeit, die seine Krisistheologie kennzeichnen.

* der Glaube an die göttliche Vorherbestimmung

Trotzdem versucht Barth, die fensterlose Identität «Gott ist Gott», wie er sie im «Römerbrief» vertritt, in der nachkritischen Phase transparent zu machen.[55] Die Liebe Gottes, die sich nicht behalten, sondern sich verströmen will. Heinz Zahrnt tut Barth Unrecht, wenn er seine Gotteslehre mit der sarkastischen Floskel «Monolog im Himmel» umschreibt. Er verfehlt Barths Gotteslehre, wenn er ihm unterstellt, er würde «hinter den Spiegel» des göttlichen Geheimnisses schauen und der Trinität «ins Rollenbuch blicken».[56] Wenn es einen Theologen gibt, der dieses Geheimnis in seiner ganzen Dichte stehenläßt und in ihm nicht mit dem Verstand herumstochert, dann ist es Barth. Barth will das göttliche Geheimnis nicht rational auflösen, sondern anbeten. Er schaut *in* den Spiegel, nicht hinter ihn – ganz im Sinne des Pauluswortes: «Jetzt sehen wir im Spiegel nur dunkle Umrisse, einst aber von Angesicht zu Angesicht, jetzt erkenne ich Bruchstücke, einst aber werde ich ganz erkennen» (1. Kor. 13,12). Wenn es bei Barth etwas zu begreifen gibt, dann nur die Unbegreiflichkeit.

Die Erwählung aller oder die Übermacht der Gnade
(Kirchl. Dog. II 2)

In der Erwählungslehre des Bandes II 2 der «Kirchlichen Dogmatik» (1942) entfaltet Barth besonders eindrücklich seine Grundthese, daß Gott der in *Freiheit* Liebende sei. Gott ist dadurch frei in seiner Liebe, daß er den Menschen «wählt».[57] Ein «wahlloses ... Lieben» wäre «kein Lieben».[58] Liebe wählt immer aus.

Gott liebt, wen er lieben will. Er liebt – wie man im theologischen Fachjargon sagt – «sola gratia» (= allein aus Gnade). Seine Liebe «geschieht ohne Vorhandensein eines Anspruchs oder Verdienstes» des Menschen. «Sie ist wirklich überströmende, freie und nicht genötigte ... Liebe.»[59] Dabei zählt bei Barth allein die freie Wahl *Gottes,* die freie Wahl des *Menschen,* der Gottes Wahl wählt, spielt bei ihm keine Rolle: Die «Entscheidung» Gottes für den Menschen vollzieht sich – so Barth – «unabhängig von jeder ... geschöpflichen Entschei-

dung und macht sich nicht von dieser abhängig – wie im Luthertum, wo der Ton auf dem «sola fide» (= allein aus Glauben) liegt
– nicht, wie in der reformierten Tradition, auf dem «sola gratia». Der reformierte Theologe Barth meint demgegenüber:
Die Entscheidung Gottes ist «Vorentscheidung», «aller geschöpflichen Selbstbestimmung gegenüber Vorher-Bestim-
mung, prae-destinatio».[60] Warum trifft Gott gerade diese und
keine andere «Wahl» in der Prädestination? «Gottes Wille kennt
kein Warum. Er ist ganz und gar ein Darum, das Darum alles
Darums.»[61] Er will es, weil er es will. Barth bekennt sich sogar
mit der calvinistischen Tradition zu einer «doppelten Vorherbestimmung» («praedestinatio gemina»). Calvin meinte, Gott
hätte in seinem ewigen Ratschluß einen Teil der Menschheit im
voraus erwählt und einen anderen Teil im voraus verworfen.

Doch die düstere Prädestinationslehre Calvins erfährt bei
Barth eine revolutionäre Umdeutung. Jesus Christus ist der
einzig Verworfene und der einzig Erwählte. Ohne ihn sind alle
verworfen, in ihm alle erwählt. Weil Jesus Christus, der einzig
Erwählte, die Verwerfung für alle Menschen stellvertretend
auf sich genommen hat am Kreuz, wird keiner verworfen, obwohl sie alle wegen ihrer Sünde die Verwerfung verdient haben. Gott verwirft sich selbst am Kreuz aus Liebe zu den Menschen. «Gott will verlieren, damit der Mensch gewinne.» In
seinem Sohn übernimmt Gott selber die «Verdammnis» und
den «Tod» des Menschen und gibt ihm dafür die «Seligkeit»
und das «Leben».[62] Dieser Tausch auf Golgatha kann nicht
mehr rückgängig gemacht werden. Das Weltgericht ist also im
Grunde ein Selbstgericht Gottes. Durch den gerichteten Richter auf Golgatha ist das Jüngste Gericht je schon überholt.

Barths Erwählungslehre kann betroffen machen. Sie kann
aber auch – wie er selbst wußte – als theologischer Sommer-
schlußverkauf, bei dem die Gnade zu herabgesetzten Preisen
verschleudert wird, mißverstanden werden – gemäß der in der
traditionellen Theologie vertretenen Lehre von der «Apokatá-
stasis pánton» oder Allbeseligung (= alle werden selig). Die
Meinung Barths, der Mensch sei, bevor er gefallen ist, bereits
in Jesus Christus verurteilt und begnadigt, legt zumindest dieses Mißverständnis nahe. Die Erwählung aller in Jesus Chri-

stus ist ja bei Barth eine von Ewigkeit her beschlossene Sache, ebenso wie die Prädestination bei Calvin. Nach der Bibel werden nicht alle selig, wenn auch alle selig werden *können*. Verliert das Gericht nicht seinen letzten Ernst, wenn es nur ein Als-ob ist, wenn es uns – um mit Helmut Thielicke zu reden – «das happy end zuflüstert»[63]. Wird die Gnade nicht unernsthaft, wenn sie nicht auf dem unerbittlichen Hintergrund des göttlichen Gerichts gesehen wird? (vgl. Barths «Römerbrief»!) Alles hängt nach der Bibel vom Glauben ab: Wer glaubt, kommt nicht ins Gericht (Joh. 3,18), wer nicht glaubt, kommt aber ins Gericht (Joh. 3,36). Man könnte auch sagen: nur wer nach Gottes Gnade fragt, bekommt sie; sie wird niemandem ungefragt aufgezwungen. Der Mensch ist im Unterschied zum Tier das Wesen, das sich gewinnen und verfehlen kann, das frei ist, seine Bestimmung zu erfüllen oder nicht.

Barth will mit seiner Erwählungslehre die «Übermacht der Gnade» und die Ohnmacht der Sünde aufweisen[64], was zweifellos ihr theologischer Pluspunkt ist.

Bedenklich scheint in diesem Zusammenhang Barths These, daß letztlich jeder Mensch glaubt (die ontologische Unmöglichkeit des Unglaubens!). Der Glaube ist dadurch eigentlich keine echte Antwort mehr auf Gottes Heilszusage, sondern er wird zur Computerantwort. Das Ja Gottes wird sozusagen auf Band eingesprochen und nach Bedarf abgespult. Die Gefahr dieser Erwählungslehre wäre das Mißverständnis der Erwählung als Gnadenmechanismus, der automatisch abschnurrt, eine Liebe, die zur banalen Selbstverständlichkeit wird, während ihr doch gerade nach Barth das Überraschungsmoment und das spontan Unerwartete eignen.

Barth hat selber im «Römerbrief» auf den letzten Ernst menschlicher Entscheidung hingewiesen und sich gegen eine pauschale Weißwäsche gewandt. Nur diese Entscheidung gibt dem Menschen seine unverwechselbare Einmaligkeit zurück, der in unserem Massenzeitalter mehr und mehr zu einer Latte ohne Gesicht in einem endlosen Zaun zu werden droht. Glaube heißt, sich von Gott aus der grauen Masse herausrufen zu lassen: «Ich habe dich bei deinem Namen gerufen, du bist mein!» (Jes. 43,1)

Der ungekündigte Bund
(Kirchl. Dog. IV 1)

Das unbekümmerte Gottvertrauen, das Barths Denken prägt und sich in der heiteren Mozartmusik, die er so sehr liebte, einen unverkennbaren Ausdruck verschafft, hat noch einen anderen Grund. Es basiert nicht nur auf der *Erwählung,* sondern auf dem *Bund,* den Gott mit dem Menschen geschlossen hat auf Grund seiner Erwählung. Im Zentrum seiner Dogmatik steht neben dem Erwählungsgedanken der Bundesbegriff. Die Erwählung ist ein «Wahlbund».[65] Gott hat in Jesus Christus diesen Bund mit dem Menschen geschlossen[66], der von ihm nie gekündigt wird, auch wenn der Mensch ihn bricht. Die christologische Konzentration, ein Grundzug Barthschen Denkens, ist auch in seiner Bundestheologie mit Händen zu greifen – die er im Band IV 1 (1953) der «Kirchlichen Dogmatik» behandelt.

Gott hat – was Barth sehr wichtig ist – vor aller Zeit diesen Bund geschlossen. Bezeichnend für Barth ist die Feststellung, «das Erste ist die Freiheit, in der» dieser Bund Gottes «beschlossen und aufgerichtet ist», «also die Unverdientheit».[67] Er ist «Bund der freien Gnade»[68]. «Bevor der Mensch handelt, hat Gott gehandelt.»[69] Es geht Barth um den Triumph der Gnade. Ein Triumph, der nicht mit einem Triumphalismus verwechselt werden darf, weil er sich unter der Niederlage am Kreuz versteckt, somit unanschaulich ist. Gott macht «die verlorene Sache des Menschen ... in Jesus Christus zu seiner eigenen Sache». Wobei – typisch für Barth – ausdrücklich, wie auch sonst, als «Ziel» der Versöhnung die «eigene Ehre» Gottes ausgemacht wird, die er «in der Welt behauptet».[70] Doch Gott, der ganz Andere, will ganz der Unsere werden, er will es nicht besser haben als wir, er tauscht mit uns. «Der Herr» wird zum «Knecht».[71] Barth verwendet in diesem Zusammenhang den lutherischen Zentralbegriff der «Kondeszendenz»[72] (= des Abstieges) Gottes.

In Spannung zu diesen Aussagen stehen andere, die vom «selbstherrlichen Triumph Gottes» sprechen und den Menschen fast zum passiven Behälter der Gnade degradieren.

Barth scheut sich nicht zu behaupten: In Jesus Christus hat Gott «ohne uns, ja gegen uns und so für uns» gehandelt, uns «umfaßt, gewissermaßen umgangen, uns von hinten angegriffen und zu sich umgekehrt».[73] Er begegnet uns also nicht von vorn, sondern wirft uns sozusagen von hinten ein Lasso über den Kopf. Macht Barth hier ernst mit der *Menschwerdung Gottes* in Jesus Christus, die ihm doch sonst in seiner Theologie so wichtig ist? Gott wird Mensch heißt doch, er begegnet uns von Mensch zu Mensch, von Vernunft zu Vernunft, von Wille zu Wille, als Antwort auf eine Frage. Also gerade nicht autoritär, sondern partnerschaftlich. Die Gnade zwingt sich nicht auf, sie fragt, sucht Glauben. Bei Barth hingegen ist der Glaube – wie er selber sagt – nur «das schwache . . . Echo» der Christustat.[74] Fast könnte man meinen: Gottes Liebe zielt gar nicht auf den Menschen, sondern auf Gott selbst. Typisch sind in diesem Zusammenhang die Sätze: Gott «sorgt» für die «Gegentreue» des Menschen. «So sorgt Gott für seine Ehre.»[75]

Sicher ist das Heil keine Gemeinschaftsleistung zwischen Mensch und Gott – wie im traditionellen Katholizismus. Der Mensch könnte sich dann seines Heiles nicht mehr gewiß sein. Barth verweist zu Recht immer wieder mit der Reformation darauf hin: Das Heil geschieht allein durch Gottes Gnade. Doch die Alleinwirksamkeit der Gnade schließt paradoxerweise die freie Entscheidung des Menschen nicht aus, sondern gerade ein. Die menschliche Entscheidung wäre kein echtes Ja oder Nein, wäre sie nicht auch für Gott eine unvorhergesehene Antwort. In seiner «Kondeszendenz» geht Gott das Risiko ein, abgelehnt zu werden.

Bei Barth rückt – trotz gegenstrebiger Tendenzen – die Ehre Gottes als Ziel seines Heilshandelns derart stark in den Mittelpunkt, daß Gott fast egoistische Züge bekommt, die er doch bei ihm per definitionem nicht haben sollte als der drei-eine, sprich soziale Gott. Im Neuen Testament heißt es von der Liebe, sie «sucht nicht sich selbst» (1. Kor. 13, 5). Auch Gottes Liebe nicht. Gott sucht nicht seine eigene Ehre, sondern er versteckt sie unter der Schande am Kreuz. Er trumpft nicht mit seiner Ehre auf (Phil. 2, 6 f), sondern er schenkt seine Ehre dem Menschen, dessen Schande er im Tausch auf sich nimmt. Er will nicht *sich,* sondern den *Menschen* ehren. Die calvinistische Vorstellung von der Selbstverherrlichung Gottes macht nicht ernst mit der Kondeszendenz Gottes, mit dem Gott, der sich nicht behalten, sondern sich verlieren will. Hier wird übersehen: Es gibt nicht nur eine Scham des Beschenkten, sondern auch eine Scham des Schenkenden.

Das Gebot als Freiheitsregel
(Kirchl. Dog. III 4)

Die Zehn Gebote sind nach Barth kein Stacheldraht – wie sie häufig mißverstanden wurden –, sondern *Freiheitsregeln.*[76] Die Freiheit Gottes, um die sich in Barths Theologie alles dreht, zielt auf die Befreiung des Menschen. Einige Beispiele aus der Ethik des Bandes III 4 der Kirchlichen Dogmatik von 1951 sollen das illustrieren.

Daß das Gebot keine Peitsche, sondern Freiheitsregel ist, zeigt besonders deutlich das Feiertagsgebot, das «alle anderen Gebote» «erklärt» und das Barth allen anderen voranstellt.[77] Das Gebot, den Feiertag zu heiligen, soll den Menschen daran erinnern, daß seine Arbeit eine «Grenze» hat und nie «total» und «totalitär» werden darf. Der Mensch braucht «Entkrampfung», «Zerstreuung» und «Spiel», um vor Leistungswahn in «Selbstüberhebung und Gottesvergessenheit» bewahrt zu werden.[78] Wahre Arbeit kommt aus der Ruhe. Nur wer vor Gott ruht und ihn tun läßt, kann viel tun. Im Feiertagsgebot kommt zum Ausdruck, daß alles Gnade ist. Die heitere Gelassenheit und verspielte Sorglosigkeit der Mozartmusik waren Barth von daher besonders wichtig. Der Mozartliebhaber Barth hörte jeden Morgen vor der Arbeit Mozart. Er schreibt: «Ich höre in Mozart eine Kunst des Spielens, die ich so bei keinem anderen wahrnehme. Schönes Spielen setzt voraus: ein kindliches Wissen um die Mitte – weil um den Anfang und um das Ende – aller Dinge.»[79]

Der Hinweis Barths auf die «Grenze» und Relativität der Arbeit scheint besonders heute angesichts der Dauermobilmachung des Menschen in unserer Leistungsgesellschaft und der

Verabsolutierung der Arbeit zum letzten Sinn des Lebens in Ost und West aktuell zu sein. Das Leben besteht nicht nur aus Arbeit. Arbeit ist nicht alles und kann nicht alles.

Barth nennt noch andere «Kriterien» rechter Arbeit neben dem der «Grenze», nämlich die «Sachlichkeit» (oder das «bei der Sache sein»), die «Würde», die «Humanität» und die «Besinnlichkeit».[80] Dem letztgenannten Kriterium der Besinnlichkeit kommt in der nervösen Hektik unserer Arbeitswelt ein besonderer Stellenwert zu. Barth versteht unter der Besinnlichkeit das Verarbeiten oder die «innere Arbeit», die er von der «äußeren Arbeit» unterscheidet. Beide gehören unlöslich zusammen, soll Arbeit nicht zum stumpf mechanischen Vollzug entarten. Die innere Arbeit der Besinnung, die auch Kranke tun können, die häufig «keine äußerlich feststellbare, in irgendwelchen Resultaten greifbare Arbeit leisten können», ist nach Barth so wichtig wie die äußere Arbeit.[81]

In unserer Leistungsgesellschaft, in der der Wert des Menschen nach seiner Leistung und seinem Nutzwert bemessen wird, scheint diese unbezahlbare und unverrechenbare «unsichtbare» Arbeit besonders wichtig zu sein. Arbeit ist nicht nur ein Mittel zum Geldverdienen. Sie bliebe sinnlos ohne diese ihre Be-Sinnung und Sinngebung. Doch bringt das der moderne Arbeitnehmer noch fertig, der abends abgeschlafft in den Fernsehsessel sinkt?

Dieses kurze Streiflicht auf Barths Ethos der Arbeit und Freizeit soll verdeutlichen, daß Barths Ethik sich nicht mit abstrakten Reißbrettentwürfen begnügt, sondern konkret zupackende Handlungsanweisungen zu geben vermag.

Barths Freiheitsethik soll noch an einer ganz anderen Thematik exemplifiziert werden, an der Ehe und Sexualität. Auch hierzu scheint er mit seinen über 30 Jahre zurückliegenden Äußerungen Erhellendes zu den Problemen unserer Zeit beitragen zu können. Der Sozialist Barth geht auch hier von einem sozialen Menschenbild aus. Der «isolierte Mensch» ist für ihn kein Mensch. Der Mensch ist nur Mensch, wenn er Mitmensch ist[82], wenn er sozial ist. Der drei-eine oder soziale Gott kann sich nur im sozialen Menschen wiedererkennen; nicht, da er selber kein Sologott ist, in einem Solomenschen.[83] Die

Gottebenbildlichkeit des Menschen besteht nach Barth daher in der Ehe (gemäß 1. Mose 1,27f!).

Barth plädiert von daher für einen sozialen oder personalen Sexus: «Koitus ohne Koexistenz ist eine dämonische Angelegenheit»[84]. Die Sexualität entartet in eine unsoziale und apersonale Sachbeziehung, realisiert sie sich nicht in Form einer «Lebensgemeinschaft», die «exklusiv» und «dauernd» ist[85], in der «Einehe»[86].

Aber ist nicht die Ehe der Tod der Liebe? Barth meint, daß – umgekehrt – echte Sexualität auf die Einehe, daß echte Liebe auf Exklusivität und Letztverbindlichkeit abzielt. Sie will «die *Eine* und *keine* Andere», «den *Einen* und *keinen* Anderen». «Wer noch nebeneinander oder abwechselnd mehrere lieben zu können und zu dürfen meint, der liebt noch gar nicht, der ist noch ein Experimentator und der bleibt, wenn er nicht darüber hinauskommt, ein Stümper in diesem Bereich.» «Don Juan ist kein Held, sondern ein Schwächling ...»[87] Die Ehe ist nicht das Gefängnis der Sexualität, sondern durch sie wird die Sexualität zu sich selber befreit. Die «Ehe auf Zeit», die Probeehe und Probierehe verkennt nach Barth den personalen Charakter der Liebe zwischen Mann und Frau. An die Stelle der verantwortlichen «Liebe» tritt hier zwangsläufig unverbindliche «Liebelei».[88]

Ich denke, diese Thesen sollten, gerade weil sie nicht «in» sind, gehört und bedacht werden als Provokation.

Fazit

Hat Barths Theologie die Welt verändert, oder war sie nur ein Theologenerfolg? Ist sie bloß noch antiquarisch interessant oder zukunftsweisend? Ist Barth das Schlußlicht an einem Zug, der vor 30 Jahren abgefahren ist, oder – wie Eberhard Jüngel meint – «der bedeutendste evangelische Theologe seit Schleiermacher»? Wie auch immer man diese Fragen beantwortet, keiner wird bestreiten, daß seiner Theologie eine enorme Wirkung weit über den binnenkirchlichen Bereich hinaus beschieden war.

Aber ist nicht die auf der Erfolgsstraße marschierende Är-
gernistheologie ein Widerspruch in sich selbst? Hebt sich nicht
die zur Tradition gewordene Revolution selber auf?

Es bleibt demungeachtet das bleibende Verdienst der Theologie Barths, wieder ganz neu eingeschärft zu haben: Gott ist
ganz anders, er ist *absolutes Geheimnis* – kein geheimnisloses
Ding, über das die Vernunft verfügen könnte. Der Gottesglaube entzieht sich jeder menschlichen Definition. Das
Nichtausdefinierte ist seine Präzision. Gott kann letztlich nur
durch Gott erkannt werden. Die Wahrheit über Gott kann nur
paradox, also in These und Antithese ohne Synthese, erkannt
werden, wir haben nur Bruchstücke der Wahrheit, nicht das
Ganze. Gott ist das Unsagbare schlechthin, menschliche Got-
tesumschreibungen allenfalls ein schmaler, dem Unsagbaren
abgewonnener Grenzstreifen, der eher etwas darüber sagt,
wer Gott nicht ist, als wer Gott ist.

Der «unendliche qualitative Unterschied» zwischen Gott
und Welt ist in der Tat unabdingbare Voraussetzung jeder
Theologie. Gott ist zuerst und vor allem Geheimnis, das Unfaßliche, Unselbstverständliche, Unerklärliche, Nichteinzu-
ordnende, Unverfügbare, Fremde, ganz Andere, oder er ist
nicht Gott. Wäre Gott nicht der ganz Andere, sondern ein
Stück Welt und ein Stück von mir, dann würde der Mensch,
wenn er an Gott glaubt, bei sich selbst bleiben, und er hätte
nichts davon. Nur wenn der Mensch Gott als den ganz Anderen erfahren hat, wird er die Tatsache, daß er ganz der Unsere
wird, als das Wunder erleben, das es ist, eben als die «*unmögli-
che* Möglichkeit». Gott ist kein Handelsartikel, er braucht
keine Reklame. Als unverfügbares Geheimnis kann Gott sich
letztlich nur selber verifizieren, sosehr der Mensch als «Ab-
bild» Gottes (1. Mose 1,26f) menschlich von Gott reden und
Gott in aller Relativität bewahrheiten kann, was Barth freilich
zu wenig beachtet. Letztlich kann nur Gott Glauben an sich
schenken. Der Glaube geht nicht auf Nummer Sicher, er ist –
was Barth erneut erkannt hat – ein Wagnis gegen den Augenschein. Ein «Sprung», wenn auch nicht – wie er meint – ein
«Sprung ins Leere», sondern ein Sprung auf einen festen
Grund.

Jeder Theologe, der sich auch nur halbwegs an das Neue Testament gebunden weiß, wird Barth auch darin zustimmen, daß *Christus* das *Wesen des Christentums* ist, daß Christus – und sonst nichts – im Zentrum des christlichen Glaubens steht. Mit prophetischem Zorn wendet Barth sich daher immer wieder gegen die «Nebenzentren» des Neuprotestantismus und des Katholizismus, im einen Fall das fromme Ich, im anderen der unfehlbare Papst als Letztentscheidungsinstanz, in beiden Fällen aber der Mensch – nicht Christus. In seiner christozentrischen Theologie steht und fällt alles damit, daß in Jesus Christus und in ihm alleine Gott seine Gnade offenbart, daß *Jesus Christus* der *einzige Heilbringer* ist. Es bleibt wohl das Hauptverdienst Barths, der evangelischen Theologie mit der Reformation wieder neu ins Bewußtsein gehämmert zu haben: *Alles ist Gnade,* und Glaube ist nichts anderes als «Hohlraum» für die Gnade.

Barth stattet die Freiheit der Liebe Gottes allerdings mit derartigen Übergewichten aus, daß darüber die menschliche Entscheidung zu kurz kommt. Das Ja des Menschen zum Ja Gottes erscheint wie ein programmiertes Computer-Ja. Die Kondeszendenz gerät in den Schatten der Transzendenz.

Barth hat nicht mit Unrecht der Theologie seiner Zeit vorgeworfen, in ihr sei nicht Gott, sondern der *Mensch* das Maß aller Dinge. Aber stellt sich uns heute nicht das umgekehrte Problem, nämlich daß mehr und mehr die *Dinge* das Maß des Menschen werden? Müßte von daher die Theologie nicht ein Interesse daran haben, den Menschen stark zu machen, nicht schwach? Eine Theologie, die den Menschen klein macht, um Gott groß zu machen, würde die Menschwerdung Gottes rückgängig machen wollen. Denn durch sie macht sich – gerade umgekehrt – Gott klein, um den Menschen groß zu machen. Daß sich Barths Theologie in diesem Punkt nicht eindeutig äußert und sozusagen Barth gegen Barth steht, wurde wiederholt beobachtet.

Barths Theologie ist vor allem darin vorbildlich, daß sie *betroffene, nicht neutrale Theologie* ist. Vom Erkenntnisgegenstand der Theologie her, Gott, kann das auch gar nicht anders sein. Gott ist das Antineutrale schlechthin. Barth hat den Ärgernis-

charakter des Evangeliums wiederentdeckt und die schützende
Watte, in die es eine Gefälligkeitstheologie gehüllt hat, von
ihm weggerissen. Er hat neu darauf aufmerksam gemacht:
«Am Anfang war das Wort» (Joh. 1, 1) – nicht etwa: Am Anfang war das Problem. Nichts macht diese Theologie so sym-
pathisch wie ihr Mut, sich auszusetzen, ganz im Gegensatz zu
dem in der Wissenschaft üblichen neutralen Deskriptivismus,
der sich feige in den bequemen Elfenbeinturm des Speziali-
stentums zurückzieht und sich aus der Verantwortung davon-
stiehlt. Barths Theologie ist eine kämpferische Theologie, die
sich um der Sache willen mit allen persönlichen Konsequenzen
querzustellen, bereit ist (Barths Verhalten im Dritten Reich!).
Er hat nicht – wie so viele – mit den Wölfen geheult und mit
den Schafen gezittert. Barths Theologie ist eine engagierte
und enragierte Theologie, die auch sprachlich das Ärgernis
des Evangeliums riskiert – ganz im Unterschied zur übervor-
sichtigen Behutsamkeitssprache der üblichen Theologie
(«vielleicht», «sozusagen», «gleichsam», «dürfte», «könnte»,
«müßte», «würde» etc.). Daß Barth in seinem Kampf gegen
alles Laue, Matte, Mittlere sich nicht selten ins andere Extrem
verstieg und sich mitunter zu einem gewaltsamen und autoritären Stil hinreißen ließ, soll nicht verschwiegen werden.
  Engagierte Theologie ist Barths Theologie noch in einer
ganz anderen Weise. In einem Brief an mich vom 3. März 1965
weist er darauf hin, daß seine Theologie eine Theologie des
Gebets, ein Denken auf den Knien sei.[89] Das erinnert an die
These des Philosophen Edmund Husserl «Gibt es eine siche-
rere *und* echtere Evidenz im religiösen Leben als das Gebet?»[90]
  Die Stärke der Barthschen Theologie ist aber auch ihre
Schwäche: Barth neigt zu pauschalem und undifferenziertem
Denken – nicht zuletzt in seinem Urteil über den Neuprotestantismus, der von ihm überwältigt, aber nicht bewältigt
wurde. Die falschen Antworten der liberalen Theologie heben
ihre richtigen Fragen nicht auf – vor allem ihre Frage nach dem
Lebenswert des Dogmas. Die Wiederkehr auch anderer ver-
drängter Fragen in der Gegenwart zeigt: Viele Probleme wurden unterdrückt, aber nicht ausgetragen. Es fehlte der prophetischen Theologie Barths wohl die «Knotenaufmachegeduld».

Auf eine der vielen offenen Fragen seiner Theologie will ich noch kurz eingehen. Die Theologie kann nicht nur – wie bei Barth – appellativ, sie muß heute vor allem *argumentativ* reden. Wenn sich auch nicht der *Glaube an Gott* vor der Vernunft rechtfertigen kann und soll, so muß sich doch die *Wissenschaft vom Glauben* vor ihr verantworten. Unsere offene Gesellschaft und unser Wissenschaftszeitalter denken nicht mehr in kritik-immunen Thesen, sondern in testbaren und kritisch hinter-fragbaren Hypothesen. Eine Theologie, die darüber hinweg-geht und etwa mit autoritären Behauptungssätzen arbeitet, nimmt die heutige Situation nicht ernst. Die Theologie muß heute mindestens im *Vorfeld* in Form von testbaren Hypothe-sen reden, sosehr ihr Gegenstand ein jeder Kritik entzogenes Geheimnis ist, dem man mit Worten nicht beikommen kann. Eine Theologie, die mit Münzen bezahlt, die sie selber geprägt hat und die nicht im Umlauf sind, wäre unernsthaft. Sie muß ihre Sache in Sätze ummünzen, die im «Umlauf» und intersub-jektiv überprüfbar sind. Hinweise darauf, wie das in concreto geschehen könnte, sind in anderen Porträts dieses Buches so-wie in seinem Nachwort zu finden.

Theologie ist von ihrer Sache her keine Angelegenheit von Insidern für Insider, sondern sie ist für alle da – was gerade Barth selber immer wieder unterstrichen hat. Mit der Flucht in nichtnachprüfbare Subjektivität wird das Christentum zur Sekte.

RUDOLF
BULTMANN

Die Radikalität des Zuendedenkens

Die Debatte um das Konzept Rudolf Bultmanns (1884–1976) beherrschte die theologische Szenerie nach dem Zweiten Weltkrieg – ähnlich wie Karl Barths Programm das Gespräch nach dem Ersten Weltkrieg bestimmte. Doch Bultmann stand schon in den zwanziger Jahren auf den Kommandohöhen der Theologie, als sein bahnbrechendes Werk «Die Geschichte der synoptischen Tradition» (1921) und sein Jesusbuch (1926) erschienen. Gemeinsam mit Karl Barth, Friedrich Gogarten, Emil Brunner und anderen Vertretern einer «Theologie des Wortes Gottes» machte er Front gegen den Neuprotestantismus und die liberale Theologie. Wie Barth bekennt sich Bultmann zur Unverfügbarkeit Gottes, der nur erkannt werden kann, wenn er sich zu erkennen gibt. Der nur von dem, der von ihm *ergriffen* ist, *begriffen* werden kann. Bultmann betont 1924 in einem Aufsatz: «Gott ist nicht eine Gegebenheit», über die der Mensch mit rationalen oder irrationalen Mitteln verfügen könnte, wie das die liberale Theologie versuchte. Er «bedeutet die totale Aufhebung des Menschen»[1]. *

Bultmann wirft der liberalen Theologie vor, sie hätte durch ihre blinde Anpassung an jede Tagesmode das Ärgernis des Kreuzes verraten.[2] Sie hat sich in die «Kulturwissenschaft» eingereiht und damit «Allgemeingültigkeit» erworben «um den Preis, daß sie niemanden mehr etwas angeht».[3] Andererseits fühlt sich Bultmann der liberalen Theologie, bei der er in die Schule ging, verpflichtet: Sie erzog den Theologiestudenten zur «Kritik» und zur «Freiheit». «Wir, die wir von der liberalen Theologie herkommen, hätten keine Theologen werden oder bleiben können, wenn uns in der liberalen Theologie nicht der Ernst der radikalen Wahrhaftigkeit begegnet wäre, wir empfanden die Arbeit der orthodoxen Universitätstheologie ... als einen Kompromißbetrieb, in dem wir nur innerlich gebrochene Existenzen hätten sein können.»[4]

Ähnlich wie Barth wurde Bultmann entscheidend von Wilhelm Herrmann geprägt, einem führenden Vertreter der liberalen Theologie. Einflüsse der Lebensphilosophie Wilhelm Diltheys und der Existenzphilosophie des frühen Martin Heidegger («Sein und Zeit») kamen hinzu.

Der hochbegabte Wissenschaftler wurde bereits 1916 Professor in Breslau, 1920 folgte ein Ruf nach Gießen, 1921 nach Marburg, wo er bis zur Emeritierung wirkte. In der Nazizeit schloß er sich der «Bekennenden Kirche» an. Er wandte sich entschieden gegen die Judendiffamierung im Dritten Reich und geißelte in Predigten die nationalsozialistische Blut-und-Boden-Ideologie. Bultmann war Hauptverfasser des Gutachtens der Marburger Theologischen Fakultät, das die Einführung des Arierparagraphen in der Kirche verurteilte. Der Arierparagraph, den ein Gutachten der Erlanger Theologischen Fakultät aus derselben Zeit billigte, schloß Geistliche

---

* Die hochgestellten Ziffern verweisen auf die «Anmerkungen und Literaturhinweise» im Anhang, siehe Seite 298.

und Beamte, die nichtarischer Abstammung oder mit einem Ehepartner nichtarischer Abstammung verheiratet waren, aus dem Kirchendienst (rückwirkend) aus. Als das NS-Regime während des Krieges den Religionsunterricht an höheren Schulen verbot, übernahm Bultmann diesen Unterricht im Marburger Gemeindehaus für viele Klassen.

Bultmann, führender Neutestamentler seiner Zeit, veröffentlichte 1941 seinen berühmten Kommentar zum Johannesevangelium und 1953 seine generationenprägende «Theologie des Neuen Testaments». Weltweite Beachtung fand vor allem sein als Sensation empfundener Vortrag über die Entmythologisierung des Neuen Testaments, den er am 21. 4. 1941 vor Pfarrern der «Bekennenden Kirche» hielt und der im selben Jahr unter dem Titel «Neues Testament und Mythologie» erschien.[5]

Mit der ihm eigenen Aufrichtigkeit spricht er hier ein Tabu an, das von der Dialektischen Theologie unter den Teppich gekehrt wurde. Es geht um die Frage, ob der Glaube an die biblischen Mythen vom modernen säkularisierten Menschen noch nachvollzogen werden kann. Sein Kampf gilt einem Glauben an Unglaublichkeiten oder – um mit Nietzsche zu reden – einem «Glauben, der keine Berge versetzt, wohl aber Berge *hinsetzt,* wo es keine gibt» (vgl. Matth. 17,20). Unter dem Einfluß Heideggers beschäftigte Bultmann zunehmend das Problem der existentiellen Nachvollziehbarkeit des Glaubens. Sein Programm trifft auf empfängliche Antennen, sosehr es in der damaligen theologischen «Metternichära» von konservativer Seite mit ungewöhnlicher Schärfe attackiert wurde. Es wurde sogar kirchenamtlich durch eine Verlautbarung der lutherischen Bischofskonferenz verurteilt, die am Totensonntag 1953 den Gemeinden verlesen wurde.

Ich erinnere mich noch sehr deutlich an die Religionsstunde Anfang der fünfziger Jahre, in der wir Schüler von unserem Religionslehrer vor dem «Irrlehrer» Bultmann gewarnt wurden, dessen neues Glaubensbekenntnis laute «... *nicht* empfangen vom Heiligen Geist, *nicht* geboren von der Jungfrau Maria, zwar gelitten unter Pontius Pilatus, gekreuzigt, gestorben und begraben, aber *nicht* niedergefahren zur Hölle, *nicht*

am dritten Tage auferstanden von den Toten, *nicht* aufgefahren
gen Himmel . . .»

Bultmanns Entmythologisierungsprogramm führte zum
Bruch mit Barth, der in ihm nur eine schlechte Neuauflage des
alten «Neuprotestantismus» wiedererkennen wollte. Die ehemaligen Kampfgefährten konnten einander nicht mehr verstehen. Barth verglich scherzhaft Bultmann und sich mit einem
«Walfisch» und einem «Elefanten», «die sich an irgend einem
ozeanischen Gestade in grenzenlosem Erstaunen begegneten.
Vergeblich, daß der Eine seinen Wasserstrahl haushoch em-
porschickte. Vergeblich, daß der Andere bald freundlich, bald
drohend mit seinem Rüssel winkt. Es fehlt ihnen an einem ge-
meinsamen Schlüssel zu dem, was sie sich, ein Jeder von seinem Element aus und Jeder in seiner Sprache, offenbar noch so
gerne sagen möchten . . .»[6]

Im folgenden sollen einige Detailaspekte Bultmannscher
Theologie beleuchtet werden.

Was heißt eigentlich
Entmythologisierung?

Mit dem Namen Bultmann verbindet man assoziativ das
Stichwort «Entmythologisierung» – ein vieldeutiges Reiz-
wort, das erst selbst «entmythologisiert» werden müßte und
um das sich ein Nebeldunst widersprüchlicher Interpreta-
tionen angesammelt hat – ebenso wie um andere Schlüsselbe-
griffe seiner Theologie wie «existentiale Interpretation»,
«Glaube und Verstehen». Es gibt zu denken, daß der Jesuit
Karl Heinz Neufeld in der konservativen Zeitschrift «Stimmen der Zeit» im Anschluß an Bultmanns Entmythologisierung des Neuen Testaments sagen konnte: «Orthodoxes Wie-
derholen veralteter Formeln kann diktiert sein vom uneinge-
standenen Wunsch, die volle Konsequenz christlichen Glaubens zu umgehen und gleichzeitig das äußere Etikett zu wahren. Mythen können ‹Schutz› bieten vor der Wahrheit.»[7] Dabei
geht es Bultmann nicht so sehr um ein «Verpackungspro-
blem», sondern um die Sache, nicht um neue Begriffe, son-

dern um die Neuheit der Heilsbotschaft selbst. Dieses grundstürzend Neue, das sich in Jesus Christus ereignet, reißt den
Menschen vom Stuhl und schließt jede unbeteiligte Zu-
schauerhaltung aus. Hier ist er *drin* und nicht *draußen*. Hier ist
er selbst gemeint, nicht *irgend etwas*. Dies und nichts anderes
ist mit dem Begriff «Entmythologisierung» gemeint – nicht
etwa «Entfabelung», «Entrealisierung», «Abstrahierung» usw.
Dasselbe gilt von dem von Heidegger entlehnten Begriff «existentiale Interpretation», der ja den positiven Sinn der «Entmythologisierung» artikuliert. Existentiale Interpretation der
Bibel heißt mit anderen Worten: Komme ich selbst im Text
vor? Geht er mir unter die Haut – nicht nur unter den Anzug?
Betrifft er mich? Mit dem Begriff Mythos ist bei Bultmann ein
Geschehen gemeint, das ich neutral beobachten kann, in das
ich nicht existentiell einbezogen bin, das objektiv ist, das heißt
jedem zwingend nachgewiesen und von jedem nachkontrol-
liert werden kann, eben das Sichtbare, Gegenständliche, Verfügbare – im Gegensatz zum Subjektiven, das unsichtbar, un-
gegenständlich, unverfügbar und somit nicht kontrollierbar
ist, also – als das Unanschauliche – geglaubt werden muß.[8]
«Entmythologisierung» heißt – auf das Neue Testament ange-
wendet: Die Heilstat Gottes in Christus ist Wunder, das gegen
den Augenschein zu glauben ist, keine objektiv-allgemeingül-
tige Wahrheit, wo das Wagnis des Glaubens unnötig wäre;
keine gegenständliche, verräumlichte, zeitlich festgenagelte
und damit vergangene Sache, über die ich verfügen könnte,
sondern eben unverfügbares Geschenk, das sich je neu ereignet. Jesus ist kein «Es war einmal», sondern Gegenwart. Seine
Heilstat kein fernes, in seiner mythenalten Fremdheit rühren-
des Geschehen, das für mein eigenes Leben keine Bedeutung
hat, sondern Lebenswende. Der Vers des deutschen Mystikers
Angelus Silesius bringt treffend zum Ausdruck, was mit Entmythologisierung oder existentialer Interpretation gemeint
ist:

> «Wird Christus tausendmal
> In Bethlehem geboren
> Und nicht in dir: du bleibst
> Doch ewiglich verloren».

Ähnlich Jean Anouilhs Neufassung der biblischen Weih-
nachtsgeschichte in seinem Gedicht «Das Lied vom verlorenen
Jesuskind»: Das Jesuskind ist aus der Krippe von Bethlehem
verschwunden und wird überall gesucht. Die Menschen finden es nicht und rufen immer von neuem: «Wo bist du, Jesuskind?» Da hören sie plötzlich eine leise Stimme: «Ich bin im
Herzen der Armen», «Ich bin im Herzen der Kranken ...»

Soweit der positive Sinn von Entmythologisierung, deren
negativen Aspekt Bultmann folgendermaßen ausmacht: «Das
Weltbild des Neuen Testaments ist ein mythisches. Die Welt
gilt als in drei Stockwerke gegliedert» – Oberwelt, Welt und
Unterwelt. Dieses Weltbild ist für den heutigen Menschen vergangen.[9] Somit entfallen die nur innerhalb dieses Weltbildes
sinnvollen Aussagen des Neuen Testaments wie etwa die Himmelfahrt, Höllenfahrt, Auferstehung und Wiederkunft Christi
sowie seine Wunder.[10] Die Entmythologisierung macht allerdings halt bei dem «entscheidenden Heilsereignis» Jesus Christus, das von Bultmann im Unterschied zur liberalen Theologie unbedingt festgehalten wird.[11] «Ein blindes Akzeptieren
der neutestamentlichen Mythologie wäre Willkür.» Wer dies
täte, «wäre eigentümlich gespalten und unwahrhaftig. Denn
er würde für seinen Glauben, seine Religion, ein Weltbild bejahen, das er sonst in seinem Leben verneint.»[12] «Man kann nicht
elektrisches Licht und Radioapparat benutzen ... medizinische
und klinische Mittel in Anspruch nehmen und gleichzeitig an
die Geister- und Wunderwelt des Neuen Testaments glauben.»[13]

Doch der Mythos soll nicht eliminiert, sondern «existential
interpretiert» werden. Denn sein tiefer Sinn ist der, daß der
Mensch durch ihn ein neues Selbstverständnis bekommt –
nicht etwa der, über ein Weltbild Auskunft zu geben.[14] Die
Bibel ist kein naturwissenschaftliches Lehrbuch, sondern ein
Glaubensbuch. Bultmanns schonungslose Entrümpelung der
Mythen des Neuen Testaments zielt ja letztlich darauf ab nachzuweisen, daß das Neue Testament «Kerygma» oder Heilsbotschaft sein will, kein Informationssilo.

Seine «Kerygmatheologie» schafft dadurch allerdings einen
kritischen Auswahlraster: Alles, was mich im Neuen Testa-

ment nicht «anspricht» und mich nicht existentiell betrifft, scheidet für mich aus. «Existentiell irrelevante Ereignisse sind heil-los»[15] – wie etwa eine als Weltraumfahrt verstandene Himmelfahrt Jesu. In solchen Ereignissen kann ich mich nicht selber wiedererkennen in meinen Nöten und Hoffnungen und kein neues Selbstverständnis finden. Der Glaube glaubt an Gott, nicht an Peterchens Mondfahrt.

Die Entmythologisierungsdebatte

In der Debatte um Bultmanns Entmythologisierung wurde häufig in Schützengräben gefeuert, in denen der Gegner gar nicht stand. Karl Jaspers stößt sich an dem mythischen «Rest», den Bultmann wie ein Tabu von jeder Kritik ausnimmt, den wunderlichen Glauben an das ausschließlich in Jesus Christus vollbrachte «Heilsgeschehen». Während Jaspers ihm eine «unbewegliche Orthodoxie» vorwirft[16], erblicken konservative Kritiker wie etwa Walter Künneth in Bultmanns Programm nur eine schlechte Neuauflage der liberalen Theologie. Mit Helmut Thielicke meint er, Bultmann rühre mit seinem Konzept an die «Fundamente der Kirche», sein Programm sei keine Theologie mehr, sondern eine mit theologischen Zierleisten ausgestattete Philosophie, also schlicht ein Betrugsunternehmen, Glaube sei in dieser «Pseudotheologie» zur «Autosuggestion» und «Illusion» entartet.[17] Ähnlich Ernst Kinder, der ebenfalls den «Rationalismus»-Vorwurf erhebt und – wie die deutsche lutherische Generalsynode – den Tatsachenschwund und Realitätsverlust in Bultmanns Wort-Theologie beklagt. Bultmann vertrete ein «Aktum ohne Faktum», das heißt das «Aktuelle» auf Kosten des «Faktischen».[18] Auch von anderen wird ihm unterstellt: Die objektiven Heilstatsachen von damals würden ins Kerygma der Predigt hinein aufgelöst, an die Stelle des Heilsgeschehens trete das Wort, bzw. das Wort sei das einzige Heilsgeschehen, die Form sei selbst der Inhalt, und die Späne seien sozusagen wichtiger als das Brett. Die Bibel werde unter dem Vorschaltfilter: ‹Brauchbar ist nur, was existentiell nachvollziehbar ist› zum psychologischen Reiztext umfunktioniert. Im Grunde ginge es nur um den Versuch, dem verbrauchten Sprachmaterial der Bibel neuen Reiz zu ent- locken und so durch eine Art Räumungsschlußverkauf zu her- abgesetzten Preisen für das Evangelium doch noch einen Markt zu finden. Und am Ende dieser aus einer Torschlußpa- nik resultierenden Verzweiflungstheologie stünde die Selbst- umarmung der Sprache oder des Glaubens, eines Glaubens, der an sich selbst glaubt, weil er keinen archimedischen Punkt außerhalb mehr hat, an den er sich halten kann.

Dabei wird die Darstellung der Bultmannschen Theologie häufig auf die Kritik hin präpariert. Auch Barth, der sich um eine sachliche Auseinandersetzung mit seinem Freund Bult- mann bemüht, steht seinem Konzept verständnislos gegen- über. Er erkennt vor allem nicht, warum Bultmann das «Ver- stehen» des Neuen Testaments so wichtig ist. Das «Wort Got- tes», so Barth, sei eine «neue, fremde, seinem ganzen Verste- henkönnen zuwiderlaufende ... Wahrheit». «Glaube ich», so Luthers Kleiner Katechismus, «nicht aus eigener Vernunft und Kraft, wie soll ich dann *verstehen* können?»[19]

Der besonders oft gegen Bultmann erhobene Rationalis- musvorwurf ist vor allem durch seine Deutung des Glaubens als «Verstehen» provoziert. Doch der von Wilhelm Dilthey übernommene geisteswissenschaftliche Begriff «Verstehen» hat bei diesem nicht einen bloß *rationalen,* sondern – im Unter- schied zum naturwissenschaftlichen «Erklären» – einen *emotio- nalen* Sinn. Verstehen heißt bei Dilthey soviel wie nacherleben, sicheinfühlen, lieben[20] – und in der Heideggerschen (existenz- philosophischen) Umdeutung ein Selbstverständnis bekom- men, sich selbst entwerfen.[21] Mit Dilthey sieht Bultmann im Lebensverhältnis des Interpreten zu seinem Text die unabding- bare Voraussetzung, ihn zu verstehen.[22] Es geht Bultmann, wie Dilthey, um den «Lebenswert» von Glaubenssätzen[23], sie müssen mir persönlich etwas bedeuten, mich existentiell ange- hen. Nur so kann ich durch sie zu mir selbst finden. Er schreibt: «Verstehen ist etwas anderes als rational erklären.» Man kann zum Beispiel «verstehen», was «Freundschaft, Treue und Liebe» sind, aber nicht rational erklären; ähnlich beim «Glauben an Gott».[24] Bultmann denkt wie Dilthey auf

zwei verschiedenen Ebenen, die nicht miteinander konkurrieren, die objektive und die existentiale, die gegenstandserfas-
sende und personbezogene. Obschon einer der radikalsten Hi-
storiker, verficht Bultmann gegen die herkömmliche liberale
Theologie die Unabhängigkeit des *Glaubens* von wissenschaftlichen Ergebnissen. Die «Nichtausweisbarkeit» des Glaubens
ist geradezu seine «Stärke».[25] Glaube ist die totale Entsiche-
rung und ein Wagnis. «Der Vorwurf, daß die Entmythologisierung das Evangelium ‹wissenschaftsfähig› machen wolle . . .
ist unsinnig.» Indem sie «durch ihre Kritik am Weltbild der
Bibel den Anstoß beseitigt, den dieses für den modernen Menschen notwendig bietet, legt sie gerade den *echten Anstoß* frei,
der dem modernen wie jedem Menschen in der Bibel begegnet. Der Anstoß besteht darin, daß Gottes Wort den Menschen
aus all seiner Angst wie aus all seiner selbstgeschaffenen Sicherheit zu Gott ruft und damit in seine eigentliche Existenz –
und eben damit auch in die Freiheit von der Welt . . .»[26] Bultmann will das «Ärgernis» des Evangeliums (1. Kor. 1,23) nicht
*ent*schärfen, sondern umgekehrt gerade *ein*schärfen. Es geht
hier nicht um Modernismus, um eine Modetheologie, die ihren schnellen Markt findet, weil sie das jeweils Neueste back-
warm und lackfrisch «verkauft».

Nicht *daß* Bultmann die Bibel entmythologisiert, ist bedenklich, sondern *was* er in ihr entmythologisiert. Denn die
Bibel entmythologisiert sich sozusagen selber, wie zum Beispiel im Psalm 139,5ff, wo die räumliche Gottesvorstellung
überwunden wird: «Du umgibst mich von allen Seiten und
legst deine Hand auf mich. Wohin soll ich gehn vor deinem
Geist, wohin vor deinem Antlitz entfliehen? Steige ich hinauf
in den Himmel, so bist du dort; bette ich mich in der Unterwelt – auch da bist du. Nähme ich die Flügel des Morgenrots
und lasse mich nieder am äußersten Meer, so würde auch dort
deine Hand mich ergreifen . . .»

Die Entmythologisierung des Gottesglaubens
oder die Verborgenheit Gottes

Das bleibende Recht des Bultmannschen Entmythologisierungsprogramms wird nirgends so evident wie in seiner Gotteslehre, die bei ihm einen achsialen Rang einnimmt [27] und von der her allein seine Theologie gedeutet werden kann. Bultmann schreibt: «Kein erwachsener Mensch stellt sich Gott als ein oben, im Himmel vorhandenes Wesen vor; ja den ‹Himmel› im alten Sinne gibt es für uns gar nicht mehr. Und ebensowenig gibt es die Hölle, die mythische Unterwelt unterhalb des Bodens, auf dem unsere Füße stehen ...» [28] Doch was bedeuten diese biblischen Bilder, wenn man sie existential interpretiert? «Gott wohnt im Himmel» heißt soviel wie: er ist «transzendent»* oder er ist ganz anders – näherhin «Über der Welt ist die Welt der Sterne, des Lichts, welches das Leben der Menschen hell ... macht». «Die Vorstellung von der Hölle» drückt umgekehrt die «Transzendenz des Bösen» aus. Das Böse überschreitet alles Begreifen, es ist etwas Unbegreifliches – wie Gott. Wie der Himmel das Licht symbolisiert, das unser Leben erhellt, so ist die finstere Unterwelt das Sinnbild für das Böse, das es verdunkelt. [29]

Doch der tiefere Grund der Entmythologisierung des Gottesglaubens scheint ein anderer zu sein: Entmythologisierung will verhindern, «Gott und sein Handeln zu vergegenständlichen». Dadurch dient sie dem Glauben. «Denn sie ruft den Glauben zu einem ernsthaften Bedenken seines Wesens», Glaube *gegen* den Augenschein zu sein. «Die Unsichtbarkeit Gottes schließt jeden Mythos aus, der Gott und sein Handeln sichtbar zu machen versucht.» Gott ist unsichtbar und der Glaube an ihn folglich ein Wagnis aufs Unsichtbare (vgl. Hebr. 11,1; 2. Kor. 5,7; Joh 20,29). Wer an Gott glaubt, «steht sozusagen in einem Vakuum», und er gibt jede Sicherheit auf, sowohl die, die auf «guten Werken», wie die, die auf verfügbarem «Wissen» beruht. Durch die Entmythologisierung will ja

---

* wörtlich: die Welt überschreitend (lat. transcendere = hinüberschreiten), außerweltlich

der Lutheraner Bultmann die paulinisch-reformatorische Lehre von der Rechtfertigung des Sünders allein aus Glauben auf «das Gebiet des Wissens und Denkens» anwenden.[30] Mit «Rechtfertigung» ist bei Paulus der Freispruch des Schuldigen, nicht des Unschuldigen gemeint, soweit er glaubt, daß Gott ihm die Schuld erläßt und Gnade vor Recht ergehen läßt (Röm. 3,20–28). Allein der Glaube erreicht Gott, nicht die auf Werke pochende Leistung – auch nicht die durch wissenschaftliche Ergebnisse abgesicherte Denkleistung. Hier werden dem Menschen alle Stützen weggezogen, und der muß es wagen, nur noch zu glauben.

Das eigentliche theologische Interesse, das Bultmann mit seinem Entmythologisierungsprogramm verfolgt, ist somit die *Verborgenheit* Gottes. Immer wieder betont er: Gottes «Handeln» ist «verborgen». «Wer denkt, man kann von Wundern als einem aufweisbaren Geschehen sprechen, das man beweisen kann, verstößt gegen den Gedanken, daß Gott auf versteckte Art handelt. Er unterwirft das Handeln Gottes der Kontrolle objektiver Beobachtung», und damit der wissenschaftlichen Kritik.[31] Gott wäre dann das «gasförmige Wirbeltier», das Ernst Haeckel belächelt hat. «Das Handeln Gottes» bezieht sich nicht «auf ein Geschehen, das ich bemerken kann, ohne selbst in das Handeln hineingezogen zu sein als in Gottes Handeln...»[32] Ich kann von Gottes Handeln nicht neutral und allgemein sprechen, sondern nur in persönlicher Betroffenheit.[33] Schon in einem früheren Aufsatz meint Bultmann: «Von Gott reden» heißt «von sich selbst reden».[34] Man könne nicht «*über* Gott reden». «Denn jedes ‹Reden über› setzt einen Standpunkt außerhalb dessen, worüber geredet wird, voraus. Einen Standpunkt außerhalb Gottes aber kann es nicht geben, und von Gott läßt sich deshalb auch nicht in allgemeinen Sätzen, allgemeinen Wahrheiten reden, die wahr sind ohne Beziehung auf die konkrete existentielle Situation des Redenden.» «Man kann über Gott sinnvoll so wenig reden wie man über Liebe reden kann.» «Auch über Liebe kann man nicht reden, es sei denn, daß dies Reden über Liebe selber ein Akt des Liebens wäre.»[35] Der kalt berechnende Verstand ist Gott gegenüber so untauglich wie gegenüber der Liebe zwischen Mann und Frau.

Doch folgt daraus nicht, «daß Gottes Handeln bar von objektiver Wirklichkeit ist, daß es eingeengt ist auf rein subjektiv
psychologische Erlebnisse, daß Gott nur existiert als ein inner-
seelischer Vorgang, während Glaube doch nur dann einen
wahren Sinn hat, wenn es Gott auch außerhalb des Glaubenden gibt?» Doch «aus der Feststellung, daß von Gott reden von
mir selbst reden heißt, folgt keineswegs, daß Gott nicht außerhalb des Glaubenden ist». Denn Glaube erwächst im zwischenmenschlichen wie religiösen Bereich aus «Begegnungen».[36] Begegnungen, die freilich nicht von Außenstehenden –
sozusagen fotografisch – wahrgenommen werden können,
sondern nur von den Begegnenden selbst.

Der entmythologisierte Glaube glaubt Gott zwar außerhalb
des Glaubens, aber nicht außerhalb der Welt wie der mythische. Für den modernen Menschen wäre – wie der späte Bultmann im Anschluß an Bonhoeffer schreibt – «der Gedanke eines Gottes oberhalb oder jenseits der Welt» unvollziehbar.
«Nur der Gottesgedanke, der im Bedingten das Unbedingte,
im Diesseitigen das Jenseitige, im Gegenwärtigen das Transzendente suchen und finden kann», ist für ihn «möglich».[37]
«Es gibt keine Flucht aus der Welt in ein Jenseits, sondern Gott
begegnet im Diesseits.»[38] Dem viel mißdeuteten Versuch seines Schülers Herbert Braun, Gott als «das Woher meines Um-
getriebenseins» im Alltag meines Lebens zu verstehen, kann
Bultmann von diesem Ansatz her zustimmen.[39] Brauns Formel hat den Sinn, Gott begegnet überall dort, wo der Mensch
sich unbedingt gefordert und beschenkt weiß, wo er «außer
sich» ist in dem doppelten Sinn des Wortes, wo sich Außerall-
tägliches mitten im Alltag, Unselbstverständliches mitten im
Selbstverständlichen ereignet: etwa wenn zwei Feinde sich
nach Jahren wieder grüßen, wenn mir ein Mensch, dem ich
schweres Unrecht getan habe, vergibt, oder wenn ich um eine
Handbreit einem Verkehrsunfall entging.

Gott als die Macht,
die den Menschen begrenzt

Im Unterschied zu Barth bejaht Bultmann eine – wenn auch vage – Gottesahnung, die jeder Mensch spürt, eine «natürliche Offenbarung in der Schöpfung» (Röm. 1,19f), auf Grund derer der Mensch um sich und dadurch um Gott weiß.[40] Gott hat so einen Resonanzboden beim Menschen. Bultmann knüpft an diese natürliche Offenbarung an, um Gott dem säkularisierten modernen Menschen evident zu machen. In einer bemerkenswerten Weise geschieht diese existentiale Interpretation des Gottesglaubens in dem wenig beachteten Aufsatz aus dem Jahr 1931 «Die Krisis des Glaubens». Bultmann schreibt hier: «Jedes menschliche Dasein weiß ... um seine Begrenztheit.» «So wenig es sich selbst geschaffen hat, so wenig hat es sich selbst in der Verfügung. Nie ist es fertig; stets wird es umgetrieben von der Sorge, die es immer an seine Grenze, seine Unfertigkeit erinnert.» Die «dunkle Macht, die dem Menschen seine Grenze setzt ... ist Gott».[41]

Das menschliche Leben wird umgetrieben von «der Sehnsucht nach dem Wahren und Schönen oder auch nur von jener unbestimmten Sehnsucht, die in der ‹tiefsten Mitternacht› erwacht, und in der es deutlich wird: ‹alle Lust will Ewigkeit, will tiefe, tiefe Ewigkeit›. Und dem menschlichen Dasein ist doch auch auf all seinen Höhepunkten diese Ewigkeit der Lust oder diese Lust der Ewigkeit nicht beschieden. Ja, kennt es überhaupt Stunden, in denen es zum Augenblicke sprechen könnte: ‹verweile doch, du bist so schön›! Und wenn: der Augenblick verweilt eben nicht.» Gott ist die Macht, die diese «Sehnsucht scheitern läßt».[42]

«Manches Leben ist arm, manches reich an ... Liebe. Aber auch das reiche Leben weiß von einer letzten Einsamkeit ...» «Die Macht, die den Menschen in die letzte Einsamkeit stößt, ist Gott.»[43]

Bultmann holt mit diesen Sätzen den heutigen Menschen dort ab, wo er steht. Bei der Erfahrung einer absurden Schicksalsmacht. Kafka hat wie keiner diese unbegreifliche und ungreifbare Macht erspürt, der der Mensch auf Leben und Tod

ausgeliefert ist, ohne zu wissen, warum («Der Prozeß», «Das
Schloß», «Das Urteil», «Der Heizer»). Immer wieder scheint
der Mensch an seinen dunklen Eigentümer zurückzufallen – wie
ein im Netz gefangener Fisch. Wer der Fischer ist, weiß er nicht.
Das Erzittern vor dieser dunklen Schicksalsmacht ist der Anfang aller Religion. Die lauwarme Limonade der «Lieber Gott»-
Frömmigkeit ihr Ende. Ebenso das dreiste Befingern des unbegreiflichen Geheimnisses durch eine je schon Bescheid wis-
sende und auf alles eine Antwort habende Theologie!

Gott als die Macht, die die Begrenztheit
des Menschen durchbricht

Bultmann fragt: «Warum nennen wir diese dunkle Macht», die
uns begrenzt, «Gott»? Doch «gilt es nicht, dem Rätsel, dem
Dunkel gegenüber mit einem ‹Dennoch› am Sinn des Lebens
festzuhalten?» Für Bultmann macht dieses «Dennoch» den ganzen «Sinn des Gottesglaubens» aus. Der Glaube ist nichts anderes als «der Mut, jenes dunkle Rätsel, jene souveräne Macht als
Gott zu bezeichnen, als meinen Gott. Es ist der Mut, zu behaupten, daß im Wissen um diese Macht jedes Dasein seinen Sinn
gewinnt, daß mir im Wissen um diese Macht auch meine Zugehörigkeit zu ihr aufgeht ... »[44] Jeder Mensch hat ein «Wissen ...
um sich selbst, um sein Gefordert-, sein Unterwegssein, um
seine ständig vor ihm liegende Eigentlichkeit». Ein Wissen
darum, daß er nie der wird, der er eigentlich ist, daß er sich nie
erreicht, obschon er sich dauernd überholt. Gott ist «die Macht,
die diese Begrenztheit des Menschen durchbricht» und ihn zu
seiner «Eigentlichkeit» bringt.[45] Durch Gott findet der Mensch
sein Selbst, findet er sich selbst, durch ihn erst kommt er zu
seiner Selbstverwirklichung. Der Glaube an ihn bringt den
Menschen nicht – wie Oscar Wilde in seinem «Dorian Gray»
meint – um seine «Selbstentfaltung», so daß er «zum Echo der
Musik eines anderen» wird sowie zum «Darsteller einer Rolle,
die nicht für ihn geschrieben wurde».[46] Durch ihn erst kann der
Mensch seine eigene Rolle voll ausspielen.

   Gott ist für Bultmann «der ferne und der nahe» zugleich[47], Es und Du in einem. Der Glaube steht und fällt damit, daß ich aus dem Es das Du herausglaube, besser gesagt: das Du gegen das Es als Du glaube, sosehr er ein Wagnis gegen den Augenschein ist, eben ein Sprung ins Dunkle, nicht der Griff nach einer Astralhand.

Und worin besteht das spezifisch Christliche des Glaubens an Gott? Eben in diesem Du, das aus dem Schweigen herausgeglaubt wird. Das Spezifikum des Christentums ist *Christus,* der das *Wort Gottes* ist, durch das Gott sein Schweigen bricht und mit uns spricht.[48]

Es geht um keinen allgemeinen Gottesglauben, sondern um einen speziellen. Wir können *von* Gott nur sprechen, wenn er *mit* uns spricht, uns in Christus *freispricht.* Oder mit Wilhelm Herrmann, Bultmanns Lehrer, gesagt: «Von Gott können wir nur sagen, was er an uns tut.»[49]

Das Inkognito Jesu

Die geheime Achse der Bultmannschen Theologie, um die auch seine Christologie rotiert, ist – wie wir sahen – der *gegen* den Augenschein zu glaubende, weil *verborgene* Gott. Dieses Glaubensverständnis basiert auf dem Neuen Testament, wo «Glauben» und «Schauen» sich ausschließen (Joh. 20,29; 2. Kor. 5,7) und wo der «Glaube» als «Überzeugung von dem, was man nicht sieht» definiert wird (Hebr. 11,1). Wenn aber *Gott* als der verborgene geglaubt werden muß, dann muß auch das *Wort Gottes:* Jesus Christus als etwas Verborgenes geglaubt werden. Der christologische Basissatz des von Bultmann besonders geschätzten Johannesevangeliums: «Das Wort ward Fleisch» (Joh. 1,14) artikuliert daher seiner Meinung nach eine «Paradoxie»: Gott verbirgt sich unter dem Gegenteil (Luther), er versteckt sich in dem unscheinbaren Zimmermann von Nazareth, der eine Chiffre Gottes ist. Jesus ist als das Wort Gottes «nicht ausweisbar», er kann sich nicht durch Beweise «legitimieren» als der, «in dem Gott selbst begegnet». Man muß es auf ihn wagen. Mit Kierkegaard spricht Bultmann daher vom «Inkognito Jesu».[50] Das Wort Gottes, das Jesus Christus ist, versteht nur der, der die Geheimsprache der Liebe Gottes kennt. Nur der Liebende versteht die Sprache der Liebe, der neutral Außenstehende nimmt sie nicht wahr.

Als Inkognito Gottes entzieht sich Jesus allen wissenschaftlichen Beweisen, die ihn aus der neutralen Abstandshaltung des unbeteiligten Beobachters verifizieren wollen. Die Jesusforschung der liberalen Theologie, die mit solchen Beweisen arbeitete und auf diese Weise den «historischen Jesus» rekonstruieren wollte, wird von Bultmann scharf attackiert. «Die Welt, die der Glaube erfassen will, wird mit der Hilfe der wissenschaftlichen Erkenntnis überhaupt nicht erfaßbar»[51], denn sie liegt auf einer ganz anderen Ebene. Bultmann kommt selber als Jesusforscher zu dem Schluß, «daß wir vom Leben und von der Persönlichkeit Jesu so gut wie nichts mehr wissen können, da die christlichen Quellen sich dafür nicht interessiert haben»[52]. Der historische Jesus «geht uns nichts an»[53], für den Glauben zählt alleine der heutige Christus.[54] Der Glaube hält sich an den unsichtbaren, nicht an den sichtbaren Jesus, sosehr der Mut, aufs Unsichtbare zu setzen, das Wesen des Glaubens ausmacht. Die Rückfrage nach dem historischen oder sichtbaren Jesus wäre das Ende des Glaubens. Der Glaube wäre nicht Glaube, hätte er eine Stütze außerhalb seiner selbst. Er stützt sich nur auf sich selbst.

Bultmann hat darin unbedingt recht, daß der Glaube nicht von der Jesusforschung abhängig ist, sondern von Jesus. Die historische Jesusforschung hat keine *konstitutive,* sondern eine *korrektive* Bedeutung für den Glauben, sie kann für ihn nicht Weg zu Jesus sein, aber sie kann ihm Hindernisse aus diesem Weg räumen. Bleibt zu fragen: Kann man in der Weise, wie das Bultmann tut, den historischen und den heutigen Jesus und somit das Sichtbare und Unsichtbare platonisch auseinanderreißen? Kann man das Sichtbare derart abqualifizieren, wenn sich in ihm das Unsichtbare verbirgt und birgt? Bekommt es nicht als Hülle des Unsichtbaren eine enorme theologische Relevanz?

Wenn der Mann von Nazareth ohnehin nur Chiffre Gottes ist, wird sein Leben irrelevant. Bultmann interessiert an ihm nur, *daß* es ihn gab, sein «Daß».[55] Heinz Zahrnt fragt zu Recht zurück: Gibt es ein «Daß» ohne ein «Wer, Wie, Wo, Wann und Was»?[56] Die Linie, die das Wirken Jesu im Neuen Testament von der Geburt bis zu seiner Wiederkunft beschreibt, schrumpft hier zum abstrakten, mathematischen Punkt des «Daß». Hat Christi Tun im Neuen Testament nicht mindestens *zwei* Punkte, mit denen das Heil steht und fällt: Kreuz und Auferstehung?

Diese beiden Angelpunkte des christlichen Glaubens, die für Bultmann zu einem einzigen Punkt verschmelzen, erfahren nun bei ihm eine tiefgreifende Umdeutung: «Die Rede von der Auferstehung Christi» ist nichts anderes als «der Ausdruck der Bedeutsamkeit des Kreuzes». Das heißt, Auferstehung ist nicht etwas für sich Bedeutsames. Sie besagt nur, was das Kreuz bedeutet. Sie ist somit Gleichnis, keine Wirklichkeit; Gleichnis dafür, was am Kreuz geschah: die Entmachtung des Todes.[57] «Der Auferstehungsglaube ist nichts anderes als der Glaube an das Kreuz als Heilsereignis.»[58] Die Auferstehung darf nicht als «beglaubigendes Mirakel»[59] und als sensationelle Zauberhandlung mißdeutet werden. Ein «mirakulöses Naturereignis wie die Lebendigmachung eines Toten» könnte der moderne Mensch «nicht als ein ihn betreffendes Handeln Gottes verstehen».[60]

Wie die Auferstehung ist das Kreuz kein «Ereignis der Vergangenheit, auf das man zurückblickt», sondern «Gegenwart», kein historisch nachweisbares Faktum, wo der Glaube unnötig wäre, sondern etwas, was mich unausweichlich in die Entscheidung des Glaubens ruft. Ein Christusarchiv mit Fotos und Tonbändern vom historischen Jesus wäre das Ende des Glaubens, der ja ein Wagnis gegen den Augenschein sein will. «An das Kreuz glauben, heißt nicht, auf einen mythischen Vorgang blicken, der sich außerhalb unser und unserer Welt vollzogen hat, auf ein objektiv anschaubares Ereignis, das Gott als uns zugute geschehen anrechnet, sondern an das Kreuz glauben heißt, das Kreuz Christi als das eigene übernehmen, heißt, sich mit Christus kreuzigen lassen.» Es ist kein Gegenstand sentimentaler Erinnerung, sondern etwas, was mich hier und heute in Beschlag nimmt.[61]

Die im Neuen Testament vertretene Sühneopfervorstel-

lung, wonach Christus am Kreuz durch sein Blut stellvertretend für die Sünden der Menschheit gesühnt hat, hält Bultmann daher für «primitive Mythologie», die der heutige
Mensch existentiell nicht nachvollziehen kann.[62]

Dieser christologische Kahlschlag darf freilich nicht darüber
hinwegtäuschen, daß Bultmann – im Unterschied zur liberalen Theologie – entscheidende Essentials traditioneller Christologie festhält, wie etwa, daß Christus der einzige Heilbringer ist und daß Gott selber in ihm begegnet. Christus ist nicht
nur – wie häufig in der liberalen Theologie – ein vorbildlicher
Mensch, sondern er ist Gott. Sosehr die «Gottheit» Christi
nicht zu einer vergangenen Tatsache «verobjektiviert» werden
darf, sie ist «immer nur je Ereignis», keine historische Kon-
serve.[63] Anders ausgedrückt: Christus ist Gott, weil er hilft,
nicht: er hilft, weil er Gott ist.

Zuzustimmen ist Bultmann auf jeden Fall vom Neuen Testament her darin: Jesus ist kein fernes Märchen, sondern Gegenwart, der Glaube an ihn keine erinnerungsschwere Senti-
mentalität, sondern eine Entscheidung, die je jetzt zu treffen
ist. Kritisch einzuhaken wäre vor allem bei Bultmanns De-
montage der neutestamentlichen Sühneopfer- und Auferste-
hungsvorstellung, die meines Erachtens existentiell nachvollziehbar sind und die er zu Unrecht zu kruden Absurditäten
verunstaltet hat. Die Tatsache, daß Gott sich stellvertretend für
den Menschen ans Kreuz nageln läßt und sich nicht – wenn er
ihn erlöst – mit einem mühelos vom Himmel herab gesproche-
nen Wort der Vergebung begnügt, müßte ihn doch existentiell
betreffen und betroffen machen. Ebenso die Auferstehung
Jesu, durch die für einen Moment ein schmaler Türspalt zur
heilen Welt Gottes geöffnet wird, in der er – wie es im letzten
Buch der Bibel heißt – «alle Tränen abwischen wird ... und der
Tod nicht mehr sein wird, noch Leid und Geschrei noch
Schmerz ...» (Offenb. 21,4). Die christliche Auferstehungshoffnung ist kein metaphysischer Hokuspokus und keine
Jenseitsvertröstung, sondern der Glaube an die Heilung des
Diesseits. Die englische Schriftstellerin Dorothy Leigh Sayers
bringt auf den Punkt, was mit Auferstehung gemeint ist, wenn
sie schreibt: «Die Leute, die den auferstandenen Christus

sahen, waren jedenfalls überzeugt, daß das Leben wert ist, gelebt zu werden, und daß der Tod nichtig ist; eine sehr andere
Haltung als die des modernen Defätisten, der so fest überzeugt
ist, daß das Leben ein Unglücksfall und daß der Tod – ein biß-
chen inkonsequent – eine noch größere Katastrophe sei.»[64] Im
Auferstehungsglauben äußert sich der Wunsch des Menschen,
sich selbst zu überleben, und die Erfahrungstatsache, daß er
sich mit seiner Endlichkeit nicht abfindet. Sinn und Zweck der
Auferstehung ist nach Paulus die «Unverweslichkeit» und
«Unsterblichkeit» (1. Kor. 15, 52 und 53). Neutestamentlicher
Auferstehungsglaube ist Glaube an das ewige, sprich unzerstörbare Leben. Auferstehung ist so gesehen ein unentbehrli-
ches Sehnsuchtsmuster des Menschen. Sie ist keine aufgenö-
tigte Jenseitsdressur, sondern etwas, was der Mensch zuinnerst
will und braucht, um Mensch zu bleiben. Wenn es wahr ist,
daß der Mensch im Unterschied zum Tier das Hoffnungswesen ist (Ernst Bloch), das Wesen, das sich stets selbst überholt,
das immer unterwegs ist zu sich, dann kann er eigentlich gar
nicht anders, als an eine Auferstehung glauben. Es sei denn, er
erreicht letzte Sinnerfüllung und Selbstverwirklichung schon
vor dem Tod, was der Erfahrung widerspricht. Auferstehung
ist Glaube an das Leben als unveräußerlicher Grundwert, der
nicht fremden Zwecken preisgegeben werden darf, ist Glaube,
daß das Leben selbst der Sinn des Lebens ist.

Der Glaube an das bessere Leben und an die unzerstörbare
Identität des Menschen erscheint unvorstellbar. Doch die neue
Welt kann nicht mit den Vorstellungsmitteln der alten Welt
erfaßt werden, sonst wäre sie nichts Neues, sondern Neuauflage des Alten. Der Auferstehungsglaube ist – wie der Glaube
überhaupt – Wagnis gegen den Augenschein, keine metaphysische Vollkaskoversicherung.

Die Zukunft als Gegenwart

Bultmann entmythologisiert vor allem die christliche Eschatologie oder Lehre von den letzten Dingen. Die traditionelle
Eschatologie kennt eine ganze Reihe solcher letzter Dinge wie

etwa die Auferstehung der Toten, die Wiederkunft Christi, das Jüngste Gericht, das Weltende und die Weltvollendung, das ewige Leben. Diese «mythische Eschatologie» ist für Bultmann schon durch die einfache Tatsache «erledigt», daß diese letzten Dinge entgegen ihrer neutestamentlichen Voraussage nicht eingetroffen sind und «daß die Weltgeschichte weiterlief und – wie jeder Zurechnungsfähige überzeugt ist – weiterlaufen wird».[65] Im Gegensatz zur herkömmlichen Eschatologie, die das Endgericht und Endheil in der Zukunft erwartet, ereignet es sich nach Bultmanns Meinung *schon jetzt* in der *Gegenwart*. Von seinem existentialistischen Ansatz her, wonach sich im Augenblick des *Je-jetzt* alles entscheidet, vertritt Bultmann eine präsentische, keine futurische Eschatologie. Im Moment ist das Ganze enthalten wie in der Eichel die Eiche. Im Moment der Entscheidung des Glaubens. Durch den Glauben an Jesus hat der Mensch *schon jetzt* das ewige Leben und die Welt geht für ihn *schon jetzt* zu Ende. Das alles vollzieht sich im Verborgenen und nicht als spektakuläres Abrakadabra. Der Glaube wartet nicht auf ein Reich blauer Zitronen und auf ein eschatologisches Prachtfinale, er glaubt – gegen den Augenschein –, daß die Zukunft verborgen gegenwärtig ist im Wort des Kerygmas. Gott kommt ganz unauffällig und inkognito in seinem Wort, nicht mit apokalyptischem Getöse; und er kommt ganz bestimmt zu dem, der es glaubt – sosehr er in dem konkreten Menschen Jesus von Nazareth begegnet und kein illusionärer Godot ist. Er läßt nicht wie dieser den Menschen auf sich warten, sondern er wartet auf ihn.

Bultmann stützt sich mit seiner Gegenwartseschatologie auf Aussagen des Paulus und Johannes.[66] 1. Kor. 5,17 schreibt Paulus: «Ist einer in Christus, so ist er ein neues Geschöpf. Das Alte ist vergangen, Neues ist geworden.» Joh. 5,24f sagt Jesus: «Wer mein Wort hört und dem glaubt, der mich gesandt hat, der hat das ewige Leben und er kommt nicht ins Gericht, sondern ist aus dem Tod zum Leben übergegangen.» Bultmann trägt dem freilich nicht Rechnung, daß Paulus und Johannes neben dieser Gegenwartseschatologie auch sehr deutlich eine Zukunftseschatologie vertreten (z. B. 2. Kor. 5,10; Joh. 5,28).

Besonders gern beruft sich Bultmann für seine Gegenwartseschatologie auf 1. Kor. 7,29–31, wo Paulus angesichts einer «bevorstehenden Katastrophe» den Christen einschärft, sie sollten alles, was sie besitzen, «haben», «als ob» sie es nicht «hätten». In diesem paradoxen «Als ob» kommt nach Bultmann die «Entweltlichung»[67] des Glaubens zum Ausdruck, seine innere «Distanz zur Welt». «Alles Innerweltliche ist für ihn in die Indifferenz des an sich Bedeutungslosen hinabgedrückt.»[68] Das sozialethische Defizit in Bultmanns Theologie rührt zweifellos von diesem Konzept des Glaubens als Entweltlichung her. Da die Welt für den Christen nicht «Heimat, sondern Fremde»[69] ist, zählt nur noch der einzelne, der in einer «letzten radikalen Einsamkeit vor Gott steht».[70] Ein Individualismus, der leicht in einen unsozialen Heilsegoismus entartet, wie man Bultmann unterstellte.

Aus der «Entweltlichung» des Glaubens (1. Kor. 7,29–31) folgt nach Bultmann ein «neues Verständnis des Leidens». «Im Leiden wird der Mensch zu sich selbst gebracht»[71]; durchs Leid wird er mit sich selbst konfrontiert und sich seiner selbst bewußt, nachdem er sich vielleicht jahrelang dumpf und bewußtlos treiben ließ. Aus der christlichen Distanz zur Welt erwächst nach Bultmann ein «Humor», durch den die Welt ihren letzten Ernst verliert. Diese «heitere Distanz zur Welt» ist nicht «Resignation», sondern eine innere «Freiheit», die aus der «Erfahrung des Scheiterns» kommt.[72]

Es ist Bultmanns Verdienst, die Gegenwärtigkeit und Augenblicklichkeit christlicher Eschatologie wiederentdeckt zu haben. Nach dem Neuen Testament ist die neue Welt Gottes aber Gegenwart und Zukunft *zugleich*. Das entspricht menschlicher Erfahrung, derzufolge der Mensch *diesseits* des Todes letztes Glück nicht erreicht und letzte Sinnerfüllung nicht erzielt. Bultmanns exklusive Gegenwartseschatologie setzt sich über diese Menschheitserfahrung hinweg und steht so in Gefahr, demselben Illusionismus zu verfallen, den er einer bloßen Zukunftseschatologie mit Recht vorwirft. Hans Kudszus bringt diese Erfahrung auf die treffende Formel: «Die Hölle ist immer Gegenwart, der Himmel immer Zukunft.»

Fazit

Unter anderem wäre vorab kritisch rückzufragen: ob der Bildersturm der Entmythologisierung dem *Menschen* wirklich gerecht wird, der doch gerade durch *Bilder* existentiell angesprochen wird, weil sie die archetypische Bilderwelt in der emotionalen Tiefenschicht seines Unbewußten zu heben vermögen und ihn dadurch elementar erfassen. Die Tiefenpsychologie hat nachgewiesen, daß der Mensch nicht ohne Bilder, Symbole und Mythen leben kann. Eine *Um*mythologisierung statt einer *Ent*mythologisierung – ein Austausch der biblischen Bilder gegen zeitnahe, nicht ihre Ausmerzung – wäre der existentialen Interpretation jedenfalls zweckdienlicher gewesen. Man muß weiter fragen, ob Bultmann nicht in seiner Gotteslehre ungewollt so eine Ummythologisierung vornimmt?

Doch es geht bei der Entmythologisierung nicht nur um ein Sprach-, sondern um ein Sach-Problem. Es geht darum, daß – ähnlich wie in der atonalen Musik und ungegenständlichen Malerei, mit denen sie oft verglichen wurde – das *Wesen einer Sache* freigelegt wird. Die *unbestechliche Sachlichkeit* Bultmanns ist ja – vielleicht nicht zuletzt wohl deshalb – ein Grundzug seines Denkens, die ihn – etwa in seiner Haltung im Dritten Reich – davor bewahrt hat, der Tagesmode zu verfallen. Sie prägt nicht zuletzt seinen Stil. Im Unterschied zu vielen brokatenen Schwätzern ohne Fond schielt die Sprache Bultmanns nicht nach dem Leser. Wichtiges wird fast beiläufig und tiefstapelnd gesagt. Ausgreifend kühne Gedanken verstecken sich unter unauffälligen Überschriften und in Nebensätzen, lautsprecherische Titel sucht man bei ihm vergeblich, wie überhaupt Fanfaren, Pauken, aber auch Harfen in seiner Partitur fehlen. Es war ihm daher peinlich, wenn Schüler aus ihm einen Gesimsheiligen machten und ihn mit der Aura der Unantastbarkeit umgaben. («Gott schütze mich vor meinen Freunden!») Dieser von sich selbst absehende sachbezogene Stil soll hier nicht unerwähnt bleiben, weil er in der Wissenschaft immer seltener wird.

Unter wissenschaftlicher Sachlichkeit versteckt sich bei Bultmann eine Leidenschaft, wie sie sich aus dem Gegenstand der Theologie – Gott – von selbst ergibt. Damit im Zusammenhang steht eine *unerbittliche Ehrlichkeit,* die Probleme, die andere tabuisieren, scharf und erbarmungslos anzusprechen – wie etwa das Problem, daß der moderne Mensch unaufrichtig und in sich gespalten wäre, würde er für seinen Glauben ein Weltbild bejahen, das er in seinem Leben ablehnt oder auch die Frage der liberalen Theologie nach dem Lebenswert des Glaubens. Bultmann bezahlt die unbezahlten Rechnungen, die die evangelische Theologie vom Neuprotestantismus geerbt hat.

Dabei ist es ihm in seiner Theologie immer um die *existentielle Betroffenheit* zu tun, zu der sie ihr Gegenstand, Gott, zwingt. Viele, die vom «nachbultmannschen Zeitalter» reden, werfen der Existenztheologie Bultmanns vor, sie würde dadurch, daß sie die existentielle Betroffenheit des Einzelnen und seine Entscheidung so forciere, das Heil privatisieren und einem Heilsegoismus Vorschub leisten. Sie würde den Menschen in einer fast mythischen Weise in den Mittelpunkt stellen, der doch nach den neuesten Erkenntnissen der Naturwissenschaft nur ein Tippfehler der Evolution sei. Doch bekommt Bultmanns Anthropozentrik nicht gerade gegen eine sich selbst absolut setzende Naturwissenschaft Recht, die sich zynisch über den Grundwert Mensch hinwegsetzt und ihn dadurch an die entmenschenden Mechanismen unserer «Computergesellschaft» preisgibt? Bultmanns Plädoyer für den unverwechselbar einzelnen ist hochaktuell im Blick auf den heutigen Massenmenschen, der immer gesichtsloser und eindimensionaler zu werden droht. Wenn überhaupt etwas, so täte unserer «Computergesellschaft», die von Affektarmut und Gleichgültigkeit gekennzeichnet ist und in der mehr und mehr die Fähigkeit zu trauern, sich zu begeistern, zu staunen und mitzufühlen schwindet, *existentielle Betroffenheit* not. Einer Gesellschaft, in deren Kalkül Gott nicht mehr vorkommt, die das Unbedingte ausgeblendet hat, folglich nicht mehr vom Unbedingten und unbedingt umgetrieben sein kann und wie von selbst der Apathie verfällt.

Doch nicht nur die Notwendigkeit unbedingten Betroffenseins inmitten globaler Indifferenz wird durch Bultmanns Theologie eingeschärft, sondern sie macht auch deutlich, *wie* das Unbedingte *im Bedingten* erfahren werden kann. Hier hat er kühn neue Ufer angesteuert und viel radikaler noch als Luther die Verborgenheit Gottes zu Ende gedacht. Gerade in der Gottesfinsternis unserer Zeit ist es wichtig, Gott als den *Verborgenen* zu bewahrheiten. Wird doch Gott in der Tat heute von vielen – im Unterschied zur flachen Gottvaterreligion des Gewohnheitschristentums – als rätselhafte Schicksalmacht erfahren, die uns in die Einsamkeit stößt. Eine Macht freilich, von der ich mich, obschon sie schweigt, *dennoch* erhört weiß, deren Du ich aus ihrem Schweigen herausglauben, die ich aus ihrer Verborgenheit herausglauben muß, die eben *gegen* den Augenschein geglaubt werden muß. Das Entmythologisierungsprogramm Bultmanns will mit einer bisher noch nicht dagewesenen Eindringlichkeit in Erinnerung bringen: Der Glaube hört auf, Glaube zu sein, wenn er nicht die Verborgenheit Gottes durchhält. Er ist ein Abenteuer ins Ungesicherte. Beweise sind der Tod des Glaubens (Jaspers).

Es ist andererseits das Verdienst Bultmanns, wenn er *andere Formen der Bewahrheitung* Gottes sucht an Stelle der des stringenten Beweisens herkömmlicher Theologie und sich nicht damit begnügt, Gottes Existenz autoritär festzustellen. Durch seine Frage, wie der Gottesglaube für den modernen Menschen nachvollziehbar werden und einen Lebenswert bekommen kann, trennt er sich von der Dialektischen Theologie und ihrem ungedeckten Reden von Gott.

Es erscheint freilich problematisch, warum Bultmann immer wieder darauf insistiert, Gott könne nicht durch «allgemeine Sätze» bewahrheitet werden, sondern nur aus subjektivem Betroffensein heraus. Wäre es nicht gerade die Aufgabe der Theologie heute, Gott durch «allgemeine Sätze» zu verifizieren und so subjektive Beliebigkeit zu vermeiden? Wobei mit «allgemein» verallgemeinerungsfähig, nicht allgemeingültig gemeint ist. Gott kann sicher nicht durch Beobachtungssätze bewahrheitet werden, die meßbare und wägbare Dinge feststellen und mit zwingenden und exakten Beweisen arbeiten – aber doch durch Erfahrungssätze, die ja nicht zwingend beweisbar sind und im letzten das Wagnis des Glaubens erfordern. Die Chance zu überzeugen haben solche Erfahrungsaussagen aber nur, wenn sie *verallgemeinerungsfähig* sind und subjektive Willkür meiden, wenn sie nicht nur von *meiner* Erfahrung, sondern von der Erfahrung *vieler* sprechen. Wenn sie das Getto esoterischer Geheimsprache und privater Erlebnissprache durchbrechen.[73] Der Vorwurf des Subjektivismus, der Bultmann oft gemacht wurde, kommt nicht von ungefähr. Seine Theologie läuft tatsächlich Gefahr, eine «Reise zu sich selbst» (Robert Walser) zu sein.

PAUL
TILLICH

Grenzgänger, nicht Trittbrettfahrer

Paul Tillich (1886–1965) ist so stark wie keiner der in diesem
Buch besprochenen evangelischen Theologen vom Neuprotestantismus vorgeprägt. Manche haben ihn etwas vorschnell als
Nachblüte der liberalen Theologie klassifiziert, gegen die er
sich aber wie gegen alle anderen theologischen Richtungen ab-
grenzt. Paul Tillich ist ein Mann zwischen den Fronten und
keiner theologischen Schule zuzuordnen, am allerwenigsten
der Dialektischen Theologie (vgl. S. 30). Seine Theologie
wählt nicht vorgegebene Kanäle, sondern sie bricht sich ein
eigenes Flußbett.

Seine wichtigsten theologischen Lehrer waren der konservative Martin Kähler sowie Ernst Troeltsch, Julius Wellhausen, Hermann Gunkel und Albert Schweitzer – prominente

Vertreter der liberalen Theologie. Seine philosophischen Ahnherren waren vor allem Schelling, aber auch Nietzsche und Vertreter der Lebensphilosophie. Später kommt der Einfluß der Existenzphilosophie hinzu. In der Dichtung faszinierte ihn in erster Linie Rilke.[1]*

Schlüsselerlebnis Tillichs war der Erste Weltkrieg, an dem er vier Jahre als Feldgeistlicher teilnahm. Er offenbarte ihm «den dämonisch-zerstörerischen Charakter» des «Nationalismus».[2] Er schloß sich nach dem Ersten Weltkrieg den religiösen Sozialisten an und trat der SPD bei. Nach einer theologischen Lehrtätigkeit in Marburg und Dresden übernahm er 1929 einen Lehrstuhl für Philosophie an der Universität Frankfurt. Tillich wurde 1933 als erster nichtjüdischer Professor fristlos entlassen, weil er als Dekan der Philosophischen Fakultät in Frankfurt für den Ausschluß von Nazistudenten plädierte, die jüdische und linksorientierte Studenten zusammengeschlagen hatten.[3] Er verließ Deutschland und lehrte seither in den USA.

Es wird wohl kaum einen anderen Gegenwartstheologen geben mit einer vergleichbaren Öffentlichkeitswirkung – sieht man von Romano Guardini katholischerseits ab. Bezeichnend für die Weite seines Denkens sind seine freundschaftlichen Beziehungen zu Thomas Mann, Ernst Bloch, Martin Buber sowie Theodor Adorno, der sich bei ihm in Frankfurt habilitierte. Tillich ist Grenzgänger zwischen Theologie und modernem Denken, er treibt Theologie – nicht wie Barth – von ihrer Mitte, sondern von ihrer Grenze her.[4] Das bringt in sie eine Dynamik hinein, die der in die Zitadelle ihrer Rechtgläubigkeit eingeigelten Orthodoxie abgeht. Eine Dynamik, die auch seine gegensätzliche Persönlichkeit durchzieht: Tillich ist Schöngeist und Sozialist, Romantiker und Revolutionär, Weltmann und Christ, Philosoph und Theologe zugleich.[5] Daß er es fertigbringt, beides zugleich zu sein, macht seine Faszination aus. Trotz seiner Aversion gegen Konservatismus und frömmelnde Enge ist Tillich aber kein Trittbrettfahrer der Moderne und kein Modernist, wie man ihm immer wieder

---

* Die hochgestellten Ziffern verweisen auf die «Anmerkungen und Literaturhinweise» im Anhang, siehe Seite 298.

unterstellt hat. Es geht ihm in allem um die Grundeinsicht, daß es in der Welt keine Rettung vor der Welt gibt und ohne einen Eingriff von außen alles sinnlos wird, daß es die Theologie mit «Offenbarung» zu tun hat, also mit etwas, was sich der Mensch nicht selber sagen oder geben kann.

Horizontale Theologie

Grundimpuls Tillichscher Theologie ist die «paradoxe Immanenz des Transzendenten», die paradoxe Innerweltlichkeit des Überweltlichen, die Tatsache, daß Gott, der wesenhaft *Außerweltliche*, *in* der Welt ist, ihr immanent ist als ihre tragende Mitte. Während Barth den ganzen Akzent auf die Transzendenz oder Überweltlichkeit Gottes legt, liegt Tillich alles an der Immanenz oder Innerweltlichkeit Gottes. Das theologische Grundmotiv der «paradoxen Immanenz des Transzendenten» ist auf Schelling zurückzuführen, der meinte: «Gott ist nicht das Transzendente, er ist das immanent ... gemachte Transzendente.»[6] Während sein großer Antipode Barth eine «Theologie von oben» vertritt, könnte man Tillichs Denken als «Theologie von unten» oder «Tiefentheologie» umschreiben. Gott ist, wie Tillich immer wieder betont, in der Tiefe der Welt, nicht in der Höhe – wie bei Barth.[7] In seiner Tiefentheologie mischen sich Einflüsse Schellings mit denen der Tiefenpsychologie und der Tiefenmystik von Rilkes Dichtung.

Daß bei dieser «Theologie von unten» das Luthertum Pate gestanden hat, steht außer Zweifel. Tillich hat aus seiner lutherischen Einstellung nie einen Hehl gemacht (sowenig wie Barth aus seiner reformierten). Er bekennt sich ausdrücklich zu dem lutherischen Grundsatz, daß «das Endliche das Unendliche fassen kann» («finitum capax infiniti»), und er verneint die gegenteilige reformierte These, wonach «das Endliche das Unendliche nicht zu fassen vermag» («finitum non capax infiniti»). «Dieser Gegensatz besagt, daß auf dem Boden des Luthertums die Schau des in jedem Endlichen gegenwärtigen Unendlichen theologisch begründet und Naturmystik zur realisierbaren Möglichkeit wird.»[8] Er schrieb später rückblickend

auf seine Jugendzeit, daß alle seine entscheidenden Erinnerun-
gen «mit Landschaft ... mit Boden und Wetter, mit Kornfel-
dern und dem Geruch herbstlichen Kartoffelkrauts, mit Wol-
kenformen, mit Wind, Blumen und Wäldern» verbunden
seien. «Die Schellingsche Naturphilosophie, die ich wie im
Rausch inmitten einer schönen Natur las, wurde für mich un-
mittelbarer gedanklicher Ausdruck dieses Naturgefühls.»[9]
Von dieser Naturmystik her bejaht Tillich – ganz im Unterschied zu Barth – eine «universale Offenbarung», die an alle
Menschen ergeht, nicht nur an die Christen. Christus ist nicht
die einzige Offenbarung, sondern die «letztgültige Offenbarung» Gottes.[10] Diese Konzeption Tillichs, die auch die nichtchristlichen Religionen in die Offenbarung einschließt, basiert
auf dem Neuen Testament. Nach Paulus kann jeder Mensch
«seit Erschaffung der Welt» Gott in seinen «Werken» erkennen
(Röm. 1,20f).

Von daher kann Tillich eine «analogia entis», eine Ähnlichkeit zwischen dem Sein Gottes und der Welt – ganz im Gegensatz zu Barth – akzeptieren.[11] Durch den Einfluß Schellings
spielt ja bei ihm das Symboldenken eine große Rolle. Das Endliche gilt als Symbol des Unendlichen. Wobei man nicht übersehen darf, daß das *Symbol* für Tillich mehr ist als nur ein *Zeichen*. Das Zeichen weist über sich hinaus auf eine von ihm verschiedene Wirklichkeit (Verkehrszeichen!). Anders das Symbol, das das Symbolisierte vergegenwärtigt, wenn es auch mit
ihm nicht identisch ist.

Von ihrem immanenten Ansatz her ist Tillichs Theologie –
im Unterschied zur Barthschen Abgrenzungstheologie – eine
typische Anknüpfungstheologie, eine Theologie, die an das
Denken der Zeit anknüpft und sich nicht dagegen abschottet.
Tillich definiert seine Theologie selbst als «apologetische
Theologie» oder «antwortende Theologie»[12], als Theologie
also, die von der Bibel her Antwort gibt auf die Fragen des
modernen Menschen (die sog. «Korrelationsmethode»). Sie
will dialogische Theologie sein, nicht monologische Theologie, die Fragen beantwortet, die der moderne Mensch gar
nicht stellt oder die über seine Fragen hinweggeht; horizontale
Theologie, nicht vertikale Theologie, nach der das Wort Got-

tes «senkrecht von oben» (Barth) wie eine Bombe in unsere Welt hereinplatzt. Charakteristisch für diese horizontale Theologie sind nicht feuerfeste Dogmen, sondern die Fragehaltung. Glaube ist entsprechend nicht «Gehorsam»[13], wie er es wesentlich für die Dialektische Theologie war, sondern Wagnis ins Neue.

Tillich denkt – wie schon gesagt – im Unterschied zu Barth von der Grenze, nicht von der Mitte der Theologie her. Seine Zielgruppe sind daher – um einen Ausdruck Hermann Hesses zu verwenden – die «Frommen außerhalb der Kirche», während der Adressat der Barthschen Theologie primär die Kirche ist. Tillichs Kulturchristentum wendet sich in erster Linie gegen ein muffiges, fundamentalistisch verengtes und kleinkariertes Kirchenchristentum, während Barths Kampf einer weltklug gewordenen Kirche gilt. Der Christ ist nach Tillich Citoyen, aber nie Bourgeois. Als Hauptfeind wird immer wieder der Typ des festgefahrenen Spießbürgers anvisiert, der rechtwinklige Weltbilder liebt und nicht offen ist für das Neue.

Der spezielle Adressat seiner Theologie sind alle, die sich an christlichen Begriffen einen Ekel angegessen haben. Die semantische* Aufgabe, hohl gewordene Begriffe der Tradition sprachlich umzumünzen, das Evangelium *neu* zu sagen, nicht nur *nach*zusagen, war wohl sein Hauptanliegen.

Obschon Anknüpfungstheologe, teilt Tillich mit Barth das paradoxe Denken, das Denken in These und Antithese ohne Synthese, das Denken im Ja und Nein – wenn auch seine Paradoxe fast wohltemperiert und mitunter verspielt klingen – im Vergleich etwa mit den heftig herausgeschleuderten Kontradiktionen Barths. Tillichs Theologie ist wie die Barths *betroffene* Theologie, wobei er stark von der Lebensphilosophie wie Existenzphilosophie vorgeprägt ist. Allerdings ist Betroffenheit für ihn nicht nur – wie für Barth – *Kennzeichen,* sondern *Auswahlraster* der Theologie: Als wahr kann in der Theologie nur gelten, was mich existentiell betrifft; gültig ist in ihr nur, was erlebbar, was – um mit Bultmann zu reden – nachvollziehbar ist. Glaube kann nie sozusagen mit Peitsche und Triller-

* Semantik = Hinterfragung der Begriffe

pfeife befohlen werden, er ist keine andressierte Gehorsams-
haltung, sondern etwas, was mich innerlich überwindet, nicht
eine lustlos absolvierte Pflichtübung oder gar ein neutrales
Fürwahrhalten von Katechismussätzen, sondern etwas, was
durch mich hindurchgegangen sein muß. Tillich schreibt:
«Gegenstand der Theologie ist das, was uns unbedingt angeht.» «Das, was uns unbedingt angeht, ist das, was über unser Sein oder Nichtsein entscheidet.» Also sind «nur solche
Sätze» «theologisch, die sich mit einem Gegenstand beschäfti-
gen, sofern er über unser Sein oder Nichtsein entscheidet».
«Inhalte, die nicht die Macht haben, über Sein oder Nichtsein
zu entscheiden», wie etwa «ein Engel, der in einem himmlischen Bereich wohnte» oder ein «Gottmensch», der über
«übernatürliche Kräfte» verfügt, scheiden aus der Theologie
aus.[14]

Es liegt wohl an dem existentiellen Stil seines Denkens, daß
Tillich kein Detaillist, sondern ein Generalist ist, daß er sich
nicht im Ausbreiten wissenschaftlichen Kleinkrams verliert,
sondern die großen Linien im Auge hat. Spezialabhandlungen
im strengen Sinn fehlen bezeichnenderweise in seinem Œuvre
– was ihm die Fachwissenschaft verübelt hat. Tillich ist kein
Mann des Zettelkastens, sondern Künder des Unbedingten.
Er tut das freilich nicht mit der plakativen Eindringlichkeit der
Ärgernispredigt Barths, sondern in Form des abwägenden Arguments und in einer gefälligen und leicht eingängigen Sprache, die den Oberflächenreiz des Feuilletons nicht scheut. Er
kämpft mit dem Florett und nicht wie Barth mit dem Schwert.

Das Unbedingte oder
Gott als Abgrund und Grund der Welt

Tillichs Theologie ist eine große Fuge auf das kurze Thema:
«Gott ist der Name für das, was den Menschen unbedingt an-
geht.»[15] Gott ist also alles das, was mir in meinem Leben den
Atem verschlägt, was mein Blut schneller pulsieren läßt, was
mich umwirft. Mit seinem Plädoyer für das Unbedingte im
Bedingten wendet sich Tillich gegen die Buchhalter des Welt-

geistes in der Theologie, in erster Linie aber wohl gegen die
Diktatur des Banalen in unserer entzauberten technischen
Welt.

Aber ist nicht das Wort «Gott» seinerseits zur Banalität und
zur belanglosen Nebensache geworden? Von Gott wird heute
nur noch – so Robert Musil – «in Klammern und Nebensätzen» geredet. Der Begriff Gott ist kein Grundwert mehr, sondern Zierwert, eine Verbalgirlande, die auch wegfallen kann,
ohne daß sich etwas an der Wirklichkeit ändert, wenn nicht gar
nichtssagende Unmuts- und Verlegenheitsfloskel («Ach Gott-
chen»), auf keinen Fall also etwas, was den Puls beschleunigt,
was unbedingt angeht! Nach Gottfried Benn «hat das Wort
Gott» «seinen Sinn verloren und ist nicht wert, daß man sei-
netwegen die Gefahr auf sich nimmt, irgendwo Anstoß zu
erregen».[16]

Tillich würde kontern: Es kommt nicht auf das *Wort* Gott
an, sondern auf die *Sache*, die es aussagt, eben auf das, was uns
unbedingt angeht. Ist das Wort Gott seiner Sache im Weg,
dann muß es durch andere Worte ersetzt werden, die das Unbedingte sachgemäßer zur Sprache bringen – wie zum Beispiel
die Begriffe «Grund», «Tiefe», «Sinn» des Lebens, die das Unbedingte für den heutigen Menschen artikulieren. Ich möchte
das, was Tillich meint, an einem praktischen Beispiel klarma-
chen. Ein sterbender Bauer aus meiner ehemaligen Kirchengemeinde, zu dem ich gerufen wurde, sagte zu mir: «Wenn ich
auch nicht an Gott glaube, so meine ich doch, daß der Mensch
einen letzten Halt braucht.» Ich antwortete ihm: «Was Sie letzten Halt nennen, nenne ich Gott, und es ist egal, wie man's
nennt, Hauptsache, man hat's.»

Daß diese horizontale Theologie den Zorn des Vertikalisten
Barth erregte, ist nur zu verständlich, der meinte, sie sei
«Theologie des babylonischen Turmbaus», Tillich rede vom
«frostigen Ungeheuer» des Unbedingten statt von Gott[17], er
verwechsle Gott mit einem Götzen, wenn er einfachhin das für
Gott hält, was den Menschen unbedingt angeht. Doch ich
glaube, daß Barth Tillich mißdeutet. Das Unbedingte ist bei
Tillich kein metaphysisches Monstrum und kein im Azur der
Abstraktion verschwebendes Ideal, sondern es begegnet mir

ganz konkret in der *Tiefe* meines Lebens: als unbedingter «Abgrund» und «Grund». Als Abgrund, in den ich falle und als Grund, auf dem ich stehen kann. Das Mysterium Gottes offenbart sich also negativ und positiv, als «Nein und Ja». Es begegnet dialektisch gebrochen, nicht abstrakt. Man ist an die lutherische Dialektik von Gesetz und Evangelium erinnert.[18] Nach ihr fordert Gott im Gesetz alles, während er im Evangelium alles, sich aber nichts schenkt – am Kreuz von Golgatha. Gott ist Richter und Retter zugleich. Tillich meint, im «Schock, der das Bewußtsein ergreift, wenn es der Bedrohung durch das Nichtsein begegnet», offenbart sich «die negative Seite des Mysteriums». Gott als Abgrund meines Lebens. Diese negative Seite des Geheimnisses ist ein «notwendiges Element in der Offenbarung». «Ohne das ‹Ich vergehe› aus der Berufungsvision Jesajas kann Gott nicht erfahren werden.» Als der Prophet Jesaja von Gott berufen wurde, rief er: «Wehe mir, ich vergehe, denn ich bin ein Mann mit unreinen Lippen ...» (Jes. 6,5). «Die positive Seite des Mysteriums», der Grund des Seins, offenbart sich nach Tillich als «Macht des Seins, die das Nicht-Sein überwindet».[19] Nur wenn ich vor dem Abgrund Gottes, in den ich fallen kann, zurückschaudere, begreife ich erst das Wunder, in Gott einen Grund gefunden zu haben, auf dem ich stehen kann. Gegen die flaue Gottvaterreligion des Neuprotestantismus, die in Gefahr stand, Gott zum metaphysischen Granddaddy zu verharmlosen, der aus einer heiteren Gönnerlaune heraus den Menschen die Sünden durch die Finger sieht, setzt Tillich die *schlechthinnige Andersartigkeit* Gottes – ähnlich wie der frühe Barth! «Ein Gott, den wir leicht ertragen können, ein Gott, vor dem wir uns nicht verbergen müssen, ein Gott, den wir nicht hassen, ein Gott, dessen Vernichtung wir niemals wünschen, ist in Wahrheit kein Gott.»[20] Nur wer Gottes Heiligkeit erfahren hat, wird seine Liebe ernst nehmen. Eine Gnade, die nicht durchs Gericht hindurch ergeht, ist unernsthaft. Ohne das abgrundhafte Element wird Gott zu dem harmlos netten Märchenonkel der konventionellen Frömmigkeit, von dem Nietzsche sagte: «Ein Gott als Dienstbote, als Briefträger, als Kalendermann». Der Atheist Nietzsche spürt, wenn es überhaupt einen Gott gibt, dann müßte er, um relevant zu sein, Hauptsache sein, nicht Nebensache, etwas Unbedingtes, nicht der sogenannte «liebe Gott», dem man einen Groschen in den Hut wirft.

Der Mensch ist nach Tillich derart hineingerissen ins Unbedingte, daß ihm der Atem und Abstand fehlt, Gott zu erdenken und zu erklügeln. Da Tillich Religion mit Rudolf Otto als das «Durchbrechen des Ganz-Anderen», des «Mysteriums» begreift, ist «der Gegenstand der Religion dem Beweisen und Widerlegen, aber auch dem sittlichen Wollen und Arbeiten entzogen. Er ist da oder er ist nicht da; er bricht durch oder er bricht nicht durch, aber er kann weder erkennend noch handelnd erzwungen werden.»[21] Tillich schlußfolgert: Religion und Wissenschaft können nicht miteinander konkurrieren, weil religiöse Symbole «auf einer anderen Ebene» liegen als «wissenschaftliche Feststellungen über das Vorhandensein oder Nicht-Vorhandensein von ... Objekten». Im Glauben geht es nicht um Objekte, sondern um Subjekte, nicht um Sachen, sondern um Personen. Glaube ist nicht «das Fürwahr-Halten von Feststellungen mit unzureichender Beweiskraft», sondern «das Ergriffensein vom Ewigen, das in das Zeitliche einbricht und es verwandelt».[22] Der Gottesglaube geht also über die Vernunft hinaus, er ist *über*vernünftig, nicht *un*vernünftig, *paradox,* nicht *absurd.* Anders ausgedrückt: nur die *erlebende* Vernunft erreicht Gott, nicht die *sezierende* Vernunft.

Anders die «Rindfleischperspektive» des Spießbürgers, der meint: ein Pfund Rindfleisch gibt eine gute Suppe. Wahr ist nur, was sichtbar und greifbar ist. Dieser «Rindfleischhorizont» verkürzt die Wirklichkeit, die für den Idealisten Tillich aus Geist und Natur, und eben nicht nur aus der Natur besteht (Schelling).

Da es aber in der Religion um das ganz Andere, so nicht schon einmal Dagewesene geht, sind auch die herkömmlichen Gottesbeweise der Theologie unbrauchbar. Auch sie benützen – wie der Biertischatheismus – die sezierende Vernunft, ziehen Schlüsse aus dem Gegebenen, als wäre Gott eine Gegebenheit, leiten ihn aus der Welt ab, als wäre er ein Stück Welt. «Wenn wir Gott von der Welt ableiten, kann er nicht dasjenige sein, was die Welt unendlich transzendiert.»[23] Oder man könnte auch sagen: Wie könnte er der Welt helfen, wenn er ein Stück Welt wäre? Der kosmologische Gottesbeweis zum Beispiel schließt aus der Welt auf eine erste Welturache und aus der Bewegung in ihr auf einen ersten Beweger, so als wäre Gott ein Glied in der Kette von Weltgegebenheiten. Das Außerendliche kann sowenig aus dem Endlichen abgeleitet werden wie der «Mut» aus der «Angst».[24]

Des ungeachtet wird die algenbedeckte Lokomotive der Gottesbeweise immer wieder neu in der Theologie in Betrieb gesetzt und so getan, als wäre Gott etwas Bedingtes und nicht das Unbedingte.

Gott als Herr und Vater

Den Kontrabegriffen Abgrund und Grund entsprechen die personalen Kategorien Herr und Vater, die Tillich der Bibel entnimmt. *Gott ist Herr und Vater in einem.* «Schon der Versuch einer stärkeren Betonung des einen gegenüber dem anderen zerstört den Sinn beider. Der Herr, der nicht Vater ist, ist dämonisch, der Vater, der nicht Herr ist, ist sentimental.» «Herr» ist Symbol für die «heilige Macht» und die «unerreichbare Majestät» Gottes. «Aber der Gott, der nur Herr ist, wird leicht zum despotischen Herrscher, der seinen Untertanen Gesetze auferlegt und heteronomen* Gehorsam sowie blindes Befolgen seiner Gebote verlangt. Dann hätte der Gehorsam gegen Gott das Übergewicht gewonnen über die Liebe zu Gott. Der Mensch wäre durch Gericht und Drohungen zerbrochen, noch bevor er angenommen ist.»[25] Übersieht man umgekehrt, «daß Gott der Herr» ist, dann verflacht er zum harmlosen lieben Gott. «Die Symbole Herr und Vater ergänzen einander ... Wäre er nur der Herr, so könnte er den Menschen nicht unbedingt angehen. Wäre er nur der Vater, könnte er den Menschen ebenfalls nicht unbedingt angehen. Der Herr, der nur Herr ist, ruft einen berechtigten, ja revolutionären Widerstand hervor, der nur durch Drohungen gebrochen werden kann ... Andererseits erweckt der Vater, der nur Vater ist ... eine sentimen-

* fremdbestimmten

tale Liebe, die sich leicht in Verachtung verkehrt ...» «Das
Symbol Herr drückt den Abstand aus, das Symbol Vater die
Einheit», das Symbol Herr, daß der Mensch unannehmbar ist,
das Symbol Vater, daß er angenommen ist, obschon er unannehmbar ist.[26]

   Wenn Gott kein autoritärer Herr ist, muß das herkömmliche
Verständnis seiner Allmacht ganz neu interpretiert werden. In
Auseinandersetzung mit Albert Einstein, der die Vorstellung
eines allmächtigen Fernsteuermanns scharf kritisierte, schreibt
Tillich: «Allmacht Gottes heißt nicht, daß Gott alles und jedes,
was geschieht, selbst getan oder zugelassen habe ... im Sinne
einer physikalischen Kausalität», sondern «das Symbol der
Allmacht bringt die religiöse Erfahrung zum Ausdruck, daß
... kein Ereignis in Natur und Geschichte die Macht hat, uns
von der Gemeinschaft mit dem unendlichen und unerschöpf-
lichen Grund des Seins ... zu trennen. Was ‹Allmacht› bedeutet, kann man aus den Worten des Deuterojesaja (Jes. 40) entnehmen, die er zu den Verbannten in Babylon spricht. Er schildert die Nichtigkeit der Weltmächte angesichts der göttlichen
Macht, die ihr geschichtliches Ziel durch eine winzig kleine
Schar Verbannter erreicht. Was ‹Allmacht› heißt, ist auch aus
den Worten des Paulus (Röm. 8) zu entnehmen, als er den wenigen Christen in den Elendsvierteln der damaligen Groß-
städte verkündet, daß weder Naturgewalten noch politische
Mächte ... uns scheiden können von der Liebe Gottes.»[27]

Gott als die Tiefe unseres Lebens

Gott ist für Tillich die *tiefste,* nicht – wie für die traditionelle
Theologie – die *höchste* Wirklichkeit (summum bonum). Der
Seinsdom herkömmlicher Wirklichkeitsschau wird sozusagen
umgestülpt und mit ihm die herkömmliche Gotteslehre. Rilke
konnte schon im Anschluß an mystische Bilder von Gott im
«Stundenbuch» sagen: «Du bist der Tiefste, welcher ragte, der
Taucher und der Türmer Neid.» Er begreift Gott als die
«Tiefe» des Seins, den «dunklen Unbewußten». Ähnlich ist
für den Tiefenpsychologen C. G. Jung Gott ein Archetyp (Ur-

bild) in der Tiefenschicht des Unbewußten des Menschen. Tillich behauptet – nicht ohne Einfluß der Genannten – in einer Rede: Wenn das «Wort Gott» für euch keine Bedeutung mehr hat, «so übersetzt es und sprecht von der Tiefe in eurem Leben, vom Ursprung eures Seins, von dem, was euch unbedingt angeht ... Wenn ihr das tut, werdet ihr vielleicht einiges, was ihr über Gott gelernt habt, vergessen müssen, vielleicht sogar das Wort selbst. Denn wenn ihr erkannt habt, daß Gott Tiefe bedeutet, so wißt ihr viel von ihm. Ihr könnt euch dann nicht mehr Atheisten oder Ungläubige nennen, denn ihr könnt nicht mehr denken oder sagen: Das Leben hat keine Tiefe, das Leben ist seicht, das Sein selbst ist nur Oberfläche. Nur wenn ihr das in voller Ernsthaftigkeit sagen könnt, wäret ihr Atheisten, sonst seid ihr es nicht. Wer um die Tiefe weiß, der weiß auch um Gott.» Gott ist nichts anderes als die «Tiefe der Geschichte», «Grund und Ziel unseres sozialen Lebens», das «was ihr ohne Vorbehalt in eurem politischen und moralischen Handeln ernst nehmt».[28] «Religion» ist also «keine spezielle Funktion, sie ist die Dimension der Tiefe in allen Funktionen des menschlichen Geisteslebens». Sie macht diese «Tiefe» transparent, «die zumeist vom Staub unseres Alltagslebens und vom Lärm unserer profanen Arbeit verdeckt ist».[29]

Daß Gott nichts anderes als die Tiefe meines Lebens ist, scheint wohl die kühnste Tillichsche Neuinterpretation des Gottesbegriffs zu sein. Religion wird durch sie wieder so selbstverständlich wie das Atmen und Gehen, und sie ist nicht mehr der aufgesetzte Überbau, als der sie so oft erscheint. Ob der angeblich eindimensionale moderne Mensch, der seine zweite geistige Dimension mehr und mehr verliert, diese Herausforderung annimmt? Doch wenn nicht alles trügt, beginnt in vielen wieder die Erkenntnis zu dämmern, daß es Wichtigeres gibt als Bundesliga, Schweinerollbraten im Sonderangebot, Tagesschau und Wetterkarte! Es wäre jedenfalls Aufgabe der Religion, dies bewußtzumachen und nicht müde zu werden in der Mahnung, alles auf die eine Karte zu setzen, dem Leben Tiefe zu geben und ihm auf den Grund zu gehen.

Gott als Sinn unseres Lebens

Religion wird von Tillich als Sinnvermittler verstanden. Sie will dem Leben des heutigen Menschen, der sich augenscheinlich dumpf treiben läßt und kein Ziel mehr vor Augen hat, wieder einen Sinn geben. Und sie will nicht irgendeinen x-beliebigen, sondern «unbedingten Sinn» vermitteln, will «absolute Sinnerfüllung» angesichts des «absoluten Sinnabgrunds» anbieten. Das oben besprochene Doppelsymbol Grund und Abgrund bedeutet ja im letzten den *Sinn*grund und *Sinn*abgrund.[30] Der Grund, auf den ich gestellt werde, soll meinem sinnlosen Leben wieder Sinn geben. Der Gottesglaube wird von Tillich, wie auch sonst, anthropologisch, vom Menschen her begründet. In der Frage des heutigen Menschen nach dem «Sinn des Lebens» «drückt sich das Wesen des Menschen aus». Da Religiössein soviel heißt wie nach dem Sinn des Lebens fragen, ist nach Tillich jeder Mensch religiös. «Der Mensch braucht diese Frage nicht bewußt zu stellen; er kann sie sogar unterdrücken und ihr aus dem Wege gehen aus Angst vor der Erschütterung, die das Ergriffensein von dem Unbedingten auslöst. Er kann das Unbedingte in mystischen, symbolischen oder dichterischen Bildern oder in theologischen, philosophischen oder politischen Begriffen ausdrücken. Er kann religiöse Symbole ... vermeiden, aber er kann nicht ohne Religion ... existieren.»[31]

Es gibt also so etwas wie eine unbewußte, «profane Religiosität»[32]. Ein Phänomen, von dem man offenbar auch im außertheologischen Bereich weiß. Der Soziologe Peter L. Berger meint: Mitten in der Alltagssituation des Menschen gibt es «Zeichen der Transzendenz». Berger nennt unter anderem den fast metaphysischen «Hang» des Menschen «zur Ordnung» als der «schützenden Sinnstruktur im Angesichte des Chaos». «Man denke nur an die wohl fundamentalste aller Ordnung stiftenden Gesten – die der ihr ängstliches Kind beruhigenden Mutter.» Berger führt außerdem als Zeichen der Transzendenz die menschliche Urgeste des «Spiels» an. Es sei ein Grundmuster menschlichen Verhaltens, am Rande des Abgrundes zu spielen und dadurch dem Chaos zu trotzen, etwa wenn Kinder

mitten in Schmerz und Tod, als wenn nichts gewesen wäre, zu spielen beginnen oder wenn die Wiener Philharmoniker 1945, während die sowjetischen Truppen Wien eroberten, ein Abonnementskonzert gaben. Nach Meinung des Psychologen Detlev von Uslar liegen «die Quellen des Religiösen» «überall dort, wo die Rechnung nicht aufgeht, wo in unserem Sein etwas ist, das uns aus dem geschlossenen Kreis des Berechenbaren hinausreißt». So können nach Uslar Landschaften und Kunstwerke zum religiösen Erlebnis werden, ebenso wie die Sexualität, der Tod und die Geburt.[33]

Nicht ein Gott des Fortschritts, ein Gott des Neuen

Die «ewige Freude», die erreicht wird, «wenn wir hindurchbrechen durch die Oberfläche und eindringen in die tiefen Schichten unseres Selbst, unserer Welt und Gottes»[34], umschreibt Tillich auch mit dem Begriff «das Neue». Gott ist als der Grund, die Tiefe und der Sinn des Lebens das grundstürzend Neue, das alles Alte ablöst. Dieser «Gott des Neuen» ist kein «Gott des Fortschritts»[35], sonst wäre ja das Neue nur die Verlängerung einer alten Straße um ein neues Ausbaustück, nicht der Durchbruch des «Ganz-Anderen». Der Glaube an das Neue darf nicht mit dem Modernismus verwechselt werden, der sich blind jeder Tagesmode anpaßt. Das Neue ist nicht das Moderne. Der theologische Modernismus, der lediglich Schallverstärker des jeweils Modernen ist, bringt ja nichts Neues, sondern nur eine Neuauflage des Alten.

Worin besteht das Neue, das Gott bringt? In Jesus Christus. Er ist und bringt das «Neue Sein», das darin besteht, daß der Mensch nicht mehr von Gott entfremdet ist, sondern mit ihm und damit mit sich selbst und der Welt eins ist. Wenn Gott als der tragende Grund meines Lebens und der Welt verstanden wird, heißt ja Wiedervereinigung mit ihm eo ipso Wiedervereinigung mit mir selbst und mit der Welt.

Jesus Christus,
der wahre und der wirkliche Mensch

Tillichs Christologie* geht nicht von dem Paradox der altkirchlichen Christologie aus – Jesus Christus ist wahrer Gott und
wahrer Mensch zugleich –, sondern sie ist von einem anderen
Paradox durchspannt: Jesus Christus ist der wahre Mensch und
der wirkliche Mensch zugleich. Er ist der Mensch, wie er sein
soll, und der Mensch, wie er wirklich ist. Er repräsentiert den
Idealmenschen und lebte zugleich unter den Bedingungen des
gefallenen Menschen. Obschon er mit Gott eins ist, geht er den
Weg des Menschen in die Entfremdung von Gott mit.

Warum geht er diesen Weg mit? Um den gottentfremdeten
Menschen einzuholen und heimzuholen zu Gott, so daß der
Mensch wieder wird, was er sein soll, mit Gott eins. Ersetzt
man den Begriff Gott durch die Begriffe «Grund», «Tiefe»,
«Sinn», so heißt das: Durch Jesus Christus findet der in Abgründe fallende Mensch wieder einen Grund, auf dem er stehen kann, durch ihn bekommt sein seichtes Leben wieder Tiefgang, durch ihn findet seine sinnleere Existenz wieder einen
Sinn.

In Tillichs «niedriger Christologie» steht und fällt das Erlö-
sungswerk mit dem Kreuzweg Jesu in die Entfremdung. Von
daher sieht Tillich in ihm nicht – wie in der traditionellen Christologie – den menschgewordenen Gott, sondern nur einen
mit Gott besonders intensiv geeinten Menschen. «Erlösung
kann nur von dem kommen, der voll an der menschlichen Situation partizipiert, nicht von einem auf Erden wandelnden
Gott ...»[36] Man könnte zurückfragen: War der Christus der
traditionellen Christologie ein auf Erden wandelnder Gott, der
ähnlich wie der Kalif Harun Al Raschid sich verkleidet unter
sein Volk mischt? Der Christus der traditionellen Christologie
ist kein Gott in menschlicher Verkleidung, sondern ein Gott,
der so sehr an der menschlichen Situation partizipiert, daß er
sich ans Kreuz schlagen läßt. Tillich sagt an anderer Stelle zu
Recht: «Stellen wir uns einen Christus vor, der nicht gestor-

* Lehre von Christus

ben, sondern in Herrlichkeit zu uns gekommen wäre und uns
mit seiner Macht, seiner Weisheit ... belastet hätte! Er wäre
fähig gewesen, unseren Widerstand zu brechen durch seine
Stärke, seine Macht, seine Weisheit ... Aber er hätte unsere
Herzen nicht gewinnen können ... seine Macht hätte unsere
Freiheit zerbrochen; seine Herrlichkeit würde uns wie eine
brennende, blendende Sonne überwältigen. Unsere Menschlichkeit wäre durch seine Göttlichkeit verschlungen worden.
Eine der tiefsten Einsichten Luthers war die, daß Gott sich selbst
für uns in Christus klein gemacht hat. Indem er das tat, ließ er
uns unsere Freiheit und unsere Menschlichkeit. Er zeigte uns
sein Herz, auf daß unsere Herzen gewonnen würden.»[37]

Der protestantische Mut des Vertrauens

Tillich schreibt rückblickend, er «verdanke» dem «Einfluß»
seines Lehrers Kähler «vor allem die Einsicht in den alles beherr-
schenden Charakter des Paulinisch-Lutherischen Rechtferti-
gungsgedankens, durch den jeder menschliche Anspruch vor
Gott und jede auch verhüllte Identifizierung von Gott und
Mensch zerbrochen wird.»[38]

Neben manchen anderen Begriffen des theologischen
Sprachspiels ist auch der Begriff Rechtfertigung des Sünders
allein aus Glauben im modernen Erdrutsch der Begriffe auf die
Schutthalde abgegriffener Traditionsformeln geschleudert
worden. Ein Begriff, der nicht mehr greift, zumal da das Wort
Rechtfertigung in der Alltagssprache das Gegenteil besagt von
dem, was mit der Rechtfertigung des Sünders allein aus Glauben ausgedrückt wird.

Was ist mit diesem Begriff bei Paulus gemeint? Die Amnestie
eines zum Tode Verurteilten, für den sich ein Unschuldiger
stellvertretend opfert. Der Sünder wird freigesprochen, wenn
er glaubt, daß Christus am Kreuz die Strafe für seine Sünden
stellvertretend auf sich nimmt. Dieser Freispruch geschieht also
– ganz im Gegensatz zur jüdischen Rechtfertigungslehre – allein
aus Gnade und nicht auf Grund menschlicher Leistung
(Gal. 3,10–13 und Röm. 3,20–28).

Der Freispruch Gottes ist kein hohles Wortgeklingel, sondern er *macht* den Menschen auch wirklich *frei*. Etwa, indem er unabhängig vom Urteil anderer wird. «Ist Gott für uns, wer kann dann gegen uns sein?» (Röm. 8,31). Der freimachende Freispruch hat selbst soziale Konsequenzen, weil sich von ihm her alle Unterordnungsstrukturen verbieten. Freigesprochene können sich nicht gegenseitig unfrei machen. «Ihr seid teuer erkauft worden, werdet nicht der Menschen Knechte» (1. Kor. 7,23). Wenn Christus der «einzige Herr» ist (1. Kor. 8,6f; 12,5), kann keiner Herr über den anderen sein. Unter dem *einen* Herrn sind alle gleich: «Es gibt nicht mehr Juden und Griechen, nicht Sklaven und Freie, nicht Mann und Frau; denn ihr alle seid eins in Christus Jesus» (Gal. 3,28). Wer sich unter die alleinige Autorität Christi gebeugt hat, kann nicht mehr autoritär sein.

Soweit die Rechtfertigungslehre des Paulus. Tillich hat diese Lehre in bemerkenswerter Weise umgedeutet, wobei ihm natürlich die auf Freiheit und Autonomie zielende Konsequenz paulinischer Rechtfertigungslehre besonders wichtig ist. In Anlehnung an Luther versteht er den Glauben, der sich gerechtfertigt weiß, als «Mut zum Sein». Luther nannte ihn eine «verwegene Zuversicht». Der Glaube ist – wie für Luther – kein intellektuelles Fürwahrhalten von Katechismussätzen, sondern ein Vertrauen. Der Mut, der es auf Gott wagt. Die Tollkühnheit, auf etwas zu setzen, das unsichtbar und ungreifbar ist (Hebr. 11,1). Der Mensch kann aber mutig sein, weil sein Stützpunkt hinausverlegt ist aus ihm in Gott hinein. Denn auf sich selbst kann er sich erfahrungsgemäß am allerwenigsten stützen.

Der Glaube basiert nicht nur allein auf dem göttlichen «Seinsgrund», er ist auch umgekehrt der einzige «Schlüssel zum Seinsgrund».[39] Luther kämpft für «eine unmittelbare Ich-Du-Begegnung zwischen Gott und Mensch», zwischen die sich weder die Kirche noch sonst eine Instanz schieben kann. «In ihm erreichte der Mut des Vertrauens den höchsten Gipfel in der Geschichte des christlichen Denkens.» «Die Reformation riß sich los aus dem Halbkollektivismus des Mittelalters.» Sie beseitigte alle kirchlichen «Vermittlungen» zwischen

Mensch und Gott und eröffnete dem einzelnen einen «unmittelbaren ... Zugang zu Gott».[40] «Der Protestantismus ist aus dem prophetischen Protest gegen ein hierarchisches System geboren», «das sich mit dämonischem Absolutheitsanspruch zwischen Gott und Mensch stellte.» Die kirchliche Autorität wurde ersetzt durch die Bibelautorität und damit durch «das unmittelbar auf Gott bezogene Gewissen des Individuums»[41].

Im Zentrum des «protestantischen Mutes des Vertrauens» steht nach Tillich «der Mut», sich «als bejaht» «zu bejahen» – «trotz des Bewußtseins der Schuld». Das Ja Gottes zum Menschen im Freispruch von Schuld führt zu seiner Selbstbejahung. Mit der Rechtfertigung des Sünders ist nichts anderes gemeint als «der Mut, sich anzunehmen als angenommen trotz seiner Unannehmbarkeit». Rechtfertigung heißt «das Angenommensein annehmen, obgleich man unannehmbar ist»[42]. Durch Tillichs Übertragung des psychotherapeutischen Begriffs der «Annahme» auf die traditionelle Rechtfertigungslehre bekommt dieser theologische «Oldtimer» eine brandaktuelle Bedeutung. Nichtangenommensein, Einsamkeit und Antwortlosigkeit sind ja Symptome unserer Zeit, ebenso wie die hieraus resultierende Angst.

Daß der Antibürger Tillich die Rechtfertigung des Sünders allein aus Gnaden in die Mitte seiner Theologie rückt, versteht sich von selbst. Sie trifft die Gartenlaubenmoral des Spießbürgers und sein breitbeiniges Selbstvertrauen an der empfindlichsten Stelle: in seiner Selbstgerechtigkeit.

Doch das paulinische Paradox, daß Gott nicht den Gerechten, sondern den Sünder rechtfertigt und daß die größte Sünde die ist zu meinen, man hätte keine Sünde, wird von Tillich noch in einer höchst ungewöhnlichen Weise abgewandelt: durch «die Anwendung der Rechtfertigungslehre auf das Denken». Der «Rechtfertigung des Sünders» entspricht dann die «Rechtfertigung des Zweiflers». Es gibt ja neben dem Pharisäer des Tuns den Pharisäer des Denkens.[43] Ersterer meint, frei von Sünde zu sein, letzterer frei von Irrtum. Ersterer *kann* alles, letzterer *weiß* alles. Selbstgerecht sind sie beide. Mit der Rechtfertigung des Zweiflers richtet sich Tillich gegen den intellektuellen Pharisäismus, der die Wahrheit wie einen verfügbaren Besitz behandelt, den man in die Tasche stecken kann. Der Zweifel ist für Tillich folglich *Bestandteil* des Glaubens, nicht sein *Gegenteil* – wie in der traditionellen Theologie. Wenn der Glaube ein ungesichertes Wagnis ist, muß er sich immer wieder neu im Feuer des Zweifels bewähren. «Der Glaube gewinnt sich aus dem Unglauben.» Tillich will nicht durch die Rehabilitierung des Zweiflers der modischen Kultivierung des Zweifels und dem masochistischen In-den-Wunden-Wühlen das Wort reden. Der Glaube kokettiert nicht mit dem Zweifel, er stellt sich ihm. Zur Debatte steht nicht ein wahrheitsmüder Skeptizismus mit seiner selbstgefälligen Pose, nicht der spielerische Zweifel um des Zweifels willen, sondern der ernsthafte Zweifel, der von der Wahrheit nicht loskommt und der viel eher ein Anwärter auf die Wahrheit ist als eine arrogante Orthodoxie, die über die Wahrheit buchhalterisch verfügt.[44] Nur *der* Glaube ist echt, der mit dem Neuen Testament immer wieder bekennen muß: «Ich glaube, hilf meinem Unglauben» (Mark. 9,24).

Die Kirche außerhalb der Kirche

Fast möchte man meinen, Kafka umschreibt in der Erzählung «Eine kaiserliche Botschaft» die Situation der Kirche unserer Zeit. Der sterbende Kaiser flüstert einem Boten «die Botschaft» ins Ohr, die er seinen Untertanen übermitteln soll. Der Bote macht sich auf den Weg. Doch die Menge im Palast hindert ihn vorwärtszukommen. Er durchdringt nicht einmal «die Gemächer des inneren Palastes», den noch unzählige andere Paläste und Höfe umschließen, ganz zu schweigen von der Stadt mit ihren hochgetürmten Schutthalden. «Niemand dringt hier durch, und gar mit der Botschaft eines Toten. Du aber sitzt an deinem Fenster und erträumst sie dir, wenn der Abend kommt» – so der Schlußsatz der Erzählung. Die Botschaft der Kirche erreicht nicht mehr ihre Adressaten, weil Verständnis- und Sprachbarrieren es verhindern. Sie bleibt in den inneren Palastgemächern der Theologie und der Kern-Gemeinde stecken. Diese Gettosituation der Kirche verschärft sich zunehmend. Nach einer Meinungsumfrage in der Bundesrepublik 1979 antworteten auf die Frage, ob man ein Christ sein kann, ohne der Kirche anzugehören, 77 Prozent mit ja. 1967 waren es «erst» 69 Prozent, die diese Frage bejahten. Nach dieser Umfrage gehen von hundert evangelischen Christen nur fünf jeden (oder fast jeden) Sonntag in die Kirche.

Tillich hat das Problem der Entkirchlichung schon frühzeitig erkannt und es zum Anlaß genommen, ganz neu über die Kirche nachzudenken. Er kommt zu dem Schluß, man müsse «manifeste und latente Kirche», organisierte und unbewußte Kirche unterscheiden. Er schreibt: «Die Existenz eines christlichen Humanismus außerhalb der christlichen Kirche scheint mir eine solche Unterscheidung dringlich zu machen. Es geht nicht an, alle, die den organisierten Kirchen und überlieferten Symbolen entfremdet sind, als unkirchlich zu bezeichnen.» In ihnen lebt «latente Kirche», denn bei ihnen stößt man auf das «Erlebnis der menschlichen Grenzsituation», auf die «Frage nach dem Jenseitigen, Begrenzenden», auf «unbedingte Hingabe für Gerechtigkeit und Liebe, Hoffnung, die mehr ist als Utopie». «Oft schien es mir, als ob die latente Kirche, die mir in diesen Gruppen begegnete, wahrere Kirche sei als die organisierte, weil weniger in dem Pharisäismus des Besitzes der Wahrheit befangen.»[45] Der Bote ist – um im Gleichnis Kafkas zu bleiben – unnötig, da jeder einen «unmittelbaren Zugang zu Gott» hat. Es gibt auch keinen Kaiser und Untertan, kein Oben und Unten. Gott ist unten. Wer hineinhorcht in die Tiefe seiner Existenz, begegnet ihm und bekommt wieder Grund unter die Füße. Oder im Gleichnis Kafkas: Gott kommt zu mir, wo ich die Fenster zur Zukunft öffne, wo ich nach dem letzten Sinn frage. Aber wird die Zukunft nicht durch die Schutthalden der Indifferenz verstellt? Dringt die Sinnfrage durch sie noch durch?

Tillichs Ausbruch aus dem Getto einer verbürgerlichten Kirche hat vor allem lebensgeschichtliche Gründe. Die «Zugehörigkeit» zu einer «bevorzugten Klasse», die in dem Pastorensohn Tillich schon in der Kindheit ein «soziales Schuldbewußtsein» erzeugte, wird zu einer Art Schlüssel für sein späteres Verhalten. Auf dieses kindliche Urerlebnis ist – so Tillich –

seine spätere Wendung zum «Sozialismus» und seine «Opposition gegen die Bürgerlichkeit» zurückzuführen.[46] Hand in Hand mit seiner Parteinahme für das Proletariat ging eine «wachsende ... Entfremdung» von der Kirche und ihren Einrichtungen. Er schreibt: «Nicht Innere Mission, sondern religiöser Sozialismus ist die notwendige Form christlichen Handelns unter der proletarischen Arbeiterschaft ...»[47] Hinzu kommt eine andere Zielgruppe, mit der er engste Kontakte pflegte und die ihn noch viel mehr der kleinbürgerlichen Kirche entfremdete, die Bohème.[48]

Fazit

Von Studenten, die bekanntlich gern zuerst (und zu schnell) nach dem Nutzwert eines theologischen Systems für die Praxis fragen, hörte ich nicht selten: Mit Tillichs Theologie kann ich etwas anfangen. Andere klagen – umgekehrt – über den Sog der Abstraktion seiner philosophischen Theologie, und sie vermissen handliche Konkretionen. Als wäre man als Gast zum Essen geladen, bekommt aber statt einer Mahlzeit ein Kochbuch vorgesetzt. Doch man wird Tillich schwerlich vorwerfen können, daß er an der Wirklichkeit vorbeischreibt. Es gibt kaum einen Theologen unserer Zeit, der – etwa in seiner Gotteslehre – so dicht an der Wirklichkeit bleibt wie Tillich, selbst auf die Gefahr hin, Gott und die Wirklichkeit zu verwechseln. Tillich hat diese Gefahr gesehen. Es ehrt ihn, sie nicht gescheut zu haben – bei der heute so bitter notwendigen theologischen Aufgabe, Gottes Existenz nicht bloß zu behaupten, sondern evident zu machen. Wenn die Theologie nicht betriebsblind an der Wirklichkeit vorbeileben will, kann sie nicht – wie Barth – vom Gottesglauben als einer unfragbaren Selbstverständlichkeit ausgehen. Es ist das theologische Verdienst Tillichs, daß er wie keiner versucht hat, in einer Welt ohne Gott weltlich von Gott zu reden, und daß er dies nicht nur – wie andere – programmatisch gemacht, sondern sich um Konkretionen bemüht hat. Tillich hat dem Wort Gott, das blind geworden ist wie eine abgegriffene Münze, deren Aufschrift man nicht mehr entziffern kann, durch sprachliche Ummünzung wieder einen ganz neuen Sinn gegeben. Daß er bei diesem wichtigen Unterfangen das Risiko einging, sich theologisch zu vergaloppieren, spricht *für ihn,* nicht gegen ihn.

Trotzdem bleibt eine Menge kritischer Rückfragen des Theologen wie des Nichttheologen. Ich habe selber andernorts darauf hingewiesen, daß die Umschreibung Gottes als die Tiefe meines Lebens leicht zur Tütendefinition werden kann, in die jeder hineinsteckt, was ihm paßt. Tillich scheint zumindest die Ambivalenz des Symbols Tiefe zu übersehen. Was mich unbedingt angeht und meinem Leben Tiefe gibt, kann auch ein Götze sein und muß nicht notwendig Gott sein. Heydrich liebte Hölderlin. Die hitlergläubigen Massen auf den Nürnberger Reichsparteitagen waren genauso vom Unbedingten umgetrieben wie die über 700 Anhänger des «Volkstempels», die 1978 auf Befehl ihres Sektenführers Jim Jones sich das Leben nahmen. Das Geld kann einen Menschen genauso unbedingt angehen wie der Schlußchor aus der Matthäuspassion, Beethovens Fünfte, ein Sonnenaufgang am Meer und ein Kinderlachen. Nicht nur das Gute kann dem Leben Tiefe geben, sondern auch das Böse wie Krankheit, Leid, Schuld und Krieg.

Tillich wird vielleicht antworten, das Unbedingte wird auch als Abgrund, nicht nur als Grund erfahren. Aber auch hier könnte man wieder einhaken: Ist es nicht eher ein Zeitsymptom, am Abgrund vorbeizuschielen, ihn durch Glücksattrappen zu verstellen, die ja die Unterhaltungs- und Verklärungsindustrie en masse zur Verfügung stellt – wenn nicht überhaupt das Unbedingte und die Sinnfrage auszublenden? Anders gefragt: Hat Tillichs Tiefentheologie eine Chance in unserer nüchternen Siemenswelt, die nicht nach übergreifenden Zielen fragt und der es nur um den reibungslosen Ablauf der technischen Maschinerie geht? Erreicht sie nur Intellektuelle oder auch den Mann von der Straße? Gott ist – so Max Scheler – ein «Volksgott», kein «Wissensgott der Gebildeten». Besteht hier nicht die Gefahr, daß die Hochzeitskapelle bestellt wird, bevor man die Braut hat, bzw. daß man meint, man bekommt sie mit der Kapelle?[49] Wer findet die Perle im Ozean?

Doch man darf das Problem nicht nur vom Iststand her, man muß es auch vom Sollstand her betrachten. Tillich geht zu Recht von der Konzeption der Universaloffenbarung aus (Apostelg. 14,17; 17,23; Röm. 1,19ff u. a.), wonach jeder Mensch, nicht nur der Christ, Gott erkennt – ob er es wahrhaben will oder nicht. Nach Tillichs Meinung ist jeder Mensch religiös, wenn er sich dessen auch nicht unbedingt bewußt sein muß. Jeder ist mit dem Unbedingten konfrontiert, jeder weiß sich unbedingt gefordert und unbedingt beschenkt, ganz egal, ob er diese Erkenntnis ins Unbewußte verdrängt oder sich bewußtmacht. Tillich wagt es – und das bleibt sein Hauptverdienst –, die seit Barth in der evangelischen Theologie verfemte Lehre von der Universaloffenbarung zu rehabilitieren und durch mutige Konkretionen zu exemplifizieren. Ohne die Universalität der Offenbarung würde das Christentum zur totalitären Sekte verkommen. Der moderne säkularisierte Mensch ist nicht religionslos, wie es den Anschein hat, wenn sich seine Religiosität auch in latenter, profan unauffälliger Form äußert.[50] Tillich nimmt die – um mit Rilke zu reden – «schmale Wand» zwischen Gott und dem heutigen Menschen und die Klopfzeichen zwischen beiden mit der Sensibilität des Psychologen wahr.

Daß über dieser Aufgabe, dem heutigen säkularisierten Menschen Gott zu bewahrheiten, kirchliche Binnenprobleme und christologische Fragen zu kurz kommen, ist verständlich. Der gegen Tillich oft geäußerte Modernismusvorwurf mag vielleicht auf seine Christologie zutreffen, aber nicht auf seine Gotteslehre, die mit unbestechlichem Blick das Wesentliche biblischen Gottesglaubens erfaßt: das Unbedingte, Ausschließliche, auf Leben und Tod Fordernde, Ausliefernde göttlicher Transzendenz (vgl. das erste Gebot 2. Mose 20,2 f).

Aber wird der personale biblische Gottesglaube nicht durch die unpersönlichen Gottessymbole Grund, Tiefe, Ziel, Sinn verfehlt? Doch Gott offenbart sich in der Bibel nicht nur als personales Du, sondern auch in nichtpersonalen, eshaften Medien wie der Natur, der Geschichte, dem Schicksal, den Strukturen – sonst wäre er nicht die alles bestimmende und alles umfassende Wirklichkeit. Gott ist nicht nur *vor* mir – wie der modische theologische Personalismus will –, sondern auch *hinter* mir, *über, unter* mir – was Tillich wieder ganz neu verdeutlicht hat. Sein Du kann sich im Es verstecken.

Doch wenn er sich *als Es offenbart, ist* er deswegen kein Es, sondern ein Du. Gott wäre nach Tillich für den Menschen irrelevant, wäre er weniger als ein Mensch, wäre er nicht Person, sondern etwas Unterpersönliches. Er könnte uns dann nicht unbedingt angehen, könnte uns nicht «in der Mitte unseres Personseins treffen», er könnte nicht «unseren Willen umwandeln und nicht unsere Einsamkeit, Angst und Verzweiflung überwinden». Tillich beruft sich dabei auf Schellings Satz: «Allein eine Person kann eine Person heilen.»[51]

Wie wichtig Tillich das personale dialogisch-partnerschaftliche Verhältnis zwischen Gott und Mensch ist, zeigt seine Korrelationsmethode. Der Mensch wird hier wirklich als mündig-autonomer Partner Gottes und damit als Mensch ernst genommen – ganz im Gegensatz zu einer verhängnisvollen christlichen Tradition, die vom Menschen Hundedemut, Engelsgeduld und was weiß ich verlangte, nur nicht daß er Mensch sei. Es ist bedauerlich, daß in Tillichs Theologie das entscheidende Argumentationsmuster für diese menschlich-mitmenschliche Begegnisweise Gottes ausfällt, die Menschwerdung Gottes in Jesus Christus.[52] Gott wurde ja deshalb Mensch, um dem Menschen von Mensch zu Mensch zu begegnen.

Ein anderer wichtiger Pluspunkt Tillichscher Theologie ist die Aktualisierung der reformatorischen Dialektik von Gesetz und Evangelium. Der Dialektik des Gottes, der in seinem vorletzten Wort, im Gesetz, vom Menschen alles fordert und in seinem letzten Wort, im Evangelium, ihm alles schenkt, soweit er sein Evangelium *gegen* sein Gesetz als sein letztes Wort glaubt. In die heutige Situation übertragen, hieße das: *Gegen* unsere Angst Mut zu fassen, weil es eine Macht gibt, die stärker ist als alles, was uns Angst macht, gegen das Alte uns an das Neue zu klammern, gegen die Sinnleere auf einen letzten Sinn zu hoffen, gegen die Abgründe unseres Lebens an einen tragenden Grund zu glauben und aller Plattheit und Oberflächlichkeit zum Trotz ihm Tiefe abzugewinnen. Albert Camus meinte, «daß unserer Welt kein tieferer Sinn innewohnt».[53] Es macht demgegenüber das ganze Pathos Tillichscher Theologie aus nachzuweisen, daß sie einen verborgenen Sinn hat und daß er keine Utopie ist, der wir zuschuften müßten, sondern ein Geschenk. Der Mensch darf annehmen, daß er angenommen ist.

DIETRICH BONHOEFFER

Theologie konkret

Das hervorstechendste Merkmal der Theologie Bonhoeffers ist ihre Praxisbezogenheit. Mehr als Barth, Tillich und Bultmann bedrängte ihn von Anfang an die Frage, wie Theologie und Glauben konkretisiert werden können. Auf die Frage «Wer bin ich?» gab er die verblüffende Antwort «Dein bin ich, o Gott».[1]* Bonhoeffer scheute sich nicht, als Dozent im Hörsaal zu beten. Der Reflex ist ihm wichtiger als die Reflexion. Der Glaube handelt, oder er glaubt nicht. Er kann nicht warten (Matth. 6,3). Die ewig diskutierenden Intellektuellen waren Bonhoeffer ein Greuel. In seinen Gefängnisbriefen schreibt

---

* Die hochgestellten Ziffern verweisen auf die «Anmerkungen und Literaturhinweise» im Anhang, siehe Seite 298.

er: «Unser Christsein wird heute nur in zweierlei bestehen: im Beten und im Tun des Gerechten ...»[2] Seine Theologie ist betende Theologie. Er hat seiner theologischen Generation wieder klargemacht: *von* Gott kann man nur reden, wenn man *mit* ihm redet. Wobei das Beten und Tun des Gerechten für ihn untrennbar zusammengehören. Den Theologen, die sich im Dritten Reich aus den Niederungen des politischen Alltags in die Gralsburg der Liturgie zurückziehen wollten, rief er zu: «Nur, wer für die Juden schreit, darf auch gregorianisch singen.»[3] Die Kirche – die zur Institution geronnene Provokation – ist für Bonhoeffer Baracke des Zufalls, nicht Gralsburg. Mit dem ihm eigenen Radikalismus postuliert er: «Kirche ist nur Kirche, wenn sie für andere da ist. Um einen Anfang zu machen, muß sie alles Eigentum den Notleidenden schenken. Die Pfarrer müssen ausschließlich von den freiwilligen Gaben der Gemeinden leben, evtl. einen weltlichen Beruf ausüben.»[4] Verworfen wird eine Kirche, die nur um ihre «Selbsterhaltung» kämpft und so zum Selbstzweck geworden ist – wie die Kirche im Dritten Reich.[5]

Trotz dieser harschen Kirchenkritik kann man bei Bonhoeffer schwerlich – wie häufig geschehen – eine «kirchliche Phase» von einer «weltlichen Phase» unterscheiden. Wendepunkt seines Denkens ist der Zweite Weltkrieg, entscheidend die in ihm geschriebenen Werke, die 1940 bis 1943 entstandene «Ethik» und die 1943 bis 1944 abgefaßten Gefängnisbriefe («Widerstand und Ergebung»). In seiner Vorkriegstheologie, auf die noch der Riesenschatten der Autorität Barths fällt, steht die Kirche im Zentrum seines Denkens, während er sich in seiner Kriegstheologie mehr und mehr der Welt öffnet und sich aus dem kirchlich verengten Denken löst.[6] Sein Anschluß an die Widerstandsbewegung und die Übernahme politischer Funktionen haben diese Öffnung bewirkt. Bonhoeffer trennt sich in dieser Phase deutlich von Barths vertikaler Offenbarungstheologie und von der ausschließlich mit sich selbst beschäftigten «Bekennenden Kirche». Während Bonhoeffer in der «Nachfolge» (1937) den «einfältigen, wörtlichen Gehorsam» gegenüber dem Ruf Jesu fordert[7], setzt er in seiner Kriegstheologie den Akzent auf die Mündigkeit des Menschen. Ein Motiv, das auf Wilhelm Dilthey zurückzuführen ist, mit dessen Buch «Weltanschauung und Analyse des Menschen seit der Renaissance und Reformation» er sich in der Haft intensiv beschäftigt hat. Das Menschenbild der Aufklärung, das Dilthey hier zeichnet, ist von «Selbstbewußtsein», «Autonomie» und «générosité» geprägt.[8] Neben Diltheys Vorstellungen nimmt er in seiner Diesseitigkeitstheologie die Kritik Feuerbachs und Nietzsches an der Jenseitigkeit des Christentums auf. Vor allem Nietzsches Vitalismus und seine Deutung des Christentums als lebensfeindliche «Ressentiment»-Bewegung der «Schlechtweggekommenen», «Schwachen» und «Mißratenen» müssen Bonhoeffer in seiner Kriegsphase sehr beschäftigt haben. Ebenso Nietzsches Polemik gegen Gott als den «Gegensatzbegriff zum Leben» und den «Lückenbüßer» menschlicher Verlegenheit («Man hat Gott genannt, was schwächt»). Während Nietzsches Vitalismus Bonhoeffer im starken Maße provozierte, kann er mit der pessimistischen Existenzphilosophie nichts anfangen.[9] Außerdem verstärkt sich in der Kriegstheologie der Einfluß Luthers. Entscheidende Anstöße aus dem Alten Testament kommen dazu. Doch der Grundtenor seiner Theologie bleibt in beiden Phasen der gleiche: die Menschwerdung und Fleischwerdung Gottes in Jesus Christus (Joh. 1,14) – in der Kriegstheologie verstanden als seine *Weltwerdung*. Bahnbrechend war vor allem die Gotteslehre dieser Phase.

Zunächst ein Streiflicht auf Bonhoeffers Leben, in dessen Unrast sich sein theologischer Radikalismus widerspiegelt und das unverkennbar das Siegel seines Denkens an sich trägt. Ein wichtiger Einschnitt im Leben Dietrich Bonhoeffers (1906–1945) war der Tod seines Bruders Walter im Ersten Weltkrieg. Ein Urerlebnis, das vermutlich seinen Entschluß ausgelöst, hat Pfarrer zu werden.[10] Bonhoeffer studierte in Tübingen, Rom und Berlin und habilitierte sich hier für Systematische Theologie mit einer Arbeit über «Akt und Sein» (erschienen 1931). Als der junge Theologe im Februar 1933 einen Rundfunkvortrag über den «Führer als Idol» hielt und Anspielungen machte auf den «Führer», der zum «Verführer» wird, wurde die Sendung während des Referates abgeschaltet.[11]

Bonhoeffer – von Anfang an persona non grata des Hitlerstaates – wurde in der NS-Zeit der entschiedenste Verfechter der «Bekennenden Kirche» und der entschlossenste Gegner der mit Hitler paktierenden «Deutschen Christen». Schon 1933 protestierte er gegen die antijüdischen Maßnahmen Hitlers, die weithin in der Kirche gebilligt wurden.[12] Er bekämpfte den Vertrauensmann Hitlers, Ludwig Müller, und heftete auf der Wittenberger Nationalsynode (1933), die Müller zum Reichsbischof wählte, mit Freunden Flugblätter an Bäume und Laternen.[13]

Nach einer erfolglosen Tätigkeit als Studentenseelsorger an der TU Berlin wurde Bonhoeffer 1933 Auslandspfarrer in London, wo er fast zwei Jahre wirkte. 1935 wurde er Leiter des illegalen Predigerseminars der «Bekennenden Kirche» in Finkenwalde, wo er eine geistliche Keimzelle des Widerstandes gegen den Nationalsozialismus schuf. 1940 wurde über Bonhoeffer ein Redeverbot, 1941 ein Schreibverbot verhängt. Inzwischen war in ihm der Entschluß gereift, daß der NS-Staat auch auf politischer, nicht nur auf geistiger Ebene bekämpft werden muß. Niederschmetternd wirkte auf ihn unter anderem vor allem die Tatsache, daß 1938 fast alle evangelischen Pastoren den Loyalitätseid auf Hitler schworen – sogar mehrheitlich die der «Bekennenden Kirche». Er schloß sich dem Widerstand um Goerdeler, Canaris, Beck und Stauffenberg an und wurde zur Tarnung seiner Widerstandsarbeit V-Mann in der «Abwehr» des Oberkommandos der Wehrmacht beim Stab von Canaris. 1942 reiste er, als Kurier des Auswärtigen Amtes getarnt, nach Stockholm, um dort den englischen Bischof Bell zu treffen, der Eden und Churchill über den deutschen Widerstand informieren sollte.[14] Am 5. April 1943 wurde Bonhoeffer verhaftet und am 9. April 1945 zusammen mit führenden Männern der «Abwehr» (Canaris, Oster) im KZ Flossenbürg auf persönlichen Befehl Hitlers gehenkt.

Religionslos an Gott glauben

Es war zweifelsohne ein theologischer Gewaltstreich, als Bonhoeffer in seiner «Ethik» die kühne These aufstellte: «Wie in Christus die Gotteswirklichkeit in die Weltwirklichkeit einging, so gibt es das Christliche nicht anders als im Weltlichen, das ‹Übernatürliche› nur im Natürlichen, das Heilige nur im Profanen, das Offenbarungsgemäße nur im Vernünftigen.»[14] Falsch ist daher «das Denken in zwei Räumen» in der christlichen Tradition und die Zertrennung des weltlichen und religiösen Bereichs. «Christus und die Welt» werden hier als «zwei aneinanderstoßende und einander abstoßende Räume» gedacht. Dem Menschen bleibt nur die Möglichkeit, einen der beiden Räume «unter Verzicht auf das Wirklichkeitsganze» zu wählen, entweder «Christus ohne die Welt» oder «die Welt ohne Christus». Seit Gott in Christus «Fleisch» wurde (Joh. 1,14), ist es uns verboten, in «zwei Räumen» zu denken, es existiert nur noch «ein Raum», in dem «Gottes- und Weltwirklichkeit miteinander vereinigt sind». «Es gibt nicht zwei Wirklichkeiten, sondern *nur eine Wirklichkeit,* und das ist die in Christus offenbar gewordene Gotteswirklichkeit in der Weltwirklichkeit. An Christus teilhabend stehen wir zugleich in der Gotteswirklichkeit und in der Weltwirklichkeit.»[15]

Gott thront nicht in einer Hinter- und Überwelt, sondern er hat sich in Jesus Christus mit dieser Welt identifiziert. Es gibt nur *eine* Welt, nicht zwei Welten. Von daher erledigt sich der Einwand von Feuerbach und Marx, Religion sei Vertröstung auf ein besseres Jenseits. Aber auch Simone de Beauvoir dürfte am genuin christlichen Wirklichkeitsverständnis vorbeizielen, wenn sie behauptet: Religion ist feige «Flucht» aus der «Wirklichkeit», der es «ins Auge zu sehen» gilt.[16] Damit soll nicht bestritten werden, daß sie ein zur Jenseitsdressur entartetes Christentum anprangert, wie sie es in ihrer Sozialisation erlebte. Sie schreibt rückblickend auf ihre Kindheit und Jugend: «Gott wurde eine abstrakte Vorstellung irgendwo im Himmel. Eines Tages habe ich sie weggewischt. Ich habe Gott nie vermißt, er stahl mir die Erde.»[17] Doch im Grunde will Bonhoeffer nichts anderes als Simone de Beauvoir, wenn sie «eine Wahrheit» sucht, «die der Tod nicht zu erschüttern vermag».[18]

In seinen Tegeler Gefängnisbriefen macht Bonhoeffer den interessanten Versuch, das Problem der *Religionslosigkeit des modernen Menschen* von dem neuen Wirklichkeitsverständnis seiner «Ethik» her zu lösen.[19] Das Christentum kann – nach Bonhoeffer – den religionslosen modernen Menschen nur erreichen, wenn «von Gott – ohne Religion» gesprochen wird. In einer gottlosen Welt muß «‹weltlich› von ‹Gott›» geredet werden.[20] Bonhoeffer verficht die These, daß die Bibel selbst den Glauben religionslos interpretiert. «Nicht um das Jenseits, sondern um diese Welt, wie sie geschaffen, erhalten, in Gesetze gefaßt, versöhnt und erneuert wird, geht es» hier. Die Transzendenz dient der Immanenz.* «Was über diese Welt hinaus ist, will *für* diese Welt da sein.»[21] «Religionsloses Christentum» heißt: Der Glaube erhofft die Vollendung dieser unserer Welt, nicht eine Überwelt. In der herkömmlichen Theologie wurde die Welt häufig zur Überwelt hochsakralisiert oder durch sie aufgestockt. Die Quittung auf diese Theologie ist Herbert Achternbuschs Bekenntnis in «Die Stunde des Todes»: «Zu Gott wollte ich nicht beten, denn der war im Himmel ...» Christen sind keine «Ewigkeitsfans» (Peter Handke).

Sowohl Barth als auch Bultmann und Tillich leisten nach Bonhoeffer die «nichtreligiöse Interpretation» des christlichen Glaubens nicht. Obschon Barth ein religionsloses Christentum anstrebt, ist seine Theologie im wesentlichen ein Rückfall in die «Restauration» und in eine «positivistische** Offenbarungslehre», «wo es dann heißt: friß Vogel, oder stirb; ob es nun Jungfrauengeburt, Trinität*** oder was immer ist, jedes ist ein gleichbedeutsames und –notwendiges Stück des Ganzen, das eben als Ganzes geschluckt werden muß oder gar nicht.» «Für den religionslosen Arbeiter ... ist hier nichts Entscheidendes gewonnen.»[22] Bultmann scheint Barths «Grenze»

---

* Transzendenz = Überweltlichkeit, Immanenz = Innerweltlichkeit
** Vom Vorgegebenen, von einer Vorgabe ausgehenden
*** Dreieinigkeit (Gott ist drei und doch einer als Vater, Sohn und Heiliger Geist)

gespürt zu haben, verfällt aber nach Bonhoeffer in das «typisch liberale Reduktionsverfahren».[23] Er geht in seinem Entmythologisierungsprogramm «nicht zu weit», sondern «zu wenig weit». «Nicht nur ‹mythologische› Begriffe wie Wunder, Himmelfahrt etc. … sondern die ‹religiösen Begriffe schlechthin sind problematisch», wie etwa der Gottesbegriff, der von Bultmann nach Meinung Bonhoeffers von jeder Kritik ausgespart wird.[24]

Tillich unternahm nach Bonhoeffer den Versuch, «die Entwicklung der Welt selbst – gegen ihren Willen – religiös zu deuten». «Das war sehr tapfer, aber die Welt warf ihn vom Sattel und lief alleine weiter.»[25]

Ob Bonhoeffer nicht zumindest Tillich unrecht tut, der sich doch wie kein Theologe darum bemüht hat, weltlich von Gott zu reden in einer Welt ohne Gott. Die These Bonhoeffers, der moderne Mensch sei religionslos, ist zudem kritisch zu hinterfragen. Religion kann auch in *weltlich-unauffälliger* Form erfahren werden, nicht als Einbruch einer Überwelt in diese Welt, kann sich in ganz säkularen Mustern artikulieren, nicht in sakralen. Etwa wenn sich das Leben des Menschen nicht in persönlichen Interessen erschöpft, sondern wenn er übergreifende Werte kennt. Wenn er etwa über sich hinausfragt nach einem letzten Ziel und Sinn seines Lebens. Der Atheist Milan Machovec meint, «ohne irgendeine Transzendenz kann» der heutige Mensch «dem großen Nichts, dem zunehmenden Absurditäts- und Sinnlosigkeitsbewußtsein» unserer Zeit «nicht mehr trotzen».[26] Die säkulare Religiosität des modernen Menschen äußert sich vor allem in seinem durch nichts totzukriegenden Glauben an den Sieg des Guten inmitten des Chaos (Peter L. Berger), aber auch in seiner Hoffnung auf das grundstürzend Neue (Ernst Bloch), oder im «Ruf» des «Gewissens» «aus der Ferne in die Ferne» (Martin Heidegger)[27], in der «unbedingten Forderung» (Karl Jaspers)[28], die ihn unausweichlich vor die Entscheidung stellt, sich zu gewinnen oder sich zu verfehlen. Säkulare Religiosität artikuliert sich in der irrationalen Traumwelt des Unbewußten (C. G. Jung) und in den vielen anderen «abgesunkenen Mythologien» (Mircea Eliade) unserer säkularisierten Gesellschaft. Friedrich Dürrenmatt bringt die säkulare Religiosität des heutigen Menschen, der nicht auf Gott, aber auf Godot wartet, auf den Punkt. In seiner Erzählung «Der Tunell» schildert er, wie ein Zug voller Menschen an einem harmlos netten wolkenlosen Sommertag in einen «kleinen Tunell» fährt, aus dem er nicht mehr herauskommt. Immer schneller rast er dem «Abgrund, dem Innern der Erde», dem «Ziel aller Dinge» entgegen. Der letzte Satz der Erzählung verrät ihren Sinn: «Gott ließ uns fallen, und so stürzen wir denn auf ihn zu.» Dürrenmatt will sagen: Der moderne Mensch kommt von Gott nicht los, auch wenn er ihn nicht so nennt. Er stürzt in den Abgrund und sucht einen Grund.

Was mit nichtreligiöser Interpretation des Gottesglaubens gemeint ist, soll jetzt noch an einigen Deutungsmustern Bonhoeffers klargemacht werden.

Gott als die letzte Wirklichkeit oder das Vorletzte als Hülle des Letzten

Ihr verfehltes Denken in zwei Räumen verleitete die christliche Tradition dazu, das «Vorletzte» und «Letzte», das Natürliche und Religiöse, Welt und Gott voneinander zu trennen, was sich von der Fleischwerdung Gottes (Joh. 1,14) her geradezu verbietet. Für den christlichen Fanatismus schließt sich Vorletztes und Letztes so sehr aus, daß das Vorletzte durch das Letzte zerstört wird. «Alles Vorletzte im menschlichen Verhalten» gilt als «Sünde und Verleugnung. Angesichts des kommenden Endes gibt es für den Christen nur noch letztes Wort und letztes Verhalten.»[29] Alles oder nichts! Gegen diesen christlichen Miserabilismus, der in der Welt nicht mehr die Schöpfung Gottes wiedererkennen will, sowie gegen Theologen, die sich als Steigbügelhalter der apokalyptischen Reiter gefallen, führt Bonhoeffer die These ins Feld: Das «Vorletzte» ist die «Hülle des Letzten». Im Vorletzten verbirgt und birgt sich das Letzte. Denn in der Inkarnation Gottes in Jesus Christus ist das Letzte unwiderruflich ins Vorletzte eingegangen.[30] Die vorletzten und letzten Dinge sind zwar zu *unter*scheiden, aber nicht zu *scheiden*. Gott ist keine Überwelt und keine Wirklichkeit Nummer 2, sondern die «letzte Wirklichkeit» dieser Welt, das Letzte und Letztgültige, das mir in und aus der *einen* Wirklichkeit begegnet. Gott ist die geheime Mitte der Welt. Zu ihm komme ich also nur *durch* die Welt hindurch, nicht *an ihr vorbei,* sie ist seine Hülle, in der er sich versteckt. Dieses revolutionäre Gottesverständnis der «Ethik» mußte auf eine Theologie schockierend wirken, die die böse Welt sich selber überließ und ausschließlich mit der Überwelt beschäftigt war.

In den Gefängnisbriefen wird ihm in der Verhältnisbestimmung des Vorletzten und Letzten noch ein weiterer Gesichtspunkt wichtig: Das vorletzte Tun Gottes *geht* seinem letzten Tun *voraus.* Diese Vorordnung des Vorletzten vor das Letzte entspricht der lutherischen Dialektik von Gesetz und Evangelium. Er schreibt: «Ich habe in den vergangenen Monaten viel mehr Altes Testament als Neues Testament gelesen. Nur wenn man die Unaussprechlichkeit* des Namens Gottes kennt, darf man auch einmal den Namen Jesus Christus aussprechen; nur wenn man das Leben und die Erde so liebt, daß mit ihr alles verloren und zu Ende zu sein scheint, darf man an die Auferstehung der Toten und eine neue Welt glauben; nur wenn man das Gesetz Gottes über sich gelten läßt, darf man wohl auch einmal von Gnade sprechen, und nur wenn der Zorn und die Rache Gottes über seine Feinde als gültige Wirklichkeit stehen bleiben, kann von Vergebung und von Feindesliebe etwas unser Herz berühren. Wer zu schnell und zu direkt neutestamentlich sein ... will, ist m. E. kein Christ ... Man kann und darf das letzte Wort nicht vor dem vorletzten sprechen. Wir leben im Vorletzten und glauben das Letzte.»[31]

---

* Im Alten Testament und Judentum wird der Gottesname Jahwe nicht ausgesprochen.

Gott als Es und Du oder
Schicksal und Führung

Interessant ist eine andere Variante der Dialektik des Vorletzten und Letzten, die Bonhoeffer zu einem späteren Zeitpunkt
in seinen Tegeler Gefängnisbriefen äußert: «Wir müssen dem
‹Schicksal› – ich finde das ‹Neutrum› dieses Begriffs wichtig –
ebenso entschlossen entgegentreten wie uns ihm zu gegebener
Zeit unterwerfen. Von ‹Führung› kann man erst jenseits dieses
zwiefachen Vorgangs sprechen, Gott begegnet uns nicht nur
als Du, sondern auch ‹vermummt› im ‹Es› und in meiner Frage
geht es also im Grunde darum, wie wir in diesem ‹Es› (‹Schicksal›) das ‹Du› finden oder ... wie aus dem ‹Schicksal› wirklich
‹Führung› wird.»[32] Der – um mit F. Hölderlin zu reden – «alte,
stumme Fels» des «Schicksals», der sich uns entgegenstellt,
wird zur Person.

Diese Schicksalsdeutung ist in der evangelischen Theologie
ungewöhnlich, in der sich noch immer viele die Gasmaske
umbinden, wenn sie den Schicksalsbegriff hören. Ich erinnere
mich an meine Jugendzeit, wo uns in Schule und Elternhaus
eingebleut wurde, der Christ dürfe das heidnische Wort
Schicksal nicht in den Mund nehmen, für ihn gäbe es kein
Schicksal, sondern nur Fügung. Die Theologie Barths zieht
eine Bannmeile um den Schicksalsbegriff. Anders Bonhoeffer,
der den Begriff in die Gotteslehre einbezieht, um den modernen Menschen dort abzuholen, wo er steht.

Hinter dem schwachsinnigen Optimismus der – eine
Rutschbahn ins Glück verheißenden – Werbespots unserer Wa-
rengesellschaft verbirgt sich allem Anschein nach ein tragi-
sches Lebensgefühl. Der Glaube an die Unausweichlichkeit
des Schicksals ist die Geheimreligion des heutigen Menschen.
Nach dem christlichen Glauben hat Gott am Kreuz das Schicksal der Menschheit auf sich genommen. Der Schicksalsbegriff
gehört in die Mitte der Theologie, nicht in ihre «Besenkam-
mer».

Gott nicht an der Grenze, sondern
in der Mitte des Lebens erfahren

Am weitesten wagt sich Bonhoeffers nichtreligiöse Interpretation des Glaubens in folgenden, stark von Nietzsche geprägten Passagen seiner Gefängnisbriefe vor: «Die Religiösen sprechen von Gott, wenn menschliche Erkenntnis ... zu Ende ist oder wenn menschliche Kräfte versagen», immer also «in Ausnutzung menschlicher Schwäche bzw. an den menschlichen Grenzen». Das geht nur so lange, «bis die Menschen aus eigener Kraft die Grenzen etwas weiter hinausschieben und Gott ... überflüssig wird». «Das Reden von den menschlichen Grenzen ist mir überhaupt fragwürdig geworden.» «Ist selbst der Tod heute, da die Menschen ihn kaum noch fürchten, und die Sünde, die die Menschen kaum noch begreifen, noch eine echte Grenze?» «Es scheint mir immer, wir wollten nur ängstlich Raum aussparen für Gott; – ich möchte von Gott nicht an den Grenzen, sondern in der Mitte, nicht in den Schwächen, sondern in der Kraft, nicht also bei Tod und Schuld, sondern im Leben und im Guten des Menschen sprechen. An den Grenzen scheint es mir besser zu schweigen und das Unlösbare ungelöst zu lassen.»[33] Gott darf nicht zum «Lückenbüßer» unserer wissenschaftlichen und existentiellen Lücken degradiert werden. «Nicht erst an den Grenzen unserer Möglichkeiten, sondern mitten im Leben muß Gott erkannt werden.»[34] «Gott ist mitten in unserem Leben jenseitig.»[35] «Das Jenseitige ist nicht das unendlich Ferne, sondern das Nächste.»[36]

Sicher hat die Kirche häufig mit der Schwäche des Menschen ein Geschäft gemacht. Trotzdem scheint sich Bonhoeffer zu irren, wenn er behauptet, Tod und Sünde werde vom heutigen Menschen nicht mehr als Grenze erfahren. Nach Karl Jaspers sind gerade die Grenzsituationen wie Tod, Leid und Schuld Chiffren der Transzendenz.

Im Banne eines optimistischen Fortschrittsglaubens scheinen sich auch Bonhoeffers – zum Teil sicher berechtigte – Vorstellungen von der Mündigkeit unserer Welt zu bewegen. Bonhoeffer konstatiert: «Der Mensch hat gelernt, in allen wichtigen Fragen mit sich selbst fertig zu werden ohne Zuhil-

fenahme der Arbeitshypothese: Gott.» Gegen diese «Selbstsicherheit» des modernen Menschen ist nach Bonhoeffer die
«christliche Apologetik»* auf den Plan getreten. «Man versucht, der mündig gewordenen Welt zu beweisen, daß sie ohne
den Vormund ‹Gott› nicht leben könne. Wenn man auch in
allen weltlichen Fragen schon kapituliert hat, so bleiben doch
immer die sogenannten ‹letzten Fragen› – Tod, Schuld – auf die
nur ‹Gott› eine Antwort geben kann und um derentwillen man
Gott und die Kirche und den Pfarrer braucht.»[37] Bonhoeffer
prangert das pfäffische «Hinter-den-Sünden-der-Menschheit-
Herschnüffeln, um sie einzufangen» an.[38] Er will darauf hinaus, «daß man Gott nicht noch an irgendeiner allerletzten
heimlichen Stelle hineinschmuggelt, sondern daß man die
Mündigkeit der Welt und des Menschen einfach anerkennt,
daß man den Menschen in seiner Weltlichkeit nicht ‹madig
macht›, sondern ihn an seiner stärksten Stelle mit Gott konfrontiert».[39] Bonhoeffer scheut sich nicht zu behaupten: *Gott
selbst* will, daß wir «mit dem Leben ohne Gott fertig werden»,
leben, «als gäbe es keinen Gott» («etsi deus non daretur»). Was
der Mensch freilich «vor Gott» erkennen soll! «Vor und mit
Gott leben wir ohne Gott.»[40]

Ob sich Bonhoeffer mit dieser viel mißbrauchten These auf
die Bibel berufen kann – die übrigens im Widerspruch steht zu
seiner Grundintention, wonach Gott gerade im Alltag, in den
vorletzten Dingen, in der Mitte unseres Lebens zu erfahren
ist?! Der Christ müßte gerade auch im Berufsalltag mit Gott
rechnen, um nicht der Sklaverei seiner Eigengesetzlichkeit zu
verfallen. Werden nicht auf dem leeren Altar die Dämonen
hausen?!

Sicher ist Gott kein «deus ex machina»**[41], der spielend alle
Probleme löst wie ein Zauberer, sondern er «gewinnt» allein
«durch seine Ohnmacht» am Kreuz «in der Welt Macht».[42]
Durch diesen Satz wird die spezifisch christliche Gotteslehre
von Bonhoeffer auf den Punkt gebracht.

* Verteidigungslehre
** Gott aus der Maschine, ein szenisches Mittel im antiken griechischen Drama zur Lösung von Konflikten

Bonhoeffers einseitige These, Gott sei in der Kraft, nicht in der Schwäche, in der Mitte, nicht an der Grenze des Lebens zu erkennen, erklärt sich aus der Situation des leib- und lebensfeindlichen viktorianischen Christentums des 19. und anfänglichen 20. Jahrhunderts. Das Richtige kann man oft gar nicht anders aussagen, als indem man es übertreibt. Dabei scheint Bonhoeffer von Nietzsche inspiriert zu sein, der in seiner Polemik gegen das zeitgenössische Christentum ins Schwarze trifft. «Man hat» in der Tat allzu oft – so Nietzsche – «Gott genannt, was schwächt». Das Christentum war tatsächlich nicht selten in seiner Geschichte – wie Nietzsche behauptet – eine «Verschwörung gegen Gesundheit, Schönheit, Wohlgeratenheit, Tapferkeit», ja «gegen das Leben selbst». Wer wird Nietzsche widersprechen, daß die «Bleichsucht», der «Haß gegen alle Sinne» und der «böse Blick für alle Dinge» das Christentum jahrhundertelang charakterisierten?

Der Psychoanalytiker Tilmann Moser bestätigt auf seine Weise Bonhoeffers Christentumskritik. Das Gottesbild seiner religiösen Sozialisation, das er attackiert, trifft freilich das zeitgenössische, nicht das neutestamentliche Christentum. In den «Gebeten vor Morgengrauen» seines Buches «Gottesvergiftung» (1976) schreibt er unter anderem: «Du warst eine solche Enttäuschung, ein solcher Betrug in meinem Leben, daß ich, als ich ganz allmählich und unter Qualen dahinterkam, dich links liegen ließ.» «Ich habe dir so schreckliche Opfer gebracht an Fröhlichkeit, Freude an mir und anderen ...» «Herr, erhebe dein Antlitz über uns ... so haben wir am Ende jedes Gottesdienstes gefleht, als gäbe es keine größere Sehnsucht, als immerzu dein ewigkontrollierendes bigbrother-Gesicht über uns an der Decke zu sehen. Du als Krankheit in mir bist ... eine Krankheit der unerfüllbaren Normen, die Krankheit des Angewiesenseins auf deine Gnade, die von beamteten Herabflehern zusätzlich zu meinem Geflehe bei dir erbettelt werden mußte.» «Du hast mir so gründlich die Gewißheit geraubt, mich jemals in Ordnung fühlen zu dürfen, mich mit mir aussöhnen, mich o. k. finden zu können.» Du bist ein «rachsüchtiger Lückenbüßer». «Du gedeihst in den Hohlräumen sozialer Ohnmacht und Unwissenheit.» «Die Enge meiner früheren Welt hast du benutzt, um dich so riesig aufzublähen.» «An meinen Strafängsten bist du groß geworden. Ich brauchte dich Gottesgebirge als Schutzwall gegen meine Vernichtungswünsche. Du hast den Kreis nie hilfreich durchbrochen, sondern dich an meiner Not geweidet.»[43]

Diese wütend hingeknallten Sätze müssen dem Theologen zu denken geben. Dabei darf nicht verschwiegen werden: Der neutestamentliche Gott macht nicht den Menschen arm, um selber reich zu sein, er wird – so Paulus – «arm», um den Menschen «reich» zu machen (2. Kor. 8,9) – am Kreuz auf Golgatha. Er macht nicht den Menschen klein, um groß zu sein, sondern er macht sich selber klein, um den Menschen groß zu machen.

Fazit

Die Aphorismen der Gefängnisbriefe Bonhoeffers üben eine suggestive Faszination aus, die es einem schwer macht, die kritische Sonde an sie anzulegen – zumal sie merkwürdigerweise von der evangelischen Theologie fast kritiklos rezipiert und mit der Aura der Unantastbarkeit umgeben wurden. Werkstattberichte wurden zu Endgültigkeitsformeln, Problemskizzen zu Marmorsprüchen hochstilisiert. Aus Privatbriefen wurde eine Dogmatik gemacht und – was noch viel schlimmer ist – aus Leidensbriefen ein auswendig zu lernender Examensstoff. Bonhoeffer selbst wollte mit seinen Gefängnisbriefen, die er nicht veröffentlicht haben wollte, «ins Unreine reden»[44], um den Briefpartner zur Widerrede zu provozieren. Man wird ihnen also nur gerecht, wenn man sie tiefer hängt und sie als das, was sie sein wollen, als Gesprächsanstoß versteht. Ähnliches gilt für seine «Ethik», die nur eine unvollständige Materialsammlung für ein späteres Ethikhandbuch sein will.

Andererseits ist es gerade das Unfertige, was an diesen Aufzeichnungen so fasziniert. In ausgefeilter und abgeschliffener akademischer Form wären sie wohl kaum beachtet worden. Das Frische, Spontane des ersten Wurfs macht ihren Reiz aus.

Hinzu kommt eine in der Theologie seltene sprachliche Brillanz; gepaart mit der für Bonhoeffer typischen Sensibilität für das Atmosphärische. Seine Fähigkeit, das Komplizierte einfach zu sagen, kommt hinzu. Es ist das große Verdienst Bonhoeffers, daß er den Leuten aufs Maul schaut, ohne ihnen nach dem Mund zu reden, daß er Theologie in die kleine Münze der Verständlichkeit umwechseln kann, ohne sich nur im mindesten etwas von der Substanz abhandeln zu lassen. Theologie ist hier wirklich – was sie sein soll – Boje, nicht Welle im Strom der Zeit. Man könnte auch sagen: Es ist der schnelle Blick fürs Entscheidende, der Bonhoeffers theologisches Charisma ausmacht.

Ungeschützte Sätze werden leicht mißverstanden. Man denke an den grotesken Mißbrauch, den unter anderem die Gott-ist-tot-Theologie mit Bonhoeffers nichtreligiöser Interpretation des Gottesglaubens getrieben hat. Die vielzitierten Formeln «Gott ist mitten in unserem Leben jenseitig», man müsse «weltlich von Gott reden» sind durch inflationären Gebrauch zum Jargon verkommen. Nichtsdestotrotz sind sie Signalworte mit Signalwirkung geworden. Bonhoeffer hat mit diesen Formeln der nachbarthschen Theologie des 20. Jahrhunderts das Stichwort gegeben. Die Theologie steht und fällt heute damit, ob sie es fertigbringt, weltlich von Gott zu reden in einer Welt ohne Gott. Zumal sie dadurch bei ihrer Sache bleibt: bei dem Gott, der in Jesus Christus in die Welt eingegangen ist, also nirgends sonst als in dieser Welt zu suchen ist. Bonhoeffer hat durch sein Konzept, weltlich von Gott zu reden, die Theologie aus frömmelnder Enge befreit. Man denke zum Beispiel an die Heimholung des Schicksalsbegriffs in die Theologie – an das Wagnis, Schicksal als Fügung zu glauben. Glaube heißt nicht Einübung ins Unvermeidliche oder Tabuisierung des Unvermeidlichen, sondern er ist die Gelassenheit jenseits von Widerstand und Ergebung. Für den Glauben *spricht* das *stumme* Schicksal. Ein Paradox, das nichts gemein hat mit der landläufigen «Lieber-Gott»-Frömmigkeit.

Das Hauptverdienst der Diesseitigkeitstheologie Bonhoeffers ist die Rehabilitierung der Welt, der unschuldige Blick für die Dinge! Die Schöpfung ist nicht nur der vorausgeworfene

Schatten Christi, wie es bei Barth den Anschein hat, ihr kommt ein Eigengewicht und Eigenwert zu. Die Erlösung zielt allein auf sie ab. Sie ist die einzige Wirklichkeit und dadurch die einzige Möglichkeit, die bleibt. Der Glaube ist kein Fahrschein fürs Jenseits, und die Theologen sind keine «Himmelfahrtsspezialisten» (Günter Grass).

In diesem Zusammenhang muß noch auf einen anderen wichtigen Zug Bonhoefferschen Wirkens hingewiesen werden. Er verkörpert einen neuen Typ von Pfarrer, den Propheten, nicht den Glaubensbeamten und Funktionär, den Kämpfer, nicht den Softi und Mann milchiger Milde, der er in der gesellschaftlichen Rollenerwartung geworden ist, den unbequemen Seelsorger, nicht den beflissenen Zeremonienmeister, den viele in ihm sehen.

Es bleiben noch manche kritische Rückfragen wie etwa folgende:

– Wie sind die fragwürdigen Nietzsche-Anklänge in den Nebengassen Bonhoefferscher Theologie mit seinem Grundmotiv, daß Gott am Kreuz durch seine Ohnmacht mächtig ist, zu vereinbaren, wie zum Beispiel seine Tendenz, das Starke gegen das Schwache auszuspielen, seine abschätzigen Bemerkungen über den «Aufruhr der Minderwertigen»[45], über die «letzten Ritter» und «intellektuell Unredlichen», eine «zweifelhafte Gruppe», die die Kirche außen vor lassen soll?[46]

– Ist «die Zeit der Innerlichkeit ... des Gewissens und ... der Religion» wirklich, wie Bonhoeffer behauptet, «vorüber»?[47] Kann man nicht zumindest von einer unbewußten profanen Religiosität[48] des modernen Menschen sprechen, die sich unter nichtreligiösen Decknamen (Schicksal, Zufall, Sinn des Lebens, die bessere Zukunft, das letzte Glück etc.) versteckt?

– Erliegt Bonhoeffer nicht einer Illusion, wenn er wie selbstverständlich von der Mündigkeit des modernen Menschen ausgeht? Die – damals schon diskutierte – Rückläufigkeit der Aufklärung, der Fortschritt des Rückschritts, der Rückfall des heutigen Menschen in eine selbstverschuldete Unmündigkeit, die Tatsache, daß er an einem Hebel sitzt, der fernbedient wird, daß er nicht mehr Macher, sondern Gemachter, nicht mehr Schaffer, sondern Geschaffter ist, daß er in die Maschinerie der

Technokratie, die er bedienen soll, als munter funktionierendes Rädchen hineinverzahnt ist, scheint hier aus dem Blickfeld gerückt zu sein. Ganz zu schweigen von den vielen kleinen Gulags, die er verinnerlicht hat!

Daß der Mensch sich – wenn überhaupt – nur vorletzte, aber nie letzte Freiheit schenken kann, war ihm vielleicht noch nie so bewußt wie heute angesichts des Zusammenbruchs des marxistischen Zukunftsglaubens und des westlichen Machbarkeits- und Fortschrittsglaubens. Hier handelt es sich nicht um harmlose Lücken in seinem selbstgemauerten Haus, die Gott – so Bonhoeffer – als «Lückenbüßer» zustopfen soll, sondern der Mensch steht auf einem Trümmerfeld enttäuschter Hoffnungen. Er muß nicht erst durch einen Pfaffentrick hilflos gemacht werden, damit er einen metaphysischen Helfer braucht, er *ist* hilflos. Der Mensch fragt *von sich aus* nach einer Macht, die stärker ist als alles, was ihm Angst macht, die Kirche muß ihm diese Macht nicht erst aufschwätzen. Er sucht von sich aus eine Macht, die ihn aus dem Schraubstock der Schuld befreit, aus dem er sich erfahrungsgemäß selber nicht befreien kann, so eine Macht muß ihm nicht erst durch ein Psychomanöver ansuggeriert werden. Dasselbe gilt von anderen Grenzsituationen wie dem Tod. Der Mensch kann sich vielleicht im Unterschied zum Menschen früherer Zeiten von Krankheit und Not befreien. Aber er kann sich nicht von Tod, Angst und Schuld befreien. Er begegnet Gott folglich nicht nur – wie Bonhoeffer behauptet – in der Mitte, sondern gerade auch an der Grenze seines Lebens, nicht nur im Glück, auch im Unglück, nicht nur in der Kraft, auch in der Hilflosigkeit.

Damit soll keinem resignativen Miserabilismus das Wort geredet werden. Im Gegenteil: Nur wenn der Mensch nüchtern die Grenzen seiner Möglichkeiten sieht, kann er sie voll ausschöpfen, ohne in Verzweiflung und Werkgerechtigkeit getrieben zu werden. Dabei geht es hier nicht nur um den heutigen Menschen, sondern um den Menschen überhaupt. Der im Unterschied zum Tier das unfertige Wesen, das Mängelwesen und dadurch das nach vorn offene, das Hoffnungswesen ist, das sich ständig selbst überholt, aber sich nie erreicht und immer wieder hinter seiner Bestimmung zurückbleibt. Dessen

Leben folglich sinnlos ist ohne eine Macht, die ihm die erhoffte Selbstverwirklichung schenkt, die er aus eigener Kraft nicht oder allenfalls fragmentarisch realisieren kann. Die Grenze gehört so zum Wesen des Menschen. Seine Grenze macht gerade seine Stärke aus, was Bonhoeffer übersieht.

JÜRGEN
MOLTMANN

Der Tübinger Professor für Systematische Theologie und ehemalige Bremer Pfarrer ist wohl neben Pannenberg der international bekannteste lebende evangelische Theologe der Gegenwart. Er gilt, ähnlich wie katholischerseits Metz, als Vorreiter der «politischen Theologie». Als Mitglied der Paulus-Gesellschaft engagierte sich Moltmann vor allem im christlich-marxistischen Dialog. Er gehört seit den fünfziger Jahren der Kirchlichen Bruderschaft an, die in der Adenauer-Ära Furore machte durch ihren Kampf gegen Wiederaufrüstung und Atombewaffnung. Man wird ihm schwerlich mit den üblichen Zuordnungsklischees «konservativ», «progressiv», «orthodox», «modern» und ähnlichen beikommen können. Ein anpassungsschlauer Modernismus liegt ihm so fern wie ein verkrochener Traditionalismus. Dabei weiß er sich der kirchlichen Tradition durchaus verpflichtet, die er freilich nicht *nach-*

sagen, sondern *neu* sagen will – was ja übrigens genau das Geschäft der Systematischen Theologie ist. Auffällig ist seine starke Traditionsorientierung in der Trinitätslehre* und Christologie**, was von der Forschung kaum beachtet wurde. Fast möchte man von einem Neokonservativismus sprechen – oder vielleicht besser von einer «konservativen Revolution». Moltmann gräbt eigentlich keine neuen Kanäle, sondern er füllt die vertrockneten Kanäle kirchlicher Tradition aus. Als ich ihn fragte, welche «Grundmotive» seine Theologie prägen, nannte er die Stichworte «Hoffnung», «Kreuz» und «Gemeinde», wobei er auf das erste den Hauptakzent legte[1]***

Hoffnung der Zukunftslosen

Alle Gedanken Moltmanns laufen auf einen einzigen Punkt zu: die durch nichts totzukriegende Hoffnung, die Gott im Menschen als der kommende Befreier weckt. Es macht das ganze Pathos Moltmannscher Theologie aus, daß die Zukunft nicht der Angst gehört – wie Max Frisch meinte –, sondern der Hoffnung. Moltmanns Theologie der Hoffnung wollte einer Generation, die nicht mehr weiter mit dem Rücken zur Zukunft leben wollte, zeigen, «wo es langgeht».

Den unmittelbaren Anstoß zu dieser Hoffnungstheologie gab die Beschäftigung mit der zeitgenössischen Theologie. Fasziniert war Moltmann vor allem von der neuen biblischen Theologie des Alten Testaments von Gerhard von Rad und des Neuen Testaments von Ernst Käsemann. Hinzu kam der atmosphärische Einfluß Karl Barths. Moltmann erinnert sich: «Nach dem Studium der ‹Kirchlichen Dogmatik› von Karl Barth hatte ich zeitweilig den Eindruck, daß es nach Barth keine neue systematische Theologie mehr geben würde, weil

---

* Trinität = Dreieinigkeit Gottes (Gott als Vater, Sohn und Heiliger Geist)
** Lehre von Christus
*** Die hochgestellten Ziffern verweisen auf die «Anmerkungen und Literaturhinweise» im Anhang, siehe Seite 298.

er alles gesagt habe.» Von diesem «Irrtum» kurierte ihn der holländische Theologe Arnold A. van Ruler, durch den er «das brachliegende Feld der Eschatologie» – der Lehre von den letzten Dingen – kennenlernte. Dann kam Ernst Bloch in seinen Gesichtskreis, der dem Begriff Hoffnung, der weithin zur dekorativen Leerformel und zum Planschbecken für Festredner geworden war, wieder einen Kurswert zurückzugeben vermochte. Moltmann war begeistert von dessen 1959 erschienenem Buch «Das Prinzip Hoffnung», das der resignativen Zeitphilosophie, die einem gespannten Bogen ohne Pfeil glich, eine vorwärtsreißende Zielvorstellung geben wollte; den Pfeil ins «utopische Totum», in das sich nicht mit Teilzielen zufriedengebende Ganze, ganz Neue.

Die Hoffnung sollte nicht eine nette Dreingabe der Theologie, sondern ihre Achse, um die sich alles dreht, sein. Nicht mehr – wie oft – ein Zwerg auf Stelzen, sondern Drehpunkt des Ganzen.

Die Hoffnungstheologie Moltmanns ist nicht das Ergebnis akademischer Grübelei, sondern bei ihm lebensgeschichtlich bedingt. Moltmann schreibt: «1926 in Deutschland geboren, gehöre ich zu jener Generation, die das Ende des Zweiten Weltkrieges, den Zusammenbruch eines Staates ... die Tyrannei und die Schande des eigenen Volkes und eine längere Gefangenschaft bewußt erlebt hat ... Wir kehrten nach Deutschland zurück mit dem Willen, daß es nun ein für allemal anders, humaner und demokratischer werden sollte. Vielleicht hatten wir hinter Stacheldraht die Kraft einer Hoffnung gelernt, die etwas Neues und nicht nur die Heimkehr ins Alte suchte.» «Doch als ich 1948 repatriiert wurde, war in Deutschland ... die Chance des Nullpunkts ... schon vorüber. Mit der Währungsreform 1948 begann in Wirtschaft, Politik, Kultur und Kirchen ein Wiederaufbau, der an zu vielen Stellen die Gestalt einer Restauration annahm.» «Auf allen Gebieten wurden die Trümmerfelder wieder ‹in Ordnung gebracht›. Die Menschen in Deutschland wollten endlich Ruhe und Sicherheit haben. Sie hatten fehlgeschlagene Abenteuer genug erlebt und wollten darum keine Experimente mehr. Die Arbeit am sogenannten ‹deutschen Wirtschaftswunder› brachte die böse Vergan-

genheit ins Vergessen und machte die Zukunft gleichgültig ...
Man gab sich darum betont nüchtern und war allen Ideologien
und Utopien abhold. Das war der Realismus der fünfziger
Jahre. Jeder hatte zuviel nachzuholen, als daß er sich Gedanken
über die Zukunft hätte machen können. Zur gleichen Zeit aber
wuchs, aus den Enttäuschungen über die Restauration der
Nachkriegszeit geboren, bei vielen Jüngeren das innere Unbe-
hagen an dieser Utopie des Status quo, den man nur bewahren
... wollte ...»[2]

Seine Faszination durch Blochs «Prinzip Hoffnung» wurde
schon erwähnt. Er meint im Rückblick: «Mein erster Eindruck
war der: ‹Warum hat sich die christliche Theologie dieses
Thema entgehen lassen, das doch ihr eigenes sein müßte? Wo
ist der urchristliche Geist der Hoffnung in der heutigen Christenheit geblieben?›»[3] Moltmann begann dann die Arbeit an
seinem Buch «Theologie der Hoffnung», das 1964 erschien
und Blochs Ansatz theologisch verarbeitete. Das Buch hatte
eine ungewöhnliche Durchschlagskraft in der ganzen Welt.
«Das Thema lag sozusagen in der Luft.»[4] Es besteht kein
Zweifel, daß es die revolutionäre Umbruchphase in den sechziger Jahren mit angestoßen hat.[5] In schneller Folge erschienen
Bücher und Schriften von Moltmann mit immer neuen Varia-
tionen zum Thema Hoffnung. Er wendet sich in der «Theologie der Hoffnung» gegen eine die Zukunft vor sich her schie-
bende Theologie. Indem man die eschatologischen «Ereignisse» wie die Wiederkunft Christi, das Weltgericht und die
neue Schöpfung «auf den Jüngsten Tag vertagte, verloren sie
ihre weisende, aufrichtende und kritische Bedeutung für alle
jene Tage, die man hier, diesseits des Endes, in der Geschichte
zubrachte. So führten diese Lehren vom Ende ein eigentümlich steriles Dasein am Ende der christlichen Dogmatik.» «In
dem Maße, wie das Christentum zur Nachfolgeorganisation
der römischen Staatsreligion wurde ... überließ man die
Eschatologie und ihre mobilisierende, revolutionierende und
kritische Einwirkung in die ... Geschichte den enthusiasti-
schen Sekten und den revolutionären Gruppen. Indem der
christliche Glaube die ihn tragende Zukunftshoffnung aus seinem Leben ausschied und die Zukunft in ein Jenseits oder die

Ewigkeit transponierte, die biblischen Zeugnisse, die er tradiert, aber randvoll von messianischer Zukunftshoffnung für die Erde sind, wanderte die Hoffnung gleichsam aus der Kirche aus und kehrte sich ... gegen die Kirche.» Doch «das Christentum ist ganz und gar und nicht nur im Anhang Eschatologie, ist Hoffnung, Aussicht und Ausrichtung nach vorne, darum auch Aufbruch und Wandlung der Gegenwart.»

Diese Hoffnung, die in jedem Menschen glimmt, ersehnt letztlich «das Andere», «was wir uns nicht schon aus der gegebenen Welt ... ausdenken und ausmalen können», eben das «Neue». Das Überraschungsmoment ist Wesensmerkmal der Hoffnung. Das «Neue» wäre nichts Neues, sondern Neuauflage des Alten, wenn es nur menschliche Wunschprojektion, nicht Widerfahrnis, aus der Welt ablesbare Zukunft, nicht «Zukunft aus Gott» wäre.[6] Diese Hoffnung, die aufs Ganze geht und sich nicht mit Teilzielen abspeisen läßt, macht den Glauben nicht «ruhig, sondern unruhig, nicht geduldig, sondern ungeduldig». «Wer auf Christus hofft, kann sich nicht abfinden mit der gegebenen Wirklichkeit, sondern beginnt an ihr zu leiden, ihr zu widersprechen. Frieden mit Gott bedeutet Unfrieden mit der Welt, denn der Stachel der verheißenen Zukunft wühlt unerbittlich im Fleisch jeder unerfüllten Gegenwart.»[7]

Die Hoffnung oder die ungeduldige Erwartung des ganz Neuen, die durch Moltmanns Theologie vibriert, kommt in einer eschatologischen Dringlichkeitssprache zum Ausdruck, der alles akademisch Brillenhafte abgeht. Wenn der Umbruch des Bestehenden unmittelbar bevorsteht, ist keine Zeit für wissenschaftliche Erbsenzählerei. Ebensowenig bleibt Zeit für ästhetische Glasperlenspiele. Moltmann ist nicht Knüpfer hochfeiner Sprachteppiche wie etwa sein Tübinger Kollege Eberhard Jüngel; sondern die Sache läuft sozusagen den Begriffen davon und ist ihnen je schon voraus.

128

Gott, die voranziehende Feuersäule
in der Nacht

Moltmanns Gottesbegriff erfährt von seiner Hoffnungstheologie her eine radikale Umwandlung. Gott ist «kein innerweltlicher oder außerweltlicher Gott», sondern «der ‹Gott der Hoffnung› (Röm. 15,13)», «den man darum nicht *in* sich oder *über* sich, sondern eigentlich immer nur *vor* sich haben kann».[8] «Es ist kein Gott, der in seliger Ewigkeit über den Sterblichen thront. Es ist kein Gott, der in der Tiefe des Seins und der Materie kocht» (Tillich). «Es ist der Gott vor uns, der ... voranzieht wie die Feuersäule in der Nacht» (2. Mose 13,21). Er ist der Gott der «Zukunft, die verwandelnd und umstürzend in die versteinerten und unmenschlichen Verhältnisse der Gegenwart einbricht. Als Macht solcher Zukunft wirkt er in die Gegenwart.» Er ist Zukunft, die auf uns zukommt. Man kann ihn nicht in die Ferne rücken, um ihn aus ruhiger Distanz wie ein Objekt zu betrachten. Er rückt uns auf den Leib.

Doch Moltmann will deswegen nicht wie Bultmann eschatologisch die Uhren vorstellen – als wären die letzten Dinge Gegenwart, nicht Zukunft. Sie sind *beides zugleich*, Gegenwart und Zukunft. Entscheidend ist gerade die Spannung zwischen der Gegenwart und Zukunft, ist gerade, daß Gott da und fern zugleich ist. Dadurch wird er begreiflich, aber eben nur als der Unbegreifliche. Eine begreifliche Zukunft würde ja nichts Neues bringen, sondern allenfalls eine Neuinszenierung des Alten. Wir wissen aus dem zwischenmenschlichen Bereich, wie wichtig diese Dialektik zwischen Nähe und Distanz für echte Begegnung ist, die den anderen anders sein läßt und sich offenhält fürs Unerwartete, Neue. Ohne sie wird der Partner zur verfügbaren Sache und das Gespräch mit ihm zum überraschungsfreien Computerdialog.

Während die Distanz die Unverfügbarkeit der Begegnung sichert, sollte die Nähe eine Gewähr für ihre Realität sein. Moltmann vertritt eine präsentische und futurische Eschatologie zugleich. Gott ist Mittelpunkt der Welt, nicht ihr Fluchtpunkt. Die Hoffnung träumt sich nicht aus unerträglichen Verhältnissen hinaus. Sie glaubt an die Veränderung dieser

Welt, die Gott schon jetzt bringt. Gott ist nicht – wie in der herkömmlichen Theologie – *höchste* Wirklichkeit (summum bonum), sondern *Gegen*wirklichkeit. Nicht höchste Wirklichkeit, «höchste Möglichkeit» (so in einem Brief an mich).

Doch klingt das alles nicht reichlich illusionär? Wird hier nicht doch ein Wechsel auf ein nicht vorhandenes Guthaben ausgestellt? Moltmann würde antworten: Die Zukunft wird Gegenwart in der *«Geschichte»*, die Gott mit den Menschen macht. In ihr haben wir ein Faustpfand dafür, daß es sich bei der Zukunft, die Gott bringt, um eine Realität handelt, nicht um eine Seifenblase. Es ist eine feststellbare Erfahrungstatsache und keine akademische Zettelkastenidee, daß Gottes «Macht» in «zukunftseröffnenden Ereignissen der Geschichte» erkannt wurde: von Israel «im Exodus aus der Knechtschaft in Ägypten» – von den Christen «im Auszug Jesu aus dem Tode ins ewige Leben Gottes». Moltmann meint, «daß der Exodus zum unauslöschlichen und immer wiederholten Symbol abendländischer Freiheitsbewegungen wurde, von den Bauernkriegen... bis zur Negro-freedom-movement ...» Doch noch stärker wirkt «die Erinnerung an die Auferweckung Christi aus den Toten» auf uns zurück; «denn in ihr kommt eine fast schwindelerregende Freiheit und Zukunft für den Menschen zum Vorschein: Freiheit nicht nur von Hunger und von Unterdrückung, sondern Freiheit von der Macht des Todes» und der «Sünde».[9] Die Auferstehung Christi ist so eine Art Vorblende der neuen heilen Welt, die Gott einst bringt.

Ostern als Protest Gottes gegen den Tod

Die Auferweckung des Gekreuzigten bewahrt die Hoffnung aber auch vor der Weltflucht, als ginge es in ihr um einen utopischen Ausgleich irdischer Ungerechtigkeit und um die Belohnung der Zukurzgekommenen durch einen Logenplatz im Jenseits. «In dieser Hoffnung schwebt die Seele nicht aus dem Jammertal in einen imaginären Himmel... und löst sich nicht von der Erde.» Nicht die Zukunft des «Himmels», sondern der «Erde, auf der sein Kreuz steht», erhofft sie.[10] «Die christliche Auferstehungshoffnung ist nicht eine Jenseitshoffnung auf ein Leben nach dem Tode, sondern ist eine Hoffnung auf wahres Menschsein gegen den Tod.» In den Heilungswundern Jesu und seiner Auferstehung wird das «Jenseits» zum «Diesseits», hier ist «die Zukunft des Lebens» in der «Gegenwart des Todes» da. Hier wird die «Schranke», an der sich menschliche Hoffnungen festrennen, «schon durchbrochen». Nach dem Neuen Testament ist ja das Reich Gottes keine Über- und Hinterwelt, sondern die Erneuerung dieser unserer Welt (vgl. Matth. 11,1–6; Luk. 11,14–20, vor allem Vers 20!). Und Moltmann folgert mit Recht hieraus: «Weil das Reich Gottes zur Erde kommt», darum lohnt es sich auch, «hier an einer heimatlichen Erde zu arbeiten».[11] «Mitten im offenen Experimentierfeld der Geschichte gewinnt darum für den christlichen Glauben die Zukunft die Übermacht über die Vergangenheit und die Hoffnung die Übermacht über die Angst.»[12]

Von daher sieht Moltmann einen engen Zusammenhang zwischen der *menschlichen* Hoffnung und der *christlichen* Hoffnung, die ja häufig im Atheismus wie in der Theologie gegeneinander ausgespielt wurden. Die globale «Vision Gottes» und einer «neuen Schöpfung» wird schon realisiert in «konkreten Utopien» wie der «ökonomischen Befreiung des Menschen vom Hunger», der «politischen ... von Unterdrückung», sowie der rassischen.[13] Wer in Ostern eine «bleibende Hoffnung» gefunden hat, dem können «die kurzfristigen Hoffnungen des alltäglichen Lebens» nicht gleichgültig sein. Im Gegenteil. «Unsere täglichen Hoffnungen entzünden sich an jener bleibenden Hoffnung, und diese wirkt wie ein reinigendes Feuer auf sie: sie verbrennt die Keime der Eitelkeit in ihnen und auch die Fäulnis der Resignation.»[14] «Es ist darum an der Zeit, daß Christen und Nichtchristen die ursprüngliche, weltzugewandte Seite der christlichen Hoffnung wieder kennenlernen und erfahren, daß Christentum nicht eine Erlösungsreligion, sondern eine umfassende Revolution der irdischen Verhältnisse ist.» «Was Menschen für ferne Zukunftsmusik gehalten hatten», wird in Jesu «Nähe Gegenwart». Die neue Welt realisiert Jesus ja schon jetzt in seinen Heilungswundern und seiner Auferstehung[15], wie Moltmann nicht müde wird einzuschärfen. «Christlicher Glaube ... sieht nicht am Tod vorbei in die Ewigkeit. Er findet sich auch nicht jammernd mit diesem Jammertal ab.» Er erblickt vielmehr «in der Auferweckung des gefolterten und gekreuzigten Menschensohns den großen Protest Gottes gegen den Tod und gegen alle, die dem Tod in die Hände arbeiten und das Leben bedrohen.»[16]

Hoffnung wird oft fälschlich mit einem blauäugigen Fortschrittsglauben und mit einer keuchenden Hochleistung verwechselt. «Gott hat die Zukunft des Menschen nicht an den Spitzen des menschlichen Fortschritts begonnen», sondern mit dem «ausgestoßenen und verworfenen Menschensohn» am Kreuz. Die Hoffnung «sieht die Zukunft des Menschen nicht im Fortschritt, sondern bei seinen Opfern. Die Armen, die Schwarzen, die Schuldiggewordenen, die keinen Platz in der Welt haben, sind die Utopie Gottes in der Welt.» Die christliche Hoffnung hofft, «wo nichts zu hoffen ist». Sie ist «die Hoffnung der Zukunftslosen» und damit «eine Widerspruchshoffnung gegen die selbstgefälligen Optimisten und die ebenso selbstgefälligen Pessimisten».[17]

Moltmanns Hoffnungsbegriff weicht von dem gängigen entscheidend ab: Hoffnung ist kein «Frisch auf». Sie will nicht erschlafften Nerven einen neuen Reiz zuführen. Sie ist kein Durchhaltebefehl: Sei tapfer oder take it easy. Sie rennt nicht mit hängender Zunge hinter der Moderne her, blickt aber auch nicht stier auf einen Fixpunkt in der Ferne. Hoffnung heißt nicht: sich einen Ruck geben, sondern seine «neuen Möglichkeiten» entdecken[18], über seinen Tellerrand hinausschauen.

Aber warum dann eine religiöse Hoffnung, hinter deren breitem Rücken menschliche Hoffnung sich womöglich kleinlaut verstecken muß? Werden hier nicht sichtbare Nahziele durch unklare Fernziele ersetzt? Doch das Fernziel ist nach der Bibel eigentlich klar: «Gott ... wird alle Tränen abwischen von ihren Augen, und der Tod wird nicht mehr sein, und kein Leid noch Geschrei noch Schmerz ...» (Offenb. 21,3–4). Dieses Fernziel ist nicht unklar, sondern es bringt umgekehrt den Nahzielen Klarheit. Das Fragment kann ich nur verstehen, wenn ich das Ganze kenne oder mindestens eine Ahnung davon habe. Die Tonscherben, die ich gefunden habe, bekommen für mich erst einen Sinn, wenn ich weiß, wie ein antiker Tonkrug aussah.

Doch nimmt hier die Theologie nicht – wie so oft – das Maß von den eigenen Schuhen? Ist christliche Hoffnung nachkontrollierbar? Doch Hoffnung würde aufhören, Hoffnung zu sein, wäre sie kalkulierbar, wäre sie berechenbar. Ist sie doch gerade umgekehrt ein Wagnis ins Unkalkulierbare und Unberechenbare hinein, das Abenteuer ins Unbekannte und Neue (Röm. 8,24 f). Die neue Welt kann nicht mit den Maßstäben der alten Welt gemessen werden.

Der gekreuzigte oder klassenlose Gott

Vom gekreuzigten Auferstandenen her deutet Moltmann nicht nur die herkömmliche Lehre von den letzten Dingen, sondern auch die kirchliche Trinitätslehre neu. Das Kreuz ist kein gottmenschliches, sondern ein innergöttliches Geschehen. Gott verläßt Gott selbst im Schrei der Gottverlassenheit, den Jesus am Kreuz ausstößt: «Mein Gott, mein Gott, warum hast du mich verlassen?» (Matth. 15,34). Man muß hier alles vergessen, was man sich bisher unter «Gott» und seiner «Allmacht» vorgestellt hat. «Gott ist anders. Im Gekreuzigten zieht Gott aus Macht und Hoheit aus, erniedrigt sich selbst bis in diesen Tod der Gottverlassenheit hinein. Gott im Geschehen der Kreuzigung ist nicht mehr das himmlische Gegenüber, das man anrufen kann.» Er hat selbst den «menschlichen Ruf der Gottverlassenheit» übernommen. «Im Schrei der Gottverlassenheit Jesu» «ruft Gott selbst nach Gott.» «Gott nimmt die Hölle der Gottverlassenheit selbst auf sich.» «Auf die Frage: Wer ist das eigentlich – Gott? muß man darum ... die Geschichte des Mannes aus Nazareth erzählen ...»[19] Der gekreuzigte Gott des Christentums ist ein niedriger Gott, kein Hochgott wie die Götter anderer Religionen. Er ist kein être suprême, das in selig-gleichgültiger Enthobenheit in einer Überwelt thront, sondern ein Gott, der in und mit der Welt leidet. Kein taubes, stummes Schicksal, an dem der Notschrei des

Menschen abprallt, sondern ein Du, das den Notschrei des Menschen nicht nur hört, sondern selbst übernimmt.

Dieser gekreuzigte Gott schließt sowohl den «Theismus»* wie den «Atheismus» aus. Beide gehen ja davon aus: «Was man Gott zuschreibt, muß man dem Menschen genommen haben, und was man umgekehrt dem Menschen zuschreibt, muß man Gott genommen haben.» Der herkömmliche christliche Theismus denkt Gott auf Kosten des Menschen, und er sieht in ihm «ein übermächtiges, vollkommenes und unendliches Wesen» nach Analogie der ägyptischen Pharaonen, persischen Großkönige oder römischen Kaiser. «Folglich erscheint hier der Mensch als ohnmächtiges, unvollkommenes und endliches Wesen.» Dieser unmenschliche Gott hat nichts mit dem gekreuzigten Gott zu schaffen, «der menschlich begegnet» und «arm wird, um viele reich zu machen» [20] (so Paulus 2. Kor. 8,9). Die Kreuzigung war in der damaligen Zeit eine «Entehrung und Schändung» – eine den Sklaven und Rechtlosen vorbehaltene Hinrichtungsform. «Ist dieser Gekreuzigte auferweckt und zum Christus Gottes erhöht, dann ist das in der allgemeinen Vorstellung Niedrigste ... zum Höchsten verkehrt. Die Glorie Gottes leuchtet dann nicht auf den Kronen der Mächtigen, sondern auf dem Angesicht des Gekreuzigten.» Daraus folgt für die christliche Theologie, «daß sie kritisch gegen politische Religionen in Gesellschaft und Kirche vorgehen muß». Das Kreuz verpflichtet die Theologie dazu, «den Staat vom politischen Götzendienst und die Menschen von politischer ... Entmündigung» zu «befreien». Sie hat die Aufgabe, «Staat und Gesellschaft zu entmythologisieren» [21]. «Das Christentum ist nicht als National- oder Klassenreligion entstanden. Als herrschende Religion der Herrschenden muß es seinen Ursprung im Gekreuzigten verleugnen und seine Identität verlieren. Der gekreuzigte Gott ist ... ein staatenloser und klassenloser Gott.» Aber er ist deshalb «kein unpolitischer Gott». Er ist «ein Gott der Armen, der Unterdrückten und Erniedrigten». Seine «Herrschaft» kann nur in Befreiungen von entmündigenden und apathisch machenden Herrschaftsformen ... ausgebreitet werden». [22]

* Theismus: der Glaube an einen außerweltlichen Gott

Moltmann hält den Atheismus für einen «Theismus mit umgekehrten Vorzeichen». «Er denkt den Menschen auf Kosten Gottes als ein mächtiges, vollkommenes und unendliches und schöpferisches Wesen.» Je mehr er «den theistischen Gott ... entthront, um so mehr hebt er den mit den enteigneten Hoheitszeichen Gottes geschmückten Menschen auf den Thron» und vergottet ihn.[23] Auch hier tut nach Moltmann eine Entmythologisierung not. Horst-Eberhard Richter hat dieses Problem in seinem Buch «Der Gotteskomplex. Die Geburt und die Krise des Glaubens an die Allmacht des Menschen» zu Ende gedacht.

Die Dreieinigkeit oder
der Sozialismus Gottes

Die altkirchliche Trinitätslehre, wonach Gott als Vater, Sohn und Heiliger Geist drei «Personen» oder Seinswesen hat und doch nur eine einzige «Natur», erscheint vielen wie ein verstaubtes Fossil aus der Dogmengeschichte, mit dem man im Leben nichts anfangen kann. Moltmann versteht es nicht nur, dieses schwierigste Kapitel der christlichen Dogmatik interessant zu machen, sondern seinen Lebenswert – bis hinein in die politischen Konsequenzen – nachzuweisen. Die altkirchliche Trinitätslehre wollte lediglich die beiden gegenstrebigen biblischen Aussagen: *Christus und der Heilige Geist sind mit Gott identisch* und *Gott ist ein einziger Gott*, in eins schauen. Sie richtet sich gegen die Bestreiter der Gottheit Christi (Arius) und des Heiligen Geistes in der Alten Kirche.

Die spezifisch christliche Antwort auf die Frage «Wer ist Gott?» lautet nach Moltmann «Gott ist der dreieinige Gott».[24] Er ist kein Sologott, sondern Vater, Sohn und Heiliger Geist. Welchen Sinn hat die Trinität? Gott ist «als Vater transzendent» (überweltlich), er ist «als Sohn immanent» (innerweltlich) und er ist «als Geist der Geschichte zukunftsöffnend voran».[25] Gott der Vater heißt also soviel wie: Gott *ist nicht* die Welt; Gott der Sohn heißt soviel wie: Gott ist *in* der Welt; Gott der Heilige Geist heißt soviel wie: Gott ist der Welt *voraus*. Oder noch anders ausgedrückt: Als Vater erfahren wir Gott *über* uns, als Sohn *unter* uns und als Geist *vor* uns. Dreieinigkeit Gottes bedeutet also: Gott ist ein geschichtlicher Gott, kein selig in sich ruhendes Wesen.

Doch die Trinität hat – damit zusammenhängend – noch einen anderen Sinn: In der Tatsache, daß Gott nicht einfach nur *Einer*, sondern Drei und doch Einer ist, kommt zum Ausdruck, daß er ein *sozialer, kein autoritärer* Gott ist.[26] Während in der theologischen Tradition und bei Barth in der Trinität die *Eins* betont wird und sie so autoritäre Züge annimmt, akzentuiert Moltmann die *Drei*. Diese «soziale Trinitätslehre»[27] fordert einen «personalen Sozialismus»[28]. Als der *drei*-eine und soziale Gott hat er nichts zu schaffen mit der «Figur des omnipotenten Weltmonarchen», «der sich in irdischen Herrschern abbildet» – wie etwa in der Theologie der Alten Kirche. «Dem dreieinigen Gott entspricht nicht die Monarchie eines Herrschers, sondern die Gemeinschaft von Menschen ohne Privilegien und Unterwerfungen. Die drei göttlichen Personen haben alles gemeinsam, abgesehen von ihren personalen Eigenschaften. Also entspricht der Trinität eine Gemeinschaft, in der die Personen durch ihre Beziehungen miteinander und ihre Bedeutungen füreinander, nicht aber durch Macht und Besitz gegeneinander definiert werden.»[29] Der die Eins in der Trinität betonende «monarchische Monotheismus»* versteht Gott als «absolutistischen Souverän im Himmel»[30], nicht als den am Kreuz leidenden Gott. Er kommt in der Alten Kirche im «Subordinatianismus» zum Ausdruck, in dem «die Gottheit Christi zugunsten des Einen Gottes» preisgegeben wurde und Christus eine Stufe unter diesem Einen Gott, der niemanden neben sich duldet, steht – in Reinkultur bei Arius.[31]

Die Kritik, er verirre sich in einen Tritheismus (Dreigötterglauben), muß Moltmann nicht kümmern. Als der Drei-Eine ist der biblische Gott in der Tat ein demokratischer Gott und nicht – wie Nietzsche meinte – ein überhöhter orientalischer Despot. Die Drei–einigkeit schließt den alleswisserischen und allesmacherischen *Ein-Mann-Gott* aus, der eifersüchtig über

---

* herkömmlich = Eingottglaube

die Welt wacht wie ein Latifundienbesitzer über seine Domäne, vor dessen Polizeiblick nichts verborgen bleibt, mit dem man als eine Art Weltgendarm kleine Kinder zur Räson bringt, der wie ein unsichtbarer Fernsteuermann das Marionettentheater der Welt lenkt und der, wie es der Feudalherren Art ist, gelegentlich seinen Untertanen gönnerhaft sein herablassendes Wohlwollen angedeihen läßt. Ist das nicht weithin der Gott des Gewohnheitschristentums?

Doch der «monarchische Monotheismus» spiegelt sich nach Moltmann nicht nur im *Untertanenstaat*, sondern auch in der *Untertanenkirche* wider. Er drückt sich nicht nur in autoritären Staatssystemen (*Ein* Gott – *Ein* Kaiser), sondern auch in autoritären kirchlichen Strukturen (*Ein* Gott – *Ein* Bischof – *Ein* Papst) aus. Dieser «monarchische Monotheismus begründet die Kirche als Hierarchie, als heilige Herrschaft». Die Trinitätslehre hingegen, wo Vater, Sohn und Heiliger Geist wesenseins sind und auf gleicher Stufe stehen, «konstituiert Kirche als herrschaftsfreie Gemeinschaft». Das «trinitarische Prinzip» ersetzt «das Prinzip Macht» durch «das Prinzip Übereinstimmung». An die Stelle von «Autorität und Gehorsam» tritt der «Dialog». «Die presbyteriale* und synodale** Ordnung der Kirche und ihre bruderrätliche Leitung sind diejenigen Organisationsformen, die der sozialen Trinitätslehre am besten entsprechen.»[32]

Schade, daß sich der Theologe Moltmann und der Psychologe Schmidbauer nicht kennen. Wolfgang Schmidbauer vertritt ein ganz ähnliches Anliegen, nur wendet er es *gegen* Christentum und Religion. Er meint: die «Achtung vor der Vielfalt des Lebens» schließe ein «Perfektionsideal», das für sich Exklusivität beansprucht, aus. «Es gibt nicht *ein* höchstes Gut, sondern viele», so viele, wie viele individuelle «Lebensäußerungen» es gibt. «Nehmen wir Abschied vom Eingottglauben, der Juden, Christen und Mohammedaner zu immer neuen Eroberungskriegen angetrieben hat.»[33] – Ermöglicht nicht – so könnte man rückfragen – umgekehrt die Vielfalt Gottes die Vielfalt des Lebens?

---

   * von Presbyter = Kirchenvorsteher
 ** von Synode = Kirchenversammlung

Christentum als Religion der Freiheit

Moltmann stimmt dem Kommunisten Wilhelm Weitling (1808–1871) zu, der gegen Marx die These vertrat: «Die Religion muß nicht zerstört werden, sondern benutzt werden, um die Menschheit zu befreien. Das Christentum ist die Religion der Freiheit.»[34] Die Befreiung kommt aber nicht von einem metaphysischen Allmacher, sondern vom klassenlosen Gott am Kreuz. Moltmann fordert eine breite theologische Tradition in die Schranken, wenn er behauptet: Bei der Freiheit, die Christus schenkt, handelt es sich nicht um einen «bloßen Herrschaftswechsel», «bei dem die Herren wechseln, aber die Herrschaftsform in ihrer Struktur und die Knechtschaft in ihrer Mentalität die gleichen bleiben». Wenn Christus von den Befreiten «Herr» genannt wird, so ist damit etwas ganz anderes gemeint als die Herren, die sie vor ihrer Befreiung tyrannisiert haben. «Denn dieser *Herr* ist der Gekreuzigte, der allen zum *Knecht* geworden ist» (Phil. 2,5–11). «Er wäscht den Seinen die müde gewordenen Füße, nicht aber moralisch die Köpfe oder ideologisch die Gehirne. Als Erlöser gewinnt er durch sein Leiden Macht über die Erlösten. Als Befreier wird er zum Autor ihrer Freiheit und *so* zur Autorität.» Die «Diktatur des Gesetzes» wird durch die «Demokratie des Geistes» abgelöst.[35]

Die Hoffnung auf diesen Befreier macht auch politisch frei. «Die Freiheit des Glaubens wird in politischen Freiräumen gelebt.» Sie «drängt darum zu befreienden Aktionen ...» «Auf dem Weg von der Freiheit des Glaubens zu befreienden Aktionen kommt es von selbst zur Kooperation mit anderen Freiheitsbewegungen in der Geschichte Gottes.» Dabei ergibt sich nach Moltmann vorzugsweise ein Dialog mit den «sozialistischen, demokratischen, humanistischen und antirassistischen Bewegungen»[36].

Moltmann will aber deswegen seine Hoffnungstheologie nicht auf eine politische Ideologie reduzieren, als wäre die Kirche lediglich eine sozialrevolutionäre Basisgruppe. Man hat Moltmanns «politische Theologie» in diesem Punkt häufig mißverstanden. Politische Befreiung ist unmöglich ohne reli-

giöse Befreiung, wie religiöse Befreiung ohne die politische
nicht denkbar ist. Zur «Versöhnung der Welt» gehört die
«Weltveränderung» dazu, oder sie ist keine Versöhnung. Aber
es gilt auch das Umgekehrte. «Wohin führt revolutionäre
Weltveränderung ohne Versöhnung? Wie kann der entfremdete Mensch unter den Bedingungen der Entfremdung gegen
die Entfremdung kämpfen, ohne dabei neue Entfremdungen
für den Menschen zu produzieren?» An einem praktischen
Beispiel: Wie kommt man aus dem Teufelskreis der Gewalt
heraus, wenn – etwa bei einer Revolution – Gewalt *mit* Gewalt
bekämpft wird. Die «Entfremdung» des Menschen steckt
eben tiefer, nämlich «im Bösen und im Tod», nicht nur im
«Gegner» und «in den Verhältnissen», durch deren Beseiti-
gung sie zu beseitigen wäre. Doch der Mensch kann sich nicht
selbst vom Bösen und vom Tod befreien, sondern nur eine
übermenschliche Macht kann das leisten, die stärker ist als das
Böse und der Tod. Nur Gott.

«Das Reich der Freiheit» kann nach Moltmann nicht vom
«Reich der Notwendigkeit» erarbeitet werden. Sondern als
«freies Reich» kommt es «freiwillig», ist es Geschenk der
Gnade. «Sonst bliebe es auf ewig mit den Zwängen und
Krämpfen des Reiches von Mühe und Arbeit verbunden.» Die
marxistische Selbsterlösung des Menschen führt notwendig
zur «Selbstüberschätzung und Resignation». Die reformatorische «Rechtfertigung des Gottlosen» allein aus Gnade «hängt
die Zukunft der Humanität nicht als Akkordprämie vor den
hungrigen Mund, sondern öffnet sie für alle Mühseligen und
Beladenen umsonst».

«Das hebt den Ernst und die Dringlichkeit revolutionärer
Arbeit nicht auf, sondern bringt eine Zukunftsgewißheit in sie
hinein, die über Erfolg und Mißerfolg hinausreicht.» [37] Die
christliche Zukunftsbotschaft darf nicht als Alibi für Unfähig-
keit in der Gegenwart mißbraucht werden – wie oft geschehen. Sie ist keine ideologische Käseglocke, die über eine übel-
riechende Praxis gestülpt wird, sondern sie gibt den zu kurz
zielenden menschlichen Aktivitäten Ziel und Sinn.

Moltmann kommt in diesem Zusammenhang immer wieder auf die reformatorische Rechtfertigungslehre zurück, die

von der paulinischen Erkenntnis ausgeht, daß der Mensch im göttlichen Gericht freigesprochen wird, wenn er glaubt, daß Christus stellvertretend für ihn am Kreuz die Strafe für seine Schuld auf sich genommen hat (Röm. 3,21–28). Diese Rechtfertigung des Menschen allein aus Glauben ohne Gesetzeswerke (Röm. 3,28) bewahrt den Menschen davor, der Werkgerechtigkeit und Verzweiflung zu verfallen. Der Mensch wäre nach Paulus seines Heiles nie gewiß, wäre es von seinem Tun abhängig. Er tut das Gute nicht, um sich das Heil zu verdienen, sondern er tut das Gute aus Dankbarkeit dafür, daß Christus ihm das Heil am Kreuz verdient hat. Er tut das Gute nicht aus Berechnung, sondern um seiner selbst willen.

Marx übersieht nach Moltmann, daß der Mensch immer hinter seinem Ziel zurückbleibt, daß er sich erfahrungsgemäß letzte Freiheit nicht selber schenken kann, sondern allenfalls vorletzte Freiheit. Daß sie folglich Widerfahrnis, nicht Leistung ist. Marx blieb mit seinem prometheischen Menschenverständnis «im Bann der aristotelischen Tugendlehre», nach der «der Mensch das ist, was er aus sich macht», ein «Schöpfer seiner selbst, causa sui». Der Mensch produziert sich selbst. Er ist «wesentlich Produzent». «Doch damit blieb Marx ja im Banne der kapitalistischen Produzentengesellschaft und hielt an ihrem ersten Prinzip fest.» Hier und dort schwitzende Sklaven! Hier und dort derselbe Wahn menschlicher Selbsterlösung. Überträgt man die «reformatorische Alternative zwischen Werkgerechtigkeit und Glaubensgerechtigkeit» auf die «moderne Leistungsgesellschaft», so heißt das, «daß der Mensch nicht nur von Fremdbestimmung und Ausbeutung befreit wird, sondern noch tiefer, daß er von der Zwangsvorstellung, er sei das, was er produziere, befreit wird». «Ob man von anderen gejagt wird oder anfängt, sich selbst zu jagen, das gehetzte Wild ist das gleiche.» Auch «Autonomie» kann zur Hetzpeitsche werden, nicht nur «Heteronomie», auch «Selbstbestimmung», nicht nur Fremdbestimmung.[38] Die Fesseln sind dann sozusagen ins Fleisch gewachsen, man sieht sie nicht mehr und bildet sich ein, frei zu sein.

Die Kirche oder das Reich der Freiheit
mitten im Reich der Notwendigkeit

Im Anschluß an den Hebräerbrief begreift Moltmann Kirche als das wandernde Gottesvolk[39], das seinem Befreier entgegenzieht. Kirche ist so gesehen nicht Gralsburg, sondern Baracke des Zufalls, nicht Struktur, sondern der Exodus aus allen Strukturen, nicht Institution, sondern Ereignis, und wennschon Institution, dann die zur Institution geronnene Provokation. Diese Dauerprovokation, die die Kirche für die Welt darstellt, schließt sowohl den weltfremden Traditionalismus wie den weltklugen Konformismus – beides Verhaltensmuster auch der heutigen Kirche – aus.

Moltmann versteht Kirche entsprechend als «Katalysator für Befreiungsbewegungen, weil sie den Schrei nach Freiheit in der Welt als Schrei nach Gott hört»[40]. «Wird die Kirche der Zukunft politisch bewußter und politisch kritischer, so wird sie» aber «den Einsatz für die wirkliche Befreiung des Menschen mit einer Wiederentdeckung des Gottesdienstes als Fest der Freiheit verbinden».[41] Der Gottesdienst sollte «zur Quelle neuer Spontaneität werden und brauchte nicht länger ein Ort der Hemmungen, Verlegenheiten und Anstandsbemühungen zu sein. Die Gemeinden würden dann zu Experimentierfeldern des Reiches der Freiheit mitten im Reich der Notwendigkeit.»[42]

Moltmann schließt sich mit diesem messianischen Kirchenverständnis Roger Schutz (Taizé) an, der die These vertrat, «Jesus macht das Leben zu einem beständigen Fest, zu einem Fest der Freiheit . . .» Dieses Fest der Freiheit ereignet sich nicht nur im Kirchenraum, es wird überall gefeiert, «wo eine Seele von Schuld befreit wird, wo zerschlagene Herzen geheilt werden, wo Gefangene freigelassen werden, wo Entrechtete zu ihrem Menschenrecht kommen, wo Behinderte von Gesunden angenommen werden, wo ein Getto aufgelöst wird, wo ein Krieg beendet wird und Gemeinschaft in Vertrauen gestiftet wird»[43], und man könnte im Sinne Moltmanns fortfahren, wo die Natur nicht mehr vom Menschen ausgebeutet wird, sondern er im Frieden mit ihr lebt.

Das alles durcheinanderwirbelnde Fest der Freiheit kennt auch keine Konfessionen mehr. Der «*eine* Gott» kann nur glaubwürdig bezeugt werden durch die *Einheit* der Kirchen.[44] Diese Einheit der Kirchen Christi wird schon vorweggenommen durch die Mischehen.[45]

Das Fest der Freiheit prägt sich aus in einem ganz neuen Lebensstil, dessen Charakteristikum die zwecklose Freude ist. Ganz im Gegensatz zum total verzweckten Lebensstil unserer Leistungsgesellschaft, die vom Raffen und Schaffen bestimmt wird. «Christliche Eschatologie ... hat das Ende der Geschichte niemals als ... Zahltag oder erfüllten Zweck bedacht, sondern ganz zweckloserweise als Lobgesang unendlicher Freude», als «Reigentanz der Erlösten» und als «unbeschwertes Lachen». Der Endzweck der Geschichte ist das Ende aller Zwecke und die Befreiung von einem verzweckten Leben, in dem alles nur nach seinem Nutzwert beurteilt wird. «Die Bilder des kommenden Neuen stammen nicht aus der Welt des Kampfes und Sieges, der Arbeit und des Erfolges, des Gesetzes und seiner Durchsetzung, sondern aus der Welt des kindlichen Urvertrauens.»[46]

Fazit

Es ist das große Verdienst Moltmanns, den revolutionären Gott der Bibel, der die «Letzten» zu den «Ersten» und die «Ersten» zu den «Letzten» macht (Mark. 10,31), wiederentdeckt zu haben. Neu darauf hingewiesen zu haben, daß Gott keine überhöhte Wirklichkeit (summum bonum), sondern Gegenwirklichkeit ist und dadurch Mut macht, gegen alle Hoffnung auf seine neue Welt zu hoffen, aber auch einen Zusammenhang zu sehen zwischen dieser großen Hoffnung und den kleinen Hoffnungen. Der Mut macht, dem unverhüllt schamlosen Anspruch der Technokratie auf Weltherrschaft zu trotzen. Der Mut macht, gegen das vorgezeichnete, programmierte Leben zu protestieren und den Aufbruch ins Neue, Ungebahnte zu wagen. Der Mut macht, in einer überraschungsfreien Computerwelt das Staunen und Entdecken wieder zu lernen. Der vor allem Mut macht, Unrechtsstrukturen nicht hinzunehmen, wenn es stimmt, daß sein Reich nicht nur Herzenswende, sondern Weltenwende (Günter Bornkamm) sein will. Moltmann hat zu Recht erkannt: Das Reich Gottes, das Jesus bringt und seine Nachfolger realisieren sollen, ist eine Revolution, die die damalige wie heutige Gesellschaftsordnung auf den Kopf stellt (vgl. Matth. 23,8 ff; Mark. 10,42 ff). Aber eine stille Revolution, die sich gewaltlos vollzieht und deren Mittel einzig die Liebe ist, sprich: vorbehaltlose Annahme eines jeden, auch des Feindes – ganz im Unterschied zu den gewaltsamen Revolutionen der Menschheitsgeschichte. Ob Moltmann diesen wichtigen Unterschied nicht übersehen hat? Seine Tendenz, beide Revolutionen und beide Reiche* zu vermischen, hängt mit dem Stellenwert, den er dem Alten Testament zumißt, zusammen. Das Neue Testament scheint für ihn offenbar nur das Schlußkapitel des Alten Testaments zu sein – nicht aber eben *Neues* Testament, das das *Alte* nicht einfach wiederholt, sondern *überholt*. Der gewaltlose gekreuzigte Gott, von dem her er denkt, reimt sich nicht zusammen mit gewaltsamen Revolutionen, die Blutvergießen und Leid über andere bringen.

Rückfrage: Kann sich folglich ein Christ an einer gewaltsamen Revolution nicht beteiligen, auch wenn sie sich gegen ein Unrechtssystem richtet? Er kann es jedenfalls nicht im Namen Jesu tun, sondern nur im Akt eigener Schuldübernahme. Es gibt ja auch für den Christen den ethischen Grenzfall, wo er zwischen zwei Übeln das kleinere wählen muß, wo er sich also nicht zwischen gut und böse, sondern zwischen böse und böse entscheiden muß. Dieser Fall liegt hier vor.

Noch andere kritische Fragen, die man an Moltmann stellen könnte, wären:

Ist der Gott der Bibel und zumal des Neuen Testaments wirklich nur ein Gott *vor* uns und nicht auch ein Gott *in* uns? Ich denke an dieser Stelle vor allem an das Abendmahl, wo Gott nach lutherischem Verständnis in seinem Leib und Blut empfangen wird. Ob bei der Ablehnung des Gottes *in* uns in Moltmann der reformierte Theologe sich zu Wort meldet, der

---

* Luther unterscheidet mit dem Neuen Testament das Reich Gottes vom Reich der Welt und somit den religiösen vom politischen Bereich.

dieses Abendmahlsverständnis nicht teilt? «Gott ist nicht nur Zukunft, sondern Herkunft» (Martin Sieg).

Hat der heutige Mensch noch Hoffnungen oder hat er nur Bedürfnisse? Wie kann inmitten unserer Genußkultur und in unserer von einer Verklärungsindustrie suggerierten Okay-Welt, in der es keine Probleme gibt, noch christliche Hoffnung wahr gemacht werden?[47] Doch diese freundliche Lackbild-idylle beherrscht allem Anschein nach nur die vordere Bewußtseinsschiene des heutigen Menschen, hinter der hoffnungsleere Angst, das Gift der Langeweile und die Trauer über das ungelebte Leben lauern. Von vorn gesehen scheint im Dauerregen der Selbstverständlichkeiten das Unselbstverständliche keine Chance mehr zu haben. Gleichwohl wird es heute so stark wie noch nie ersehnt; schwelt die kleine große Hoffnung unter der Asche der Enttäuschungen und Fehlschläge. Wir wissen, daß das blauäugige Vorwärts ins Utopia einer machbaren Zukunft sowenig weiterhilft wie das grünäugige Zurück zur Natur oder in eine Rückzugsidylle Ludwig-Richterscher Geborgenheit. Wenn nicht alles sinnlos werden soll, muß es diese absolute, absolut wahre, schöne und gute Zukunft, die der Mensch erhofft, aber aus eigener Kraft nicht erreicht, als *Geschenk* geben. Eben als Reich *Gottes*, um nochmals die Zentralvokabel des Neuen Testaments aufzunehmen. Moltmann hat das wieder ganz neu verdeutlicht. Und er hat dabei den Fehler anderer Theologen vermieden, die relative Zukunft, die der Mensch leisten kann, madig zu machen, und sie als Punkt in die punktierte Linie der absoluten Zukunft einzuzeichnen. Er hat seine kleine Hoffnung als Fragment einer großen Hoffnung gedeutet. Er hat so seinen kurzbeinigen Hoffnungen sozusagen lange Beine gemacht. Im Gegensatz zu einer Entrüstungs- und Katastrophentheologie, die ein Geschäft mit dem Elend des Menschen macht und in den Hohlräumen seiner Sehnsucht nur sündhafte Hybris wittert, versteht er Theologie als Zukunftslehre, die der Welt eine ganz neue Hoffnungsperspektive zu geben vermag. Dabei wird er nicht müde, immer wieder zu sagen: «Hoffnung ist mehr als Gefühl. Hoffnung ist mehr als Erfahrung. Hoffnung ist mehr als Voraussicht: Hoffnung ist Befehl. Ihm zu gehorchen heißt: Leben, Überleben,

Ausharren, das Leben durchhalten, bis der Tod in den Sieg verschlungen wird. Ihm zu gehorchen heißt: niemals resigniert oder wütend der Vernichtung Raum geben.»[48] Diese Hoffnung will nicht vertrösten, sondern trösten. Denn sie erhofft keine Über- und Hinterwelt, sondern die Erneuerung *dieser* Welt. Sie ist nicht romantisch in träumende Weiten gerichtet, sondern sie will den Umbruch des Bestehenden. Eine verbürgerlichte Kirche, die oft nur revolutionär unter der Zipfelmütze ist, wird für die Revolution Gottes kaum gerüstet sein.

Die eigentliche Leistung der Moltmannschen Hoffnungstheologie ist aber darin zu sehen, daß er der Zukunft ihr Geheimnis zurückgegeben hat. Ganz im Gegensatz zur Futurologie, die meint, Zukunft total verplanen und verrechnen zu können. Zukunft wird so zum Konsumgut, das problemlos verdaut wird, nachdem es in mundgerechten Stückchen kurz-, mittel- und langfristiger Planung verabreicht wurde. Abgesehen davon, daß die Wirklichkeit der Futurologie immer wieder einen Strich durch die Rechnung macht – Zukunft hört auf, Zukunft zu sein, spricht man ihr das Geheimnis ab. Das grundstürzend Neue, so noch nie Dagewesene, Unerwartete und Unberechenbare gehört zu ihrem Wesen. Die Alternative wäre die Langeweile einer überraschungslosen Computerwelt, in der es keine Zukunft gibt, sondern nur noch eine vorausberechnete Gegenwart, nichts Neues, sondern nur Neuinszenierung des Alten. Jesus sagt von der absoluten Zukunft und ihrer Relativierung: «Niemand reißt ein Stück von einem neuen Kleid ab und näht es auf ein altes Kleid; sonst zerreißt er nicht nur das neue, sondern das Stück vom neuen paßt auch zum alten nicht. Und niemand füllt neuen Wein in alte Schläuche; sonst wird der neue Wein die Schläuche zerreißen, und er selbst läuft aus, während die Schläuche kaputtgehen. Sondern neuen Wein soll man in neue Schläuche füllen» (Luk. 5,36–38).

WOLFHART
PANNENBERG

Zunächst einige Daten aus dem ungewöhnlichen Lebensweg
Wolfhart Pannenbergs. Der 1928 in Stettin geborene Theologe
wuchs in einer achristlichen Familie auf. Der christliche
Glaube war also keine selbstverständliche Mitgift seiner Sozialisation, sondern ein persönlicher Erfahrungswert. Pannenberg berichtet von einem religiösen Urerlebnis, das er mit
sechzehn Jahren am 6. Januar 1945 auf einem einsamen, zwei-
stündigen Spaziergang von der Klavierstunde nach Hause
hatte: ein Lichterlebnis beim Sonnenuntergang, das plötzlich
die Grenzen seines Bewußtseins sprengte und seinen Horizont
entschränkte. Mehrere Monate zuvor war er knapp einem
amerikanischen Bombenangriff in Berlin entkommen. Dieses
Urerlebnis war Wendemarke für seinen weiteren Lebensweg.
Pannenberg studierte ab 1947 Philosophie und Theologie, um

auf die Frage nach dem Sinn des Lebens eine Antwort zu bekommen. Er war stark beeindruckt von Karl Barths Theologie und bekam – wie Moltmann – richtungweisende Impulse von dem Alttestamentler Gerhard von Rad. [1]*

Pannenberg habilitierte sich 1955 in Heidelberg für Systematische Theologie. 1958 wurde er für dieses Fach Professor an der Kirchlichen Hochschule in Wuppertal, 1961 an der Universität Mainz. Seit 1967 lehrt er an der Universität München.

Rationale Theologie

W. Pannenberg verfolgt im Vergleich mit den fünf anderen hier porträtierten evangelischen Theologen eine unverwechselbar eigene Spur. Als er 1961 sein Programm «Offenbarung als Geschichte» veröffentlichte, wurde es in der von Bultmann und Barth geprägten theologischen Landschaft wie ein Exotikum empfunden, ein tropischer Vogel – so schien es –, der sich im Breitengrad geirrt hat. Das Rätselraten, wie sein System theologisch einzuordnen wäre, ist bis heute nicht verstummt. Die widersprüchlichen Etikettierungen von «Konservativismus» bis «Rationalismus» verraten diese Unsicherheit. Sie enthalten immerhin das Korn Wahrheit, das Pannenberg wie kaum ein anderer Theologe einerseits der biblisch-kirchlichen Tradition, andererseits der Aufklärung und ihrer Freiheitsidee verpflichtet ist. Wollte man ihn theologiegeschichtlich einordnen, dann könnte man ihn der «vernünftigen Orthodoxie» zurechnen, der Übergangstheologie zwischen altprotestantischer Orthodoxie** und Aufklärung im 18. Jahrhundert. Christentum und Aufklärung, Glaube und Vernunft sind für Pannenberg eine Einheit; wie ja überhaupt das Hegelsche Einheitsdenken ein Charakteristikum seiner Theologie zu sein scheint – ganz im Unterschied zum Gegen-

---

* Die hochgestellten Ziffern verweisen auf die «Anmerkungen und Literaturhinweise» im Anhang, siehe Seite 298.
** Theologieepoche zwischen Reformation und Aufklärung, die die reine Lehre durch scholastische Methoden sichern wollte.

satzdenken Barths, Bultmanns und anderer, die die Wahrheit in paradoxen Gegen-Sätzen umschreiben.

Pannenberg richtet sich mit seinem Konzept eines vernünftigen Glaubens nicht nur gegen Bultmann, sondern vor allem – was oft übersehen wird – gegen Barth. Er lehnt dessen mit autoritären Vorgaben arbeitende, unargumentative Theologie ab.[2] Barth hat auf Pannenbergs System, in dem er Entscheidendes der Theologie verraten sieht, entsprechend heftig reagiert. In einem Brief von 1964 gab er Pannenberg den Rat, «zehn Jahre nichts mehr zu veröffentlichen», bis er sich über das, was er meint, klargeworden sei.

Pannenberg plädiert von seinem rationalen Ansatz her für eine intersubjektiv nachprüfbare und wissenschaftlich nachkontrollierbare Theologie, die ihre – nicht theoriefähige – private Erlebnissprache aufgibt. Als erster protestantischer Gegenwartstheologe verläßt er den «theologischen Zirkel»[3]. Theologischer Zirkel heißt: der Theologe begründet nur das, was ihn vorweg begründet, er arbeitet nicht voraussetzungslos, sondern denkt von Voraussetzungen her. Er setzt den Glauben an Gott immer schon voraus, wenn er über Gott nachdenkt. Pannenberg meint demgegenüber: Die bloße «Berufung auf Offenbarung» (Bultmann, Barth) überzeugt den modernen Menschen nicht mehr, der «allen Gehäusen autoritärer Überlieferung» entwachsen ist. «Autoritäre Ansprüche sind ... für Menschen, die im Wirkungsbereich der Aufklärung leben, nicht mehr akzeptabel, im geistigen sowenig wie im politischen Leben. Alle autoritären Offenbarungsansprüche unterliegen prinzipiell dem Verdacht, daß sie menschliche Gedanken oder Einrichtungen mit dem Glanze göttlicher Majestät umkleiden.»[4] Eine mit beiden Beinen fest im Jenseits stehende Theologie verkennt diese Situation. Beim skeptischen Menschen von heute, der an kein Reich blauer Zitronen glauben kann, zählen nur stringente Argumente.

Vollkommen eigene Wege geht Pannenberg auch im Vergleich zu den fünf anderen evangelischen Theologen mit seiner postkonfessionellen Theologie. Sein Denken kann man daher keiner bestimmten Konfession zuordnen. Er meint, «der Anspruch ... auf wissenschaftliche Legitimität einer Theologie», die nur in der «Rationalisierung von Vorurteilen» besteht, wie die «konfessionelle Theologie», «läßt sich heute nicht mehr aufrechterhalten». Theologie kann – wenn sie Wissenschaft sein will – ihre «Sätze» nur als «Hypothesen» verstehen, «die ... zu überprüfen sind und deren Wahrheit nicht im vornhinein schon feststehen kann».[5] Das überraschend große Echo, das Pannenbergs Theologie im Katholizismus fand, ist auf ihre postkonfessionelle und ökumenische Orientierung zurückzuführen.[6]

Auch in seinem Stil weicht Pannenberg von der im neueren Protestantismus üblichen *théologie engagée* ab. Die emotionale Dimension der Theologie tritt zurück. Eigene Glaubenserfahrungen werden kaum artikuliert. Alles Gewicht liegt auf der präzisen Argumentation. Seine wohlausgefeilten und mitunter kühl–distanzierten Sätze heben sich deutlich ab von der eschatologischen* Dringlichkeitssprache Barths und Moltmanns. Man sucht in ihnen vergebens die erfrischende Direktheit Bonhoefferscher Texte. Trotz des hohen Argumentationsniveaus fehlt seiner Theologie der Stallgeruch der Praxis. Ihre Höhenluft ist rein und dünn. Das allzu Glatte und Gerundete vieler seiner Thesen störte von Anfang an eine dem paradoxen und prophetischen Stil verpflichtete protestantische Theologie. Das Gesagte soll nicht darüber hinwegtäuschen, daß Pannenberg zu den klarsten und schärfsten Denkern des gegenwärtigen Protestantismus gehört. Sein Hauptverdienst besteht in der Rehabilitierung der Vernunft in der evangelischen Theologie. Der Glaube ist kein fiebriger Sprung ins Irrationale, wie er oft inner- und außerkirchlich mißverstanden wird, sondern ein Vernunftakt. Nach Meinung des Philosophen Wolfgang Stegmüller ist «der Gegensatz zwischen metaphysischem** Bedürfnis und skeptischer Grundeinstellung» der «große Riß im geistigen Leben» von heute. Pannenbergs Theologie ist ein einziger Versuch, diesen Riß zu überbrücken.

---

 * endzeitlichen
 ** Die Metaphysik fragt nach dem letzten Grund und Sinn der Welt.

Offenbarung als Geschichte oder die Sprache der Tatsachen

Pannenberg wurde durch sein Programm «Offenbarung als Geschichte» (1961) bekannt, in dem wie in einer Ouvertüre bereits die Motive seines Gesamtwerkes anklingen. Die Thesen dieses Programms richten sich gegen den Subjektivismus Bultmanns und seiner Schüler, nach denen der Glaube allein aufs Wort der Verkündigung (Kerygma), nicht auf Fakten und Tatsachen setzt. Pannenberg hält dagegen: Gott offenbart sich nicht erst je jetzt im Ruf des Kerygmas, sondern in der Geschichte[7], nicht direkt, sondern indirekt – durch die «Sprache der Tatsachen»[8]. Diese «Geschichtsoffenbarung» ist nach Pannenberg «jedem, der Augen hat zu sehen, offen»; es handelt sich hier um ein «natürliches Erkennen», nicht um ein «gnostisches* Geheimwissen».[9] Der Glaube ist kein grundloses Wagnis, wie Barth, Bultmann und der Bultmannschüler Gerhard Ebeling annehmen, sondern er gründet sich auf greifbare Tatsachen.[10] Das Wissen führt zum Glauben, nicht umgekehrt – wie in der traditionellen Theologie – der Glaube zum Wissen. «Man muß keineswegs den Glauben schon mitbringen, um in der Geschichte Israels und Jesu Christi die Offenbarung Gottes zu finden. Vielmehr wird durch die unbefangene Wahrnehmung dieser Ereignisse der echte Glaube erst geweckt» – Thesen, durch die Pannenberg die ganze bisherige Theologie auf den Kopf – oder besser gesagt – wieder auf die Füße stellt. Auch Pannenberg versteht Glaube mit der reformatorischen Tradition als «Vertrauen». Aber er meint, «man vertraut nicht blind, sondern auf Grund eines als zuverlässig erachteten greifbar Gegebenen. Wahrer Glaube ist nicht blinde Vertrauensseligkeit».[11] Die Folge wäre, daß der Glaube nur noch an den Glauben glaubt, daß er an sich selbst glaubt, etwa im Sinne des Goetheschen Diktums: «Beim Glauben kommt alles darauf an, *daß* man glaube; *was* man glaube, sei völlig gleichgültig.» Der Glaube glaubt nicht an sich selbst, sondern an etwas, er hat

---

* Gnosis = antike Geheimreligion, wonach die Seele aus der bösen Materie durch einen himmlischen Erlöser befreit wird.

einen Glaubens*inhalt*, andernfalls entartet er in irrationale
Schwärmerei. Der Glaube ist rationaler und existentieller Akt
zugleich, Inhalt und Halt zugleich, und zwar Halt, *weil* Inhalt.
Der Inhalt, der Halt gibt, können aber nie bloße Worte sein,
sondern nur greifbare Tatsachen.

Trotz der berechtigten Grundintention des Pannenbergschen Ansatzes müßte kritisch zurückgefragt werden: Gibt es
ein *kalkulierbares* Wagnis? Ist ein beweisbarer Glaube nicht ein
Widerspruch in sich selbst? Muß ich beim Glauben nicht einfach mein Herz vorauswerfen – im zwischenmenschlichen wie
im religiösen Bereich? Nach dem Neuen Testament glaubt der
Glaube nicht *auf Grund* des Augenscheins, sondern gerade *gegen* den Augenschein (2. Kor. 5,7; Joh. 20,29).

Ein weiterer Grundzug Pannenbergscher Tatsachen-Theo-
logie ist – im Unterschied zur allein auf den Augenblick der
Gegenwart setzenden Bultmannschen Worttheologie – ihre
*Vergangenheits*bezogenheit. Offenbarung ereignet sich ja «als
Geschichte». Doch Pannenberg wurde gröblich mißverstanden, wenn man ihm deshalb eine «Apotheose des Plusquam-
perfekts» unterstellte. Vergangenheit ist für ihn kein sentimen-
tales «Es war einmal», sondern ihr Pfeil zielt in die *Zukunft*.
Denn die Weltgeschichte wird erst von ihrem *Ende* her verständlich – ähnlich wie ja auch ein Menschenleben erst verstanden werden kann, wenn es abgeschlossen ist. «Die Offenbarung findet nicht am Anfang, sondern am Ende der offenba-
renden Geschichte statt.»[12] Pannenberg meint freilich, «im
Geschick Jesu» habe sich «das Ende aller Geschichte im voraus
... ereignet».[13] Der Endsinn der Geschichte wird in seinem
Geschick für einen Moment gleichsam wie in einem panoramatischen Überblick sichtbar. So läuft die prospektive und re-
trospektive Linie in Pannenbergs Theologie immer wieder zusammen. Sein Denken ist progressiv und konservativ
zugleich.

Aber inwiefern ereignet sich ausgerechnet in jenem Mann
von Nazareth die Zukunft vorweg, der doch für viele nur noch
eine quantité negligeable der Vergangenheit ist? Weil er auferstanden ist. In seiner Auferstehung hat sich die Auferstehung
aller Menschen und die neue heile Welt, die die Bibel verheißt,

vorausereignet.[14] Sie ist Vorgeschmack des Kommenden. Sozusagen das Schlüsselloch, durch das das Kind ins Weihnachts-
zimmer schaut.

Man hat sich oft darüber gewundert, warum der sonst so
nüchterne und auf Plausibilität bedachte Theologe Pannenberg gerade der Auferstehung einen derart achsialen Rang zumißt, die für viele so ziemlich das absurdeste Relikt aus der
Requisitenkammer christlicher Dogmen darstellt.

Auferstehung ist für Pannenberg kein frommer Luftballon,
der an der Wirklichkeit zerplatzt, sondern umgekehrt eine Ver-
nunftnotwendigkeit. Die biblischen Bilder der Auferstehung
und Auferweckung sind seiner Meinung nach andere Worte
für das volle und runde Glück, das der Mensch ersehnt, aber zu
seinen Lebzeiten nie erreicht. Der Mensch unterscheidet sich
nach Pannenberg dadurch vom Tier, daß er um die Grenze
seines Lebens weiß, vor allem aber dadurch, daß er «über die
Grenze seines Daseins hinausfragt» nach einer «Erfüllung seiner menschlichen Bestimmung», die in seinem endlichen Leben «bestenfalls fragmentarisch» gelingt. «Ohne die Frage
nach einer Erfüllung über den Tod hinaus würde» nach Pannenberg «auch das Leben diesseits des Todes sinnlos. Dagegen,
im Lichte einer Hoffnung über den Tod hinaus stellt sich unser
irdisches Leben als Fragment eines größeren, noch im Geheimnis verschleierten Ganzen dar.»[15]

In diesen Sätzen schlägt das Grundmuster Pannenbergschen
Denkens durch: Die Fragmente sind nur vom Ganzen her verständlich, wie umgekehrt die Fragmente das Ganze verraten.[16]
Geschichte ist nur von ihrem Ende her und als Ganze zu verstehen. Umgekehrt ist in jedem Teil bereits das Ganze enthalten
wie im Samen der Baum. Von daher «wird jede Kleinigkeit
wichtig in der Welt»[17]. Pannenberg zeigt sich in diesem Denk-
muster von Schleiermacher, vor allem aber von Dilthey beeinflußt.[18]

Pannenbergs Konzept «Offenbarung als Geschichte» soll
unter anderem am Exempel der *Gottesfrage*, die bei ihm einen
zentralen Stellenwert einnimmt, illustriert werden. Während
für den frühen Pannenberg Gott «der unbekannte Gott» war,
der sich nur in seinem Inkognito Jesus Christus offenbart[19],

kreist sein späteres Denken fast ausschließlich um die Frage, wie Gott allgemein erfahrbar gemacht und schlüssig nachgewiesen werden kann. Er beschreitet dabei verschiedene Wege.

Gott als die alles bestimmende Wirklichkeit

Gott wird von Pannenberg immer wieder als «die alles bestimmende Wirklichkeit» bezeichnet – eine Definition, die er von Bultmann übernommen hat. Mit anderen Worten: Gott ist die «Macht *über alles* Wirkliche, die allein dem Menschen eine «Geborgenheit» schenken kann, wie sie durch keine Macht *im* Wirklichen erschüttert werden kann.[20]

Als «die *alles* bestimmende Wirklichkeit» kann Gott aber in *allem* erfahren werden. Er ist kein esoterischer Geheimgott, zu welchem ihn die Dialektische Theologie machte, sondern eine mindestens indirekt und in seinen Auswirkungen wissenschaftlich nachprüfbare Tatsache.[21] Wer mit offenen Augen durch die Welt geht, entdeckt in ihrer Geschichte auf Schritt und Tritt diese außerweltliche Macht, die in sie richtend und rettend eingreift. Mit diesem Anspruch wendet sich Pannenberg vor allem gegen Helmut Gollwitzer und seinen Lehrer Karl Barth, die von Gott nur in Form des autoritativen Zeugnisses, nicht in der des argumentativen Beweises reden wollen.[22] Gott kann nach ihrer Meinung nur bezeugt, nicht begründet oder widerlegt werden. Dies geschieht einzig in der christlichen Verkündigung. Barth und seine Schüler lehnen jede Gotteserkenntnis außerhalb der Christusoffenbarung und des christlichen Glaubens ab. Anders Pannenberg, für den Gott von *jedem Menschen*, nicht nur vom *Christen* erkannt werden kann und der mit der Bibel (Psalm 19,1 ff; 105; Röm. 1,19 ff) von den sprachlosen und stillen Offenbarungen Gottes in Schöpfung und Geschichte weiß. Er meint: «Wenn der Theologe mit keiner Gotteserkenntnis außerhalb des Wirkungsbereichs der Christusoffenbarung zu rechnen hat, dann ist es ganz verständlich, wenn der Nichtchrist von Gott nichts wissen will. Der Atheismus kann dann geradezu als Bestätigung der Exklusivität der Offenbarung geschätzt werden, als

Bestätigung ihres Anspruchs und ihrer Verheißung, allein Gotteserkenntnis zu bieten.» «Die Theologie schien es sich dabei allzu leicht zu machen, mit einem Schlage sowohl der atheistischen Kritik als auch der Auseinandersetzung mit den außerchristlichen Religionen und mit der Philosophie sich zu entledigen.» Die Beschränkung der Gotteserkenntnis auf die Christusoffenbarung führte nach Pannenberg zur «Auflösung und Ausscheidung des Gottesgedankens in der evangelischen Theologie», wie unter anderem die Gott-ist-tot-Theologie der sechziger Jahre gezeigt hat.[23]

Wie oben angedeutet, schränkt Pannenberg aber die wissenschaftliche Nachprüfbarkeit Gottes ein: Gott kann nicht selbst überprüft werden, sonst wäre er nicht «die alles bestimmende Wirklichkeit» und der Mensch könnte über ihn bestimmen wie über eine verfügbare «Gegebenheit». Damit ist aber nicht gesagt, daß Behauptungen über Gott überhaupt nicht überprüfbar sind. Wenn Gott «die alles bestimmende Wirklichkeit» ist, dann «lassen sich Behauptungen über Gott daran prüfen, ob ihr Inhalt tatsächlich für alle endliche Wirklichkeit bestimmend ist. Gesetzt nämlich, das sei der Fall, so kann nichts Wirkliches in seiner Eigenart voll verstanden werden ohne Beziehung auf ... Gott, und umgekehrt muß dann erwartet werden, daß sich von der ... göttlichen Wirklichkeit her ein tieferes Verständnis alles Wirklichen überhaupt erschließt.»[24]

Aber vermag Gott, für unzählige nur noch ein Füllwort oder Hohlwort, wirklich noch unser Dasein erhellen? Pannenberg gibt konkret Antwort auf diese Frage.

Gott als das alles umgreifende Ganze

Mit *«alles»* im Begriff «der *alles* bestimmenden Wirklichkeit» ist nach Pannenberg nicht «jedes einzelne für sich, sondern jedes in seinem Zusammenhang mit *allem* andern» gemeint.[25] Wenn Gott folglich die alles bestimmende Wirklichkeit ist, muß er zugleich als «das alles umgreifende Ganze» verstanden werden. Auch hier begründet Pannenberg wieder die Existenz Gottes vom Menschen her. Der heutige Mensch kann auf diese

Vorstellung «eines letzten, alles umgreifenden Ganzen» nicht verzichten, «weil ... alles einzelne, das wir erfahren, seine bestimmte Bedeutung erst im Zusammenhang des Ganzen hat, dem es angehört». Ähnlich «hat jedes begrenzte Ganze seine Bedeutung wiederum nur als Glied eines größeren Ganzen». In «jeder Erfahrung einer bestimmten Einzelheit» wird daher ein «letztumgreifendes Ganzes alles Wirklichen» erahnt. Doch der Gedanke eines «letztumgreifenden Ganzen» zielt über das Ganze der vorhandenen Welt hinaus auf das Ganze einer noch nicht vorhandenen neuen Welt. Die Vorstellung von der «allesumgreifenden Totalität» greift hinaus über alles unvollendete Wirkliche nach der «Vollendung alles Wirklichen». Pannenberg bringt in diesem Zusammenhang den Begriff «Sinntotalität» ins Spiel.[26] Das heißt, mit dem Ganzen (Totum) ist das Sinnganze und der ganze Sinn gemeint. Gott wäre dann nichts anderes als der *ganze Sinn* meines Lebens, den ich ersehne, da ich meinem Leben nur *teilweise* einen Sinn abgewinnen kann. So ein *ganz* sinnvolles Leben ist erfahrungsgemäß diesseits des Todes nicht realisierbar. Also muß es diesen allen Teilsinn überbietenden ganzen Sinn, wenn nicht alles sinnlos werden soll, jenseits des Todes geben. Nach Pannenberg erscheint «im Lichte einer Hoffnung über den Tod hinaus unser irdisches Leben als Fragment eines größeren ... Ganzen». Gäbe es dieses Ganze nicht, dann bestünde das Menschenleben aus sinnlosen Puzzle-Teilchen. Ohne dieses alles umgreifende Ganze, ohne Gott, verfehlt der Mensch seine Bestimmung. Denn er ist im Unterschied zum Tier das offene Wesen, das immer über sich hinausfragt, weil es seine Bestimmung in seinem endlichen Leben nur fragmentarisch erfüllen kann. Das Wesen, das sich mit dem vorletzten Sinn nicht zufriedengibt und nach dem letzten Sinn fragt.

Doch was dann, wenn der Mensch sich selber täuscht, weil er den letzten mit dem vorletzten Sinn und das Endziel mit Teilzielen verwechselt? In Martin Walsers «Halbzeit» steht der bemerkenswerte Satz «Mein Gott ist zusammengesetzt aus Plänen, die ich mit mir habe». Wird Gott bei Pannenberg nicht unter der Hand zur Wunschprojektion des Menschen à la Feuerbach? Was hätte er von diesem Gott, wenn er nur sein verlängertes Wunsch-Ich ist und er bei sich selbst bleibt? Pannenberg würde antworten: Der Mensch will *von sich aus* über sich hinaus und von sich weg. Als das nach vorn offene Wesen, das sich immer wieder selbst überholt und nie einholt, wird er sich qua Mensch nie mit Teilzielen zufriedengeben und immer aufs Ganze gehen!

Aber ist er denn das nach vorn offene Wesen und nicht vielmehr, wie die neuere Naturwissenschaft unkt, ein Rechenfehler der Evolution? Und die andere Frage stellt sich dann von selbst: Ist sein Leben wirklich nur teilweise sinnvoll und nicht in vielen Fällen gänzlich sinnlos?

Gott als Ursprung der Freiheit

«Es gibt viel gläubige Speichel-Leckerei» und «Schmeichel-Bäckerei vor dem Gott der Heerscharen», meinte Nietzsche nicht ganz zu Unrecht – der bekanntlich im Gott der Bibel nichts anderes als einen überhöhten orientalischen Despoten erblickte. Bloch will in Gott lediglich das «himmlische Spiegelbild» des irdischen Untertanenstaates wiedererkennen. Sartre sagt: «Wenn Gott existiert, ist der Mensch ein Nichts.» Der Atheismus geht von der These aus, die Freiheit des Menschen schließe die Existenz Gottes aus, so daß um der Freiheit des Menschen willen die Nichtexistenz Gottes postuliert werden müsse; der Gottesgedanke sei Ausdruck der Selbstentfremdung des Menschen, er hindere ihn an seiner Selbstverwirklichung.

Pannenberg stellt sich dieser These. Er meint, der Atheismus wende sich mit Recht «im Namen der Freiheit» gegen den «Ungedanken eines Gottes, der ein mit Allmacht und Allwissenheit ausgestattetes ... Seiendes» sein soll. «Ein mit Allmacht und Allwissenheit handelndes ... Wesen würde Freiheit unmöglich machen.» Eine metaphysische Superperson, die als alleslenkender Fernsteuermann und als alles wissender Oberlehrer den Menschen kontrolliert, wäre das Ende seiner Freiheit. Doch Gott ist nicht das Ende der Freiheit, sondern gerade umgekehrt der «Ursprung der Freiheit». Er macht den Menschen nicht zum Objekt, er ermöglicht umgekehrt seine «Subjektivität», hindert nicht seine Selbstverwirklichung, sondern fördert sie. In diesem Zusammenhang betont Pannenberg immer wieder, daß Gott nicht «vorhanden», also kein Objekt ist, sondern Subjekt, folglich im Menschen kein Objekt, sondern ein Subjekt als Gegenüber hat. Gott ist «wesenhaft... Person». «Person ist» aber «das Gegenteil eines vorhandenen Wesens. Menschen sind gerade dadurch Personen, daß sie in ihrer Wirklichkeit für uns nicht ganz und gar vorhanden sind, sondern durch Freiheit ausgezeichnet sind und dadurch ... verborgen und unverfügbar bleiben».[27] Was im zwischenmenschlichen Bereich gilt, gilt um so mehr für Gott. Als Beziehung von Person zu Person, als personale Beziehung kann die Gott-Mensch-Beziehung sich nur in Freiheit vollziehen. Es ist das Verdienst Pannenbergs, die «Big Brother is watching you»-Vorstellung, die die christliche Tradition bis in die Kindererziehung hinein belastete, eliminiert zu haben, ein Verdienst, das er mit anderen Gegenwartstheologen wie etwa Tillich teilt.

Pannenberg, der die Freiheitsidee der Aufklärung auf den christlichen Glauben zurückführt, kennt noch andere Begründungsmuster für Gott als den Ursprung der Freiheit. Die «neuzeitliche Demokratie», wie sie sich von ihren Anfängen in England und Amerika entwickelt hat, hat «religiöse Ursprünge»: Wenn Gott der einzige Herr ist, kann kein Mensch mehr Herr über seinen Mitmenschen sein, wenn «Gott alleine die Herrschaft gebührt», ist die «Herrschaft von Menschen über Menschen» ausgeschlossen.[28]

Ein anderes ebenso reformatorisches Motiv ist die Rechtfertigung des Menschen aus Glauben allein. Sie führte zu einer «Unmittelbarkeit des Glaubenden zu Gott» gegenüber hierarchisch autoritären Strukturen und damit zur «Freiheit des einzelnen gegenüber jeder menschlichen Autorität».[29]

Die zuletzt genannten Argumentationen dürften das Klischee widerlegen, Pannenbergs Theologie befinde sich im Niemandsland zwischen Katholizismus und Protestantismus. Dadurch soll nicht bestritten werden, daß in seiner postkonfessionellen Theologie das reformatorische Element stark zurücktritt.

Gott als die Macht der Zukunft

Der Schluß vom Fragment aufs Ganze begegnet uns auch bei der Verifikation Gottes als Macht der Zukunft. Pannenberg konstatiert: Der Mensch ist im Unterschied zum Tier nicht instinktgeleitet, sondern frei, nicht «umweltgebunden», sondern «weltoffen». Das heißt, «er kann immer neue und neuartige Erfahrungen machen ... und er ist über jede Erfahrung ... hinaus immer noch weiter offen», offen nicht nur für die Welt, sondern «offen über die Welt hinaus».[30] Ja, er «muß über alles, was er als seine Welt vorfindet, hinausfragen», weil er durch nichts in ihr «ganz und endgültig befriedigt» wird.[31] Immer weicht das Ziel vor ihm zurück. Oder man könnte auch sagen: Der Mensch hat im Unterschied zum Tier einen «Sinn für die Zukunft».[32] «Der tierische Triebzwang setzt nur ein, wenn der auslösende Gegenstand gegenwärtig ist. Der menschliche Antriebsdruck hingegen richtet sich ins Unbestimmte», er kennt «keine Grenzen». Der Mensch «ist nicht nur angewiesen auf bestimmte Bedingungen seiner Umgebung, sondern darüber hinaus auf etwas, das sich ihm entzieht, sooft er nach einer Erfüllung greift».[33]

Die grenzenlose «Bedürftigkeit» und «Angewiesenheit» des Menschen läßt aber nach Pannenberg auf «ein Gegenüber jenseits aller Welterfahrung» rückschließen. «Der Mensch *schafft* sich nicht erst unter dem Druck seines Antriebsüberschusses einen phantastischen Gegenstand seiner Sehnsucht und Ehrfurcht über alle in der Welt möglichen Dinge hinaus, vielmehr setzt er in seiner unendlichen Angewiesenheit ein entsprechend unendliches, nicht endliches jenseitiges Gegenüber immer schon voraus ...» «Die Weltoffenheit des Menschen setzt eine Gottbezogenheit voraus.»[34]

Die «Zukunft» ist aber noch aus einem anderen Grund Wesensmerkmal Gottes – nicht nur des Menschen. Erst in der Zukunft wird offenbar werden, wer Gott ist – wie ja auch erst die Zukunft erweisen wird, wer der Mensch ist. «Als die Macht der Zukunft ist Gott kein Ding, kein vorhandener Gegenstand, den der Mensch distanzieren und überschreiten könnte. Er erscheint weder als ein Seiendes unter anderen noch als der ruhige Hintergrund alles Seienden, das hintergegenständliche, zeitlose Sein.» «Als die Macht der Zukunft ist der Gott der Bibel allem Reden von ihm schon und immer noch voraus ...» Vor allem mobilisiert «die Macht der Zukunft» den Menschen, «jedes Vorhandene» zu überschreiten. «Ein vorhandenes, mit Allmacht ausgestattetes Wesen würde solche Freiheit durch seine Übermacht zunichte machen.» Aber «die Macht der Zukunft» will umgekehrt «den Menschen aus seinen Bindungen an das Vorhandene befreien für *seine* Zukunft».[35]

So weit – so gut. Doch viele werden sich mit dieser Argumentation nicht zufriedengeben und zurückfragen: Geht das Sehnen des Menschen wirklich über das «Vorhandene» hinaus oder zielt es nicht vielmehr ganz banal aufs «Vorhandene»? Gleicht sein transzendentes Sehnen nicht eher dem Hund, dem man einen halben Meter vor der Nase eine Wurst an die Deichsel bindet, damit er den Karren zieht? Günter Grass scheint die Wünsche des Menschen etwas realistischer zu umschreiben: «Einmal Diktator sein ... Fliegenkönnen, Durchwändegehen, Immerkindbleiben, Unsichtbarsein, den lieben Gott spielen, elf Frauen nacheinander, die Zukunft wissen, Bergeversetzen, das Sagen ... haben.»[36]

Der Mensch hat offenbar lieber einen Spatzen in der Hand als eine Taube auf dem Dach. Anders gesagt: Die Taube Noahs kommt für ihn ohne Ölblatt zurück (vgl. 1. Mose 8,11).

Doch wird hier nicht Iststand und Sollstand verwechselt? Vom Sollstand her scheint Pannenberg auf jeden Fall recht zu bekommen. Der Mensch würde aufhören, Mensch zu sein, würde er sich mit dem «Vorhandenen» begnügen und Teilziele mit dem letzten Ziel verwechseln. Die Tatsache, daß die Taube Noahs leer zurückkommt, müßte eher – umgekehrt – Anlaß sein, sie wieder wegzuschicken und allem zum Trotz um so mehr an das Gelobte Land zu glauben. Wenn überhaupt etwas das Menschsein des Menschen ausmacht, dann ist es die durch nichts totzukriegende Hoffnung; die Hoffnung, die nach Paulus gegen alle Hoffnung hofft (Röm. 4,18).

Der eine Gott und die Einheit der Kirchen

Von seinem Einheits- und Ganzheitsdenken her kommt Pannenberg zu ungewöhnlichen Postulaten im Lehrstück von der Kirche (Ekklesiologie). Er schreibt: «Der Gott, der ... die letzte Zukunft des Menschen ist, ist ein einziger Gott. Wenn aber der eine Gott die letzte Zukunft des Menschen ist, dann muß die weitere Entwicklung des Menschen zu einer wachsenden Einheit der Menschen tendieren.» [37] Da die Kirche Vorreiter der Einheit der Menschheit ist, gilt für sie natürlich zuallererst das Gebot, einig zu sein. Pannenberg mißt den «konfessionellen Lehrgegensätzen» keine «kirchentrennende Bedeutung» mehr zu, «weil sie nicht mehr zur Scheidung aus letzten Gründen des Christusglaubens zwingen», was «in ökumenischen Theologengesprächen der letzten Jahre ... immer wieder festgestellt worden ist». [38] «Das moderne Phänomen eines Christentums außerhalb der Kirche ... ist in erster Linie begründet in der Unglaubwürdigkeit der konfessionell gespaltenen Kirchen mit ihren einander ausschließenden Ansprüchen, die eine Kirche Christi zu verkörpern.» [39]

Viele evangelische Theologen, die Pannenberg bis hierher folgen können, waren reichlich verblüfft über seine These, das Papstamt sollte von den Protestanten als Amt der «Einheit» anerkannt werden. [40] Hat es nicht – umgekehrt – Einheit bisher verhindert? Steht es nicht zumindest der Einheit im Wege durch das päpstliche Unfehlbarkeitsdogma? Das Dogma des Vatikanum I (1870) von der Unfehlbarkeit des Papstes in Glaubens- und Sittenfragen wurde vom Vatikanum II ausdrücklich übernommen. [41] Es steht im eklatanten Widerspruch zum biblisch-reformatorischen Verständnis der Kirche als herrschaftsfreier Bruderschaft, in der nur Einer der Herr ist, Gott. Das ist auch Pannenbergs Kirchenverständnis. Bildet doch «der Gedanke der christlichen Freiheit» gegenüber «jeder menschlichen Autorität» für ihn «das wichtigste Erbe der Reformation». [42] Die Geschichte des Papsttums beweist zur Genüge, daß es Einheit nicht herstellen konnte, außer vielleicht durch Gewalt und Gewissenszwang.

Pannenberg ist darin voll zuzustimmen, daß «die Aufgabe

der Reformationskirchen in der Gegenwart» nicht nur in «der Bewahrung des reformatorischen Erbes» bestehen kann, sondern auch «die Erneuerung der Elemente ... gemeinchristlicher ... Kirchlichkeit» umfaßt – wie zum Beispiel die zentrale Funktion des Abendmahls im Gottesdienst.[43] Wollten doch die Reformatoren «die ganze Christenheit» erneuern, nicht etwa eine «neue Kirche» gründen.[44]

Professoren retten sich gerne ins Allgemeine und entziehen sich dadurch dem Zugriff des Alltags. Es ist die Frage, ob die «Professorenökumene» die Einheit der Kirche leisten kann, ob sie nicht viel eher – wenn überhaupt – von der «kleinen Ökumene» vor Ort realisiert wird. Einheit der Kirche kann letztlich nicht auf akademischer, sondern nur auf praktischer Ebene realisiert werden.

Ethik der Gottesherrschaft – am Beispiel von Frieden und Freiheit

Einzelne Bäume kümmern ihn nicht, ihn interessiert nur der Wald – ein Vorwurf, den man dem Hegelianer Pannenberg nicht selten machte! Doch Pannenbergs Ethik erweist das Gegenteil, in der er sich laufend konkreten Tagesfragen stellt. Am Thema Krieg und Frieden soll das verdeutlicht werden. Pannenberg deutet auch hier die Menschheitsgeschichte von ihrem Ende her (die «Offenbarung als Geschichte»). Er entwickelte 1967 eine Konzeption, die heute hochaktuell ist: Er meint: «Der allumfassende Friede bildet zusammen mit der Gerechtigkeit ... das wichtigste Kennzeichen der erhofften Gottesherrschaft, die einmal die Herrschaftsformen der Weltreiche ablösen soll.» Erst die Herrschaft Gottes bringt also den *vollen* Frieden, nicht der Mensch, der allenfalls einen *Teil*frieden schaffen kann, wie die Menschheitsgeschichte ja überdeutlich zeigt.

Pannenberg fordert eine «Weltfriedensordnung», die sicher nicht «das endgültige Friedensreich Gottes» bringen kann, aber doch dessen «Vorschein in der Weltpolitik der Gegenwart». Wie soll so eine Weltfriedensordnung konkret aussehen? «Wirkliche Sicherheit gegen den Ausbruch eines Krieges bestünde erst dann, wenn es eine internationale Institution gäbe, die die Staaten mit Einschluß der Weltmächte zum Frieden zwingen könnte, also jeder der beiden Weltmächte militärisch überlegen wäre. Daher halten viele eine solche Institution, die zwangsläufig den Charakter einer obersten Weltregierung annähme, für den einzigen Ausweg aus dem Dilemma des Atomzeitalters. Doch ein Verzicht der Weltmächte auf ihre nukleare Macht zugunsten einer derartigen Institution scheint in der heutigen Weltlage unvorstellbar. Darüber hinaus ist es auch sehr fraglich, wie eine solche Institution ihrerseits zu hindern wäre an einem dann durch keine andere Macht mehr beschränkten Machtmißbrauch.» Von daher erscheint Pannenberg eine derartige «internationale Zentralgewalt» zweifelhaft. Trotzdem ist sie in seinen Augen das kleinere Übel. Hauptaufgabe wäre nach Pannenberg die «Rüstungsbeschränkung». Er plädiert daher für eine «atomwaffenfreie Zone in Mitteleuropa».

Wichtig ist für Pannenberg in allen seinen Ausführungen über den Frieden die moralische Ächtung des Krieges, den andere Gegenwartstheologen ja für ein «notwendiges Stück der göttlichen Schöpfungsordnung» (Emanuel Hirsch) und für eine «Notmaßnahme Gottes» (Walter Künneth) halten. Trotz alledem erscheint der Krieg nach Pannenberg in bestimmten Situationen «gerechtfertigt», «etwa zur Verteidigung gegen unprovozierte Aggression». Den konventionellen Krieg und den Atomkrieg beurteilt Pannenberg ähnlich. «Der kriegerische Mord an einigen oder auch nur an einem einzigen Menschen» wiegt nicht leichter als der «Mord an einer großen Zahl». Denn «das Leben jedes einzelnen Menschen» hat vor Gott einen «unendlichen Wert». Pannenberg wendet sich mit aller Schärfe gegen den Begriff des gerechten Krieges der herkömmlichen Theologie. «Es gibt keinen gerechten Krieg und hat vermutlich auch nie einen gegeben.» Krieg ist – obschon in Grenzfällen unvermeidlich – immer ein «Übel» mit der Konsequenz der Vernichtung des Gegners. «Weil der Vernichtungszwang das innere Gesetz des Krieges darstellt, dem sich auch derjenige nicht entziehen kann, der aus achtbaren Motiven ... den Kampf aufnimmt, darum kann Krieg nicht gerecht sein.»[45]

Denkanstöße, Provokationen sind auch Pannenbergs unzeitgemäße Vorstellungen zur Freiheit und zur Trennung von Staat und Kirche. Wie schon erwähnt, führt Pannenberg die neuzeitliche Idee der Freiheit auf den christlichen Glauben zurück. «Darum vernachlässigt eine auf Freiheit begründete politische Ordnung die Grundlagen ihrer eigenen Existenz, wenn sie sich oberflächlich im Sinne der Trennung von Staat und Kirche versteht.» Sie schneidet sich dadurch von der Wurzel ab, aus der sie lebt. «Der Gedanke der Freiheit wird dann ... seines tieferen religiösen Gehalts beraubt, seiner sittlichen Verbindlichkeit entleert, zur Rechtfertigung privater Beliebigkeit banalisiert und damit schließlich der Verhöhnung als bürgerliche Illusion preisgegeben.» Durch die Trennung von Staat und Religion bringt sich aber nicht nur der Staat, sondern auch die Religion um ihren Sinn. «Durch die moderne These von der religiösen Neutralität des Staates» wird «der christliche Glaube in die Sphäre privater Beliebigkeit verwiesen». Durch diese seine «Privatisierung» wird er «in seinem eigenen Wahrheitsbewußtsein bedroht», weil Wahrheit sich selbst aufgibt ohne «Anspruch auf Allgemeingültigkeit».[46] Pannenberg richtet sich mit diesen Thesen vor allem gegen die sozialliberale Koalition (1969–1982), die seiner Meinung nach ein Vorreiter des weltanschauungsneutralen Staates war, der sich nicht mehr an christliche Grundwerte gebunden weiß.[47]

Im Grunde geht es Pannenberg immer wieder um den Nachweis, daß der Mensch sich selber den *vollen* Frieden und die *letzte* Freiheit erfahrungsgemäß nicht schenken kann, sondern allenfalls fragmentarische *Teil*ziele erreicht. Er schafft – wenn überhaupt – relativen, nicht absoluten Frieden, relative, nicht absolute Freiheit. Das absolute Glück ist für ihn nur als Geschenk denkbar. Der moderne Machbarkeitswahn treibt ihn in Verzweiflung und Resignation.

Fazit

Das Geheimnis der Wirkung Pannenbergs liegt zweifellos in der argumentativen Form seines Denkens. Er nimmt den Leser und Hörer hinein in einen Denkprozeß. Er überzeugt nicht durch suggestive Prägungen, sondern durch logische Stringenz – überzeugt dadurch nicht nur Christen, sondern gerade auch Nichtchristen. Der Theologie Pannenbergs kommt das Verdienst zu, den Universalanspruch der christlichen Wahrheit wieder ganz neu verdeutlicht zu haben; und – was damit zusammenhängt – in unserem Wissenschaftszeitalter Theologie als Wissenschaft ausgewiesen zu haben, und zwar in einer für die heutige Wissenschaft annehmbaren Form.

Pannenberg überzeugt, weil der Leser und Hörer bei ihm spürt, daß es hier ums Ganze geht; oder man könnte auch sagen, daß es hier um ihn selber geht, der er doch qua Mensch aufs Ganze aus ist. Das Bestechende an seiner Argumentation ist der immer wiederkehrende Nachweis «Ohne Gott verfehlt der Mensch sein Menschsein» [48]. Durch diese Argumentation wurde die Theologie wieder eine relevante Sache, die für viele heute allenfalls noch «ein amüsantes intellektuelles Spiel» (Graham Greene) oder nicht einmal dies ist. Im Unterschied zu einer überorganisierten und überspezialisierten Theologie, die das Ganze aus dem Auge verloren hat, wagt Pannenberg eine Gesamtschau, die es fest in den Blick nimmt. Die Theologie – ein mitunter bis zur Unbrauchbarkeit differenziertes Instrument – wird hier wieder zur Universalwissenschaft.

Der Preis, der hierfür bezahlt wurde, war freilich hoch. Etwa wenn bei Pannenberg der Glaube an Gott wie das Vernünftigste von der Welt erscheint und nicht – wie im Neuen Testament – als «Skandalon» (1. Kor. 1,23), als unbefangenes In-Augenschein-Nehmen der Geschichte und nicht – wie dort – als Wagnis *gegen* den Augenschein. Wenn er auch in der Bibel kein Wagnis einfach ins Blaue ist, sondern ein begründetes Wagnis.

Eine Spur zu optimistisch erscheint auch der panoramatische Schlußblick der Geschichte, den der Glaube hier vorgreifend zu haben meint. Die Verborgenheit Gottes ist in Pannenbergs Denken marginal. Was wäre aber Glaube anderes, als die Verborgenheit Gottes durchzustehen? Eben gegen den Augenschein, daß es ihn nicht gibt, auf ihn zu setzen? Die tragische Komponente der Gotteslehre Bultmanns und Bonhoeffers fehlt hier vollständig. Ebenso die Erfahrungstatsache, daß die Welt von vielen als absurdes Puzzle erlebt wird, in dem kein Plan mehr zu erkennen ist. Was uns freilich nicht der Aufgabe benimmt, in der Fülle von Ungereimtheiten nach einem Zipfel von Sinn zu forschen.

Der Praktiker beklagt die verschwebende Allgemeinheit in Pannenbergs Theologie. Er sieht nur große Linien und vermißt Konkretionen, die er in kleiner Münze in die Hand gezählt bekommt. Hier der große Blick, dort die Kleinwinkelwelt?

Und wenn es nicht so ist, wie wäre etwa von seinem Programm «Offenbarung als Geschichte» die Macht- und Erfolgsgeschichte der Menschheit, in der viele Theologen den Finger Gottes am Werk sahen, zu beurteilen? Wie ihre Leidensgeschichte, wie zum Beispiel Verdun, Auschwitz, Hiroshima – wenn es wahr ist, daß Gott nicht mit den stärkeren Bataillonen ist? Wie ihre Befreiungsgeschichte, wie zum Beispiel das Jahr 1945, das das Ende des Hitlerfaschismus brachte? Pannenberg bleibt an diesem Punkt Konkretionen schuldig.

Oft wird an Pannenbergs System das Fehlen der Erlebnisdimension bemängelt. Die existentielle Betroffenheit der Theologie scheint ihrer Wissenschaftlichkeit geopfert zu werden, die Person tritt ganz hinter der Sache zurück.[49] In diesem Zusammenhang müßte der hypothetische Charakter seiner Theologie kritisch hinterfragt werden. Er meint ja, «der Anspruch ... auf wissenschaftliche Legitimität einer Theologie», die nur in der «Rationalisierung von Vorurteilen» besteht, «läßt sich heute nicht mehr aufrechterhalten». Theologie könne ihre «Sätze» nur als «Hypothesen» verstehen, «die ... zu überprüfen sind und deren Wahrheit nicht im vornherein schon feststehen kann».[50] Lassen wir jetzt einmal die logische Finesse beiseite: rückzufragen, ob für Pannenberg nicht zumindest *die* Wahrheit im vorhinein feststeht, daß keine Wahrheit im vorhinein feststeht. Eine Theologie ohne Vorurteil ist ein hölzernes Eisen. *Jede* Theologie geht *notwendig* vom *Vorurteil des Glaubens an Gott* aus. Gott ist *vor* der Wissenschaft von Gott, was ja auch Pannenberg nicht bestreitet, wenn er immer wieder betont, Gott sei kein «vorhandener Gegenstand», sondern unverfügbare Zukunft. Nur *der* kann Gott begreifen, der vorher von ihm *ergriffen* worden ist. Der Griff ohne Ergriffenheit wäre Vivisektion und würde Gott zum Gegenstand degradieren. *Gott* ist also auf jeden Fall These für die Theologie, nicht Hypothese. Das schließt nicht aus, daß sie in ihrem *Vorfeld* in Hypothesen spricht. Unsere offene pluralistische Gesellschaft, die nur in Hypothesen denkt, nötigt sie geradezu dazu. Pannenberg hat das wie keiner gespürt. Aber wenn auch die *Wissenschaft* vom Glauben hypothetisch reden kann, so doch nie der *Glaube*. Max Scheler hat zu Recht die «Glaubensevidenz» als «felsenfeste Gewißheit» von der «Vermutungsevidenz» unterschieden. Ein «hypothetischer Glaube» oder «Wahrscheinlichkeitsglaube» wäre ein Widerspruch in sich selbst.[51] Glaube ist immer Wagnis.

Es würde zu weit führen, in diesem Zusammenhang die Frage zu untersuchen, ob nicht *jede* Wissenschaft notwendig von einem Vorurteil ausgeht (Gadamer); sie also nicht daran zu messen ist, *ob* sie von Vorurteilen ausgeht, sondern daran, ob sie sich von *falschen* Vorurteilen leiten läßt oder vom Vorurteil ihrer *Sache*.

KATHOLISCHE
THEOLOGEN

ROMANO
GUARDINI

Reform aus dem Ursprung

Wie kaum andere Theologen haben Guardini und Erich Przywara Leben und Denken des deutschen Katholizismus in der
Zwischenkriegszeit geprägt. Wie Przywara gehört Guardini
zur «Generation des Durchbruchs» nach dem Ersten Weltkrieg, die die Grenzen des geistigen Gettos, in das sich der
Katholizismus seit den antimodernistischen Maßnahmen
Pius' X. eingemauert hatte, aufsprengen wollte. Durch seine
Erfahrungstheologie, die nach dem Lebenswert des Glaubens
fragt, machte sich Guardini ohnehin des «Modernismus» ver-
dächtig[1]* – einer innerkatholischen Reformbewegung um die

---

* Die hochgestellten Ziffern verweisen auf die «Anmerkungen und Literaturhinweise» im Anhang, siehe Seite 298.

Jahrhundertwende, die die persönliche Erfahrung zum Haupt-
kriterium von Religion machte. Guardini wagte es wie Przywara, Karl Adam, Henri de Lubac und andere, aus den starren
Geleisen der neuscholastischen Schultheologie, die seit der Ge-
genreformation den Katholizismus beherrschte, auszubrechen
und an die Bibel, die Kirchenväter und neuere Denker anzu-
knüpfen. Eine lautlose, unauffällige Revolution, die die
«Wende» der katholischen Kirche in der zweiten Jahrhunderthälfte ausgelöst hat. Es war ein Wagnis, wenn Guardini in
Sokrates, Plato, Augustinus, Pascal, Hölderlin, Mörike, Rilke
und Dostojewski die orientierenden Gestalten unserer Zeit erblickt, nicht etwa in Thomas von Aquin, dem Normaltheolo-
gen der katholischen Kirche. Ebenso wenn er sprachlich neue
Wege riskiert und das monopolisierte Vokabular der neuscholastischen Schultheologie vermeidet, das wie ein graues Spin-
nennetz das theologische Denken überzog. Ganz zu schweigen
von seinem fragenden, suchenden Denkstil, den die Schultheologie mit ihren autoritären Behauptungssätzen und ihren
selbstsicheren Beweisschlüssen als Provokation empfinden
mußte.[2]

Eng zusammen mit seiner Fragehaltung hängt sein Gegensatzdenken, wonach es Wahrheit nicht als These, sondern nur in
Form von These und Antithese und als Gegensatzeinheit gibt,
die These sich erst in der Antithese durchschaut. Guardini
wußte, daß er auf einem dünnen Seil balancierte, von dem man
leicht abstürzen konnte, wie etwa sein Tübinger Lehrer Wilhelm Koch und andere, die der kirchlichen Antimodernisten-
hatz zum Opfer fielen.[3] Die Buchhalter der Orthodoxie ver-
folgten seine Publikationen mit Argwohn, ähnlich wie andere
herausragende Denker. Nach der kirchenamtlichen Ausschal-
tung des Modernismus vor dem Ersten Weltkrieg beherrschte ja
im erschreckenden Maße ein theologisches Mittelmaß die Szenerie, die katholischen theologischen Fakultäten waren – so
schien es – nur noch Echoräume des Lehramts, beflissene
Second hand-Leute reproduzierten Reproduktionen. In der
dumpfen Enge des vorkonziliaren Katholizismus hatten schöpferische theologische Entwürfe keine Chance. Theologische
Neuansätze gerieten unter Modernismusverdacht.

Doch Guardini wird mißverstanden, wenn man ihm einen «Modernismus» unterstellte, der die christliche Botschaft flexibel dem Zeitgeist anpaßt. Es ging ihm um eine «Reform aus dem Ursprung» (Hans Urs v. Balthasar), um eine Erneuerung der katholischen Kirche von den ältesten Zeugnissen des christlichen Glaubens her, der Bibel und den Kirchenvätern. Er wollte – wie andere – zurück zu den Quellen des Christentums, obschon mit schärfstem Gehör für die Gegenwart, die im Lichte des Evangeliums gedeutet werden sollte. Dieser Umbruch vollzog sich allmählich und in einem gleitenden Übergang, nicht durch einen Gewaltstreich wie Barths «Römerbrief» im Protestantismus; so unmerklich wie die Bewegung des Uhrzeigers, von der man ja auch nichts sieht. Der leise, verhaltene Ton ist ja überhaupt bezeichnend für Guardinis Theologie – ganz im Unterschied zu dem dröhnenden Fortissimo anderer.

Gewissen der Deutschen

Wer war Guardini? 1885 in Verona geboren und in Deutschland aufgewachsen, wurde für ihn die Jugendbewegung des beginnenden Jahrhunderts zum prägenden Urerlebnis.[4] Es war nicht so sehr die alle bürgerlichen Konventionen durchbrechende Selbstverwirklichung, sondern das Gemeinschaftserlebnis, was ihn an ihr faszinierte und ihm Impulse vermittelte bis hinein in die Liturgieform (Gemeinschaftsmesse). Guardini, der Naturwissenschaften, Philosophie und Theologie studierte, wurde entscheidend von existentiellen Denkern wie Plato, Pascal und Kierkegaard beeinflußt, die den Akzent auf die persönliche Betroffenheit des Denkens legen. Vernunftbetonte Denker wie Thomas von Aquin und sein Prototyp Aristoteles sagten ihm wenig. 1923 wurde er nach seiner Bonner Habilitation auf den neuerrichteten Lehrstuhl für Religionsphilosophie und katholische Weltanschauung an der Berliner Universität berufen. Die Nazis machten 1939 seiner Lehrtätigkeit ein jähes Ende. Ab 1945 lehrte er in Tübingen, ab 1948 in München. Die Trigeminusneuralgie, die ihn im Herbst 1955 auf der Dorfstraße von Neggio wie ein Blitz überfiel, verdüsterte seinen Lebensabend.

Guardini war über Jahrzehnte Leitfigur der katholischen Bildungselite. Der Philosoph Max Müller nannte ihn emphatisch «Erzieher und Gewissen der Deutschen». Er galt als Paradepferd der Universität München, deren Philosophischer Fakultät er angehörte. Unzählige schlug er in seinen Bann durch seine Vorlesungen an ihr, durch seine Predigten in der St.-Ludwigs-Kirche in München sowie durch seine Vorträge auf der Burg Rothenfels, dem Zentrum der Liturgiereform. Er hatte als Redner eine Massenbasis, wie sie selten einem Wissenschaftler vergönnt ist. Hinzu kommt eine literarische Breitenwirkung, wie sie wohl kaum ein Theologe im 20. Jahrhundert erreicht hat. Sein berühmtes Jesusbuch «Der Herr» (1937) erreichte dreizehn Auflagen, sein ebenso epochemachendes Werk «Vom Geist der Liturgie» (1918) neunzehn Auflagen, die Werke «Die Lebensalter» und «Das Ende der Neuzeit» – ebenso geistige Wendemarken – je neun Auflagen. Sein «Kreuzweg» erschien in einer Bestsellerauflage von 340 000 Stück, «Von heiligen Zeiten» in 171 000, der «Deutsche Psalter» in 100 000 und «Der Tod des Socrates» in 98 000, «Über das Wesen des Kunstwerks» in 38 000 und «Die letzten Dinge» in 31 000 Exemplaren. Die Bibliographie umfaßt 1849 Titel. Seine erste Publikation (1907) war eine «Michelangelo»-Ausgabe, was ein bezeichnendes Licht auf die geistige Weite dieses Theologen wirft, der beachtliche Monographien über Hölderlin und Rilke schreiben konnte und mit Heidegger und Buber befreundet war.

Trotz dieser ungewöhnlichen Öffentlichkeitswirkung war Guardini keine eitle Starfigur, die sich in ihrer Beliebtheit sonnt, sondern ein scheuer, bescheidener, von Selbstzweifeln geplagter Mensch[5]; kein «keep smiling»-Typ, sondern ein verschlossener, abweisend wirkender Asket. Seine Leser- und Hörergemeinde umgab ihn zudem mit der Aura der Vorbildlichkeit und Unnahbarkeit.[6]

Der berühmte Theologe wurde nichtsdestotrotz in der zeitgenössischen theologischen Literatur totgeschwiegen – sieht man von wenigen Ausnahmen wie Erich Przywara und Michael Schmaus ab.[7] Die zum Teil heftige Kritik des Würzburger Bischofs Mathias Ehrenfried und des Freiburger Erzbischofs Conrad Gröber an seinen liturgischen Reformversuchen auf Burg Rothenfels sowie andere Anfeindungen des kirchlichen Establishments setzten ihm außerordentlich zu. Er wußte: Wer zur Quelle will, muß gegen den Strom kämpfen.

Guardini schützte sein Innenleben durch Masken, hinter denen sich verheimlichtes Leid verbarg.[8] War er an seiner Kirche irre geworden? Oder an Gott? Reinhold Schneider berichtet davon, daß Guardini sein Leid aus seelsorgerlichen und pädagogischen Gründen verschwieg.[9] In den nach seinem Tod veröffentlichten Privatnotizen und Briefen an seinen Freund Josef Weiger, auf die noch später eingegangen wird, läßt Guardini aber mitunter die undurchdringliche Maske fallen. Hier stößt man auf einen ganz anderen, durch keine Vorsicht und Rücksicht auf das kirchliche Lehramt und andere Rollenzwänge gehemmten Guardini.

Ein Phänomen eigener Art, auf das hier nicht näher eingegangen werden kann, ist der jäh einsetzende «Verfall der Aura» (E. Biser) nach seinem Tode im Jahre 1968. «Büßte er mit diesem unerwarteten Wirkungsverlust für die Woge der Zustimmung und Anhänglichkeit, die ihn lebenslang getragen hatte?» Hatte der große Interpret der Welt «dem Willen zur aktuellen Veränderung zu deutlich entsagt, um für eine Generation, die sie … als einziges Wahrheitskriterium gelten ließ, noch glaubhaft zu sein?» Oder «hatte sich zwischen die an Goethe und Rilke geschulte Ausdrucksweise Guardinis … und die sozialkritisch getönte Sprache der überwiegend ‹linksorientierten› Intelligenz eine Sprachschranke geschoben, die nun zum plötzlichen Kommunikationsabbruch führte?»[10] Hatte er sich selbst überlebt? War er schon zu seinen Lebzeiten zum Denkmal seiner selbst erstarrt?

Die «Sorge um die Welt» ist erkenntnisleitendes Interesse seiner Theologie. Eigentlich aber die *«Sorge um Gott»* (E. Biser). Denn die Welt läßt zurückfragen nach ihrem Schöpfer.

Im folgenden sollen die verschiedenen Facetten der Gotteslehre Guardinis sichtbar gemacht werden. Diese Gotteslehre hebt sich durch ihre Originalität von den neuscholastischen Schuldogmatiken der damaligen katholischen Theologie mit deren lustloser Auflistung der Eigenschaften Gottes und ihrem grauen Unisono deutlich ab.

Gott aus seiner Verborgenheit herausglauben oder die Theodizeefrage*

Die dialogische Fragehaltung Guardinis ist auch charakteristisch für seine Gotteslehre. Der Todkranke versicherte seinem Freund Walter Dirks, er werde sich im Jüngsten Gericht nicht nur befragen lassen, sondern auch selbst fragen.[11] Der spätere Guardini sieht sich zunehmend von der Frage bedrängt: «Warum hat Gott die Welt geschaffen?»[12] Genügt es nicht, daß Gott existiert, der doch «der Wert und Sinn einfachhin» ist?[13] Doch er meint, Gott hat Endliches geschaffen, weil die «Selbst-Entäußerung» seine «Gesinnung» ist (Phil. 2, 5–8). Er wollte nicht egoistisch alleine dasein, sondern einem anderen Sein die Existenz gönnen. Gott will sich nicht behalten, sondern verlieren.

Aber wieso konnte er, der als der «Heilige» «das Böse ablehnt», mit dem Menschen die «Möglichkeit» schaffen, «daß das Böse geschehen könne»? «Offenbar ist ihm das Endliche so wichtig, daß Er diese Möglichkeit ‹wagt›.» Wenn Gott den Menschen als das freie Wesen geschaffen hat, mußte er das Risiko eingehen, daß der Mensch diese Freiheit mißbraucht und Böses tut. Gott nimmt aber auch die «Verantwortung» für das «Böse», das der Mensch tut, auf sich, indem er die Schuld des Bösen «selbst zu sühnen gewillt ist» – am Kreuz von Golgatha.[14] Dieser Gott ist nicht der «erhabene Zuschauer», der von oben herab lohnt und straft, «sondern er steht selbst drin», er thront nicht «olympisch über der Welt» – sondern geht in sie ein – in Jesus Christus.[15] Er will es nicht besser haben, wird Mensch, wird wie wir, macht unsere Not zu seiner Not.

Doch letztlich gibt es für Guardini keine Antwort und darf es keine geben auf die Theodizeefrage, auf die Frage, warum Gott das Böse zuläßt. Gott ist für unser Denken «das Geheim-

---

* Theodizee = wörtl. Verteidigung Gottes

nis einfachhin».[16] Wäre Gott ein geheimnisloses Ding, vierek-
kig, numeriert, sortiert, bewiesen und vorzeigbar, dann wäre
er für den Menschen irrelevant. Ganz abgesehen davon, daß
der Glaube dann um sein Wesen gebracht würde, Wagnis ins
Dunkle hinein zu sein.

Gott ist verborgen, oder er ist nicht Gott. Diese seine Verborgenheit gibt dem Gebet erst Sinn. Das Gebet hat die Aufgabe, Gott aus seiner «Verborgenheit» «herauszuglauben», aus
seiner «Verhüllung» «sein hergewendetes Antlitz herauszuglauben».[17] «Im Geheimnis des Schweigens waltest Du.»[18]

Guardini wagte hier vollkommen neue Wege ins Unbefahrene. Anders die herkömmliche Theologie, die häufig mit
quicker Plausibilität und selbstsicherer Vollmundigkeit die
Theodizeefrage abhandelte. Franz Diekamp, ein typischer
Vertreter der neuscholastischen katholischen Schultheologie,
bemerkt zum Beispiel folgendes zum Theodizeeproblem: Die
«physischen Übel» (Krankheit usw.) sind «notwendig» um
der «Ordnung» der Welt willen, wonach «das eine Ding zur
Ernährung und Erhaltung des anderen dient» und «das eine
von dem anderen umgestaltet wird, wie Schnee vor der Sonne
schmilzt». «Wenn alle physischen Übel beseitigt würden, so
würde dem Weltganzen auch manches sittlich Gute fehlen,
zum Beispiel Übung der Geduld, Werke der Barmherzigkeit,
heroische Tugenden und vieles andere, das ... den Menschen
veranlaßt, mit Eifer Gott zu suchen.»[19]

Wird ein Querschnittsgelähmter solche Sätze nicht als Zynismus empfinden müssen? Ist die kalte Meisterschaft, mit der
hier argumentiert wird, nicht schlechthin ein Hohn auf den
leidenden Menschen? Ähnliches gilt von anderen Fertigteilen
der katholischen und evangelischen Theologie, mit denen man
dem Theodizeeproblem beikommen wollte, wie etwa dem
Argument, das Böse diene dem Heilsplan Gottes, das Böse sei
Strafe für Sünde, oder es sei gar nichts Böses, sondern nur der
Mangel am Guten (privatio boni) usw. Die Frage des Unterof-
fiziers Beckmann aus Wolfgang Borcherts «Draußen vor der
Tür»: «Warst du in Stalingrad lieb, lieber Gott?» wird durch
solche Standardphrasen nicht widerlegt, sondern eher bestätigt. Guardini hat erkannt, daß es keinen Lösungsversuch gibt,

der die Theodizeefrage ausloten könnte. Sie scheitert an der Verborgenheit Gottes.

Gott als Erfahrungstatsache

Guardini erschrickt nicht wie Pascal vor der stummen Unendlichkeit des Weltalls, sondern vor dem stummen Gott.[20] Glauben heißt für ihn, die Verborgenheit Gottes durchhalten. Er protestiert dadurch gegen die an Arroganz grenzende Selbstsicherheit der neuscholastischen Schultheologie, die Gott mittels luftdicht abschließender Denkschlüsse beweisen wollte – als ginge es hier um eine banale Selbstverständlichkeit. Im Anschluß an das Erste Vatikanische Konzil vertritt etwa Ludwig Ott in seiner Dogmatik – um ein neueres Beispiel neuscholastischer Schultheologie zu bringen – die These: «Gott, unser Schöpfer und Herr, kann aus den geschaffenen Dingen durch das natürliche Licht der Vernunft mit Sicherheit (!) erkannt werden.»[21] Etwas, was seiner Natur nach das Wagnis des Glaubens erfordert, wird sichergestellt, als ginge es um eine meßbare und wägbare Sache, die nach Art eines physikalischen Schlußverfahrens jedermann zwingend bewiesen werden könnte. Der Atheist wird durch dieses angeblich zwingende Beweisverfahren wie von selbst zu einem Menschen mit intellektuellem Defekt abqualifiziert. Der neuscholastische Rationalismus argumentiert nicht nur betriebsblind am modernen Massenatheismus vorbei, wenn er Gott zwingend beweisen will, er zerstört den Gottesgedanken selbst, weil er das Unfaßliche ins Selbstverständliche eingemeindet.

Guardini geht einen anderen Weg, um Gott in einer Welt ohne Gott zu bewahrheiten. Mittel der Gotteserkenntnis ist nicht so sehr die Vernunft als die Intuition. «Bloße Verstandesarbeit führt nicht zur lebendigen Gotteserkenntnis»[22] – wie das die neuscholastischen Gottesbeweise versuchen. Obschon Gott verborgen ist, kann er von jedem Menschen erfahren werden, wenn auch nicht auf Grund sicherer Verstandesbeweise, sondern durch intuitives Erleben und Ahnen. Gott kann zum Beispiel erfahren werden

– «in der Stimme des Gewissens». «Die Entscheidungsbewe-
gung aus dem Gewissen heraus ist eine Bewegung in Gott hinein;»[23]
– in der «Lebensfügung», wenn ich rückblickend einen «Zusammenhang» in meinem Leben feststelle und in ihm Sinnlinien entdecke. Wenn ich merke, daß die Ereignisse nicht nur *an*
mir, sondern *für* mich geschehen, daß also in diesem Sinnge-
füge nicht nur ein «Naturgesetz» und eine «stumme Notwendigkeit» am Werk sind, sondern «Fügung von anderswoher»[24]
– in der «Sehnsucht», die letztlich in der Welt unerfüllt bleibt
und daher über die Welt hinauszielt, die nicht nur etwas sucht,
was «mehr» ist, «als was die Welt geben kann», was «nicht nur
größer, oder besser, oder schöner, sondern» was «anders» ist.[25]
Das Bewußtsein dafür müßte geweckt werden, daß «eine noch
so gewaltige Steigerung der Endlichkeit» nie mehr ergibt, als
eben noch «größere Endlichkeit». «Der Rausch des Quanti-
tativen muß durchschaut und erkannt werden, wovon die Erfahrung der Leere, der Angst ... des Überdrusses usw. Symptome sind»[26];
– im «einfachen Wissen: Gott ist da». «Es handelt sich ja nicht
darum, daß Gott so sei oder so; daß er diese oder jene Eigen-
schaft habe; daß er dieses tue oder anderes ... Das alles ist hier
nicht das Eigentliche. Sondern nur: Er ist da.»[27]

Das unwiderrufliche Wort Gottes

Diese genannten Gotteserfahrungen, die kein Patentrezept
sein wollen, kann jeder Mensch machen, nicht nur der Christ.
Doch Gott offenbart sich nicht nur in nonverbalen Ereignissen, sondern vor allem durchs «Wort». «Wenn ein Mensch das,
was er meint, dem anderen nur durch den Blick sagt, kann das
sehr lebendig und groß sein; etwas Entscheidendes kommt
aber hinzu, sobald er es im Worte ausspricht. Solange es wort-
los bleibt, kann es ... wieder zurückgeholt werden; wenn es
ins Wort gelangt, geschieht etwas Unwiderrufliches.»[28] Jesus
Christus ist das Wort Gottes, in dem Gott sich uns unwiderruflich zugesagt hat.

Daß Jesus Christus «das eigentliche Wort» Gottes ist[29], hat Guardini von Blaise Pascal gelernt, der für ihn eine Art Identifikationsfigur war. Gott ist für Pascal ein geschichtlicher Gott, kein abstrakter Gott. Ein Gott, der in Jesus Christus Geschichte gemacht hat. Im «Mémorial» Pascals, das man in seinem Rock eingenäht nach seinem Tod fand, wird seine Bekehrung am Abend des 23. November 1654 wie folgt beschrieben: «Feuer. Gott Abrahams, Gott Isaaks, Gott Jakobs, nicht der Gott der Philosophen und Gelehrten. Gewißheit. Gewißheit. Empfindung. Freude. Friede. Gott Jesu Christi ...» Glauben heißt nicht, Gott *be*schreiben, sondern sich Gott *ver*schreiben. Der Glaube ist kein Kalkül des Verstandes, sondern ein Wagnis des Herzens. Pascals Wagnisglaube spielt in Guardinis Denken eine entscheidende Rolle.

Gottes Heiligkeit
duldet kein milderndes Verschleifen

Obschon sich Gott offenbart, bleibt er verborgen. Guardini vertritt die in der christlichen Theologie vollkommen ungewöhnliche alttestamentliche These, daß die «Heiligkeit» die Haupteigenschaft Gottes ist.[30] Er tut das wohl in Frontstellung gegen die Eingemeindung Gottes in die Welt durch den Rationalismus der neuscholastischen Gottesbeweise, sowie durch eine modernistische Anpassungstheologie katholischer wie protestantischer Provenienz. Vermutlich auch gegen das respektlose Herunterleiern von Gebeten im Vulgärkatholizismus wie überhaupt gegen das auf menschliches Format reduzierte Mysterium. Gott ist der unverfügbare «Herr der Welt»[31], nicht nur «der Urgrund der Welt, die durch das All gehende Geheimnisströmung, die andere Seite der Wirklichkeit» oder wie immer Gott in der Theologie verstanden wird. «In einem solchen Verhältnis wäre er nicht der Herr der Welt, sondern von ihr abhängig. Die Welt hätte in ihm ihre Tiefe; Gott aber in ihr seine Wirklichkeit. Nein, er ist der Schöpfer der Welt ... Er hat sie geschaffen, ohne irgendeiner Voraussetzung zu bedürfen: aus wesenseigener Allmacht. Er hat sie ge-

schaffen, ohne daß ihn etwas nötigte ... aus reiner Freiheit. Er
wäre, und wäre Gott, auch wenn es die Welt nicht gäbe. In
keiner Weise bedarf er ihrer. Sie ist nur durch ihn und vor ihm;
er ist durch sich und in sich selbst.»[32] Gott wäre anders und
doch nicht anders genug, wäre er nur die Unbegreiflichkeits-
seite der Welt, alles, was in der Welt unbegreiflich ist, ihr irra-
tionaler Rest, ihre Geheimnistiefe. Gott ist ganz anders oder er
ist nicht. «Menschen, Dinge, Geschehnisse sind weltlich, ir-
disch, diesseitig, da und vorhanden; Gott hingegen ist unwelt-
lich, unirdisch, entrückt, vorbehalten und geheimnishaft» –
oder er wäre nicht Gott.[33] Die göttliche Grundeigenschaft der
Heiligkeit leitet Guardini aus 2. Mose 3,14 ab, wo Gott auf die
Frage, wer er sei, die Auskunft verweigert: «Ich bin, der ich
bin.» Religion ist das Ausgeliefertsein ans Unfaßbare.[34]

Doch Gott ist kein eifersüchtiger Despot, wenn er der Herr
ist. Die «Größe seines Herrentums» zeigt sich gerade darin,
daß er der Welt eine eigene Wirklichkeit gönnt. «Er wäre ein
Halb-Gott, ein Stümpergott, wenn er, aus Furcht, die Welt
könnte sich selbständig machen, das nicht wagte.» Die
«Größe» seines «Herrentums» offenbart sich vor allem in der
Erschaffung des Menschen als freies Wesen. «Er hat Herr über
Freie sein wollen, nicht über Knechte oder Werkzeuge.»[35]

Christus, der Herr oder der ganz andere Jesus

Neben ihrer Weite ist die Konzentration auf das Wesentliche
Charakteristikum der Theologie Guardinis. Auf die Frage,
worin das Wesen des Christentums besteht, gibt er die bezeich-
nende Antwort: «Es gibt keine abstrakte Bestimmung dieses
Wesens ...» «Das Wesen des Christentums» ist eine «geschichtliche Person», die «Person Christi».[36] Das Christentum
steht und fällt mit Christus – eine Selbstverständlichkeit, die
im vorkonziliaren Katholizismus wie liberalen Protestantismus weithin in Vergessenheit geraten war. Christus allein steht
im Zentrum des christlichen Glaubens.[37] Durch diese im damaligen Katholizismus ungewöhnliche Christozentrik treten
dessen Nebenzentren wie Papst, Maria, Priester, Kirche wie

von selbst in den Hintergrund. Die «christologische Wende» in der katholischen Theologie in der zweiten Jahrhunderthälfte, die das Vaticanum II ausgelöst hat, geht nicht nur auf Karl Adam, Erich Przywara und andere, sondern vor allem auf Guardini zurück. Der Katholizismus nimmt sich hier auf das Wesentliche zurück. Sein 1937 erschienenes Buch «Der Herr», das wie kaum eine theologische Publikation die Nachkriegsgeneration katholischer Priester prägte, ist das Manifest dieser christologischen Wende.

Wer ist nun dieser Mann von Nazareth, der Mitte und Achse christlichen Glaubens sein soll? Er ist als der menschgewordene Gott das in der Welt aufgerichtete Hoheitszeichen Gottes. Er ist wie sein Vater der *Herr*, und zwar der *einzige* Herr, vor dem alles, was sich sonst Herr nennt, verblaßt. Diesem Herren gegenüber gibt es nur *eine* angemessene Haltung: «die Bereitschaft, zu hören und zu gehorchen» [38], dem Wort Jesu, wie es uns das Neue Testament überliefert, kritiklos zu folgen. Guardini wendet sich in diesem Zusammenhang mit aller Schärfe gegen die Bibelkritik der liberalen Theologie, die aus dem Neuen Testament eine Art Selbstbedienungsladen machte. Das «Christusbild» «wird von der geistigen Mode, vom Standort und der Struktur des einzelnen, von seinem Erlebnis, seiner Vorliebe und Willkür abhängig». [39] «Aus dem Herrn ist ein Religionsstifter geworden; ein Prophet, ein religiöses Genie; ein Philosoph; ein Sittenlehrer; ein Sozialreformer; Einer, der nur helfen und Liebe wecken wollte; ein schlichter Mann des täglichen Lebens; ein verstiegener Idealist ...» [40] Das Christusbild wurde billigen Tageszwecken unterjocht. Doch «es gibt keinen Maßstab für Christus. Den Maßstab setzt Er selbst.» [41] Jesus läßt alle Jesusbilder hinter sich, die wir uns von ihm machen. Guardini will «die Gewohnheit wegstreifen, die in ihm den durch zwei Jahrtausende vertrauten ‹lieben Heiland›, das wohlbekannte Urbild der Liebe und Geduld sieht». [42] Er will uns in seinem Jesusbild mit dem unvertrauten, fremden, ganz anderen Jesus des Neuen Testaments konfrontieren, der alles andere als ein schulterklopfender Kumpel oder ein seichter Humanitätsapostel war. Eben der *Herr*. Ein freilich – wie es scheint – dem Alltag entrückter, unnahbarer Herr, der die menschlichen Züge des niedrigen Jesus der drei ersten Evangelien vermissen läßt. Guardini beschreibt sein «Herrentum» wie folgt: «Sein ganzes Wesen drückt» einen «Adel» aus. «Nie wird ein Hauch von Furcht an Ihm fühlbar, nie ein Ausweichen, nie eine falsche Klugheit. Ebensowenig aber ein Prunken oder Sich-Zeigen, Gewaltsamkeit oder Lärm, Ungerechtigkeit oder Blindheit. Er ist ganz schlicht, mit sich selbst eins, ruhig und sicher. Er ist gütig und gerecht und will nichts, als den Willen des Vaters erfüllen. Er bedarf weder eines Helfers noch eines Halts und steht, erschreckend einsam, in sich allein. Nur Er ist wissend. Nur Er trägt Verantwortung. Nur Er entscheidet und lebt, jedem Anderen unerreichbar... Niemanden kann er neben sich haben ...»[43] Zugegeben, daß Guardini in diesem Porträt echte vergessene Züge des neutestamentlichen (johanneischen) Jesusbildes wiederentdeckt hat. Doch der Gesamteindruck führt irre, der das verfälschende Bild vom hehren Marmorchristus vermittelt. Den modernen Menschen läßt dieser über- und fast unmenschliche Superman kalt. Ein autoritärer Christus, der auf einem privilegierten Podest steht, sagt ihm nichts. Sein Christus muß sich mit ihm auf eine Stufe stellen, mit ihm solidarisch werden, wie der des Neuen Testaments. Ob Guardini nicht – à la Feuerbach – ein Wunschbild in die Christusgestalt hineinprojiziert?

Aber vielleicht verfehlt diese Kritik das eigentliche Anliegen Guardinis, dem verbürgerlichten Mode-Jesus unserer Zeit den unbekannten Jesus des Neuen Testaments gegenüberzustellen. Vermutlich versteckt sich hinter Guardinis Modell ‹Jesus der Herr› auch ein stiller Protest gegen die lehramtlich kanalisierte Offenbarung seiner Kirche und gegen ihre neuscholastische Standard-Christologie mit ihrer vorgestanzten Sprache und ihrem abdrosselnden Einteilungsschema. Möglicherweise ist es auch ein stiller Protest gegen die hierarchische Rangordnung der Kirche. Dieser Herr ist nicht die Spitze einer Herrschaftspyramide, die durch sie sanktioniert wird, sondern umgekehrt ihr Ende. Der eine Herr schließt alle anderen Herren aus.

Erst das Christentum hat daher nach Guardinis Meinung die Menschheit mündig gemacht. Der Nazismus versuchte umgekehrt das durch das Christentum mündig gewordene Europa zu zerstören.[44] Hitler ist daher in den Augen Guardinis der Antichrist schlechthin. Der Nazismus setzte ihn planmäßig an die Stelle Christi als Heilbringer. Von Hitler wurden Aussagen gemacht, die der Christ nur von Christus macht, auf ihn wurden Haltungen übertragen, die der Christ nur auf Christus überträgt. Zug um Zug wurde der «Meldegänger Gottes» zur mythischen Heilandsgestalt hochstilisiert. Guardini erinnert an die Inschrift an den Baustellen im Dritten Reich: «Das alles verdanken wir unserem Führer!», an die damals gebräuchliche Redewendung «Hitlerwetter» für schönes Wetter, an die Fotos von Hitler, der sich – analog zu Darstellungen Jesu als Kinderfreund – zu den Kindern hinabneigt. Wie sehr Hitler zum Ersatz-Christus avancierte, erweisen die Hitlerbilder in Haus und Schule, die an Stelle des Kruzifixes aufgehängt wurden; vor allem aber der täglich unzählige Male wiederholte «deutsche Gruß» «Heil Hitler», der ja Hitler per definitionem zum Heilbringer machte. Ob er eine Anspielung auf den katholischen Gruß «Gelobt sei Jesus Christus» war, wie Guardini annimmt, darf bezweifelt werden.[45] Dieser Gruß, der wie keine andere ersatzreligiöse Sitte in den Alltag eingriff, offenbart jedenfalls ein Ausmaß an Verblendung, das seinesgleichen in anderen Diktaturen sucht.

Unser Volk hätte nach Meinung von Guardini diesem blinden Führerglauben nicht in dem Ausmaße und Umfang verfallen können, wenn es religiös gebunden gewesen wäre. Guardini rief nach dem Zweiten Weltkrieg die Menschen Europas zu Christus als dem wahren Heilbringer zurück – weg von allen falschen Heilbringern. Er meinte damals: «Europa wird christlich oder es wird überhaupt nicht mehr sein.»[46]

Kirche als Gemeinschaftserlebnis oder die Liturgiereform

Guardini ist – wie jeder katholische Theologe – primär Ekklesiologe.* Sein berühmtes Wort vom «Erwachen der Kirche in der Seele» machte der in die Defensive gedrängten Theologie nach dem Ersten Weltkrieg wieder Mut. Es wurde freilich von der Wirklichkeit Lügen gestraft, wenn man an die Kirchenaustrittswellen im Dritten Reich und seit Ende der sechziger Jahre denkt.

Kirche konkretisiert sich für den katholischen Christen viel ausschließlicher als für den evangelischen im Gottesdienst. Die Erneuerung der Kirche ist daher für Guardini nur möglich von der Erneuerung der Liturgie** her. Die Magna Charta der Liturgiereform und der «liturgischen Bewegung» war sein 1918 erschienener Bestseller «Vom Geist der Liturgie». Die Gedanken dieses Buches tasten sich vorsichtig in Neuland vor. Die Reform vollzieht sich unmerklich und unauffällig wie hinter Milchglasscheiben und – wie es scheint – ohne Kontur! Man findet in dem Buch die üblichen Breitseiten gegen Modernismus und Protestantismus und durchaus traditionalistische Begründungsmuster – wohl aus Rücksicht auf die kirchliche Vorzensur!

Grundanliegen des Buches ist die Erneuerung der alten objektiven Formen des Gottesdienstes, die von subjektivem Wildwuchs überwuchert wurden. Die liturgische Bewegung will der Messe, die weithin zu einem Aggregat von Privatandachten, wenn nicht zu einem sinnentleerten mechanisch vollzogenen Ritus entartet war, den Gemeinschaftscharakter zurückgeben. Der Gottesdienst sollte wieder Sache der *ganzen* Gemeinde werden. Im Grunde bestand er aus zwei Gottesdiensten, das lateinische Geschehen am Altar, welches das Volk nicht verstand, und die private Andacht der – Rosenkranz oder etwas anderes – betenden Gemeinde – wenn er nicht überhaupt ohne innere Beteiligung «abgesessen» oder «abgestan-

---

   * Ekklesiologie = Lehre von der Kirche
 ** Liturgie = Formen des Gottesdienstes

den» wurde, um der lästigen Sonntagspflicht zu genügen. Neben der stillen Messe gab es das Hochamt, das vom Kirchenchor bestritten wurde und das häufig nur einen verschwommenen Gefühls- und Erlebniswert vermittelte ohne bewußten Nachvollzug – ganz zu schweigen von den opernhaften Effekten vieler Orchestermessen, die leicht zur ästhetischen Schwelgerei verführen. Aber auch die Altarhandlung degenerierte nicht selten zum hohlen Ritual, das mechanisch von Priester und Ministrant heruntergeleiert wurde. Auf den Außenstehenden mußte dieses Tempelgemurmel wie ein magisches Arrangement wirken. Die liturgische Bewegung stemmte sich gegen diese verhängnisvolle Entwicklung. Im Vorwort des Buches «Vom Geist der Liturgie» betont Ildefons Herwegen, ein anderer Vertreter der liturgischen Bewegung: die Kirche als Leib Christi sei keine mechanische «Anhäufung von Atomen» wie der «Sozialismus», sondern «organische Gemeinschaft».[47] Auch Guardini versteht Kirche primär als Gemeinschaftserlebnis – analog zu seinen Erfahrungen in der Jugendbewegung. In der Liturgie gibt es nur das «wir», nicht das «ich»; der einzelne muß «aufgehen» in der «höheren Einheit» der Gemeinde und sich in sie «weggeben», ganz im Unterschied zum protestantischen Individualismus.[48] Die Bestimmung der Konstitution «Über die heilige Liturgie» (1964) des 2. Vatikanischen Konzils, die Gemeindeglieder sollten sich «bewußt» und «aktiv» am Gottesdienst beteiligen, trägt – ebenso wie die Einführung der Volkssprache in der Messe – die Handschrift der liturgischen Bewegung. Vorformen der Gemeinde-Messe gab es schon vorher, wie zum Beispiel die Gemeinschaftsmesse und Betsingmesse, wo – parallel zum lateinischen Text – deutsche Teile der Messe vorgelesen wurden.

Eine andere im damaligen Katholizismus äußerst gewagte These des Buches Guardinis, die ebenso Schule gemacht hat, lautet: Liturgie ist zweckfreies «Spiel». In der Liturgie wird der Mensch wieder Kind, und er lernt, «nicht überall Zwecke zu sehen», sondern «einfachhin zu leben».[49] Eine These, die hochaktuell ist in unserer verzweckten Leistungsgesellschaft, die selbst aus der Freizeit eine vorzeigbare Leistung macht und in der fürs Zwecklose kein Raum mehr bleibt. Liturgie als

Spiel richtet sich aber primär gegen das Gewollte, Ange-
strengte und Verkrampfte des Gottesdienstgeschehens – ein
Charakteristikum ja auch des protestantischen Ritus mit seiner
verklemmten Atmosphäre. Der nach herkömmlicher katholischer Lehre unter Todsünde verpflichtende Besuch der Messe
an Sonn- und Feiertagen machte aus ihr nicht selten eine
Angst- und Zwangshandlung, ein Sicherungsarrangement,
das lähmend Gott entgegengehalten wurde und einen Tum-
melplatz für Krämerseelen, die durch liturgische Vor- und
Sonderleistungen mit Gott ins Geschäft kommen und sich den
Himmel erschachern wollten. Walter Dirks sprach vom Typ
des «Gnadenhamsterers». Aus einer Befreiungshandlung, die
das Abendmahl doch im Neuen Testament sein will, wurde ein
Joch, das der Mensch ächzend auf sich nimmt, aus einem Geschenk eine schwitzende Leistung.

Die liturgische Bewegung glitt freilich nicht selten in einen
esoterischen Ästhetizismus ab. Liturgie wurde dann ein bloß
genießerisches Spiel mit der Form. Man berauschte sich an der
strengen archaischen Schönheit altkirchlicher Liturgien und
erlag dem Zauber ihrer frischen Fremdartigkeit. Nicht so Guardini, der die These der Scholastik vertritt: «Das Schöne ist
der Glanz des Wahren.»[50] Das Schöne dient dem Wahren, es ist
nicht Selbstzweck.

Eng zusammen mit dieser These steht die andere These seines Liturgiebuches: Das Gute dient dem Wahren, nicht umgekehrt das Wahre dem Guten. Er spricht vom «Primat des Logos über das Ethos», das heißt des Wortes über die Tat, der
Wahrheit über die Zweckmäßigkeit. Die Liturgie ruht in sich
selbst, und sie hebt sich ab vom «Alltag» und seiner Betrieb-
samkeit; als zweckloses Spiel ist sie ausgespart aus der Arbeitswelt, wo nur zählt, was einen Zweck erfüllt. Sie muß sich
nicht messen lassen an ihrem Nutzwert wie die Arbeit in Büro
und Fabrik.[51] Die Liturgie muß eine Alternative zu unserer Industriekultur sein, nicht ihr Abklatsch. Guardini greift an dieser Stelle mit ungewöhnlicher Vehemenz den Protestantismus
und Modernismus an. Der Protestantismus stellt angeblich das
Ethos über den Logos – wobei Guardini die liberale Theologie
im Visier hat. «Die Überzeugung» wurde «immer mehr zur

Sache des persönlichen Urteilens, Fühlens und Erlebens gemacht. Die Wahrheit glitt so aus dem Bereich des Gegenständlich-Feststehenden in den des Subjektiv-Fließenden». Der katholische Modernismus will nach Guardini im Grunde nichts anderes als die liberalprotestantische Gefälligkeitstheologie. Auch er ist nur eine Gebrauchstheologie, die nur das für wahr hält, was brauchbar, erlebbar und praxisrelevant ist. «Aus dem Lebenswert des Dogmas seinen Wahrheitswert zu begründen, ist zuinnerst unkatholisch. Die Kirche stellt die Wahrheit, das Dogma, hin als eine unbedingte, in sich ruhende Tatsache, die keiner Begründung aus dem Gebiete des Sittlichen oder gar Nützlich-Brauchbaren bedarf. Die Wahrheit ist Wahrheit, weil sie Wahrheit ist. Es ist an und für sich für sie völlig gleichgültig, was der Wille zu ihr sagt und ob er mit ihr etwas anfangen kann.» [52]

Die beiden letzten Sätze Guardinis bereiten Kopfzerbrechen, weil sie ein Schlag ins Gesicht seiner dialogisch-fragenden Theologie sind und einem blinden Autoritätsglauben das Wort reden, den er doch immer – man denke an seinen Kampf gegen das nationalsozialistische Führerprinzip – abgelehnt hat. Guardini hat mit diesen Vogel-friß-oder-stirb-Thesen, die in späteren Auflagen nicht gestrichen wurden, sein Ansehen aufs Spiel gesetzt. Sicher schwingt in diesen Sätzen mehr mit, als man aus ihnen zunächst heraushört – ein Wahrheitsernst und die Absage an den leichtfertigen Wahrheitsrelativismus unserer Zeit, wonach wahr ist, was jeder für wahr hält. Die Wahrheit wird durch diesen Jeder-nach-seiner-Fasson-Relativismus dem privaten Belieben überantwortet und – so Martin Walser – zur «Geschmackssache wie Krawatte und Regenmäntel» – degradiert («Halbzeit»).

Fazit

Romano Guardini kann nicht in übliche Kategorien eingeordnet werden – wie etwa «progressiv» oder «konservativ». Eugen Biser meint zwar, zu seinen Lebzeiten wäre er «eher als Progressist» anzusehen gewesen, während heute die «konservativen Momente» bei ihm schärfer hervortreten. [53] Aber doch wohl nicht, weil Guardini ein anderer geworden wäre, sondern weil seine Kirche eine andere geworden ist! Guardini ist sich mindestens darin immer gleich geblieben, daß er dem Modernismus wie dem Traditionalismus in gleicher Weise Paroli bot. Zeitlebens hat er sich gegen die flinken Anpasser des Modernismus, vor allem aber gegen das starre System des neuscholastischen Traditionalismus gestemmt, der mit seiner abgezirkelten Begrifflichkeit und seinen einschnürenden, würgenden Normen aus der Wahrheit einen verfügbaren Besitz machte. Guardinis Theologie biedert sich keiner Mode an, sie kann folglich dem Wechsel der Moden standhalten! Andererseits unterläuft diese ganz an der Bibel orientierte Theologie das uniformierte System der Neuscholastik. Schon der Systemverzicht und die Prinzipiensparsamkeit wirkten provozierend, ebenso wie die stillschweigende Nichtverwendung der neuscholastischen Terminologie. Guardini steht jenseits von Modernismus und Traditionalismus. Der Begriff konservative Revolution trifft noch am ehesten auf seine Theologie zu.

Man könnte die Eigenart seines Denkens auch mit den polaren Begriffen Weite und Tiefe oder extensiv und intensiv umschreiben. Es macht das Spezifikum seiner Theologie aus, extensiv und intensiv *zugleich* zu sein. Trotz ihrer erstaunlichen Weite wagt sie sich in eine Tiefe der Reflexion vor, die im neueren Katholizismus bisher kaum erreicht wurde. Trotz breitester Kontaktflächen zum heutigen Geistesleben ist sie tief verwurzelt in den Urnormen christlichen Glaubens; also gerade nicht – was ihr oft vorgeworfen wird – «hochgestochen», sondern «tiefgestochen». In ihrer Weite *und* Tiefe übertrifft diese Theologie die protestantische Theologie unserer Zeit um vieles, die bekanntlich dazu neigt, das eine auf Kosten des anderen zu sein – Weite auf Kosten der Substanz oder umgekehrt Substanz auf Kosten der Weite. Nur wenn der Zirkel fest im Mittelpunkt steht, kann man mit ihm einen großen Radius schlagen. Die Theologie Guardinis hat in ihrer Weite wie Tiefe der Erneuerung der katholischen Kirche durch Johannes XXIII. vorgearbeitet – ein Erneuerungswerk, das freilich auf halbem Wege steckenblieb.

Eine konservative Revolution war diese Theologie nicht zuletzt durch die Erneuerung der alten Liturgie mit ihrer strengen harten Schönheit und ihrem Gemeinschaftscharakter – allen Kultroutiniers zum Trotz. Vor allem aber war sie konservative Revolution durch die Wiederentdeckung des biblischen Christus. Man könnte auch sagen, durch die Wiederentdeckung der Verborgenheit Gottes. Gott ist ein unnahbarer Herrscher, der seine Untertanen auf Distanz hält – wie es zunächst den Anschein hat. In Wahrheit aber ist Gott das Geheimnis schlechthin, das jeder begrifflichen Fixierung spottet. Die Sache überwächst den Begriff; daher Guardinis tiefe Abneigung gegen die vorgezimmerten Begriffskäfige der Neuscholastik. Religion ist hier – ganz reformatorisch – das Ausgeliefertsein ans Unfaßbare. Die Aufgabe des Theologen besteht eigentlich nur darin, schweigend beim Geheimnis Wache zu stehen. Die Heiligkeit Gottes duldet keine Kompromisse. Alles ist hier gleich nahe zum Mittelpunkt. Es gibt keine Ferien von der alles verzehrenden Heiligkeit Gottes.

Konservative Revolution war diese Theologie auch in gesellschaftskritischer Hinsicht. Walter Dirks und Eugen Biser fragen im Anschluß an die Marxsche Feuerbachkritik, ob Guardini die Welt nicht nur interpretiert habe, statt sie zu verändern.[54] Doch Guardini wollte die Welt *durch* Interpretation verändern, vor allem *durch* die Neuinterpretation des biblischen Zeugnisses, dessen sprengendes Dynamit er aus der Watte der Gewohnheit herausgelöst hat. So findet man in seinen nachgelassenen Notizen, in denen er unter anderem die «Restauration» der Adenauerzeit beklagt[55], die folgenden durchaus systemkritischen Sätze, die an Sprengkraft in der gegenwärtigen Situation nichts eingebüßt haben:

– Das «Veröffentlichungswesen» ist «verbrecherischer als die alten Raubritter» – so 1953 gegen die vor nichts haltmachende Enthüllungssucht der Sensationspresse und die «Veröffentlichung der Seele».[56]

– «Die Welt geht am Maskulinen zugrunde» – so 1954 im Anschluß an das Dogma von der leiblichen Himmelfahrt Mariens (1950), das nach Guardini vor allem die Frau aufwerten wollte[57];

— «Klerikalismus ist eine der schlimmsten Schädigungen des religiösen Lebens» – so 1957 gegen die klerikale Enge des pianischen Katholizismus [58];

— «In aller Demokratie sitzt ein Gefühl des Wohlfeilen» – so 1957 gegen die westliche Gefälligkeitsdemokratie [59];

— Die modernen «apokalyptischen Reiter: Die große Zahl. Die perfekte Technik. Die absolute Wohlfahrt. Die Geschlossenheit der Welt» [60] – so 1960. [61]

Zunehmend sah Guardini in der Technokratie den Steigbügelhalter der Apokalyptischen Reiter. In einem Brief an seinen Freund J. Weiger vom Jahr 1963 stößt man auf folgende Sätze, die damals altmodisch, heute aber modern klingen: «Der moderne Mensch» «wandert aus der Welt des Gewachsenen in die technisch gemachte . . . aus. Ob sich aber nicht etwas Furchtbares vollziehen muß und jene ‹Natur›, die er in ihrer ‹ersten› . . . Gestalt verläßt, ihm in einer zweiten, verhängnisvollen Form aus seinem eigenen Werk entgegentreten wird? Ihn aus den Gesetzen, den Zweckfügungen, den Prozessen des Machens und Funktionierens mit einer Heftigkeit, ja Feindseligkeit anspringen wird, für die man den mythischen Ausdruck einer Rache des Unterjochten zu gebrauchen versucht ist?» Das unschuldig Wachsende, Organische, Einfache, Unzerfaserte, Naive wurde durch das Mechanische, Differenzierte und Verzweckte ersetzt. Organisation tritt an die Stelle des Organismus. Die Anonymherrschaft der Technik zerstört die Person. Während die «Quantitäten» ständig wachsen, sinken die «geistig-personalen Qualitäten» ab. «Der rationale und technisch entwickelte Mensch» wird notwendig «ungläubig», die totale rational-technische Durchröntgung des Daseins führt zu der Einstellung, es habe kein «Geheimnis» mehr, sondern nur noch «Probleme», die wissenschaftlich gelöst werden können. «Die Dimension des Nicht-Rationalen, Gewährten, Gnadenhaften geht verloren», ebenso wie der Faktor des «Geheimnishaften». Es ist nichts mehr «dahinter». Der Rest ist Langeweile.

Doch Guardinis Plädoyer für die Person und sein Protest gegen ihre Auflösung [62] stehen im merkwürdigen Widerspruch zu kollektivistischen Tendenzen in seinem Denken,

wonach das Ich im Wir der Kirche aufgehen soll. Von dem
Satz: Du bist nichts, deine Kirche ist alles, zu dem anderen: Du
bist nichts, dein Volk ist alles, ist nur ein kleiner Schritt. «Eine
Gesellschaft von lauter Niemand» (Kafka) kann nicht mit einem autoritären Wahrheitsbegriff geheilt werden: «Die Wahrheit ist Wahrheit, weil sie Wahrheit ist. Es ist . . . für sie völlig
gleichgültig, was der Wille zu ihr sagt und ob er mit ihr etwas
anfangen kann.» Die Kirche hat heute nur noch eine Chance,
wenn sie nicht mit einer fragwürdigen Formalautorität auf-
tritt, sondern mit Sachautorität, mit der Autorität ihrer Sache.
Nach biblisch–reformatorischem Verständnis gibt es nur eine
einzige absolute Autorität, die alle menschliche Autorität rela-
tiviert, die Autorität Gottes (2. Mose 20,2; Matth. 23,8–10).
Es gibt von daher keine selbstverständliche Autorität, keine
Autorität, die sich von selbst versteht, sie muß sich an der göttlichen Autorität messen lassen. Es gibt keine Autorität um der
Autorität willen, sondern nur um ihrer Sache willen, sie setzt
sich nur durch, wenn sie überzeugt. Luthers Berufung auf sein
allein an Gott gebundenes Gewissen auf dem Reichstag in
Worms (1521), mit dem er einer sich absolut setzenden
menschlichen Autorität von Staat und Kirche getrotzt hat,
markiert das Ende des Mittelalters. Guardini steht nicht ohne
Grund der Reformation verständnislos gegenüber, der er einen
zügellosen Subjektivismus unterstellt. Die Reformatoren setzten seiner Meinung nach die Einheit der Kirche leichtfertig
aufs Spiel, weil sie Überzeugungstreue «mit dem trotzigen Be-
harren auf dem eigenen Willen» verwechselten und der von
Gott gesetzten «Trägerin der Wahrheit» den Gehorsam ver-
weigerten.[63] Wo dieser blinde Gehorsam hinführt, zeigt die
jüngste deutsche Vergangenheit.

ERICH
PRZYWARA

Przywara* war in der Zwischenkriegszeit wohl der – neben Guardini – am meisten beachtete katholische Theologe des deutschen Sprachbereichs.[1]** Hans Urs von Balthasar meint sogar, sein «ungeheurer theologischer Auftrag – an Tiefgang und Breite mit keinem andern dieser Zeit vergleichbar – hätte das entscheidende Heilmittel für unser christliches Denken heute werden können». Doch «die Zeit hat den leichteren Weg gewählt, sich nicht mit ihm auseinanderzusetzen».[2] Seine Genialität war kleinen Geistern unheimlich, die ihre Inferioritätskomplexe mit Spott kompensierten. Einige theologische Schrebergärtner und Häuslebauer, die ihm auf seinem schwin-

---

* ausgesprochen: Pschüwahra
** Die hochgestellten Ziffern verweisen auf die «Anmerkungen und Literaturhinweise» im Anhang, siehe Seite 298.

delerregenden Grat nicht folgen konnten, erklärten ihn kurzerhand für verrückt. Man war nicht wenig überrascht, als Papst Johannes Paul II. bei seinem Deutschlandbesuch 1980 in Altötting in seiner Ansprache vor den deutschen Theologieprofessoren Guardini und Przywara als die zwei deutschen Gegenwartstheologen bezeichnete, die Theologie und Leben der katholischen Kirche geprägt hätten. Er nannte sie in einer Reihe mit vier anderen bahnbrechenden deutschen Theologen der Vergangenheit: Albertus Magnus, Nikolaus von Kues, Johann Adam Möhler und Matthias Scheeben.[3]

Kurz einige Daten und Fakten seiner Vita. Der 1889 in Kattowitz (Oberschlesien) geborene Erich Przywara trat mit achtzehn Jahren in den Jesuitenorden ein. Er promovierte zum Doktor der Philosophie und Theologie und entfaltete dann von München aus, wo er zwanzig Jahre in der Redaktion der Zeitschrift «Stimmen der Zeit» mitarbeitete, eine umfassende Vortragstätigkeit. Aber auch durch seine Schriften fand er ein weltweites Echo, insgesamt 800 Titel, darunter rund 50 Bücher. Als Beispiel dafür, welches Gewicht seine Stimme in der Zwischenkriegszeit hatte, sei der Internationale Philosophenkongreß 1934 in Prag genannt, wo er ein Hauptreferat über das Thema «Religion und Philosophie» hielt, das auch Andersdenkende stark beeindruckt hat. Przywara empfing entscheidende Impulse von Augustinus, aber auch von Thomas von Aquin und John Henry Newman, dessen Gedankengut er seiner Generation neu erschlossen hat. Hinzu kommen Einflüsse von Kant, Hegel, Nietzsche und Kierkegaard, um die die damalige katholische Schultheologie eine Bannmeile gelegt hatte. Als erster katholischer Theologe seiner Zeit beschäftigte er sich intensiv mit Karl Barths Dialektischer Theologie. Auf philosophischem Gebiet ließ er sich auf einen offenen Dialog mit Edmund Husserl, Max Scheler, Martin Heidegger und Martin Buber ein – was ihm natürlich Ultrakonservative verübelten.[4] Der Argwohn wuchs durch seine unbefangene Auseinandersetzung mit Luther, dem er sich vor allem in der Kriegskatastrophe zuwandte.[5] Przywara hat nicht nur namhafte Theologen wie Hans Urs von Balthasar und Karl Rahner, die seine Schüler waren, geprägt, sondern auch so bedeutende Gestalten

wie die Philosophin Edith Stein, die Dichterin Gertrud von Le
Fort und den Schriftsteller Reinhold Schneider, mit dem ihn
eine enge Freundschaft verband.

Seit Mitte der dreißiger Jahre umdüsterte Przywara ein
schweres Leiden.[6] Sein Gesundheitszustand zwang ihn, seit
1951 in Hagen bei Murnau als Einsiedler zu leben, wo er 1972
starb.[7] Im Zweiten Weltkrieg schlug noch einmal seine
Stunde, wo er in dem immer mehr unter dem Bombenhagel in
Schutt und Asche versinkenden München im Auftrag von
Kardinal Faulhaber mehrere Vorträge hielt. Wie ein alttesta-
mentlicher Prophet predigte er über den Trümmern der alten
Welt von Umbruch und Erneuerung. Doch seine Zeit hatte die
Chance des Nullpunkts 1945 nicht genützt. Er wurde – wie es
der Propheten Art ist – totgeschwiegen und wie ein «outcast»
behandelt.[8] Der typisch katholische Konflikt zwischen Liebe
zur Kirche und Treue zum Gewissen hat ihn zerrieben.[9]

Theologie auf der Suche nach ihren Wurzeln

Przywara war sich oft selber im Weg durch seine ungestüme
Rhetorik, die mitunter einen Stich ins Groteske bekommt.
Ganz im Unterschied zu dem abgeklärten Guardini glüht in
ihm die Leidenschaft eines Vulkans. Sein vulkanischer Stil übt
noch heute einen verwirrenden Reiz aus. Viele, die sich an der
trocken-dürren Amtssprache der Kirche und am öden Unisono der Neuscholastik abgehört hatten, waren von der glü-
henden Lava seiner Sprache fasziniert; andere, die ihren mystischen Qualm nicht vertrugen, fühlten sich abgestoßen. Doch
Przywara zielt mit seinem expressionistischen Stil nicht auf ein
ästhetisches l'art pour l'art, wie man ihm unterstellte. Es geht
um die Sache, um den Ausbruch der katholischen Kirche aus
provinzieller Enge, um die Befreiung eines geistig inferioren
Katholizismus aus dem muffigen Traditionalismus, in den er
durch die antimodernistischen Maßnahmen Pius X. geraten
war. Dabei ist Przywara so wenig Modernist wie Romano Guardini, Karl Adam, Odo Casel und andere von der «Generation des Durchbruchs». Er sah seine Aufgabe nicht darin, das

Alte dem Neuen anzupassen. Es ging – gerade umgekehrt –
um die Wiederentdeckung des Alten; er wollte den Schutt der
Traditionen wegräumen, damit das alte Fundament wieder
zum Vorschein kommt: das biblische Urzeugnis christlichen
Glaubens. Oder besser gesagt: Jesus Christus, von dem Paulus
sagt, er sei das einzige «Fundament», das trägt (1. Kor. 3, 11).

Das Verstummen vor dem Unsagbaren

Przywara ist von diesem christozentrischen Ansatz her Dialek-
tiker. Noch viel radikaler als Guardini denkt er in Gegen-Sätzen. Wir haben demnach nur Bruchstücke von Wahrheit in der
Hand, die ganze Wahrheit ist ein Geheimnis, Wahrheit kann
nur im Ja und Nein von These und Antithese beschrieben werden, die Synthese bleibt verborgen. Das für Przywara typische
Schwarzweißdenken löst das vielstufige Grau der neuscholastischen Theologie ab, die durch ihre Additionskünste Wahrheit zum verfügbaren Besitz machte. An die Stelle ihrer Beweisketten tritt bei Przywara die Paradoxie, an die Stelle feiger
Absicherung das Wagnis des Glaubens, an die Stelle der Dogmen aus der Gefriertruhe die flammende Lava des Alles oder
Nichts. Widersprüche statt Sprüche! Theologie wird wieder –
echt augustinisch – als Kapitulation der Sprache vor dem
Sprachlosen verstanden.

Dabei geht es Przywara im Grunde nur um einen einzigen
Gegen-Satz, der durch alle anderen Gegen-Sätze durchschlägt:
«Gott ist in uns *und* über uns.» Mit anderen Worten: Der
Schöpfer ist der Schöpfung bei aller Ähnlichkeit zutiefst un-
ähnlich. Przywara hat diesen Tatbestand mit dem Begriff
«Analogia entis» (= Entsprechung des Seins Gottes und der
Welt) umschrieben. Die «Analogia entis» ist für ihn «Grund-
form» katholischen Denkens, während sie Karl Barth als die
«Erfindung des Antichrists» bezeichnete. Doch Barths Vorwurf trifft an der «Analogia entis» vorbei, die nicht – wie er
meint – Gott verfügbar machen, sondern umgekehrt Wache
vor der Tür seiner Unverfügbarkeit sein will. Die ein Defizit,
nicht einen Besitz, umschreiben will. Das Gegensatzdenken

Przywaras soll nun am Exempel seines Gottes- und Christus-
verständnisses konkretisiert werden.

Gott ist immer noch größer

Przywara legt – ganz unkatholisch – den ganzen Akzent auf die
Unfaßlichkeit und Andersartigkeit Gottes. Er tut das wohl im
Gegenschlag zum Rationalismus neuscholastischer Gottesbeweise, der von einer «sicheren» natürlichen Gotteserkenntnis
aller Menschen ausgeht (Vatikanum I von 1870).[10] Für «gesund
denkende Menschen» ist Gott nach dem Neuscholastiker
Bernhard Kälin eine Selbstverständlichkeit und der Atheismus
entsprechend eine «Krankheit».[11] Für Przywara ist Gott – umgekehrt – das Unselbstverständliche schlechthin. Ein Geheimnis, das an der Grenze des Sagbaren liegt, kein zwingender
Beweisschluß, der rasch und bequem zu haben ist. Schlüssel-
satz der Gotteslehre Przywaras ist daher sein Satz «Deus sem-
per Maior», zu deutsch «Gott ist immer noch größer». Eine
Formel, die dasselbe meint wie sein «Analogia entis»–Prinzip,
nämlich: Gott ist immer noch größer als alle Begriffe, mit denen wir ihn umschreiben. Als das unverfügbare Geheimnis
läßt er alle Begriffe hinter sich. Mit dem Analogiebegriff des
Vierten Laterankonzils (1215) meint Przywara: zwischen
«Schöpfer und Geschöpf kann» keine noch so große «Ähnlichkeit» ausgesagt werden, die nicht eine «je immer größere Un-
ähnlichkeit» einschlösse.[12] Im Anschluß an Augustinus und
die neuplatonische Mystik vertritt Przywara eine «negative
Theologie» («theologia negativa»), wonach «ich nur sagen
kann, was Gott nicht ist», nicht, was er ist.[13] «Wenn du ihn
begriffen hast, so ist es nicht Gott» («Si comprehendis, non est
Deus», Augustinus), wie Przywara nimmer müde wird zu betonen. «Es ist die Stunde, in der das ... Wort Nietzsches erfüllt
scheint: Gott ist tot!» Der Gott, den man «berechnen» wollte,
ist in der Tat tot[14], während der unberechenbare auf Schritt
und Tritt begegnet.

Entsprechend entfaltet Przywara alle Motive seiner Gotteslehre an dem einen großen Gegen-Satz: «Gott ist in uns *und*

über uns», er ist weder *nur* in uns noch *nur* über uns; mit Worten des theologischen Fachjargons: er ist weder reine Immanenz* noch reine Transzendenz**, sondern beides in einem. Der Satz hat (im einzelnen) folgenden Sinn: Gott ist «in den Geschöpfen und darum Liebe», er ist zugleich «über den Geschöpfen und darum Furcht».[15] Er ist «uns näher als wir uns selbst» und «wieder uns ferner als alles Ferne». Jedes «Finden» Gottes wird «Beginn neuen Suchens». «Sein seliges Inne-Sein ist die Erfahrung seines unendlichen Über-Seins.»[16] Mit anderen Worten: Er ist der «Gott, der grundlos zürnt und grundlos liebt», der aber «darum losbricht in seinem Zorn, weil es Werben seiner Liebe ist». Mag uns Gott auch «erscheinen als der stumme Gott, der schweigende Gott, der völlig verstummte, ja ausgestorbene Gott ... Gott, der seine Welt verlassen zu haben scheint. Gott, der nicht mehr einzugreifen scheint. Gott, der keine Macht zu haben scheint.» «Wir spüren dann doch, was hinter diesem schweigenden Gott steht, hinter diesem verstummten Gott ... Ein Schweigen vor einem unendlich großen, unendlich mächtigen Einbruch. Gott, der gleichsam anhält, um ein großes, neues Wort in seine Schöpfung ... hineinzusprechen.»[17]

So von Gott zu reden, war in der neuscholastischen katholischen Normaltheologie neu mit ihren wohltemperierten Beweisschlüssen: Gott sei der erste unbewegte Beweger der Welt, ihre erste unverursachte Ursache, auf die die anderen Ursachen in ihr, die ihrerseits ja alle wieder durch Ursachen verursacht werden, wie logisch zurückzuführen sind, der überweltliche Ordner, auf den von der Ordnung in der Welt zwingend zurückgeschlossen werden muß. Der heutige Mensch konnte sich in seinen Erfahrungen nicht wiedererkennen in dem Gott der Neuscholastik, deren Beweisketten die tiefe Abgründigkeit der Gottesfrage nicht entfernt ausloten konnten. Anders die paradoxe Gotteslehre Przywaras, deren Gegen-Sätze die Gegensätze artikulieren, zwischen denen der moderne Mensch hin und her gerissen ist. Die Schultheologie konnte ihm keine

---

  * Innerweltlichkeit (Gottes)
 ** Überweltlichkeit (Gottes)

Antwort geben auf die Urerfahrung, einem grausamen, stummen Folterknecht, genannt Schicksal, ausgeliefert zu sein – «der grauen Mieze, die mit unserem Erdball spielt» (Martin Walser).

Die Ähnlichkeit mit dem Gegensatzdenker Luther fällt auf, der die Wirklichkeit mit dem Gegen-Satz von Gesetz und Evangelium zu deuten versuchte (vgl. Fußnote S. 34). Doch bei Luther ist die Transzendenz Gottes das Vorletzte, das wir über Gott zu sagen haben, nicht das Letzte, wie bei Przywara. Przywara meint, gerade durch die Immanenz Gottes soll nichts als seine Transzendenz verdeutlicht werden. Selbst die «höchste Immanenz» Gottes in Brot und Wein des Abendmahls ist für ihn «nur der erschreckendste Ausdruck seiner Unsichtbarkeit und Unbegreiflichkeit».[18] Gott wird gewiß sichtbar in Jesus Christus. Aber diese «Sichtbarkeit» Gottes ist so «verwirrend» – «Bettlerkind in der Krippe» und das Ende «am Verbrecher-Kreuz» –, daß sie die Unsichtbarkeit Gottes eher noch steigert.[19]

Die Beugung unter die Unbegreiflichkeit Gottes scheint das letzte Wort der Gotteslehre Przywaras zu sein. Man ist an Franz Kafkas Erzählung «Vor dem Gesetz» erinnert: Ein Mann bittet um Eintritt ins Gesetz. Der Türhüter verwehrt ihm den Eintritt mit den Worten: «Ich bin mächtig. Und ich bin nur der unterste Türhüter. Von Saal zu Saal stehen aber Türhüter, einer mächtiger als der andere. Schon den Anblick des dritten kann nicht einmal ich ertragen.» Der Mann wartet jahrelang, ohne eingelassen zu werden, bis der Eingang schließlich geschlossen wird.

Doch die folgenden zwei Abschnitte zeigen, daß Kafkas Gleichnis Przywaras Gotteslehre unzureichend umschreibt.

Gott als persönliches Du

Der persönliche Gott der Bibel sucht nach Przywara seinesgleichen in anderen Religionen und in der griechischen Philosophie.[20] Im Katholizismus ungewöhnlich war seine Kritik an der griechischen Philosophie und vor allem an Aristoteles, auf dessen Denkvoraussetzungen die scholastische Theologie seit dem Mittelalter basiert. Przywara hat Aristoteles im Visier, wenn er vom christlichen Gott schreibt, er sei kein «kühlseliger Denkergott» und keine «erhabene Zweckursache des nach ewigen Gesetzen ewig bewegten Alls», in das der Mensch als «Glied» «rettungslos» hineinverzahnt ist, sondern «der Gott feurigen Eifers und schenkender Liebe bis zur Selbsthingabe», «der gute Hirte, der persönlich hinabsteigt bis in die Dornen und Disteln hinein» und «das eine einzelne Lamm aus hundert, das ihm persönlich teuer ist», sucht (Luk. 15,3 ff). Przywara fährt – mit Spitze auch gegen Plato – fort, dieser Gott sei kein «Gott, dessen allein sichtbares Antlitz das logische Gefüge der Allgemeinideen ist» und vor dem der Mensch «keinen anderen Wert hat als den einer sinnenhaften, vergänglichen Teilverwirklichung einer dieser Ideen», sondern er ist «alles-sprengende Persönlichkeit». Der christliche Gott offenbart sich als Vater, Sohn und Geist und nimmt ein Menschenantlitz an. Er wurde Mensch, um dem Menschen von Mensch zu Mensch zu begegnen[21] – als «persönliches Du»[22]. In der Bibel sind Gott und Mensch auf «Du». «Gewiß, auch Platon spricht von einem Vater der Welt, indische, chinesische und islamische Weisheit und Mystik kennen einen ‹Gott in mir› und spüren eine Ahnung von väterlicher Güte im Urgrund der Welt.» Aber wie weit steht das ab von «der Glut und Gewalt persönlicher Zwiesprache der Psalmen, des Hiobbuches, des Hohen Liedes», und wie verblaßt das alles vor der «Erscheinung der ... Menschlichkeit» Gottes in Jesus Christus?[23]

Przywara fragt: «Ist nicht die gesamte neuzeitliche Geistesperiode nur Ausbau» der «zentralchristlichen Wertung des Einzelindividuums ...»? Doch – er meint – der auf Luther zurückgehende neuzeitliche Individualismus überschlug sich im Idealismus und schlug so um in einen Kollektivismus – wie der Marxismus zeigt. Der «Aufstand der Person» endete so mit dem «Selbstmord der Person». Die Vergötzung der Person führte zu ihrer Vernichtung.[24]

Gott tauscht mit dem Menschen

Nicht genug, daß Gott Partner des Menschen wird, er tauscht
mit ihm. Im Gekreuzigten. Die «scheinbar sich widerspre-
chenden Gegensätze ... im Bilde Gottes» «kreuzen sich» im
«Kreuz» Christi. «Gott der Allmächtige, der in Christo Ohnmacht ist; Gott der Allweise, der in Christo Narrheit ist; Gott
der Allheilige, der in Christo Aussatz der Sünde ist; Gott der
Allselige, der in Christo Fluch der Gottverlorenheit ist; Gott
die Allfülle, die in Christo das Nichts und Leer und Umsonst
ist, ... Gott die Glorie, die in Christo Schande ist.»[25] Oder
mit Paulus gesagt: «Er, der reich war, wurde um euretwillen
arm, damit ihr durch seine Armut reich werdet» (2. Kor. 8,9).
Dieser Gott, der unsere Not zu seiner Not macht und der mit
uns tauscht, ist ohne Analogien in nichtchristlichen Religionen. Die altchristliche Liturgie der Weihnachtszeit nennt dieses «christliche Grundgeheimnis» «admirabile commer-
cium», «staunenerregender Austausch». Es geht um Gottes
«Austausch auf dem Sklavenmarkt», wo er den Menschen
aus der Sklaverei loskauft und selber ein Sklave wird[26]
(Phil. 2,6).

Auch in seiner Christologie treibt Przywara sein Denken in
die abgründigste Paradoxie vor. Mit Luther und Newman
wagt er es auf einen Gott, der seine Allmacht unter der Ohnmacht verbirgt, der seine Herrlichkeit unter der Unscheinbar-
keit versteckt: «Die erschreckende Zufälligkeit des Erschei-
nens Christi, stammend aus einem Volk, das in keiner Welt-
chronik eine Rolle spielt», «stammend von einer ganz unbekannten zufälligen Jungfrau aus Nazareth, dem ganz zufälligen
Bergwinkel im unbekannten judäischen Gebirge, geboren in
einer mehr als zufälligen Viehkrippe außerhalb Bethlehems,
des winzigen Vorstädtchens des selber kaum bedeutenden Jerusalem – sein Leben und Sterben so zufällig, daß es Mühe
macht, bei den großen Geschichtsschreibern der Zeit auch
nur eine kümmerliche Andeutung dieser Ereignisse zu finden ...»[27] Mit Reinhold Schneider ist Przywara der Meinung,
daß das Christentum seiner Zeit das «Kreuz» verraten hat in
«Vorwegnahme der Glorie».[28] Przywara denkt in erster Linie

an den Triumphalismus seiner Kirche, deren Prunk, Pomp und politischer Machtanspruch ihm zeitlebens eine Anfechtung waren. Przywara fordert einen «rein-religiösen Katholizismus». Im Unterschied zum politischen Katholizismus soll er «Kirche» der «armen Machtlosigkeit» sein, die «im leeren Raum» schwebt mit dem Gekreuzigten.[29]

Ja und Nein zur Reformation

Przywara war der erste katholische Theologe, der unbefangen an Luthers Theologie anknüpfte und sich sachlich und vorurteilslos mit ihr auseinandersetzte – sieht man von Johannes Hessen und Josef Lortz ab, von denen vielleicht ähnliches gelten mag. Vieles von Luther griff er auf wie seine Kreuzestheologie und seine Tauschchristologie, von der eben die Rede war. Diese mutige Lutherrezeption war im Katholizismus seiner Zeit ungewöhnlich, wo der Reformator häufig zum Unhold hochstilisiert wurde. Das katholische Lutherbild der ersten Hälfte des Jahrhunderts war von den Lutherbüchern Heinrich Denifles und Hartmann Grisars vorgeprägt. Der Dominikaner Denifle apostrophierte Luther als «Auswurf der Menschheit» («Luther, in dir ist nichts Göttliches!»). Nach dem Jesuiten Grisar war Luther Psychopath. Der Antimodernistenpapst Pius X. charakterisierte die Reformatoren in einer Enzyklika (1910) als «Feinde des Kreuzes Christi», «Menschen mit irdischer Gesinnung . . ., deren Gott der Bauch ist».

Przywara hat sich unter anderem in seinen Münchner Kriegsvorträgen aus dem Jahre 1943 intensiv mit Luther und der Reformation auseinandergesetzt. Luther war für ihn das «Kennwort» der damaligen «Weltgerichtsstunde» (Hans Urs von Balthasar).[30] Die Reformation ist nach Przywara in allen ihren vier Grundanliegen heute brandaktuell: «Sünde allein», «Gewissen allein», «Wort allein», «Christus allein»:

– *Sünde allein* oder *Gnade allein*. Dieses Grundmotiv der Reformation: der Mensch ist vor Gott Sünder und alleine auf seine Gnade angewiesen, war nach Przywara ein notwendiges «Korrektiv» gegenüber einer Kirche, die sich selbst idealisiert hat. Der Mensch kann sich nicht aus eigener Kraft aus dem Schraubstock des Bösen befreien. Nur eine Macht, die stärker ist als das Böse, kann das. Doch die Reformation geriet nach Przywara ins andere Extrem durch ihr angebliches «Nein zur Schöpfung».[31]

– *«Gewissen allein»*. Die Reformation hat die biblische «Unmittelbarkeit zwischen Gott und Seele» wiederentdeckt, zwischen die sich im Katholizismus die «Hierarchie» von Papst, Bischof und Priester geschoben hat. «Der lebendige Gott erscheint gebunden an die Ämterstufung eines himmlischen und irdischen Hofes, und der lebendige Mensch wird versachlicht zum Beamten innerhalb dieser gestuften Kurie.» Der Protestant lebt aus eigener Verantwortung, die ihm niemand abnehmen kann. Doch das reformatorische Gewissensprinzip, so Przywara, entartete in subjektivistische «Willkür». Institution wurde durch «Intuition» ersetzt.[32]

– *«Wort allein»*. Wort und Glaube sind die Engstelle in der Sanduhr, durch die nach reformatorischem Verständnis alles hindurch muß. Die Antwort des Menschen auf das Wort Gottes im Glauben, die Entscheidung ist demnach Kern und Stern des Gottesverhältnisses. Nach Przywara ein «Korrektiv» gegenüber dem Katholizismus, in dem das «Wort» durch das «Ding» verdrängt wurde. Doch auch hier schoß – so Przywara – die Reformation übers Ziel hinaus, wenn man bedenkt, wie sehr sie eh und je von einem leibfeindlichen «Spiritualismus» bedroht wurde, in dem der Geist das Ding ausschließt.[33]

– *«Christus allein»*. Die Reformation rückte Christus in die Mitte des Christentums, während im Katholizismus die Kirche selber sich in die Mitte rückte und in Vergessenheit geriet, daß die Kirche «Leib Christi» ist. Die «Christozentrik» der Reformation ist Korrektiv gegenüber einer Kirche, die zu einer «verweltlichten Kooperation» und zu einem «juridischen Gebilde» entartet war. Przywara beschwört Protestanten und Katholiken, angesichts der Kriegskatastrophe zusammenzurücken. «Reformatorische Innerlichkeit» und «katholische Autorität», «reformatorische Bewegung» und «katholische Ordnung» gehören zusammen. Bewegung und Ordnung schließen sich nach Przywara nicht aus, sondern gerade ein.[34] «Man muß weggehen können, und doch sein wie ein Baum» (Hilde Domin).

Fazit

Hans Urs von Balthasar schreibt zu Recht: «Przywaras Gesamtwerk läßt sich nicht einordnen, man wird damit nicht fertig, und so haben die meisten den Weg gewählt, es zu ignorieren.»[35] Vielen wurde es mulmig in der beängstigenden Fallhöhe seiner Theologie. Ihre mühselige Klettertour wurde nicht mit dem panoramatischen Ausblick belohnt, den sie erwarteten, sondern sie führte zu immer tieferen und dunkleren Abgründen. Alle Wege seiner Theologie enden bei dem «Ur-Rätsel aller Rätsel»: bei Gott.[36] Oder in einem anderen Bild gesagt: Seine Theologie gleicht einem tiefen See mit kleiner Oberfläche. Alle seine Gedanken kreisen um die dunkle Geheimnistiefe: Gott. Der Gott Przywaras ist – um mit Rilke zu reden – «der dunkle Unbewußte», nicht – wie der Spießbürgerjehova – ein harmloser Aufheller grauer Stunden. Glaube heißt, sich über Abgründen gehalten wissen. «Credo.* Ich glaube. Nicht: ich errechne.»[37] Ein Spießbürger, der auf Nummer Sicher gehen will und nichts wagt, kann kein Christ sein. Der Glaube ist kein Bunker, sondern eine Leiter, die man mit dem Höhersteigen wegwirft. Er ist keine Versicherungspolice, sondern ein Wagnis ins Dunkle hinein. Reinhold Schneider sagte einmal zutreffend, Przywaras Christentum «jubelt in der Finsternis». Es geht um das abgründige Paradox, daß Gottes Gerechtigkeit durch seine Barmherzigkeit gefesselt ist (Charles Péguy). Doch Przywara war nicht ins Dunkel verliebt, wie ein Kritiker ihm unterstellte. Der Gott der Bibel ist nur im Dunkel seiner Unbegreiflichkeit zu erkennen.

Die Neuscholastik konnte ja auch von der Unbegreiflichkeit Gottes reden – aber eben beiher und «unter ferner liefen». Der Gottesbegriff wurde auf ein menschlich erträgliches Maß heruntergeschraubt. Mit flächendeckenden Prinzipien wurde so-

* lat. ich glaube, das erste Wort des Glaubensbekenntnisses

zusagen das Terrain vermessen. Es gab keine weißen Flecken
mehr auf der Landkarte. Es ist das Verdienst Przywaras, «alle
vermeintlichen Absolutformeln ... wie Spielzeug zerbrochen» [38] und die Theologie in ihr Geheimnis zurückgeführt zu
haben («reductio in mysterium»).[39] Die Neuscholastik hatte
das Geheimnis an die Routine verraten. Die neuscholastischen
Dogmatik-Handbücher gehen ganz in der Sorge auf, die Dogmen zu sortieren, zu katalogisieren und mit Beweisstellen aus
Bibel, Tradition und Lehramt zu untermauern. Gott steht sozusagen unter Sachenrecht. Anders Przywara, der im Anschluß an Augustinus, Dionysius von Areopagita und die
deutsche Mystik in Gott «das Überbegreifliche, das Geheimnis schlechthin» erblickt.[40]

Er hat dadurch auf einen Aspekt biblischen Gottesverständ-
nisses hingewiesen, der in der konservativen wie in der progressiven Theologie unserer Zeit abhanden gekommen zu sein
scheint. Ein Theologe, der häufig mit der Korrektur von Ex-
amenspredigten befaßt ist, meinte jüngst: unsere Predigten
enthalten häufig «ein schier unerträgliches Liebesgesäusel».
«Die Verkündigung der Liebe Gottes» sei aber irrelevant ohne
die Erfahrung «der dunklen, harten und unverständlichen
Seite Gottes».[41] Ohne die Erfahrung der Unbegreiflichkeit
Gottes hört seine Liebe auf, das unfaßliche Wunder zu sein, das
sie ist, und sie verkommt zur trivialen Selbstverständlichkeit.

Ähnliches gilt für die heutige Zeit überhaupt, der die Ge-
heimnisdimension verlorengegangen ist. Der heutige Mensch
ist überinformiert und unwissend zugleich. Gottfried Benn
apostrophierte ihn als «intellektuellen Schimpansen». In unserer alleserrechnenden Computerwelt ist kein Raum mehr für
Geheimnisse, ebensowenig in der vorgestanzten Platitüden-
sprache unserer Massenmedien.

Hat die Geheimnistheologie Przywaras überhaupt eine
Chance inmitten dieses flachen Aufklärichts? Oder man müßte
noch anders und noch kritischer fragen: Hat er sein Muster, in
Gegensätzen zu denken, nicht häufig überanstrengt? Manches
klingt gewaltsam, nicht gewaltig. Die beiden Enden, die zu-
sammengebogen werden, schnellen nicht selten wieder aus-
einander.

Eine viel wichtigere Rückfrage wäre die: Kann der entzauberte technische Mensch unserer Zeit den Enthusiasmus Przywaras noch nachvollziehen? Kann er etwa – um ein Beispiel zu bringen – mit folgendem Text von Przywara etwas anfangen? «In der gesättigten Fülle des Sommers, in dem schweren Duft des Reifens der Frucht, im Schweigen gebändigter Unendlichkeit – was da zuletzt spricht in dieser unsagbaren Mittagsstille – ist's nicht wie ... Schweigen eines Ewigen Mittags, Gottes, der Fülle ist, die strömt und sich nie verströmt ... und, im Gegensatz zu Lenz und Sommer, in der herben, kühlen Einsamkeit des Herbstes, dieser fast leiblosen Weltenthobenheit und Weltgelöstheit, in verschwimmenden Fernen, geisterhaftem Nebelgehänge, müdem Verbluten, lautlosem Sterben, wesenlosen Schleiern – was hier zuletzt an unsere Seele rührt, ist's nicht wie Gottes kühle Geist-Einsamkeit von Ewigkeit zu Ewigkeit ...?»[42]

Der Überschwang Przywaras erinnert mich an ein Erlebnis in meiner damaligen unterfränkischen Kirchengemeinde. Es war Heiliger Abend 1973. Der Vikar hatte wochenlang für den Weihnachtskindergottesdienst, den er zu halten hatte, leere Marmeladengläser gesammelt. Er verteilte im Gottesdienst an die über hundert Kinder die Gläser, in denen Kerzen steckten, die vor dem Schlußsegen entzündet wurden. Er bat sie, die brennende Kerze in der Dunkelheit mit nach Hause zu nehmen als Symbol für das Licht Christi, das im Dunkel unserer Zeit leuchtet und Liebe in unsere kalte Welt bringt. Kaum hatten die Kinder die Kirche verlassen, pusteten sie das Licht aus und warfen die Gläser weg. Waren ihnen die Geschenke, die zu Hause auf sie warteten, wichtiger als die Kerze? Oder wäre ihnen ein Glas voll Marmelade lieber gewesen als die Kerze? War ihnen das Symbol zu tief und zu sublim? Oder wollten sie den Vikar ganz einfach ärgern?

Der Querdenker Erich Przywara hat seine «Theologie der Liebe» (H. U. v. Balthasar) mit der Unbeirrbarkeit des Propheten verfochten. Liebe, die nicht paradox ist, ist keine Liebe. Nicht umsonst heißt es in dem Sprichwort: «Amantes amentes» – «Liebende sind verrückt». Gott, der am Kreuz ein Narr aus Liebe wird, ist nicht jedermanns Sache. Przywara wollte

die Menschen seiner Zeit dazu ermutigen, sich auf das Abenteuer dieser Liebe einzulassen und alle Marmeladengläser der
Vorsorglichkeit fahrenzulassen. Vielleicht haben doch zwei
der hundert Kinder nach jenem Weihnachtsgottesdienst ihr
Licht nicht ausgepustet.

HENRI
DE LUBAC

Lebendig ist nur, was Wurzeln geschlagen hat

Hans Urs von Balthasar schreibt über das Werk seines Lehrers: «Wer vor den rund vierzig Bänden Henri de Lubacs steht mit ihren weit über zehntausend Seiten und darin Hunderttausenden von Stellenangaben, fühlt sich, auch wenn er die zahlreichen Artikel und anderen kleineren Arbeiten liegenläßt, wie am Eingang eines Urwalds.»[1]* Doch wenn man das Terrain erkundet, bemerkt man Schneisen, die von ihm durch diesen Urwald geschlagen wurden. Alle Linien seiner Theologie laufen im Grunde auf einen Punkt zu: auf die Einheit von Natur und Übernatur, die in der Neuscholastik auseinandergerissen

---

* Die hochgestellten Ziffern verweisen auf die «Anmerkungen und Literaturhinweise» im Anhang, siehe Seite 298.

oder beziehungslos nebeneinander gestellt wurden. Henri de Lubac konstatiert einen inneren Zusammenhang zwischen dem Natürlichen und dem Übernatürlichen. Die Übernatur ist kein äußerlich aufgesetzter Überbau, der auch wegfallen kann, ohne daß sich an der Natur etwas ändert. Die Natur weist selber über sich hinaus auf ein übernatürliches Ziel, das ihr erst die Sinnerfüllung schenkt, die sie aus sich nicht erreicht. Sie kann sich das letzte Glück, das sie ersehnt, nicht selber beschaffen, allenfalls vorletztes Glück. Die Übernatur ist nicht äußerer Zwang, sondern innerer Drang der Natur; Glaube nicht Jenseitsdressur, sondern Diesseitshoffnung. Der Christ kann ja nicht zweigleisig leben, im Berufsleben im Neonlicht der Vernunft, in der Kirche im Halbdunkel des Glaubens, im Alltag nüchtern, am Sonntag überschwenglich, als Mensch glücklich, als Christ selig, hier natürlich, dort unnatürlich. Der Glaube ist kein Überstieg vom Gewußten ins Geglaubte. Der Glaube ist selber das Wissen darum, daß der Mensch sich nicht selbst verdankt und daß er sich sein letztes Ziel nicht selber geben kann. Der Glaube bringt so – gerade umgekehrt – Licht in den dunklen Alltag und macht erst seine Sinnlinien sichtbar. Der Glaube macht den Menschen nicht schizophren, sondern schenkt ihm umgekehrt seine Identität. Der Glaube ist kein auf das Parterre der Natur aufgesetztes Obergeschoß der Gnade, sondern ihr innerster Beweggrund. Er ist etwas Gewachsenes, nicht etwas Gebautes. «Lebendig ist nur, was Wurzeln geschlagen hat.»[2]

Zu dieser Einheitsschau wurde Henri de Lubac vor allem durch den Naturwissenschaftler Pierre Teilhard de Chardin, aber auch durch den Philosophen Maurice Blondel inspiriert. Nach Teilhard ist Gott «das Herz von allem» – keine Übernatur, er ist «der letzte Punkt, auf den alle Wirklichkeiten zusammenlaufen», keine Überwirklichkeit. Teilhard wollte den kirchlich verpönten Darwinismus «taufen». Die Welt entmaterialisiert, vergeistigt und verdichtet sich mehr und mehr in der Evolution, bis sie in Gott ihren Schlußpunkt erreicht. Gott ist keine Überwelt und Hinterwelt, sondern die Mitte der Welt und der Evolutor der Evolution. In der Philosophie war es insbesondere der Dynamismus Blondels (und Josef Maréchals), der das Denken Lubacs geprägt hat. Leitbegriff der Lebensphilosophie* Blondels ist der Terminus «action» = die drängende Kraft. Überall in der Wirklichkeit drängt das Leben vorwärts zum Besseren und ist sich selbst immer schon voraus. Es gibt keinen Stillstand, weil nichts vollkommen ist. Alles bewegt sich unaufhaltsam auf Gott zu. Wirklichkeit wird bei Blondel – wie bei Teilhard – dynamisch, nicht statisch verstanden – wie in der Neuscholastik.

Aktion, nicht Reaktion

Ein rastlos vorwärts drängender Dynamismus charakterisiert auch das Denken Lubacs. Er denkt dialektisch, in These und Antithese – ähnlich wie Guardini und Przywara. Er zählt entsprechend zu den Universalisten, den Vertretern eines offenen Katholizismus, der das moderne Denken und die heutige Kultur mit einbezieht. Den Gegensatz bildet der Integralismus, der allein an der Integrität der traditionellen Dogmen interessiert ist und sich ängstlich gegen die Moderne abschottet. Lubac ist *Voraus*denker, nicht *Nach*denker. Er gehört mit Marie-Dom-Chenu, Yves Congar und anderen zur Vorhut des Vatikanum II und zur «Generation des Umbruchs» im französischen Katholizismus. Dabei versteckt sich das Neue im *Alten*, wie die unzähligen Kirchenväterzitate zeigen, die er als Eideshelfer für seine Thesen bemüht. Dieses Polster von Traditionszeugen konnte freilich den Konflikt mit der Kirche nicht abfedern, wie es Lubac beabsichtigte. Er spricht ironisch von «Archäologie». Doch es ging um mehr als um Taktik, Lubac erstrebte ähnlich wie Guardini, Przywara und andere eine Erneuerung aus dem Ursprung des Christentums: aus der Heiligen Schrift und aus der Tradition der alten Kirche. Ein anpassungsschlauer Modernismus war dem unbestechlichen Denker fremd. «Lebendig ist nur, was Wurzeln geschlagen hat.» Lebendig bleibt die

---

* Die Lebensphilosophie (Dilthey, Bergson, Simmel u. a.) richtet sich gegen das rationalistisch-statische, schematisch-mechanische Denken und betont das Irrationale, Erlebnismäßige, Dynamische, Einmalige.

Wahrheit freilich andererseits nur, wenn die Fenster des Treib-
hauses, in die sie der Integralismus eingesperrt hat, geöffnet
werden. Die vorurteilslose Offenheit Lubacs für nichtchristli-
ches Denken war im vorkonziliaren Katholizismus ungewöhnlich, wie sie etwa in seinem Buch über den französischen
Sozialisten Pierre Joseph Proudhon oder in seinen Arbeiten
über den Atheismus und Buddhismus zum Ausdruck kommt.
Die theologische Verarbeitung des Systems Teilhard de Char-
dins («La pensée religieuse du Père Teilhard de Chardin»), dem
es als Theologen und Naturwissenschaftler ebenso um diesen
Brückenschlag zwischen christlichem Glauben und modernem Denken geht, muß hier ebenfalls genannt werden. Er beruft sich mit seinem offenen Katholizismus auf das Wort des
Paulus «Ich bin allen alles geworden» (1. Kor. 9,22).[3]

Der Schmerz ist der Faden, aus dem
der Stoff der Freude gewoben ist

Wer war Henri de Lubac? Kurz einige Daten aus seiner Vita:
Der 1896 in Cambrai geborene Theologe trat 1913 in den Jesuitenorden ein, der sich damals infolge der ordensfeindlichen
französischen Gesetzgebung im Exil befand. Ein längerer
Englandaufenthalt wurde durch den Kriegsdienst, den Lubac
1915 bis 1918 wie alle französischen Kleriker leisten mußte,
unterbrochen. Er zog sich im Krieg eine schwere Kopfverlet-
zung zu, an der er sein Leben lang leiden mußte. Im Jesuitenorden lernte er seinen Ordensbruder Pierre Teilhard de Chardin
(1881–1955) kennen, mit dem er sich eng anfreundete und dessen System er gegen die Angriffe ultrakonservativer Theologen verteidigte. Teilhard wurde ein Opfer ihres Kesseltreibens
und kirchlicher Intrigen. Die Feinde seines Freundes wurden
seine Feinde.[4]

  1929 wurde Henri de Lubac Professor an der Theologischen
Fakultät in Lyon. 1938 erschien sein berühmtes Buch «Catholicisme. Les aspects sociaux du dogme», das eine Wende in der
katholischen Theologie markiert und «das Beste dessen, was
man heute ‹politische Theologie› nennt, vorausnimmt» (Her-

bert Vorgrimler).[5] Es war eine traurige Ironie, daß Lubac, der
von seiner Kirche so unbrüderlich behandelt wurde, in diesem
programmatischen Buch die Vision von der brüderlichen Kirche zeichnet. Im Krieg schloß sich Lubac der «Résistance» an
und geriet mehrfach in deutsche Haft.[6]

Die beiden nächsten Bücher schienen den Ketzerriechern
endlich die nötigen Angriffsflächen zu bieten, um ihn zu pak-
ken. Das 1944 erschienene Buch «Corpus Mysticum» wurde
dank ihrer denunziatorischen Verzeichnung verfolgt. Sie erreichten, daß es in den Buchhandlungen nicht mehr gekauft
werden konnte. Ein ähnliches Schicksal erlitt sein bekanntes
Buch «Surnaturel» vom Jahre 1946, eine historische Arbeit
über die Natur und Übernatur und ihre Einheit. Henri de Lubac ist den Intrigen und Machenschaften seiner Feinde nicht
gewachsen, die ihn mit allen Mitteln bekämpfen. Man versucht, ihm und seinen Freunden das Etikett «Neue Theologie»
(«Nouvelle Théologie») anzuhängen.[7] Das Reizklischee «Modernismus»* wird erneut ins Feld geführt.[8] Alles Schlagworte,
die lanciert werden, um das Denken Lubacs und seiner
Freunde zu diskreditieren. Dabei werden persönliche Aversio-
nen als Prinzipienstreit maskiert. Der Pfeil wird nicht nach
dem Gegner geschnitzt, sondern der Gegner nach dem Pfeil.
«Der liebenswürdige, bescheidene … de Lubac zog sich die
niederträchtigsten Angriffe zu, weil er – die Güte und Höf-
lichkeit in Person – der wehrloseste aller ‹Neuerer› war.»[9] Die
diffamierenden Gerüchte drangen bis zur Kurie durch und
veranlaßten Papst Pius XII. einzugreifen. Er verurteilte in der
Enzyklika «Humani generis» (1950) – wie schon informell vorher – die «Neuerer». «Humani generis» schlug wie ein «Blitz-
schlag»[10] im Leben Lubacs und seiner Freunde ein. «Übereif-
rige, dienstbeflissene und ängstliche Ordensobere glaubten im
Gefolge der Enzyklika, mit unmenschlichen Maßnahmen gegen einige ihrer Mitbrüder vorgehen zu dürfen.» «Der damalige Generalobere der Jesuiten, J. B. Janssen, der seine Be-
schränktheit u. a. schon im Fall Teilhards bewiesen hatte,

---

* Der «Modernismus» ist eine innerkatholische Reformbewegung um
die Jahrhundertwende, die von Pius X. ausgeschaltet wurde.

gab ... de Lubac die Anweisung, seine Vorlesungen einzu-
stellen» (Vorgrimler). Seine Bücher wurden aus den Biblio-
theken des Jesuitenordens entfernt und aus dem Handel gezogen. Er wurde aus Lyon ausgewiesen und von Ort zu Ort getrieben.[11] Doch nicht genug damit, sein Martyrium nimmt
kafkaeske Ausmaße an, wenn er schreibt: «Während all dieser
Jahre wurde ich niemals befragt ... Man teilte mir nie mit,
wessen ich angeklagt war, verlangte auch nie» eine «Absage».[12] Auf Rückfragen wurde ihm keine Antwort gegeben.
«Ein stummes Gemiedenwerden, das den fühlsamen Mann in
gänzliche Vereinsamung trieb.»[13] Die damaligen kirchlichen
Maßnahmen gegen die Dominikaner Chenu und Congar,
Freunde Lubacs, waren freilich ungleich brutaler.

Es spricht für Henri de Lubac, daß er sich nicht in der Pose
des Märtyrers gefiel und den Konflikt mit seiner Kirche – im
Unterschied zu anderen – nicht publizistisch vermarktet hat.
Die auftrumpfende Trutzgebärde des Rebellen stand ihm sowenig wie ein wehleidiges Lamento. Der bescheidene und
publicityscheue Ordensmann wählte den dritten Weg, stumm
an seiner und für seine Kirche zu leiden, die er über alles
liebte. Die ihm eigene Noblesse verbot ihm im Grunde jeden
anderen Weg. Bei der Lektüre seiner «Glaubensparadoxe»
(1944/1954) stieß ich auf die bemerkenswerten Sätze: «Der
Schmerz ist der Faden, aus dem der Stoff der Freude gewoben
ist.» «Nie wird ein Optimist die Freude kennen.»[14]

Sehr viel später und fast zu spät kam die Rehabilitation des
Verfemten. 1960 wählte ihn Papst Johannes XXIII. zum «Konsultor»* der vorbereitenden theologischen Konzilskom-
mission, und er wurde zu Beginn des Vatikanischen Konzils
sein «Peritus»**. Er arbeitete bei entscheidenden Texten des
Konzils mit und gehörte als «Konsultor» zu den nachkonziliaren Sekretariaten für die Nichtchristen und die Nichtglau-
benden. 1983 wurde dem ehedem Verfemten die Kardinals-
würde zuteil. Es ist eine Ironie der Geschichte, daß Lubac
nach dem Konzil von Progressisten in die konservative Ecke

---

  * Ratgeber
 ** Fachberater

abgedrängt und zur Abwechslung als Reaktionär abgestem-
pelt wurde.[15]

Im folgenden sollen einige Facetten seiner Theologie sichtbar gemacht werden, durch die sein Grundanliegen, die Einheit von Natur und Übernatur, exemplifiziert wird. Zunächst
muß aber dieses Grundanliegen selbst, das bereits oben mit
kurzen Strichen skizziert wurde, für Leser, die darüber ge-
nauere Informationen bekommen möchten, nochmals aus-
führlicher behandelt werden. Wer diesen Wunsch nicht hat,
möge den nächsten – etwas komplizierten – Abschnitt getrost
überblättern.

Die Natur zielt «von Natur» über sich hinaus[16]

Die Debatte um Natur und Übernatur, die Außenstehenden
wie ein fruchtloses Popengezänk erscheinen mag, rührt an ein
Grundproblem unserer säkularisierten Gesellschaft. Besteht
zwischen Natur und Übernatur Blutsverwandtschaft, Wahl-
verwandtschaft, Neutralität oder gar Feindschaft?

Die neuscholastische Barocktheologie stand – ähnlich wie
die lutherische Zwei-Reiche-Lehre* – in Gefahr, den natürlichen und den übernatürlich-religiösen Bereich in zwei verschiedenen Seinsschachteln unterzubringen, die nichts miteinander zu tun haben. Die beiden Bereiche verselbständigten
sich entsprechend gegenseitig in unserer Gesellschaft, wo
weithin Religion zur Privatsache und das öffentliche Leben religionslos geworden ist. Nach der neuscholastischen Barocktheologie ist die Natur ein in sich geschlossener Bereich,
dem der Bereich der Gnade oder Übernatur äußerlich überge-
stülpt wird. Der Natur wird die Annahme der Übernatur
durch ein äußeres Dekret Gottes befohlen, ohne daß sie zuinnerst nach ihr verlangt. Die Natur hat ein eigenes, rein natürliches Endziel, kein übernatürliches wie etwa bei Thomas von
Aquin, für den die Schau Gottes («visio beatifica») das Wesen

---

* Die Unterscheidung des Reiches der Welt und des Gottesreiches, von
Staat und Kirche

des Menschen ausmacht. Ähnlich konnte vor ihm Augustinus sagen: «Du hast uns zu Dir hin geschaffen, o Gott.» Anders die Neuscholastik, nach der die in sich abgerundete Natur intakt geblieben ist («natura pura»). Man wollte dadurch der Natur Grenzen gegenüber der Übernatur setzen (gegen Baius), sie aber andererseits auch in Schutz nehmen vor ihrer vermeintlichen Abqualifizierung im Protestantismus und Jansenismus*, als wäre sie durch die Sünde zerstört worden. Nach der Barocktheologie wird die Gnade der in sich autarken natürlichen Ordnung nur als Dreingabe («donum superadditum») dazugegeben, und sie erscheint fast wie eine überflüssige Dekoration der Natur.

Henri de Lubac protestiert gegen diese doppelte Buchführung. Auf ältere Traditionen zurückgreifend (die Kirchenväter Irenäus, Origenes, Augustinus u. a.), konstatiert Lubac: Auf die Natur wird keine ihr fremde Übernatur aufgesetzt, die Natur zielt *von sich aus* auf die Übernatur, auf etwas, was über die Natur hinausgeht, sie zielt nicht auf sich, sondern über sich hinaus auf etwas, das sie nicht ist und das für sie unerreichbar ist. Das Ziel kommt sozusagen zum Ausgangspunkt. Die Übernatur ist nicht das zweite Stockwerk über der Natur, sondern der Motor der Natur, der sie auf den Weg bringt, hin zu ihrer Selbstverwirklichung und ohne den sie auf der Strecke bleibt. Die Natur sehnt sich «von Natur» nach einer sie transzendierenden Erfüllung. Die Natur zielt «von Natur» auf die Gnade Gottes, die sie braucht, um vollendet zu werden. Religion ist keine «Flucht» oder «Desertion» aus der Welt (Simone de Beauvoir), sondern sie bringt die Welt zu ihrem Ziel. Henri de Lubac postuliert eine der «Natur» des Menschen «eingeprägte übernatürliche Finalität». Die Übernatur schenkt der Natur des Menschen die Identität, sie führt nicht – wie häufig angenommen wird – zu seiner Selbstentfremdung. Die Natur des Menschen kommt also paradoxerweise nur zu sich, wenn sie über sich hinausgeht. Denn die Selbstverwirklichung des Menschen kann letztlich vom Menschen selbst nicht geleistet

---

* Kath. Reformbewegung aus dem Geiste Augustins, die von dem Bischof Cornelis Jansen († 1638) ausging

werden – wie die Erfahrung zeigt. «Die Wahrheit seines Wesens übersteigt das Wesen des Menschen.»

Diese kühne Einheitsschau Henri de Lubacs, die es auch dem modernen säkularisierten Menschen möglich macht, ein Christ zu sein, und die den Christen vor der Schizophrenie bewahrt, auf zwei verschiedenen Stockwerken zugleich leben zu müssen, mußte auf die Theologie provozierend wirken.

Die Enzyklika Humani generis Pius XII. warf der «Nouvelle Théologie» von Lubac, Boillard, Delaye, v. Balthasar und Rondet und anderer vor, daß sie an die «Ungeschuldetheit» der Gnade rühre. Das theologische Interesse der neuscholastischen Abgrenzung von Natur und Gnade war ja vor allem die Ungeschuldetheit der Gnade, die Gnade Gottes wird der Natur nicht geschuldet, sondern sie ist ein freies Geschenk an sie. Die Natur ist begrenzt auf ihren Bereich, und sie kann nicht von sich aus sich die Gnade aneignen, die außerhalb ihres Griffbereichs liegt. Selbst Karl Rahner, ein Sympathisant der «Nouvelle Théologie», gibt ihr zu bedenken, ob Gnade noch als ungeschuldetes Geschenk zu begreifen ist, wenn die «Hinordnung der Natur auf die Gnade und Gottesschau» ein «Konstitutiv der Natur» sein soll. [17]

Obschon Lubac diesen Geschenkcharakter der Gnade und des Heils nicht bestreitet, scheint er de facto in seinem System doch in Frage gestellt zu werden. Er redet nicht umsonst von einer *organischen Verbindung* zwischen Natur und Gnade. Natur und Übernatur sind sich kongenial. Die Gnade – in der Bibel ein Widerfahrnis und Wunder – droht bei Lubac zur bloßen Mitgift der Natur zu werden. Sie gehört – wie es scheint – so naturhaft zum Menschen, wie das Gewicht zum Stein. Der Mensch kann sich aber die Gnade, kann sich die Vergebung seiner Schuld nicht selber schenken. Insbesondere die reformatorische Theologie hat mit Paulus immer wieder darauf insistiert, daß die Annahme der Gnade selbst Gnade ist, daß der Mensch von Natur für die Gnade Gottes nicht offen, sondern verschlossen ist, daß seine Natur keine offene Hand ist, die sich nach Gott ausstreckt, sondern eine gegen ihn geballte Faust. Diese Gefahren der «Nouvelle Théologie» sollen nicht darüber hinwegtäuschen, daß sie mit ihrem

Grundanliegen einen Wendepunkt in der Geschichte des Christentums markiert.

Gott als Magnet, der der Geschichte Ziel und Einheit gibt

Die Einheitsschau Lubacs revolutioniert die herkömmliche Gottesvorstellung. Wenn Natur und Übernatur keine Reservate im fremden Land sind, sondern eine Einheit bilden, und wenn diese Einheit organisch, nicht mechanisch verstanden wird, kann Gott nicht mehr im Jenseits und Abseits der Welt lokalisiert werden. Er ist keine Randwelt und Hinterwelt, sondern *Mitte* der Welt. Henri de Lubac schreibt: «Es gibt im Menschen ein ewiges Element, einen Keim von Ewigkeit, der schon jetzt oberhalb der Zeit atmet.»[18] Gott ist die «Luft», nach der die Menschheit «schreit», und ohne die sie erstickt, nicht ein stickiges Treibhaus, aus dem sie ausgesperrt wird.[19] Nur weil Gott die Lebensmitte der Welt ist, kann er für sie ein lohnendes Ziel sein, nicht als Überbau, der das Leben erdrückt und abwürgt. Die «Menschheit» bedarf nach Lubac eines «Mittelpunktes, auf den hin sie ausgerichtet ist», eines «Ewigen, das sie zum Ganzen macht». Sie braucht einen «Magneten, der sie an sich zieht», der die sinnlosen Feilspäne des Lebens zum Sinnganzen ordnet, der Sinnlinien ins Durcheinander bringt. Sie braucht Gott, wenn nicht alles sinnlos werden soll. «Das Werden für sich allein hat keinen Sinn.» «Wenn es ein Werden gibt, so muß es eines Tages auch eine Vollendung geben.» Gott ist die Stoßkraft, die in der «werdenden Wirklichkeit» «schafft und drängt, ihr realen Fortschritt verleiht» hin auf ihre Vollendung. Als der Evolutor der Evolution (Teilhard) gibt er der Evolution Sinn und Ziel.[20] «Nichts ist vorüber» (Elias Canetti). Alles ist aufgehoben in diesem ewigen Sinn, alles Sinnlose bekommt im nachhinein einen Sinn als Feilspan eines größeren Ganzen. Gott ist also ein anderes Wort für die über den Tag hinaus reichende große Linie unseres Lebens. «Ohne diese Gegenwart des Absoluten im Innersten des Relativen, des Ewigen im Schoß des Bewegten würde alles wieder in Staub zerfallen.»[21]

Gott, der Kommunikator in der Kommunikationslosigkeit

Da der Marxismus Gott, die Mitte und Spitze der Evolution, verneint, fehlt ihm nach Lubac der vorwärtsreißende Impuls und die globale Perspektive. Seine «Vision einer unendlich flachen Welt» und der «unfaßlichste Rückschritt des Menschen» in ihm sprechen für sich. «Nur das zurückgewonnene Bewußtsein des Ewigen und seine Gegenwart in der Zeit kann» dem Menschen «seine Tiefe wiedergeben». «Nichts ist oberflächlicher als der Vorwurf» gegen die «Kirche», «sie verliere die unmittelbare Wirklichkeit aus den Augen und vernachlässige die dringendsten Interessen des Menschen, indem sie ihm ständig vom Jenseits spricht. Denn in Wahrheit ist das Jenseits dem Menschen unendlich viel näher als die Zukunft, ja unendlich viel näher als das, was wir Gegenwart nennen. Es ist das Ewige, das im Innersten jeder zeitlichen Entwicklung sitzt und sie beseelt und lenkt. Es ist das wahrhaft Gegenwärtige, ohne das die Gegenwart selbst zum zerrieselnden Staub wird. Wenn die Menschen von heute einander so tragisch *abwesend* sind, so vor allem deshalb, weil sie sich selber abwesend sind, da sie dieses Ewige verlassen haben», das ihnen allein ermöglichen würde, «untereinander zu kommunizieren».[22] Gott ist als der Magnet, der die Feilspäne einander zuordnet, indem er sie anzieht, *Kommunikator* in der *Kommunikationslosigkeit* unserer Zeit. «Die Menschheit wird sich nur dann zur Einheit zusammenschließen, wenn sie es aufgibt, in sich selbst das Endziel zu sehen.»[23] Sie findet sich, wenn sie sich nicht sucht.

Gott ist nach Lubac mehr als nur Sinn, Ziel und Mitte der Welt, er ist ein «Gott der Liebe».[24] Liebe ist aber ihrem Wesen nach ein Geheimnis, das sich dem kalt berechnenden Verstand entzieht, ähnlich wie die Liebe zwischen Menschen. «Hast du begriffen, so war es nicht Gott» (Augustinus).[25] Hier stößt man an die Grenze des Sagbaren. Der Rationalismus der Neuscholastik übersieht, daß es sich hier letztlich um ein Geheimnis handelt, das nicht in handlichen Formeln mitteilbar ist. Selbst der Atheismus scheint von diesem Geheimnis nicht loszukommen. Der Aufwand, mit dem er Gott totredet oder totschweigt, verrät ihn.[26] Dieses unaussprechliche Geheimnis entzieht sich allen Beweisen. «Nicht ein Beweis hat mir meinen Gott gegeben, und die Kritik eines Beweises wird mir ihn auch nicht wegnehmen.»[27] «Kein Wort drückt dich aus.»[28]

Der Glaube,
kein Fürwahrhalten von abstrakten Richtigkeiten, sondern Hingabe

Wenn Gott im Unterschied zu dem desinfizierten Gottesbegriff der Scholastik die Liebe in Person ist, ist er – wie jede Liebe – für die kalkulierende Vernunft unerreichbar. Liebe schließt per definitionem die neutrale Abstandshaltung der sezierenden Vernunft aus. Glaube ist als Gegenliebe ein *existentieller Akt*, etwas, was mich zuinnerst in meiner Existenz betrifft; nicht aber ein «Ablagerungsort für abgestorbene Wahrheiten», die man pietätvoll «beiseite legt», um dann «ohne sie sein übriges Leben einzurichten».[29] Es kann gar nicht anders sein, wenn die Übernatur nicht von der Natur getrennt ist, sondern ihr verborgener Motor sein soll. Wenn die Natur für die Übernatur offen ist, kann Glaube nie etwas äußerlich Aufgezwängtes, Angelerntes sein, das man wie eine Kröte schluckt, sondern eben ein Akt der Identitätsfindung.

Ähnlich wie Luther begreift Henri de Lubac Glaube primär als *Vertrauen* auf Gott, nicht als *Fürwahrhalten* von Dogmen, wie in der neuscholastischen «Denzingertheologie»[30]*, als *Du*-Glauben, nicht als *Daß*-Glauben. Nicht nur im Sprachspiel der Theologie, auch in der Alltagssprache gibt es ja zwei diametral entgegengesetzte Bedeutungen des Wortes «Glauben»: Ich glaube *dir* – Ich glaube, *daß* etwas so oder so ist; ich *baue* auf dich – Ich *vermute*. Zu glauben, daß es regnet, ist etwas total anderes als der Glaube des Kindes, das in die Arme seines Vaters springt, ohne sich zu fürchten. Im Anschluß an Augustinus und das apostolische Glaubensbekenntnis spricht Lubac

---

* Heinrich Denzinger ist der Herausgeber eines bekannten Sammelbandes der Lehrverlautbarungen der katholischen Kirche.

von einem «credere *in* Deum», einem «Glauben *auf* Gott *hin*, *in* Gott *hinein*»[31], einem Stehen in Gott. Sosehr das Stehen nie ohne *Ver*stehen, das Vertrauen nie ohne Wissen, Glaube nie «ohne Glaubensinhalt» ist.[32] Doch primär ist Glaube *Halt*, nicht *Inhalt*. Glaube ist seinem Wesen nach «das Finden eines Du, das mich trägt» (Josef Ratzinger), nicht ein Sack voll Dogmen, den ich trage und unter dem ich zusammenbreche. Viele, meint Lubac, sehen in der Religion lediglich eine «Serie von zu glaubenden Dingen, begleitet von einer Serie von Geboten und Verboten»[33]. Eine griesgrämige Pflichtübung also, nicht ein Akt der Befreiung, ein Glaube an Unglaublichkeiten, nicht das Wagnis des Sichloslassens und Sichfallenlassens in Gottes Vaterarme. Der Rationalismus der Neuscholastik verwechselt hingegen häufig den Glauben mit einer stringent beweisbaren Weltanschauung, die sie als eine Art Antiideologie den Ideologien unserer Zeit entgegensetzen wollte. Man verabreichte sozusagen Tabletten gegen Tablettenschäden!

Henri de Lubac stellt schroff den christlichen *Du*-Glauben dem islamischen *Daß*- und «Unterwerfungs»-Glauben gegenüber. Der Glaube schaltet die Person des Menschen nicht aus, sondern gerade ein. Ja, durch ihn *wird* der Mensch erst Person. Glaube ist nichts anderes als die «Antwort» auf den «Anruf» Gottes. «Gott ruft jeden Menschen bei seinem Namen», wie einer, der ihn kennt. «Indem der Mensch glaubend diesem göttlichen Ruf antwortet, erwacht er ... zu sich selbst», findet er seine Identität.[34] Der persönliche Anruf Gottes läßt ihn, eine Nummer, wieder zur unverwechselbaren Person werden.

Dieses biblische Glaubensverständnis war im Katholizismus ein Novum, wenn man bedenkt, daß die neuscholastische Schultheologie bis heute die Meinung verficht, Glaube sei Fürwahrhalten, nicht Vertrauen, ein rationaler, kein emotionaler Akt (so Bartmann, Premm, Pohle-Gummersbach, Tanquerey, S. Gonzalez). Henri de Lubac ist freilich nicht der einzige katholische Theologe, der den biblischen Vertrauensglauben wiederentdeckt hat.[35]

Wider die verwaltete Wahrheit

Kühn und ungewöhnlich war auch Lubacs neues Wahrheits-
verständnis, das den dialogischen Aufbruch des Vatikanums II
mitverursacht hat. Die herkömmliche katholische Schultheologie spricht bis heute vom «depositum fidei», dem «verwahr-
ten Gut des Glaubens», wie wenn es hier um etwas ginge, was
konserviert und bei Gebrauch verwendet werden könnte. Dieser depositäre Wahrheitsbegriff, der sich nicht mit dem Dynamismus Lubacs vertrug, wird von ihm scharf angegriffen. Er
schreibt: «Die Wahrheit ist kein Gut, das ich besitze, manipu-
liere und nach Gutdünken verteile. Während ich es gebe, muß
ich es weiter empfangen ...»[36] «Es ist schön, das Reich der
Wahrheit zu erstreben. Es ist abscheulich zu verkünden, es sei
gekommen.» Zwangsläufig wird es dann «zum Reich der
Heuchelei».[37] «Da über kurz oder lang jede Antwort neue Fragen erzeugt, bleibt das Denken immer unterwegs. Jedes Verstehen ist deshalb notwendig offen.» Wenn es sich verschließt,
verschimmelt und verwest es.[38] Nur «Epigonen» haben «ab-
geschlossene Gedankensysteme».[39]

Robert Musil drückt den Tatbestand, um den es hier geht, in
seinem «Mann ohne Eigenschaften» so aus: «Die Wahrheit
ist ... kein Kristall, den man in die Tasche stecken kann, sondern eine unendliche Flüssigkeit, in die man hineinfällt.»

Das Spezifikum der christlichen Religion: Die Welt hat ein Ziel und eine Geschichte

Im Unterschied zu anderen Religionen steckt das Christentum
der «Menschheit» ein «gemeinsames Ziel», das ihre Hoffnungen erfüllen kann. Anders die griechische Philosophie und die
religiösen Systeme Asiens, die darin einig sind, daß «die Welt,
der es zu entfliehen gilt», «kein letztes Ziel» hat und «ohne
Geschichte» ist. Mit Teilhard de Chardin sieht Lubac in der
Welt «vom Beginn der ersten Schöpfung bis zur letzten Vollendung» einen «göttlichen Plan» am Werk, der «die allmäh-
liche Durchdringung der Menschheit durch Christus» zum

Ziel hat.[40] «Da die Welt ein Ziel hat, hat sie einen Sinn ...» Mit
glühendem Enthusiasmus glaubt Henri de Lubac daran, daß
sich «das ganze Menschengeschlecht» «in einer ungestümen
Bewegung», die alle Widerstände niederwalzt, Gott «entge-
genbewegt» «gelenkt von den beiden Händen Gottes, dem
Wort und dem Geist, die es trotz seiner Fehltritte nie ... loslas-
sen.»[41]

Das Relative ist das Inkognito des Absoluten, die Geschichte
ist das Inkognito Gottes, die Zeit das Inkognito der Ewigkeit.
Von daher verficht Lubac – ähnlich wie später Rahner – die
Theorie vom anonymen Christentum aller Menschen.[42] Doch
«außerhalb des Christentums kommt nichts zu seinem Ziel,
nach dem unbewußt alle menschlichen Wünsche ... streben: in
die umfangenden Arme Gottes in Christo». Sie «bedürfen der
Befruchtung durch das Christentum, um selbst ihre Ewig-
keitsfrucht zu zeitigen ...»[43] Wie fremd Lubac jedoch Luther
und der Reformation gegenübersteht, zeigt die Begründung
für das Gesagte: Der Mensch muß selbst «mitwirken» bei seiner «Befreiung». Ein «Heil», das Gott alleine wirkt, wäre des
Menschen «nicht würdig gewesen» als einem Wesen «mit Verstand und freiem Willen». «Gott hat die Menschheit nicht wie
ein Wrack retten wollen.»[44]

Wurden diese Sätze nicht durch den Zusammenbruch des
menschlichen Machbarkeits- und Fortschrittsglaubens in den
letzten Jahrzehnten Lügen gestraft?

Alle bisherigen Maßstäbe der herkömmlichen christlichen
Missionsarbeit werden über den Haufen geworfen, wenn
Henri de Lubac meint, die Missionare hätten nicht die Aufgabe
«zu zerstören», sondern «zu vollenden». «Das Christentum
hat die alte Welt verwandelt, indem es sie aufsog.»[45] Es hat sich
«ohne Riß in das dichte Gewebe der menschlichen Geschichte
eingefädelt».[46] «Übernatürlich bedeutet» ja nicht «übergewor-
fen»! «Alles, was» in der Heidenmission «assimilierbar ist», ist
«aufzunehmen».[47] Im Kampf gegen den engstirnigen Integralismus seiner Zeit betont Lubac, der Katholizismus ist offen
für alles Gute, das er bei Nichtchristen findet, ihm eigne eine
«Geschmeidigkeit» im Umgang mit ihnen – «ganz im Gegensatz zu der Ausschließlichkeit ... die den Sektengeist kenn-

zeichnet». «Die Kirche ist überall zu Hause, und jeder soll sich in der Kirche zu Hause fühlen können.»[48] Das Christentum bringt etwas Neues, aber nicht etwas Fremdes.

Ob die Nichtchristen sich diese Vereinnahmung gefallen lassen? Lubacs Ordensbrüder hatten im 17. und 18. Jahrhundert in der Chinamission eine ähnliche Assimilationstheologie verfochten, die von der damaligen katholischen Kirche – sicher vorschnell – verurteilt wurde.

Henri de Lubacs offener Katholizismus, wie er ihn in einem berühmten Buch «Catholicisme» von 1938 vertrat, hat das große Verdienst, das *dialogische Prinzip* in die katholische Kirche eingebracht zu haben. Papst Johannes XXIII. hat es in sein Aggiornamento*-Programm aufgenommen und zum Grundmotiv des Vatikanums II gemacht. Die neuscholastische Schultheologie ist demgegenüber monologisch und defensiv orientiert. Die Fragen der Moderne und der nichtchristlichen Religionen werden nicht aufgenommen, sondern widerlegt. Ein Reaktionskonservativismus, der mit einem beispiellosen Belehrungshochmut mit Nichtchristen umzugehen pflegt. Die Rückendeckung geben abstrakte unfehlbare Wahrheiten des «depositum fidei», mit denen man sich außerhalb der Geschichte stellte. Der neue Ton, den Henri de Lubac anschlug, machte Schule. Er wurde dadurch für viele Katholiken, die sich mit ihrer Kirche nicht mehr identifizieren konnten, Leitfigur und Symbol eines anderen, besseren Katholizismus.

Kirche als die unbequeme Gegenwart Gottes

Der «einzige Auftrag» der Kirche ist nach Lubac der, «Jesus Christus den Menschen gegenwärtig zu machen. Sie muß ihn verkündigen», nicht – wie oft geschehen – sich selbst, sie muß «ihn zeigen, ihn allen schenken. Alles übrige ist ... reine Zutat»[49], wie Papst, Hierarchie, Maria.[50] Die Kirche ist nicht Licht, sondern nur «Leuchter», «ein Finger», der einzig auf Christus «weist», nicht auf sich weist.[51] Christus ist «das ein-

* Anpassung (des Glaubens an das heutige Denken)

zige Haupt seiner Kirche»[52], jeder Christ in gleicher Weise «Glied» des Leibes Christi.[53] In der herrschaftsfreien Bruderschaft der Kirche, die zu einem Macht- und Angstapparat pervertiert wurde[54], gibt es keine Ränge, nur Dienste. Bischof und Priester sind keine «Überchristen».[55] «Es handelt sich beim Klerus nicht um einen höheren Grad des ... Priestertums, das allen gemeinsam und nicht abstufbar ist ...», sondern «einfach um einen amtlichen Auftrag».[56] Sie haben einen «besonderen Dienst», sind aber nichts Besonderes.[57]

Wie wendet Lubac diese fast lutherisch klingenden Thesen auf das Papsttum an? Die nach dem Vatikanum I und II exklusiv dem Papst zukommende Unfehlbarkeit in Glaubens- und Sittenfragen wird – entgegen ihrem Selbstverständnis[58] – in die Kirche zurückgenommen. Mit ihr ist nach Lubac «die Unfehlbarkeit der Kirche selber» gemeint, nicht ein «Orakel», das ein einzelner wie die delphische Pythia empfängt.[59] Auch aus lutherischer Sicht ist eine Unfehlbarkeit der Kirche, oder besser gesagt des Evangeliums, das sie verkündet, nicht zu bestreiten. Denn der Mensch muß unwiderruflich wissen, woran er sich halten soll im Leben und im Sterben. Über diese «eiserne Ration» seines Glaubens muß er trotz aller Fehlsamkeit kirchlicher Lehre absolute Klarheit haben. Sie besteht nach evangelischer Lehre darin, daß Christus unser einziger Heilbringer ist.

Henri de Lubac geht mit einer selbstherrlichen Kirche, die sich an die Stelle Christi setzt, ins Gericht. Diese Thesen mußten provozierend auf die vorkonziliare katholische Kirche des Jahres 1952 wirken, als er sie in seinem Buch «Méditation sur l'Église» veröffentlichte. Ebenso der Kampf des Klerikers Lubac gegen den «Klerikalismus», der «den Fortschritt der Herrschaft Gottes» nach dem politischen «Einfluß des Klerus» bemißt. Der Triumphalismus eines Imponierkatholizismus ist ihm ein Greuel, der das Evangelium des ohnmächtigen Mannes am Kreuz an die Macht verrät.[60]

Ähnliche Gedanken findet man bereits in seinem Hauptwerk «Catholicisme» vom Jahre 1938, wo er erstmals das Konzept der offenen Kirche entfaltet und bereits die Flanken nach beiden Seiten absichert. Der Feind ist einerseits ein ver-

krampfter und kleinkarierter Integralismus: Es war «ein großes Unglück, den Katechismus *gegen* jemand gelernt zu haben», statt *für* die Welt.[61] Die katholische «Weite» – katholisch
kommt vom griechischen kat'holos – (allumfassend) – zielt auf
die Welt und ihre Einheit. Die Kirche hat keine geringere
Aufgabe, als die Einheit der Menschheit zu realisieren – ein
Gedanke, der in die Konstitution «De ecclesia» des Zweiten
Vatikanischen Konzils einging (§ 1). Sie ist nichts weniger als
Vorreiter der Einheit der Welt.[62]

Die Offenheit für die Welt hat freilich nichts mit einem Mo-
dernismus zu schaffen, der das Evangelium an die Tagesop-
portunität verrät und der sich mit seiner mitunter peinlichen
Anbiederungsstrategie bei Nichtchristen nur lächerlich macht.
«Je mehr man sich anpaßt, desto unfruchtbarer wird man.»
«Mit seiner Zeit leben: das heißt keineswegs sich ins Schlepp-
tau der Tagesmoden begeben.» «Als Petrus und Paulus nach
Rom kamen, fragten sie sich nicht, welchen Ersatz für das
Amphitheater sie der heidnischen Masse anbieten könnten.»[63]
«Die Kirche» ist «die ... unbequeme Gegenwart Gottes unter
uns».[64]

Der «eigene Weg zum Sozialismus» der Kirche

Als die Vorhut der Einheit der Menschheit ist Kirche notwendig soziale Kirche. Es war ein halsbrecherisches Wagnis Lubacs, mit dem in seiner Kirche verfemten Sozialismus in einen
vorurteilslosen, unvoreingenommenen Dialog einzutreten. Er
stimmt Proudhon zu, wenn er einer unsozialen Kirche den
Spiegel vorhält.[65] Lubac meint: «Der Katholizismus ist im innersten Wesen sozial», nicht – wie damals – individualistisch.[66]
«Niemand ist Christ für sich allein.»[67] Henri de Lubac greift
den «Individualismus» der herkömmlichen «Schullehre» an,
in der die Kirche ein Konglomerat von Individuen war, die ihre
Rechnung privat bei Gott beglichen, «ohne irgendeine organische Verbundenheit» untereinander, als wäre die Kirche
nicht der «Leib» Christi.[68]

Kirche verhält sich sozial, nicht sozialistisch, sie votiert

nicht für eine Weltanschauung, sondern für die Armen. «Hat
man die Armen gewählt, so ist man immer sicher, sich nicht
getäuscht zu haben. Hat man eine Ideologie gewählt, ist man
nie sicher, sich auf die rechte Seite geschlagen zu haben. Bei der
Wahl der Armen hat man doppelte Sicherheit, man hat wie
Jesus gewählt. Und man hat Jesus gewählt.»[69] Deswegen darf
sich die Kirche nicht auf private Nachbarschaftshilfe beschrän-
ken, sondern sie kämpft gegen «Strukturen», «die unmensch-
lich ... sind».[70] Es geht nicht um das Nächstveränderliche,
sondern ums Ganze, nicht um kosmetische Korrekturen am
Status quo, sondern um die Veränderung des Status quo – ähnlich wie in den Basisgemeinden Lateinamerikas heute. Ilse
Aichinger bringt diesen christlichen Radikalismus zutreffend
zur Sprache, wenn sie die rührselige Legende von Martin von
Tour, der seinen Reitermantel mit dem Schwert zerteilte und
die Hälfte einem frierenden Bettler gab, wie folgt umfunktio-
nierte:

> «Gib mir den Mantel, Martin,
> aber geh erst vom Sattel
> und laß dein Schwert, wo es ist,
> gib mir den ganzen.»

Ist die neutestamentliche Gemeinde wirklich – wie Nietzsche meint – «eine absurd unpolitische Gemeinschaft» oder –
so das Neue Testament – ein «Aufruhr»? (Apostelg. 17,6)

Lubac grenzt sein Programm einer sozialen Kirche aber
nicht nur gegen den Individualismus, sondern auch gegen den
Kollektivismus ab. Der «Mensch von heute» darf «nicht als
bloßes Mittel für den Menschen von morgen» mißbraucht
werden, wie das der Marxismus tut. «Feuerbach löste das religiöse Wesen in das menschliche ... Marx ... das menschliche
Wesen ... in das soziale auf.» Der Mensch sinkt ab zur bloßen
«sozialen Funktion» und ist nur noch – so seine Marxsche Definition – «ein Ensemble gesellschaftlicher Verhältnisse».
Doch der Mensch ist «nach dem Bild Gottes» geschaffen und
nicht – wie Feuerbach will – Gott «nach des Menschen Bild».
Er ist Spiegel und Widerschein Gottes, nicht umgekehrt.
«Kehrt ... der Mensch mit frevelhafter Gebärde die Beziehung
um» und reißt er die «Attribute Gottes» an sich, «dann ist es

um ihn geschehen» – wie seine Kollektivierung im Marxismus zeigt. «Die Transzendenz, die er leugnet, war die Gewähr seiner eigenen Immanenz. Nur durch das Eingeständnis, daß er Widerschein ist, gewinnt er Eigenständlichkeit, nur im Akt der Anbetung sichert er sich eine unverletzbare Tiefe.»[71] «Man lehnt Gott ab, als knechte er den Menschen – und man übersieht, daß der Mensch gerade durch seine Beziehung zu Gott allen Knechtschaften entgeht und insbesondere der der ... Gesellschaft.»[72] Nur die Abhängigkeit von einer außermenschlichen Macht macht ihn unabhängig von Menschen, nur die Bindung an Gott macht ihn frei von der Welt. Ohne diese transzendente Bindung geht er im Kollektiv auf und verliert er seine unverwechselbare Einmaligkeit.

Im übrigen «bewahrt uns» «das Bewußtsein, daß es Sünde gibt», «vor Utopie».[73] «Nicht die Zukunft zu erraten ist wichtig, sondern zu sehen, was die Gegenwart fordert.»[74] Ist doch nach Lubac die Gegenwart das Inkognito der Zukunft. Ist doch der Augenblick das Inkognito des Ewigen. «Träume von einem harmonischen Staat oder von unendlichem Fortschritt ... Entsetzen vor den nahenden Katastrophen oder Streben nach einem Unbekannten, von dem man alles Heil erwartet, verschleiern gleicherweise vor unserem Blick die allerwirklichste Gegenwart.» «Der Mensch ist nur dann er selbst», «wenn er sich in Stille und Schweigen einen unberührten Bezirk wahrt ... zu dem der finstere oder sorglose, banale oder tragische Alltag keinen Zugang hat».[75]

Fazit

Henri de Lubac ist der Repräsentant eines besseren, anderen Katholizismus. Und das nicht zuletzt deshalb, weil er *lebt*, was er lehrt. Er hat die Weisung Jesu, die andere Backe hinzuhalten (Matth. 5,39), befolgt und nicht nur – wie andere – Theorien darüber entworfen. Er hat dadurch ein Zeichen in unserer Ellenbogengesellschaft aufgerichtet, in der jeder um sich schlägt und keiner in sich schlägt. Sein Ja zum Schmerz wirkt geradezu grotesk in einer vom Gesetz von Stoß und Gegenstoß beherrschten Welt. Er schreibt: «Die Lanze des Gegners dringt ins Herz», und es komme alles darauf an, sie nicht «zurückzustoßen», sondern «das Herz zu öffnen, damit die Spitze es sicher erreiche». Er will damit beileibe keinem Masochismus das Wort reden: «Den Schmerz bejahen bedeutet nicht: daran Gefallen finden, ihn um seiner selbst lieben. Sondern: zufrieden sein, daß er uns demütigt. Sich dem Unvermeidlichen auftun, wie ein Erdreich, das das Wasser von oben einsickern läßt bis ins Unterste.»[76] Eine von Lustmaximierung geprägte Gesellschaft sollte es sich gesagt sein lassen: Erst das Leid gibt dem Leben Tiefe, erst der Schmerz läßt den Menschen über sich hinauswachsen, nur wer *los*lassen kann, kann *ge*lassen werden. Oder wie sich Paulus ausdrückt: «Trübsal wirkt Geduld» (Röm. 5,3). In seiner «Geschichte des Bleistifts» (1982) bringt Peter Handke auf den Punkt, worum es Henri de Lubac letztlich ging: «Ich träumte das Märchen von dem, den es nach langer schmerzhafter Irrfahrt in ein Schloß verschlug, wohin seit vierzig Jahren niemand mehr gekommen war. Der Ankömmling erzählte dem einzigen Bewohner des Schlosses nun nicht seine Geschichte, sondern salbte ihm Brust und Rücken. So bestand er die Prüfung, und der Schloßherr war erlöst, weil der andere ihm einmal *nicht* seine Leidesgeschichte erzählt hatte wie sonst die Ankömmlinge.»[77]

Die erlösende Liebe, die den Bann löst, kann freilich nach Lubac letztlich nicht vom Menschen geleistet werden, sondern nur von einer außermenschlichen Macht, die im Unterschied zum Menschen *unwiderruflich* liebt. Ein Du, das die Menschheit in ihrer Entwicklung vorwärts- und zusammenruft, ähnlich wie ein Magnet isoliert herumfliegende Feilspäne einander zuordnet. Henri de Lubacs Theologie der Einheit ist Theologie der Liebe. Der Satz der Bibel «Gott ist die Liebe»[78] (1. Joh. 4,16) faßt brennglasartig sein Anliegen zusammen. Es geht darum: Gott *hat* nicht nur Liebe wie Menschen, die sie haben können oder nicht, er *ist* Liebe, sie gehört zu seinem Wesen wie die grüne Farbe zum Smaragd; er kann nicht anders – ganz im Unterschied zu menschlicher Liebe. Gott ist nicht – wie für viele – ein metaphysischer Ehrenpräsident, der in gewissen Grenz- und Schwellensituationen des Lebens bemüht wird, sondern er ist Herz der Welt, nicht Fluchtpunkt, Mittelpunkt der Welt, nicht Überwelt, Achse der Welt. Der leidenschaftliche Kampf Lubacs um die Einheit von Natur und Übernatur hat einzig diesen Sinn: Ohne dieses Herz der Welt ist sie Welt ohne Herz.

Die kafkaeske Einsamkeit und Beziehungslosigkeit des heutigen Menschen, ein herzloses technokratisches System, das das Gefühlsleben eines Zigarettenautomaten hat und auf bloßes Funktionieren programmiert ist, erweisen zur Genüge, wie aktuell Lubacs Gottesverständnis ist. Ohne dieses Du, das uns unbedingt annimmt, wäre unser Leben sinnlos. Ohne die Hoffnung auf einen Gott, der einst «alles in allem» [79] (1. Kor. 15,28) sein wird, zerfällt die Geschichte in sinnlose Zeitatome. Es ist einfach nicht wahr, daß der Mensch Hersteller der Geschichte ist, wie der Marxismus will. Nur Veränderte können die Welt verändern.

Die Menschheitsgeschichte straft aber auch eine weltfremde Theologie Lügen, die von der romantischen Fiktion ausgeht, Natur und Übernatur seien zwei in sich geschlossene Systeme. Es ist nicht so, daß eine halbwegs intakte Natur von der Gnade übersonnt wird. Die Natur ist ein einziger Schrei nach Gnade. Beide stecken – so Lubac – nicht in verschiedenen Schubladen, die nichts voneinander wissen und miteinander zu tun haben, sondern sind aufeinander bezogen wie Frage und Antwort.

Daß ein so kantiger Denker gleicherweise bei Konservativen wie Progressiven anecken muß, versteht sich von selbst. Er hätte es sich leichter machen können, wenn er die braven Formeln der Schultheologie repetiert und irgendein von der Forschung übersehenes historisches Randgebiet abgegrast hätte oder wenn er sich als modernistischer Cafégeiger in den Salons des Zeitgeistes verdingt hätte. Er wählt aber den dritten, schweren Weg – wohl wissend, daß die Reproduktionen der Stoffhuber die Sache Jesu bisher so wenig voranbrachten wie das dekorative Geschwätz der Salonpriester.

Seine Theologie will – ähnlich wie die Guardinis und Przywaras – das Christentum von seinem Ursprung her erneuern – sosehr für ihn nur «lebendig ist, was Wurzeln geschlagen hat». Das geschieht nicht durch einen sentimentalen Rückgriff ins

Vorgestern. Das Alte, nicht das Veraltete, galt es zu erneuern: die Theologie der Bibel und der Kirchenväter, die unter dem Schutt späterer Traditionen versteckt lag, das genuin Christliche. Es geht also durchaus um eine «nouvelle théologie» – zumal das Alte neu gesagt, nicht nachgesagt, in der heute geltenden Begriffswährung vermittelt werden muß.

Die Theologie Henri de Lubacs provoziert eine Reihe von Rückfragen, die zum Teil schon artikuliert wurden: Zwingt nicht die gegenwärtige Zerstörung der Natur dazu, die Lubacsche Frage ganz neu und ganz anders zu stellen, daß die Natur nur zu sich selbst kommt, wenn sie über sich hinaus fragt? Daß sie sich nicht selbst verdankt, sondern einer außernatürlichen Macht? Die Evolutionstheologie de Lubacs deutet die Entwicklung entschieden zu optimistisch – ähnlich wie sein Freund Teilhard de Chardin. Die Entwicklungsbeschleunigung der Welt in Richtung Chaos, den Fortschritt des Rückschritts, die Fortschrittsverblendung in Ost und West, eine immer rationaler und immer sinnleerer werdende Welt, all dies fordert die Theologie zu ganz anderen Antworten heraus. Zumal nach biblischer Vorstellung die Entwicklung nicht auf Einheit, sondern auf Scheidung und Entscheidung hinausläuft (Matth. 25,31 ff).

HANS URS
VON BALTHASAR

Schleifung der Bastionen

Hans Urs von Balthasar ist der wohl wuchtigste, kantigste und eigenwilligste unter den großen katholischen Gegenwartstheologen. Sein Œuvre erreicht an Umfang, Tiefgang und Sprachgewalt Luther'sche Dimensionen. Nach der 1981 erschienenen Bibliographie 1925 bis 1980 hat Balthasar bis 1980 70 Bücher, 358 Aufsätze, ferner 115 Vor- und Nachworte, 79 Beiträge zu Sammelwerken und 85 Rezensionen verfaßt sowie 78 Übersetzungen erstellt. Vor allem aber sind es die Weite und Weltoffenheit dieses streng an die Sache der Theologie gebundenen Denkers, die viele frappiert. Der Theologe Balthasar hat nicht nur Auswahlausgaben von Goethe, Novalis, Nietzsche und Rudolf Borchard herausgegeben, sondern auch Sachbücher über Reinhold Schneider, Georges Bernanos und über den deutschen Idealismus sowie Aufsätze über die Kunst der Fuge, über Rilke, Heidegger und Buber geschrieben. Er hat sich vor allem einen Namen gemacht als Übersetzer französischer Dichter und Schriftsteller wie Charles Péguy, Georges Bernanos, François Mauriac und Paul Claudel. Hinzu kommen umfangreiche Übersetzungen der Werke der Kirchenväter (Augustinus, Origenes) sowie seines Lehrers Henri de Lubac. Balthasar ist deswegen kein Allrounddilettant und Überallmitläufer, sondern jeder Zoll ein Theologe. Aus der Fülle seines theologischen Werkes seien hier nur die drei Bände «Skizzen zur Theologie» «Verbum caro» (1960), «Sponsa Verbi» (1960) und «Spiritus Creator» (1967) sowie seine sechsbändige «theologische Ästhetik» «Herrlichkeit» (1961–1969), seine fünfbändige «Theodramatik» (1973–1983) und sein berühmtes Buch über «Karl Barth» (1951) genannt. Es ist keine Übertreibung, wenn Eugen Biser konstatiert, im «Werk Hans Urs von Balthasars» habe «die Theologie unserer Tage eine seit den Zeiten der Kirchenväter und der Verfasser der scholastischen Summen* kaum erreichte Universalität» erlangt.[1]**

Es ist sehr die Frage, ob die «Rechenschaft des Katholischen» «Markenstempel» seiner Theologie ist, wie Karl Heinz Neufeld meint.[2] Es ging ihm doch wohl um mehr, nämlich – wie er selbst sagt – darum, «das Christliche als das uneinholbar Größte ... zu erweisen»[3]. In einem Brief an mich vom 11. Februar 1983 schreibt Balthasar, daß weder «Atheismus, Buddhismus, Islam, Judentum» «den Menschen in seiner Würde so rettet und ernst nimmt wie das Christentum».

Wie sehr sich Balthasars System gegen jede kirchliche Domestizierung sperrt, erweisen die kirchenkritischen Worte aus seiner programmatischen Schrift «Schleifung der Bastionen» aus dem Jahr 1952. Gegen den sterilen Traditionalismus der kirchenamtlich sanktionierten Neuscholastik schrieb er damals: «Zwar gibt es Theologen, die zu meinen scheinen, die

---

* die großen theol. Lehrbücher des Hochmittelalters, wie zum Beispiel die «Summa theologiae» des Thomas von Aquin
** Die hochgestellten Ziffern verweisen auf die «Anmerkungen und Literaturhinweise» im Anhang, siehe Seite 298.

Theologie sei so weit fortgeschritten, daß sie beinah vor ihrem Abschluß stehe. Das Haus scheint ihnen gebaut, die Zimmer schon tapeziert.» Bleibt nur noch als Arbeit für die Theologie «die Ausschmückung der fertigen Räume», «das Ordnen der Schubladen» und «das Abstauben». Doch vergleicht man sie mit der «Offenbarung», die auszulegen ihre Aufgabe ist, dann wird klar, «daß noch fast nichts getan ist . . .»[4] «Die Tradition ehren entbindet nicht von der Pflicht, alles immer von vorn anzufangen, nicht bei Augustin oder Thomas (von Aquin) oder Newman, sondern bei Christus. Und nur der ehrt die Größten der christlichen Heilsgeschichte, der heute das tut, was sie damals getan, oder was sie täten, wenn sie heute lebten.» «Tradition», verstanden als «Weitergeben fertiger Ergebnisse», löst, wenn überhaupt etwas, so nur «Langeweile» aus. «An ihr vorbei geht die Zeit zur Tagesordnung über.»[5] In den «gewaltigen Steinbrüchen und Kuriositätenläden» der gegenreformatorischen Neuscholastik «ist wenig zu holen».[6]

Aber auch das mittelalterliche Christentum, wie es sich in Dantes «Göttlicher Komödie» repräsentiert, ist für Balthasar unwiderruflich vergangen. Balthasar meint in Anspielung auf das Inferno der «Göttlichen Komödie»: «Man könnte wie Dante ein wunderbar wacher Christ sein und dennoch gehärteten Herzens und ungerührt durch die Hölle seiner Mitchristen hindurchgehen, die Foltern dieses eindrucksvollsten aller Konzentrationslager betrachten» und «weitergehen». «Was ein Christ damals verantworten konnte, das könnte er heute nicht mehr; er würde sich andernfalls als der pure Unchrist enthüllen! . . . Das mittelalterliche Schloß, in welchem man im Festsaal über den tiefen Kerkern und Folterkammern tanzt und schmaust, ist eingestürzt und wird nicht mehr gebaut werden. Und kein Christ will heute mehr tanzen, solange einer seiner Brüder die Folter erleidet!»[7] Hans Urs von Balthasar fordert den «Abstieg» der selbstherrlichen Kirche von ihrem sozialen Hochsitz, um endlich in «Fühlung mit der Welt» zu kommen. Diese Fühlungnahme der Kirche mit der Welt wird aber nur möglich, wenn vorher «die chinesische Mauer» «geschleift» wird, die sie von der Realität trennt.[8] Balthasar plädiert für katholische Weite und für die «Rückkehr aller Wahrheit zur Una Catholica.* Der Wahrheit Goethes, der Wahrheit Nietzsches, der Wahrheit Luthers und aller, die eine Scherbe des unendlichen Spiegels auflasen ...»[9]

Das waren mutige Worte im Jahr 1952, zwei Jahre nach der Enzyklika «Humani generis» Pius XII., die die «Neue Theologie» verurteilte und in der restaurativen vorkonziliaren Phase der katholischen Kirche vor dem Konzil. Durch diese und andere Schriften, mit denen Balthasar gegen den Trend anschreibt, löste er den mächtigen Stau an kritischen Fragen, die in seiner Kirche unbeantwortet blieben – ganz ähnlich wie Przywara, Lubac, Chenu und Congar. Das ist nicht der devote Hofberichterstatterstil einer kirchen- und lehramtskonformen Orthodoxie, sondern der «Hammer» des Propheten Jeremia, «der Felsen zerschmettert» (Jer. 23,29). Hans Urs von Balthasar war einer der leidenschaftlichsten Vorkämpfer des 2. Vatikanischen Konzils (1962–1965). Es ist freilich sehr die Frage, ob durch dieses Konzil wirklich – um das anfängliche Bild aufzunehmen – ein neues Haus gebaut wurde oder das alte Haus nur neu möbliert wurde.

Gegen den Strom, nie im Sog

Wer war Hans Urs von Balthasar?[10] Der 1905 in Luzern geborene Schweizer Theologe studierte zunächst Germanistik und Philosophie in Zürich, Wien und Berlin, wo er unter anderen Romano Guardini hörte. 1929 promovierte er zum Dr. phil. mit der Arbeit «Die Geschichte des eschatologischen** Problems in der modernen deutschen Literatur». Im gleichen Jahr 1929 trat er in den Jesuitenorden ein. Sein Weg führte ihn für drei Jahre in die Ordensausbildung nach Pullach bei München. Von dieser Phase sagt er, er habe in der Wüste der Neuscholastik geschmachtet.[11] Oasen in dieser Wüste waren für ihn Peter Lippert und vor allem Erich Przywara, sein eigentlicher Leh-

---

  * eine einzige allumfassende (Kirche)
 ** endzeitlich, die Letzten Dinge betreffend

rer. Sein ohnmächtiger Zorn gegen die hohle Autorität des die Tradition um der Tradition willen bejahenden Traditionalismus der Schultheologie rührt wohl aus dieser Zeit. Von 1934 bis 1938 studierte er an der Theologischen Fakultät der Jesuiten in Lyon, wo für ihn Henri de Lubac wegweisend wurde. Er regte ihn an, sich den Kirchenvätern der ersten Jahrhunderte zuzuwenden. Balthasar erkannte, daß die Kirche nur von ihnen und von ihren biblischen Wurzeln her erneuert werden kann, nicht von den abgestorbenen Ästen der mittelalterlichen und barocken Scholastik her. Das Buch Henri de Lubacs «Catholicisme» von 1938, das in der Theologie eine Wende herbeiführte, gab ihm entscheidende Impulse. Nach einem kurzen Aufenthalt in München, der zu intensiven Kontakten mit Hugo und Karl Rahner führte, kam Balthasar 1940 als Studentenpfarrer nach Basel. Basel brachte ihm vielfältige Kontakte, wie den mit Karl Barth, vor allem aber die für sein Leben grundlegende Begegnung mit Adrienne von Speyr, einer außergewöhnlichen Frau, die 1940 bei Balthasar zur katholischen Kirche konvertierte. Die Leidenszeit Balthasars begann 1950, als er durch die Enzyklika «Humani generis» Pius XII. und die kirchenamtlichen Maßnahmen gegen die «Neue Theologie» mitbetroffen wurde. Er galt, zumal nach seinem Austritt aus dem Jesuitenorden (1950), als Unzugehöriger. «Das kirchliche Establishment rächte sich ... an dem vermeintlich Abtrünnigen. Selbst von Bischöfen konnte man als Charakteristikum von v. Balthasar hören»: «Exjesuit.» Er wurde «weithin gemieden und nicht mehr eingeladen» sowie in die «Isolierung gedrängt». Die Verbitterung und die «gallige Härte» in seinen späteren Schriften wird von diesem Boykott her verständlich, den er vor allem von gewissen Jesuitenkreisen erleiden mußte.[12]

Von der Mitwirkung beim 2. Vatikanischen Konzil blieb er ausgeschlossen, obschon seine Theologie in Gestalt seines Lehrers Henri de Lubac und seines Schülers Josef Ratzinger auf dem Konzil präsent war. Nach dem Konzil (1969) wurde er – eine Art Rehabilitation – in die Päpstliche Theologenkommission berufen.

Hans Urs von Balthasar lebt seit 1950 als freier Schriftsteller in Basel, was ihm – der Vorteil des Nachteils – im Unterschied zu den Vertretern des theologischen Establishments die nötige Unabhängigkeit für seine Arbeit gab. Ohne Professorenbonus und die Absicherung durch einen Lehrstuhl, aber auch ohne die branchenübliche Angst um die eigene Reputation und ohne die durch tausend Rücksichtnahmen und Einschränkungen bedingte professorale Leisetreterei ging er seinen Weg quer durch, ohne nach rechts und links zu schauen. Immer gegen den Strom, nie im Sog des jeweiligen Aktuellen. Ein Querdenker, für den das, «was zum Trend geworden, was modisch und modern ist, von vornherein das Evangelium gegen sich hat»[13].

Nach dem Konzil sah er die Kirche an der Wurzel bedroht durch eine modernistische Theologie, die wie ein listig wendiger Sklave dem jeweiligen Modetrend der Zeit folgt. Hans Urs von Balthasar, der Vater der Erneuerung, wurde zum Kritiker der Erneuerung, ähnlich wie Henri de Lubac und andere. Es wurde seiner Theologie das schlecht haftende Etikett «Neokonservativismus» aufgeklebt, und der ehemals «Progressive» wurde in die «reaktionäre» Ecke abgedrängt. «In Wirklichkeit zeigt seine Person, wie dürftig und irreführend die Klischees von progressiv und konservativ sind. Das Festhalten (Konservieren) der Lebensform Jesu bedeutet Radikalität und permanente Progression» – wie Vorgrimler zu Recht schreibt.[14]

Der Nonkonformist Balthasar kämpfte so gegen zwei Fronten, einerseits gegen einen bis zur Unbeweglichkeit konservativen Traditionalismus mit seinen Blickschranken gegenüber den Fragen und Nöten des heutigen Menschen; andererseits gegen die ewig diskutierenden Intellektuellen des Modernismus, die das Geheimnis zerreden, und gegen die dumme List der Oberfläche der theologischen Aufmacher, bei denen alles nur Verpackung ist. Beiden Extremen gehts um *abstrakte* Ideologien, nicht um den *konkreten* Christus des Neuen Testaments und der Kirchenväter, den Balthasar in die Mitte seines Denkens rückt. Der von ihm geleitete Johannes-Verlag hat sich entsprechend zur Aufgabe gemacht, unabhängig von Marktgesetzen einzig der Sache der Theologie zu dienen.

Der Grundimpuls: die Kondeszendenz oder der Abstieg Gottes

Die Frage, worin das Grundmotiv des Denkens von Balthasar besteht, wurde oben schon gestreift. Sie bedarf aber noch einer grundsätzlichen Beantwortung. Die Palette der Zuordnung seines Denkens reicht von der «poetischen Theologie» und der «theologia cordis» (= Theologie des Herzens) bis zur «Theologie» des «Kreuzes», des «Geistes», des «Wortes» und der «Geschichte». Doch kann man seine Theologie überhaupt auf die magere Schnur einer Einheitsidee auffädeln? In einem Brief an mich vom 22. August 1981 äußerte er sich skeptisch gegenüber meiner Frage nach seinem Grundmotiv. «Muß man denn wirklich so ein ‹Grundmotiv› haben? Ich reise durch die Mysterien der Offenbarung wie durch eine weite Landschaft, und nichts Wesentliches ist darin Peripherie.» Er leugnet ein theologisches Privateigentum ab und meint: «In der Gemeinschaft der Heiligen sind die Güter Gemeinbesitz.» Er räumt in dem Brief allerdings ein, daß es Kristallisationspunkte in seinem Denken gibt wie die «Christologie» (= Lehre von Christus) und die «Staurologie» (= Lehre vom Kreuz).

Nach meinem Dafürhalten ist der Grundimpuls seiner Theologie die Kondeszendenz*, der «Abstieg» Gottes ans Kreuz – und damit seine Liebe. Es geht Balthasar um die Alternative Christus oder Cäsar; darum, den Mächten dieser Welt die Ohnmacht des Gekreuzigten, dem Prunk und Pomp einer Machtkirche den an die Spottsäule der Macht Gebundenen entgegenzuhalten. Man könnte auch sagen, seine Theologie ist Kapitulation vor dem unfaßlichen Geheimnis, das Gott ist. Gott liegt an der Grenze des Sagbaren. Gerade auch der Gott am Kreuz. Das schreckliche Bescheidwissen der Theologie über Gott erscheint ihm wie ein Verrat am göttlichen Geheimnis, das für die Vernunft unauslotbar ist.

Nach Kay Jeffrey vertritt Balthasar eine nachkritische, irrationale Theologie. Er ziele auf eine «zweite Naivität» der Theologie jenseits der «Wüste der Kritik».[15] Der Ästhet Bal-

---

* von condescendere = hinabsteigen

thasar verfechte demnach eine vorbegriffliche, bildhaft-meta-
phorische* Theologie, die er der theoretisch-begrifflichen
Theologie entgegensetzt.[16]

Jeffrey scheint den Nagel auf den Kopf zu treffen. Dabei ist
es wichtig, daß es Balthasar bei alledem nicht um das bloß ge-
nießerische Spiel mit der Form geht, sondern um die Sache.
Darum, daß die Welt als Schöpfung Gottes gleichnisfähig ist
für Gott. Aber wohl auch darum, daß das Gleichnis dem, was
verglichen wird, eine Distanz läßt und es nicht – wie die bild-
lose Theorie – festnagelt und zum geheimnislosen Ding verobjektiviert (vgl. Mark. 4, 11 f). Alles Vergängliche ist ja *nur* ein
Gleichnis! Der bunte Bilderbogen biblischer Gleichnisse weist
in der Tat auf eine ganz andere Art und Weise des Theologisierens hin als die graue Theorie einer verwissenschaftlichten
Theologie mit ihren Kopfgeburten. Ebenso die metaphorische
Theologie der griechischen Kirchenväter, an der Hans Urs von
Balthasar sich geschult hat. Die Theologie müßte viel stärker
von einer metaphorisch-bildhaften Sprache Gebrauch machen, weil sie in die emotionale Tiefenschicht des Menschen
vordringt und ihn nicht nur über seine Ratio erreicht, ihn also
ganzheitlich erfaßt. Sie sollte sich nicht wundern, wenn sich
viele an der in Pillenform verabreichten Lehre erbrechen. Sie
kann ihre Sache nicht nur in Merksätzen, sie muß sie auch in
Erzählsätzen vermitteln. Viele Menschen unserer Zeit können
mit der Theologie nichts anfangen, weil sie ihre Sache nicht in
die kleine Münze der Allgemeinverständlichkeit umwechseln
kann und «zu hoch» ist. Eine Theologie der Kondeszendenz,
die vom Abstieg Gottes in die Tiefe menschlicher Not redet,
kann aber nicht in der Mitteilungsform «hoch» sein, will sie
nicht unglaubwürdig werden.

Einige Einzelaspekte der Theologie Balthasars sollen – wie
folgt – das Gesagte illustrieren.

---

* von Metapher = Bildrede, Gleichnis

Gott als unfaßliche Liebe

Wer ist Gott? Er müßte in jedem Fall das sein, «worüber hinaus ein Größeres nicht gedacht werden kann» (id quo maius cogitari non potest) – so Anselm von Canterbury (1033–1109). Wenn Gott aber das unübertreffbar Höchste ist, dann müßte uns nach Balthasar auch seine Offenbarung «vor etwas unübertreffbar Höchstes» stellen.[17] Dieses Höchste geschieht in der «Menschwerdung» Gottes, in der Gott in Jesus Christus «jenes Liebste tut, jenseits dessen nichts Größeres gedacht werden kann»: den «Liebestod für uns, an unserer Statt» – am Kreuz von Golgatha.[18] Erweist sich doch wahre Liebe in der Hingabe an den anderen bis in den Tod (Joh. 15,13; Eph. 5,25), im Abstieg in die Tiefe. Das Höchste ist das Tiefste. Wahre Liebe will sich nicht behalten, sondern sie läßt sich los, läßt sich fallen.

Diese Liebe Gottes hat nichts zu tun mit gönnerhafter Jovialität – als ginge es hier um die göttliche Spendelust eines Vaters überm Sternenzelt, der seine Gunst generös verschleudert. Anders der Gott der Bibel, der im Unterschied zu dieser bürgerlichen Gottvaterreligion aus Liebe zu uns ans Kreuz geht. Er ist sich nicht zu gut, aus Liebe hinabzusteigen ins tiefste menschliche Elend – im Viehstall von Bethlehem und am Schandgalgen auf Golgatha.

Wichtig ist Balthasar dabei, daß die Offenbarung Gottes in Jesus Christus die Unbegreiflichkeit Gottes nicht aufheben, sondern sie umgekehrt zur Geltung bringen will. Wo wäre Gott unbegreiflicher als in seiner «unbegreiflichen Liebe» am Kreuz? Durch seine «grundlos erwählende Liebe», durch die «Gott für immer alle Weisheit der Welt» durch seine «Narrheit schlägt», wird ja die ganze «Unfaßlichkeit Gottes» erst «fühlbar». Liebe ist ja ihrem Wesen nach unbegreifliches Geheimnis (vgl. Eph. 5,32). «Liebe ... kann man, bereits wenn man ihr innerweltlich begegnet, nicht definieren; sie übersteigt ... jedes Warum. Sie hat ihre Notwendigkeit nur aus sich selbst. Kein Begriff holt sie ein. Erst recht ist das Warum der absoluten göttlichen Liebe jedem Denken uneinholbar überlegen.»[19]

Die im Unterschied zur menschlichen Liebe absolute, abso-

lut verläßliche Liebe Gottes wird nach Balthasar vor allem
durch die Dreieinigkeit Gottes garantiert. Gott ist ja nach
christlichem Verständnis kein egoistischer Sologott, sondern
ein sozialer Gott, nicht einer allein, sondern drei und doch einer: Vater, Sohn und Geist. In seiner Wesensstruktur als Vater,
Sohn und Geist realisiert sich Gott als Liebe. Der Vater liebt
den Sohn durch den Geist, der der «Liebesaustausch» zwischen
ihnen beiden ist. Der Geist ist «der geeinte Atem von Vater und
Sohn» im Kuß ihrer Liebe. Gott hat sich durch diese seine Wesensstruktur auf Liebe festgelegt, er kann nicht anders.[20] Ganz
im Unterschied zum Menschen, der auch anders kann. «Gott
ist Liebe», heißt es im Neuen Testament (1. Joh. 4,16). Der
Mensch *ist* nicht Liebe, er *hat* Liebe oder er hat sie nicht.

Als Geist ist Gott unverfügbares Geheimnis. In der Bibel
wird der Geist Gottes mit einem «Wind», der «weht, wo er
will», verglichen (Joh. 3,8). Er ist ungreifbar und unfaßbar wie
ein Wind. «Wer wird sich vermessen, zu behaupten, er habe
den Geist? Fronten pachten ihn nicht, er fegt durch Spruch und
Widerspruch. Vertreter der Tradition können geistlos ver-
trocknet sein; Vertreter der Progression können ins Leere vor-
anmarschieren. Keine Partei fängt die himmlische Taube für
sich ein.»[21] Der Zorn Balthasars gegen die Traditionalisten und
Progressisten in der katholischen Theologie, die Gott durch
ihren Rationalismus auf Postkartengröße verkleinern und aus
ihm eine harmlose Selbstverständlichkeit machen, charakterisiert sein Denken. Immer wieder hämmert er mit Augustinus
und Anselm ins Bewußtsein, daß man an Gott nur das begreifen kann, daß er unbegreiflich ist.[22] Die «je-schon-bescheid-
wissenden Kleriker» haben Gott totgeredet.[23] Gott ist ein Geheimnis außerhalb der Reichweite des kalkulierenden Verstandes. Die flach erklärende Geheimnislosigkeit nimmt ihm die
Gottheit. Balthasar verweist in diesem Zusammenhang auf die
alte Sitte der Ostkirche, aus Ehrfurcht vor «der Unfaßlichkeit
des Mysteriums» Gottes das Abendmahl hinter einer Bilder-
wand zu feiern, die es den Blicken der Gemeinde entzieht.[24]

Balthasar hat das Verdienst, wie kein Theologe auf das
atemversetzende Geheimnis der Liebe hingewiesen zu haben,
die sich im religiösen wie zwischenmenschlichen Bereich dem

Kalkül des rechnenden Verstandes entzieht. Es geht im Grunde – zumal in unserer heutigen Leistungsgesellschaft – um die Frage Hölderlins: «Was ist alles, was in Jahrtausenden die Menschen taten und dachten, gegen Einen Augenblick der Liebe?» Der Augenblick, wo eine Mutter zum erstenmal nach der Geburt ihr Kind im Arm hält. Der Augenblick des ersten Aufleuchtens der Zuneigung zwischen zwei Menschen. Der Augenblick, wo ein anderer, der mich nicht leiden kann, auf mich zugeht. Vor allem der Augenblick der Liebe: Gott stirbt stellvertretend für uns Menschen am Kreuz.

Gott als die Hand im Dunkeln

Sollte man dann nicht lieber auf alles Sprechen über Gott verzichten, wenn er die Liebe ist und wenn Liebe ein unaussprechliches Geheimnis sein will? Sollte man nicht von Gott lieber schweigen, wenn seine Offenbarung nur den Sinn hat, seine Unbegreiflichkeit klarzumachen?[25] Doch Gott spricht uns in Jesus Christus als ein «Du», als «Person» an. Was das heißt, Gott ist Person, macht Balthasar an folgendem Gleichnis klar: «Es müßte das geschehen, was der Blinde, um sich Tastende nicht einberechnen kann: daß eine andere Hand plötzlich seine Hand ergreift und die Führung übernimmt. Diese andere Hand wäre nicht die des Mitmenschen, der uns in seiner Hütte für einen Augenblick Bergung und Labung verspricht ... wir beide stehen morgen wieder im gleichen Schicksal und Tod.» Die Hand des Mitmenschen könnte dem Blinden nur helfen, wenn sie seine Hand «mit der Kraft unbedingter Liebe» ergreift, was sie im letzten doch nicht kann.

«Was muß gesichert sein, wenn eine Hand – die Hand ... des ... persönlichen Gottes – auf einmal nach der tastenden Menschenhand greifen soll? Unter allen Umständen dies, daß des Menschen furchtbares Leid, sein blindes Hinausstehen in Nacht und Wind, nichts von seinem Gewicht verliert. Schöne Worte trösten uns nicht, auch wenn sie göttlich wären. Dasein ist nicht nur Maya, böser Traum, aus dem man erwachen ... kann.» Es ist «furchtbare Wirklichkeit». Dieser Be-

gleiter müßte mit dieser furchtbaren Wirklichkeit solidarisch
werden, müßte sie sogar «ernster nehmen, als ein Mensch es
kann». «Nicht in einer Allmacht, die von vornherein jene
Macht entmächtigt, sondern aus einer Stellung, in der er das
Entsetzliche der Weltmacht erfahren könnte. Nur dann wäre er
glaubwürdig.» Das «Kreuz Christi», mit dem Gott «das ganze
Leid der Welt» auf seine Schultern nimmt, ist «die Beglaubi-
gung Gottes».[26]

Was aber den christlichen Glauben von allen übrigen Religionen unterscheidet, ist dies: «Die Hand des liebenden Vaters, der
das tastende Kind ergreift, ist die Hand eines *menschlichen* Du.»[27]
Gott wird Mensch, er will es nicht besser haben. Er «erklärt sich
ein für allemal identisch mit einem im riesigen Kosmos und im
unabsehbaren Menschengewühl winzigen Etwas oder Jemand», dem Niemand aus Nazareth.[28] Das «Kennzeichen» aller «mystischen Bewegung» von den Chinesen, Indern, Griechen, Arabern bis Böhme, Schelling, Rilke ist der «Aufstieg zu
Gott». Doch der ins Endliche einging, ist nicht im Unendlichen
zu suchen. Gott ist in Jesus von Nazareth «Fleisch» geworden
(Joh. 1,14). Gott ist folglich *in der Welt*, nicht in einer Überwelt
zu suchen, «ja in ihren untersten Stockwerken hat Gott sich
gezeigt». Durch den «Abstieg» Gottes ist der «Aufstieg» des
Menschen zu Gott «überholt». Gott kommt zum Menschen,
nicht umgekehrt der Mensch zu Gott.[29]

Doch kann der heutige Mensch diesen Gott noch erfahren,
zumal er ja totgepredigt wurde durch die über alles «bescheid-
wissenden Kleriker»?[30] Auch wir heutigen, an der «Gottver-
gessenheit» leidenden Menschen begegnen Gott auf Schritt und
Tritt, wenn wir ihn nicht oben, sondern *unten* suchen, wo er zu
uns kommen will. Wir «haben, wenn wir wie die Blinden hart
an Mitmenschen stoßen, diese Not-Ration an natürlicher Gott-
berührung, daß in solchem Anstoß das Kreuz unseres göttlichen Bruders aufleuchtet: hinter dem Härtesten, Verlorensten,
Verdunkelsten steht immer ER . . .»[31] Ehe man überhaupt Zeit
hat, Gottes Existenz zu beweisen oder zu bezweifeln, rempelt
man an ihn an und wird dadurch sehr schnell auf den Boden der
Wirklichkeit zurückgeholt (vgl. Matth. 25,31 ff).

Gott als höchste Schönheit

Seine Kreuzestheologie hindert Balthasar nicht, in seinem mehrbändigen Werk «Herrlichkeit» eine theologische Ästhetik* zu entwerfen, die Gott als «die höchste Schönheit» begreift.[32] Er wendet sich vor allem gegen die Bild- und Formlosigkeit des Protestantismus (Luther, Bultmann) mit seiner theologischen Ästhetik. Das Christentum ist für ihn eine ästhetische Religion. Denn Gott hat in seiner Menschwerdung «eine Gestalt» angenommen[33] und sich nicht nur in Chiffren offenbart. «Nur Gestaltetes kann hinreißen und in Entzücken versetzen; nur durch die Gestalt zuckt der Blitz der ewigen Schönheit.» «Hingerissenwerden» aber ist nach Balthasar «der Ursprung des Christentums». Die Apostel sind «hingerissen von dem, was sie sehen, hören und tasten», was in der «Gestalt» sich offenbart – in der «Gestalt Jesu». Wie wollte man Paulus verstehen, «wenn man ihm nicht zugestände, daß er in Damaskus die höchste Schönheit geschaut» hat, «um dann für die Eine Perle alles verkaufen zu können ...»[34] (vgl. Matth. 13,45 f).

Das Christentum ist nach Balthasar die einzige ästhetische Religion. Denn Gott wurde nach dem Neuen Testament Fleisch (Joh. 1,14), nicht Geist. «Geist gibt es in allen anderen Religionen und Weltanschauungen genug.» Das «unterscheidend Christliche» ist gerade das «Leiblich-Sinnenhafte», in dem Gott erscheint und gehört, gesehen, betastet werden will.[35]

Nicht genug damit, daß Gott einen Leib aus Fleisch angenommen hat in Jesus von Nazareth, er hat «einen Leib aus Buchstabe, Schrift, Begriff, Bild, Stimme und Verkündigung» in der Kirche angenommen. Als Ausdruck seiner «Kondeszendenz», seines Abstiegs.[36]

Das Christentum ist für Balthasar der Anwalt des zwecklos Schönen in einer total verzweckten Gesellschaft. Denn die «Schönheit, die interesselose», «hat» von unserer «Welt der

---

* Das entsprechende griechische Wort bedeutet «Wissen vom sinnlich Wahrnehmbaren» und «das sinnfällig Schöne».

Interessen unmerklich-merklich Abschied genommen, um sie ihrer Gier und ihrer Traurigkeit zu überlassen».[37] Eine ungewöhnliche Sicht des Christentums, zumal wenn man an die Polemik Nietzsches gegen das Christentum denkt. Er meinte: «Das Christentum negiert alle ästhetischen Werte.» «Christlich» ist für Nietzsche nichts anderes als «der Haß gegen die Sinne» und «gegen die Freude», das «Kreuz» «Erkennungszeichen für die unterirdischste Verschwörung, die es je gegeben hat – gegen Gesundheit, Schönheit, Wohlgeratenheit, Tapferkeit ... gegen das Leben selbst». Er fordert «den Glauben an den Leib» statt des «Glaubens an den Geist». «Zurück vom Sinn zu den Sinnen!»

Nietzsches Antithesen waren wohl durch den protestantischen Puritanismus seines Elternhauses provoziert. «Wer das Schöne liebt, wird in der Scheune der Reformation frösteln» (G. Nebel). Ob der Protestantismus durch seinen Glauben *gegen* den Augenschein nicht den Menschen überfordert? Die Wahrheit muß mich angehen, mich interessieren, mir gefallen, mich faszinieren, wenn sie angenommen werden will. Hier muß man einen Kredit vorstrecken – wie es scheint.

Aber spricht nicht Balthasar an anderer Stelle selber davon, daß die Herrlichkeit Gottes sich verbirgt?[38] Ein Gott, den man sehen könnte, wäre nicht nur das Ende des Glaubens, sondern auch das Ende des Menschen (Jes. 6, 5). Die Gestalt, die er in jenem Mann von Nazareth angenommen hat, ist lediglich seine Chiffre und sein Inkognito. Als Mose Gottes «Herrlichkeit anschauen» wollte, antwortete ihm Gott: «Du kannst mein Angesicht nicht sehen, denn kein Mensch kann mich sehen und am Leben bleiben ... Stell dich an diesen Felsen! Wenn meine Herrlichkeit vorüberzieht, setze ich dich in den Felsspalt und halte meine Hand über dich, bis ich vorüber bin. Dann ziehe ich meine Hand zurück und du wirst meinen Rücken sehen. Mein Angesicht aber kann niemand sehen» (2. Mose 33, 18–23).

Die Kirche, Salz,
nicht Sacharinpille der Welt

Die Kirche wird durch Balthasar vom Kreuz, der Mitte christlicher Theologie[39], her einer rigorosen Kritik unterzogen. Ihre «angsthafte Flucht ... vor dem Kreuz» war und ist «Flucht in Ideologien der Weltbeherrschung hinein: der konstantinischen, karolingischen, ottonischen, habsburgischen, bourbonischen ... Weltbeherrschung in der Vergangenheit, und heute, da die äußerlichen Machtformen nicht mehr in Griffweite sind, in geistige Formen der Anbiederung, des Auch-dabei-sein-Wollens». Sie ist nicht – nach der Bergpredigt – «Salz» der Welt (Matth. 5,13), sondern «Sacharinpille» der Welt.[40] Nicht Salz im Fleisch der Welt und die Gegenöffentlichkeit derer, die sich querstellen, sondern ein weltangepaßter Machtapparat. Seine aufgeblasene Wichtigkeit fällt angesichts des Kreuzes von Golgatha zusammen wie ein angestochener Luftballon. Balthasar hatte den Mut, 1961 – also vor dem Konzil – den damals herrschenden kirchlichen «Integralismus», dem es nur um «Straffung der Disziplin», «Säuberung und Ölung der ... Gelenke», «Zentralisation» und «Hebung des klerikalen Standes» zu tun war, als den «eigentlichen Gegensatz zum Wehen des Heiligen Geistes» zu bezeichnen.[41] Die Hierarchie von Papst und Bischöfen hat ihm zufolge keine selbstherrliche, sondern nur eine «dienende Funktion».[42] Das «eigentliche Kirchenoberhaupt» ist Jesus Christus, die Hierarchie versieht ihr Amt «in restloser Abhängigkeit» von ihm.[43]

Reformatorisch ist auch Balthasars Verständnis der Kirche als Gemeinschaft begnadigter Sünder. Sie «besteht aus Sündern»[44], und sie ist keine Reservation für weißliche Schafe. Er nennt sie in einem programmatischen Aufsatz vom Jahr 1948 – im Anschluß an die Kirchenväter – die «casta meretrix», die «keusche Dirne», die wieder zur Jungfrau gemachte Hure.[45]

Diese radikale Entmythologisierung der Kirche hat ihre Konsequenzen speziell für die Beurteilung des Papsttums. Das Amt des Papstes wird für Balthasar nur wieder glaubwürdig, wenn es – wie bei Petrus – «Nachfolge ins Kreuz» ist und wenn es auf jede Macht verzichtet. Dieses Amt übt Macht nur aus durch seine Ohnmacht (2. Kor. 12, 10). Es ist stark nur, wenn es nicht stark sein will. Der «servus servorum», der «Knecht aller Knechte», hat am «letzten Platz» zu stehen, nicht am ersten, am «Platz der letzten Verachtung und Beschimpfung».[46]

Interessant in diesem Zusammenhang ist die Funktion, die Balthasar der Mutter Jesu zuweist. Maria verkörpert für ihn das frauliche Element in einer männerfixierten Kirche. «Wo das Geheimnis der Marianität der Kirche ... preisgegeben wird, da muß das Christentum eingeschlechtlich (homo-sexuell), nämlich all-männlich werden.» Das Marianische ist ein heilsames Gegengewicht zum «hierarchischen Moment» der Männerkirche.[47]

Kein Weltgericht mit doppeltem Ausgang, sondern die Hoffnung auf die Versöhnung aller

Auch die Hölle kann der grenzenlosen Liebe Gottes keine Grenze setzen. Die Arme des gekreuzigten Gottes strecken sich nach *allen* aus. Gott «will, daß alle Menschen gerettet werden», heißt es im Neuen Testament (1. Tim. 2, 4).[48] Für Balthasar ist das der Leitsatz der Eschatologie, der Lehre von den letzten Dingen. Jüngstes Gericht und Hölle erfahren von diesem Grundsatz her eine kühne Umdeutung, die im Widerspruch steht zur kirchlichen Tradition, nach der Gott einst die Gerechten von den Sündern scheiden und ersteren die ewige Seligkeit, letzteren die ewige Verdammnis verordnen wird. Balthasar meint, der «doppelte Ausgang des Gerichts», wie er gerne an Portalen mittelalterlicher Kirchen abgebildet wurde, sei im Grunde eine jüdische und vorchristliche Vorstellung – sosehr sie auch auf das Neue Testament abgefärbt hat.[49] Nicht der Sünder, die Sünde wird ewig verdammt. In der Hölle bleibt nur «die durch das Werk des Kreuzes vom Sünder getrennte Sünde zurück». Hat doch Christus stellvertretend für alle Sünder am Kreuz das Gericht auf sich genommen. Hölle, hebräisch «Gehenna», war in der Bibel ursprünglich der Name eines Tals bei Jerusalem, wo die Abfälle verbrannt wurden.[50] Der Mensch darf darauf hoffen, daß kraft des Kreuzes «sein

Verdammenswertes von ihm abgetrennt und zu dem unverwendbaren Rest, der vor den Türen der heiligen Stadt verbrannt wird, geschlagen wird».[51] Mit dieser «Hoffnung auf die Rettung aller Menschen» steht und fällt christlicher Glaube nach Balthasar. Deswegen wird die Hölle – eine Vorstellung von bedrückender Aktualität – keineswegs verneint. Sie besteht aber nicht aus einer Danteschen Folterkammer, sondern in der «Selbsterkenntnis» (Hamann) des Menschen, der sich angesichts des Gekreuzigten seiner Schuld bewußt wird. Das Jüngste Gericht ist ein «Selbstgericht».[52] Wer kennt nicht diese Hölle der Selbsterkenntnis, die viel heißer brennt als die Feuersärge traditioneller Infernophantasie, der Sekundenblick in den Abgrund? Das Heilsdrama beginnt so mit einem Ende und endet mit einem Anfang.

Balthasar knüpft mit diesen Thesen an eine alte, von der offiziellen Kirche unterdrückte Tradition des Origenes und anderer Kirchenväter an, die die Lehre von der Allversöhnung (Apokatastasis panton) vertraten. Eine ewige Verdammnis der Sünder würde Gottes Wesen, das grenzenlose Liebe ist, widersprechen und aus ihm einen sadistischen Folterknecht ma-chen. Gott ist auch kein metaphysischer Buchhalter, der gute und böse Taten gegeneinander aufrechnet, sondern er bezahlt selbst – durch seinen Kreuzestod. Der Tod des Menschen ist je schon unterfaßt von Christi Tod.[53]

Der Mensch verdankt sich nicht selbst, sondern Gott. Er kann sich allenfalls selbst auslöschen. Als ich Hans Urs von Balthasar in einem Brief fragte, ob die Welt nicht reif sei fürs Gericht, antwortete er mir: «Ich glaube ... nicht, daß das Weltende von oben und außen kommt, sondern durch den Menschen selbst, der als Sünder und Titan die Selbstzerstörung als höchste Möglichkeit sieht.»[54]

Ob Balthasar nicht mit alldem die Grunderfahrung des heutigen Menschen anspricht, der letztlich nur – wie in Samuel Becketts «Warten auf Godot» – eingestehen kann: «Unsere Rolle? ... Bettler!» Er wartet ohnmächtig auf Befreiung, obschon er sich wie «ein kleiner Kiesel mitten in der Wüste» vorkommt, umgeben von «der Unendlichkeit der Leere» – so Beckett im «Endspiel».

Fazit

Es ist unmöglich, Hans Urs von Balthasars Werk in ein Fazit bündeln zu wollen. Es geht mir hier lediglich darum, im polaren Gewoge seiner Aussagen die Grundströmungen auszumachen, die tragen.

Wichtig erscheint vor allem die Einsicht Balthasars, daß an Gott nicht geglaubt wird, weil er Gott ist, sondern weil er sich als das für den Menschen denkbar Wichtigste erweist (id quo maius cogitari non potest – Anselm). Daß Gott heute keine selbstverständliche Vorgabe unseres Kulturkreises mehr ist; ja, daß er noch nie eine Selbstverständlichkeit war oder hätte sein sollen, sondern eben das *Unselbstverständliche schlechthin*: das *atemberaubende Geheimnis der Liebe*. Daß Gott im Gekreuzigten per du wird mit uns Menschen, jeden Menschen persönlich anredet und ihm dadurch einen «unersetzlichen Wert» zumißt.[55] Einen Wert, den er hat jenseits von Angebot und Nachfrage; einen Wert, den er hat unabhängig von Leistung und Versagen. Alles steht und fällt in Balthasars Kreuzestheologie mit der Grundthese: «Nur wo Gott Person ist, wird der Mensch als Person ernst genommen.»[56] Wenn das Christentum den anderen Religionen etwas voraus hat, dann ist es der Gott der Kondeszendenz, der Gott, der nichts Besseres sein will und sich für den Menschen ans Kreuz nageln läßt. «Die Liebe fordert alles» (Beethoven).

Es macht das Pathos der Theologie von Balthasar aus, wieder ganz neu verdeutlicht zu haben: Liebe ist ein unverrechenbares Geheimnis – religiös wie innermenschlich! Daher sein Zorn gegen die Antibaby-Pille[57], durch die das «Moment der Berechnung» in die Liebe hineinkommt, die ihrem Wesen nach jeder «Planung» widerstrebt.[58] Es ist mit das Hauptverdienst seiner Theologie, daß sie das Geheimnis der Liebe wider die alles verrechnende Rationalisierung unseres Computerzeitalters verteidigt. Ihre Irrationalität darf nicht durch das Neonlicht der Aufklärung zerstört werden. Wenn wir kleinkariert geworden sind, sollten wir das Geheimnis nicht auf unser kleines Karo reduzieren wollen.

Doch man möchte die Gegenfrage stellen: Ist Balthasar nicht

ein unverbesserlicher Romantiker, wenn er in unserer Industriekultur die Poesie der Liebe retten will? Gibt es das Phänomen Liebe heute überhaupt noch? «Liebe ist Mist», sagt Harry
in Ernest Hemingways «Schnee auf dem Kilimandscharo».

Balthasar würde antworten: Liebe ist keine Poesie, sondern
eine blutige Realität. Wenn menschliche Liebe nur relativ
glückt, fragt sie wie von selbst nach einer absoluten, absolut
verläßlichen Liebe, die der Welt nur der Gott am Kreuz schenken kann. Auch wenn der Mensch sich im dunklen Tunnel
seines Lebens immer wieder verirrt, steht doch am Ende des
Tunnels einer, der ihn unbedingt liebt. Der ihn vorbehaltlos
annimmt. «Das Absolute kann nie vergessen werden» (Leszek
Kołakowski).

Auch in seiner vorbegrifflichen metaphorischen Theologie
geht es Balthasar um die Wahrung des Geheimnisses, das
durch eine Ikonenwand vor dem Zugriff der «reinen» Vernunft geschützt werden soll. Balthasar hat unserer Zeit wieder
ganz neu eingeschärft, daß Glaube keine intellektuelle Hochleistung, sondern umgekehrt Sache der «Einfältigen», der
«durch gelehrte Einzelbegriffe Unbelasteten und Unverstellten» ist. Daß «wahre Mündigkeit» «gerade in der erreichten
Kindlichkeit liegt, die sich von allem Wissenskram falscher Erwachsenheit freizumachen gewußt hat».[59] Staunen contra
Skepsis! Wie immer man dieses Konzept beurteilen mag, Balthasars Votum für eine bildhafte Sprache ist ein dringendes Desiderium in unserer nüchternen Technokratie mit ihrem sterilen Abstraktvokabular. Metaphern sind kommunikativ, während Begriffe isolieren. Wir wissen alle aus unserer Erfahrung,
wie sehr verklemmte Gespräche entkrampft und vermenschlicht werden können durch eine bildhafte Metaphernsprache.
Balthasar will deswegen nicht die vorbegriffliche gegen die begriffliche Sprache ausspielen, sondern der allzu reinen Vernunft technischer Rationalität entgegensteuern. Jede falsche
Alternative würde hier ja in eine verhängnisvolle Sackgasse
führen. Denn wir wissen: Viele Bilder greifen nicht mehr angesichts der Bildinflation, die den heutigen Menschen überflutet. Viele Bilder sind durch Gewöhnung blind geworden. Andererseits wurde das Bild heute weithin zum Rauschgift, wenn

man bedenkt, wie es durch Fernsehen und Reizpresse den Menschen in einen fast magischen Bann schlägt. Eine vorbegriffliche Traumwelt, die den heutigen Menschen fast unfähig macht, in Begriffen zu denken.

Es wäre noch manch anderes zu nennen, wodurch Balthasar neue Weichen für die Theologie gestellt hat, wie sein ökumenisches Engagement, aber auch seine Skepsis gegenüber jeder Einheitsschwärmerei. Immer wieder warnt er vor der ökumenischen Vogel-Strauß-Politik, die die Unterschiede zwischen den Konfessionen nicht wahrhaben oder ausklammern will und sich so Illusionen hingibt.[60] Das Gratisgerede von der Einheit der Kirchen führt nicht weiter. Die Einheit ist nach Balthasar kein Selbstzweck. Wahre Einheit ist Einheit in der Wahrheit – nicht Einheit um der Einheit willen. Einheit in der Wahrheit kann man sich aber nicht so billig besorgen wie manche ökumenische Einheitsmanager uns glauben machen wollen. Trotz alledem ist die Spaltung der Kirchen nach Balthasar ein Ärgernis, das ihr «Weltzeugnis» «dem Gelächter preisgibt».[61] Auch in dieser Frage liegt seine Theologie – wie überall – quer zum Trend.

Hans Urs von Balthasar wird in die Geschichte eingehen als unabhängiger Denker, der die Sache der Theologie nie an eine schnöde Tagesopportunität verkauft hat. Vielleicht ist es nur der Überraschungseffekt der Ehrlichkeit, was an dieser Theologie so überzeugt, sicher aber ihre unbeirrbare Sachtreue.

KARL
RAHNER

Sorge um den Menschen

Karl Rahner ist zum Theologen geboren wie der Vogel zum Fliegen. Die Theologie gehört sozusagen zu seiner Natur. Rahner «hat außer seiner Theologie keine Biographie» (J. B. Metz). Er bekennt von sich selbst: «Es gibt von mir eigentlich nichts zu sagen, was ich nicht auch geschrieben hätte.» Sein Leben ist identisch mit seinem Werk. Es gibt bei ihm sonst nichts als sein Werk, «kein gehütetes Privatum, keine Hobbies ... keine Ablenkungen, aber eben auch keine Fluchtmöglichkeiten».[1]* Man ist an einen anderen großen Theologen, Thomas von Aquin, erinnert, der sich so sehr mit seinem

---

* Die hochgestellten Ziffern verweisen auf die «Anmerkungen und Literaturhinweise» im Anhang, siehe Seite 298.

Theologenberuf identifizieren konnte, daß er ständig – in Gedanken versunken – seine Umgebung vergaß; und etwa, als er einmal an der Tafel König Ludwigs IX. von Frankreich zu Gast war, plötzlich auf den Tisch schlug und der konsternierten Tischgesellschaft zurief: «Jetzt habe ich einen wichtigen Beweis gegen die Manichäer!»

Doch Rahner ist nicht der Typ des zerstreuten Professors. Rahner ist Seelsorger. Die Sorge um den Menschen treibt ihn wie kaum einen anderen Gegenwartstheologen um.[2] Daher geht sein theologischer Ansatz vom Menschen aus, von seinen Nöten, Fragen, Hoffnungen. Sein beispielloser Erfolg, der allenfalls noch protestantischerseits von Karl Barth erreicht wurde, machte ihn nicht eitel, sondern verlegen. Luise Rinser sagte einmal, sie «kenne nur wenige völlig uneitle Männer: Rahner und Böll ...»[3] Typisch für ihn sind die Sätze: «Ich bin kein ‹Wissenschaftler›. Ich möchte auch in dieser Arbeit ein Mensch, ein Christ und ... ein Priester der Kirche sein. Vielleicht kann ein Theologe überhaupt nichts anderes wollen. Auf jeden Fall war mir die theologische Wissenschaft als solche eigentlich immer gleichgültig.»[4] Aus diesen Worten spricht freilich auch eine fast naturhafte Kirchlichkeit. Johann Baptist Metz sagt von Rahner: «Zynismus überhaupt und gerade seiner Kirche gegenüber ist ihm aus tiefster Seele fremd. Er erlebt diese Kirche in seinen Eingeweiden, ihr Versagen deshalb freilich auch wie Koliken. Und wer schriee da nicht?» Hier «schreit ... ein Mann in seiner Leidenschaft, ein Mann in seinem Zorn, vor allem aber auch ein Mann in seiner Wehrlosigkeit, preisgegeben, ausgeliefert an seine Kirche ... ein Mann, der Angst hat um seine Kirche ...»[5]

Es erscheint vielen als Rätsel, wie die ledertrockene und schwierige Theologie Rahners diese erstaunliche Wirkung erzielen konnte. Zumal in einer Zeit, wo der Mensch nur noch nach seiner Telegenität bewertet wird und danach, wie er «sich verkauft». Aber vielleicht ist gerade dies das Geheimnis seiner unglaublichen Wirkung, daß er sich eben nicht verkauft, sondern den Preis hochtreibt. Man vermißt bei ihm die Glut Przywaras, die Klarheit Guardinis und die Wucht des gegen die Zeit anschreibenden von Balthasar, begegnet aber dafür einer bohrenden Rationalität, die die Theologie in die letzten Reflexionstiefen vortreibt und keine Halbheiten oder Platitüden duldet. Über Rahners geschraubten, verschachtelten und umständlichen Stil wurde schon viel gewitzelt. Theologen aus seinem Umkreis versuchen, die schwierigen Gedankengänge allgemein verständlich zu vermitteln – scherzhaft das Karl Rahner-Dechiffriersyndikat genannt. Bemerkenswert ist demgegenüber die Sprachkraft nicht weniger Texte, in denen sich Rahner an Nichttheologen wendet und aus denen ganz der Priester und Seelsorger redet. Sie sprechen unmittelbar an und sind frei von professoraler Kompliziertheit. In der sprachlichen Schwerfälligkeit Rahnerschen Theologisierens drückt sich vermutlich noch etwas anderes aus: Sprache nur am Rande des Verstummens zuzulassen angesichts des Gegenstandes der Theologie, der ein namenloses Geheimnis ist.

Das erstaunlichste Stück Aufbruchsgeschichte der heutigen katholischen Theologie

Karl Rahner[6] wurde 1904 in Freiburg im Breisgau als viertes von sieben Kindern eines Gymnasiallehrers geboren. 1922 trat er in den Jesuitenorden ein. Er studierte Philosophie an den Ordenshochschulen Feldkirch und Pullach bei München sowie an der Universität Freiburg, wo er vor allem Martin Heidegger und Erik Wolf hörte. Das Studium der Theologie absolvierte er an der Ordenshochschule in Valkenburg (Holland) und an der Universität Innsbruck, an der er zum Dr. theol. promovierte und sich 1937 im Fach Dogmatik habilitierte. Mit seiner philosophischen Dissertation «Geist in Welt» war Rahner bei dem Freiburger Philosophen M. Honecker, einem Vertreter der katholischen Neuscholastik, gescheitert. Nach dem «Anschluß» Österreichs wurde die Theologische Fakultät Innsbruck, der Rahner als Privatdozent angehörte, geschlossen. 1939 wurde Rahner aus Tirol ausgewiesen. Er fand Aufnahme beim Seelsorgeinstitut in Wien, das dem Nazismus Widerstand leistete und in dem Rahner vom Regime verfolgte Menschen unterstützte. Ein Markstein im Leben Rahners war seine Arbeit als Seelsorger 1944 bis 1945 in Mariakirchen in Niederbayern. Seit 1945 war er drei Jahre als Dozent in der Ordenshochschule in Pullach tätig. Die Fastenpredigten, die er 1946 im zerbombten München hielt, machten ihn in weiten Kreisen bekannt. Sie erschienen allein im deutschen Sprachbereich in mehr als 100000 Exemplaren. Von 1948 an lehrte Rahner wieder an der Universität Innsbruck, wo er über sechzehn Jahre wirkte, seit 1949 als ordentlicher Professor für Dogmatik und Dogmengeschichte. 1964 nahm er den Ruf auf den Lehrstuhl für christliche Weltanschauung an der Universität München als Nachfolger Guardinis an, um schließlich 1967 als Ordinarius für Dogmatik nach Münster überzuwechseln.

Hinter diesen dürren Daten verbirgt sich ein Leidensweg, der Dauerkonflikt mit ultrakonservativen Vertretern seiner Kirche, die ihn schon sehr früh als «Neomodernisten» gebrandmarkt hatten, bis dann nach dem Zweiten Vatikanum (1962–1965) Auseinandersetzungen mit Progressiven dazu kamen. Ein entnervender Zweifrontenkrieg! Hinzu kommt die zerbrochene Freundschaft mit Hans Urs von Balthasar. Am 17. August 1981 schrieb er mir in einem Brief: «Warum mein ehemaliger Ordensmitbruder und Freund v. Balthasar mich heute so erbittert bekämpft, ist mir ein Rätsel.» Er merkt in demselben Brief an: «Ich hoffe, zur Überwindung der Neuscholastik des XIX. und der ersten Hälfte des XX. Jahrhunderts beigetragen zu haben.» Rahner kannte die Neuscholastik wie keiner und wollte sie von innen her überwinden. Er benützt ihre Begriffe, ging sozusagen durch sie hindurch, nicht über sie hinweg. Durch ihre Umprägung bekamen ihre abgegriffenen Begriffe wieder neue Aussagekraft. Daß er sich aus ihrem Netz durch ihre Umdeutung – nicht Ablehnung – befreite, machte aber gerade seine Gegner so nervös. Sein Bonmot über die uniformierten neuscholastischen Lehrbücher: «Die Schulbücher sind – Schulbücher», wurde in der katholischen Theologie zum geflügelten Wort. Diese Bücher, die im damaligen theologischen Ausbildungsbetrieb als unantastbare Autorität galten, sind – so Rahner 1954 – «in einer Weise ‹unoriginell›, daß es erschreckend ist». Wenn die «Dogmatik» «je ihrer eigenen Zeit» dient, dann müßte man erwarten, «daß eine Dogmatik von heute sich von z. B. einer solchen um 1750 unterscheidet», was diese Routinehandbücher nicht tun. «Wo eine Wissenschaft ihre begriffsbildende Kraft verliert, wird sie steril.»[7] Nach K. Lehmann ist Rahners Denken «ein heimlicher Aufstand» «gegen eine fad gewordene und eingetrocknete Philosophie und Theologie der Schule».[8] Er sucht entsprechend – so Johann B. Metz – «eine schöpferische», nicht nur – wie die Neuscholastik – eine defensiv-«apologetische Konfrontation mit dem Denken ... der Zeit»[9]; er ist so als «das wohl erstaunlichste Stück Aufbruchsgeschichte der katholischen Schultheologie in unserer Zeit» anzusehen. Wie Guardini, Przywara, de Lubac und v. Balthasar versucht er, in einen unbefangenen Dialog mit dem heutigen Geistesleben einzutreten, gegen das sich die Neuscholastik, soweit sie es überhaupt wahrnahm, ängstlich einigelte. Unter dem Einfluß des Naturwissenschaftlers Pierre Teilhard de Chardin und des Philosophen Joseph Maréchal[10] wagt er eine einheitliche Wirklichkeitsschau, in der nicht Natur und Übernatur, Materie und Geist zertrennt werden – wie in der Schultheologie. Seine Grundformel «Geist in Welt» ist «Bekenntnis zur Materie, zur Welt und zur Geschichte».[11] Die Welt wird nicht durch eine religiöse Überwelt aufgestockt, sie zielt selber hin auf den absoluten Punkt: Gott. Ein fast tollkühnes Konzept, das die Vertreter des Status quo herausfordern mußte.[12] Die abgelehnte philosophische Dissertation «Geist in Welt» sollte ein böses Omen sein. Während Rahner von den «Säuberungsaktionen» der Enzyklika «Humani generis» Pius XII. verschont blieb, durfte eine umfangreiche Arbeit von fast 500 Seiten über das neue Dogma (1950) von der leiblichen Himmelfahrt Mariens nicht erscheinen. Eine weitere Publikation wird von Pius XII. öffentlich abgelehnt.[13] Der Hauptschlag erfolgte 1962, zu Beginn des 2. Vatikanischen Konzils, dessen Vorreiter und Testpilot doch Rahner durch seine Theologie gewesen war. Reaktionäre Kreise sorgten 1962 dafür, daß Rahner kurz vor Beginn des Konzils durch ein «Schreibverbot» («römische Vorzensur») disqualifiziert und so von einer möglichen Mitarbeit beim Konzil von vornherein ausgeschlossen war. Eine Unterschriftensammlung bekannter Wissenschaftler und Politiker –

Konrad Adenauer eingeschlossen – wurde als Zeichen des Protestes nach Rom geschickt. Nach weiteren Interventionen hob Papst Johannes XXIII. die verhängte Zensur auf.[14] Rahner, der das Konzil entscheidend mitgeprägt hat, wurde 1962 Peritus* des Konzils und 1969 Mitglied der päpstlichen Theologenkommission.

Rahner ist der vorgeschobenste Posten ökumenischer Verständigung katholischerseits.[15] Er schielt deswegen nicht hinüber zur evangelischen Theologie, und er imitiert sie nicht – wie manch andere. Er betreibt immer – auch in seinem kühnen Dialog mit dem modernen Denken – nichts als katholische Theologie.[16] Es geht ihm einzig darum, daß die katholische Theologie katholische Theologie bleibt, mit anderen Worten, daß sie zu ihren Quellen zurückfindet: zu den Kirchenvätern der ersten Jahrhunderte und zur Bibel. Nur so kann sie sachgerecht auf den Problemdruck des modernen Denkens reagieren, nicht durch eine modernistische Anpassungs- und Gefälligkeitstheologie! Die unglaubliche Wirkungsgeschichte der Theologie Rahners erklärt sich wohl nur so. Es gibt vermutlich keinen neueren deutschen Theologen, dessen Publikationen so häufig in anderen Sprachen erschienen sind. Die von Schülern besorgte Bibliographie Rahners 1924 bis 1979 hat selber Buchformat. Die in ihr enthaltene Sekundärliteratur über Rahner umfaßt für die Jahre 1948 bis 1978 allein 646 Ziffern. Seine vierzehn Bände «Schriften zur Theologie» gelten als neue katholische «Theologische Summe», der des Thomas von Aquin durchaus ebenbürtig. Ganz zu schweigen von den wissenschaftsorganisatorischen Leistungen Rahners als Herausgeber so bahnbrechender Werke wie des «Lexikons für Theologie und Kirche» I–XI (1957–1967), des «Handbuchs der Pastoraltheologie» I–V (1964–1972), von «Herders Theologischem Taschenlexikon» I–VIII (1972–1973) und der renommierten Reihe theologischer Monographien «Quaestiones Disputatae».

* fachkundiger Berater

Das Grundanliegen: transzendentale Theologie oder der Mensch als das auf Gott verwiesene Wesen

Als ich Rahner fragte, worin das Grundmotiv seines Denkens bestünde, verwies er auf seine «transzendentale Theologie».[17] Was heißt transzendentale Theologie? Mit transzendental ist so ziemlich das Gegenteil von transzendent = jenseitig gemeint. «Transzendental» heißt soviel wie über die Welt hinausschreitend, im Gegensatz zu «transzendent» = überweltlich; von unten her, nicht von oben her denkend. Wenn der Mensch sich selbst und die Welt überschreitet, begegnet er der Transzendenz: Gott. Kommt doch das Wort Transzendenz vom lat. transcendere = überschreiten.

Der Mensch ist also nicht nur eine Summierung von Tierzellen, sondern *das für Gott offene Wesen*.[18] Rahner meint, er hat ein «übernatürliches Existential»[19]. Das heißt: Der Mensch ist *qua Mensch* auf Gott bezogen. Die Gottesbeziehung gehört zu seiner *Konstitution*. «Transzendenz» ist mit dem Wesen des Menschen gegeben, sie ist «nicht irgend etwas», «das wir nebenbei gleichsam als metaphysischen Luxus unseres intellektuellen Daseins betreiben».[20] Sie ist kein auf die Natur aufgesetzter Überbau, der wegfallen kann – wie in der Neuscholastik –, sondern ihr tragender Grund.

Mit diesem anthropologischen Ansatz, der vom Menschen, von unten ausgeht, vollzog Rahner einen radikalen Bruch mit der traditionellen katholischen Theologie, die von oben ausgeht. Ihr ging es darum, «daß eine Glaubensaussage, so wie sie steht, dem Menschen von heute beizubringen sei», ganz egal, ob er etwas damit anfangen kann oder nicht. «Anders Rahner. Am Anfang steht der Mensch, nicht die Glaubensaussage», seine Fragen, nicht die Antwort.[21] Antwort geben kann man nur, wenn man vorher die Frage gehört hat.

Doch was hat der Mensch davon, daß er das für Gott offene Wesen ist? Rahner würde antworten: Dies, daß er, ob er steht oder fällt, von der Gnade unterfaßt ist, daß er – komme, was da wolle – unbedingt angenommen ist, daß er schon immer – unabhängig von seiner Leistung und seinem Versagen – bejaht ist, daß das Ja Gottes seinem Ja und seinem Nein ewig voraus ist. Für Rahner ist die «Hinordnung des Menschen auf die Gnade» ein «Konstitutiv seiner ‹Natur›»,[22] die Gnade gehört zur «Grundstruktur des Menschen».[23]

Dabei legt Rahner viel Wert darauf, daß diese absolut verläßliche Gnade eine Person, keine Sache ist – wie in der katholischen Schultheologie.[24] Gott gibt nicht – wie der Arzt – eine Medizin, er gibt sich selbst. So viel ist der Mensch ihm wert. Gnade heißt «Selbstmitteilung Gottes», wie Rahner immer wieder betont.[25] Das Wort «Selbstmitteilung» besagt, «daß Gott in seiner eigensten Wirklichkeit sich zum innersten Konstitutivum des Menschen ... macht».[26]

Anonymes Christentum

Die Gnade wird als göttliches Dauerangebot an den Menschen so sehr zur «Eigentümlichkeit seines Wesens», daß er aus ihr «nicht heraustreten kann». Wenn dem so ist, dann gibt es in jeder Religion, nicht nur in der christlichen, «Gnade Gottes, wenn auch in einer unterdrückten und depravierten Weise». Jeder Mensch ist so unbewußt Christ. Rahner redet vom «anonymen Christentum».[27] Auch die nichtchristlichen Religionen sind «Heilswege», «auf denen die Menschen Gott und seinem Christus entgegengehen».[28] Sie sind suchende Christologien.* Die nichtchristlichen Religionen glauben nicht an Christus, wie die Christen, aber sie suchen ihn, wenn sie auch auf Irrwege geraten. Selbst Atheisten können nach Rahner solche anonyme Christen sein. Wenn sie «der fordernden Stimme ihres Gewissens folgen», können sie das «Heil erlangen».[29] Auch im Marxismus schlägt das übernatürliche Existential des Menschen durch. In seiner «echten, authentischen Liebe zum konkreten, elenden Menschen war ... der Geist Gottes am Werk ...»[30]

Obschon die Konzeption Rahners durch ihre Großzügigkeit und Weite besticht, bietet sie der Kritik breite Angriffsflächen.

* Christologie = Lehre von Christus

Rahner hat schwerlich das Neue Testament auf seiner Seite, das von der Ausschließlichkeit Jesu Christi als Heilbringer ausgeht. Ganz abgesehen davon, daß sich der Atheismus und die nichtchristlichen Religionen diese christliche Vereinnahmung schwerlich gefallen lassen werden – sowenig es sich der Christ umgekehrt gefallen lassen würde, würde man ihn als anonymen Buddhisten, anonymen Moslem oder anonymen Atheisten apostrophieren. Hans Urs von Balthasar wandte sich mit aller Schärfe gegen die transzendentale Theologie Rahners und fragte, ob ihr gegenüber «eine Religion noch eine Chance hat, die das Wort Jesu, er sei *die* Wahrheit, *der* Weg, *das* Leben ... wörtlich nimmt?» (Joh. 14,6) «Er allein» sei das «geschlachtete Lamm, das die Sünden der Welt hinwegträgt ...»[31] (Joh. 1,29). Balthasar konzediert, daß es in jeder Religion «Ansätze» zu einem «Gottesverhältnis» gibt. «Aber in dieser Sehnsucht ... liegen die ... Heilstaten Gottes nicht vorweg, transzendental ... eingezeichnet, so, daß der Mensch» – wenn er sie sieht – «nicht mehr zu staunen und anzubeten hätte, sondern sich sagen könnte: das habe ich ja eigentlich von meiner eigenen Konstitution her immer schon erwartet».[32]

Die säkulare Gegenfront wird fragen: Erliegt der Mensch nicht einer Illusion, wenn er meint, er begegne einer Transzendenz, wenn er sich selbst transzendiert? Handelt es sich hier nicht um eine ins Nichts genagelte Hoffnung, die Karl Marx recht gibt, wenn er meint, «Religion ist die phantastische Verwirklichung des menschlichen Wesens, weil das menschliche Wesen keine wahre Wirklichkeit besitzt»? Der Schriftsteller Hans Kudszus hat die Marxsche These in das satirische Gleichnis gebracht: «Und als einer von ihnen an einer für sie unsichtbaren Angelschnur aus dem Teich gezogen wurde, raunten sich, voll ehrfürchtiger Bewunderung, die Fische zu: Er transzendiert! er transzendiert!»[33]

Doch die Gotteslehre Rahners, die wie folgt skizziert wird, scheint die Probe aufs Exempel zu sein, daß Rahners transzendentale Theologie realistische Erfahrungswerte des Menschen beschreibt und schwerlich Illusionen nachhängt.

Gott als der unendliche Horizont unserer Hoffnung

Als das sich selbst transzendierende Wesen ist der Mensch «das Wesen» mit «unendlichem Horizont». Gerade weil er sich seiner «Endlichkeit» bewußt ist, greift er über sie hinaus. «Der unendliche Horizont menschlichen Fragens» «weicht immer weiter zurück, je mehr Antworten der Mensch sich zu geben vermag.» «Jede Antwort ist immer wieder nur der Anfang einer neuen Frage.» Dieser unendliche Horizont, zu dem der Mensch ständig «unterwegs» ist, ist Gott.[34] Oder mit einem anderen Begriff gesagt: Gott ist die «absolute Zukunft», das heißt die absolut schöne, wahre und gute Zukunft, die der Mensch ersehnt, aber nie erreicht. Ganz im Unterschied zur relativen, raumzeitlich begrenzten, machbaren Zukunft. Doch die absolute Zukunft stellt für ihn nichtsdestotrotz eine «reale Möglichkeit» dar: Denn die empirisch feststellbaren Fragmente der Wirklichkeit weisen über sich hinaus auf das Ganze, sie sind sinnlos ohne ein Ganzes. Gott ist dieses alle innerweltlichen Teilziele des Menschen überbietende «Ganze».[35] Der Mensch würde als das sich mit keinem Teilziel zufriedengebende Wesen sein Menschsein verraten, würde er nur den Punkt sehen, nicht die Linie oder nur *eine* Linie, nicht die vielen Linien, die sich im Unendlichen schneiden. Er würde sich selber aufgeben, würde er sich mit «partikulärer Sinnerfahrung» in seiner unmittelbaren Umwelt begnügen und nicht darüber hinaus nach dem Sinn des Ganzen fragen.[36] Das Ganze der absoluten Zukunft entzieht sich andererseits als «das unsagbare Geheimnis» jeder «Benennung» oder «Manipulation» des Menschen.[37] Er kann es begrifflich nicht einkreisen und festschreiben. Denn die Zukunft kann nicht mit Begriffen der Gegenwart beschrieben werden, sonst würde sie aufhören, Zukunft zu sein. Das Neue kann man nicht mit den Maßstäben des Alten messen, sonst wäre es eben nichts Neues. Es ist nicht leistbar, sondern je neues Geschenk in der «Selbstmitteilung» Gottes in Jesus Christus. In ihm wird die Aufwärtsentwicklung der Welt hin zur absoluten Zukunft «unwiderruflich». Durch ihn – den Evolutor der Evolution (Teilhard) – haben wir nach Rahner die Gewähr, daß die Evolution glückt, er ist der Garant dafür, daß die Freiheitsgeschichte der Menschheit «irreversibel» zum Erfolg führt.[38]

Ob der Fortschrittsoptimismus Rahners – bei aller Plausibilität seiner Argumente – nicht durch die Wirklichkeit Lügen gestraft wird? Die Evolution scheint heute sehr wohl widerruflich geworden zu sein. Wir schauen in die Zukunft wie in eine Geschützmündung. Nicht nur die drohende atomare Todeslandschaft verbarrikadiert die Zukunft, sondern auch die Fernsehantennen, Coca-Cola-Dosen und Transistorradios unserer Konsumgesellschaft, die zwar Bedürfnisse befriedigen, aber keine Hoffnungen wecken. Deuten nicht alle Zeichen der Zeit darauf hin, daß sich das Zukunftswesen Mensch zur Konsumtermite zurückentwickelt?

Eine weitere Frage wäre, ob dem Menschen nicht die Horizonte im selben Maße durch Abwehraffekte (Angst, Sorge usw.) verbaut sind, als er sie durch Zuwendungseffekte (Hoffnung, Glaube usw.) durchbricht. «Die Zukunft hat sich gespalten; es wird so oder so sein» (Elias Canetti). Man könnte hier freilich mit Paulus kontern: Wahre Hoffnung hofft gegen allen Augenschein, daß es nichts zu hoffen gibt (Röm. 4,18; 8,24). Ein Glaube, der nicht *trotzdem* glaubt, ist kein Glaube. Daß nach Rahner Gott oder das Absolute wider alles Erwarten auch heute erfahrbar wird, soll in den beiden folgenden Abschnitten gezeigt werden.

Absolutheitserfahrungen heute oder der Vorgriff auf das Ganze

Rahner weist darauf hin, daß die Erfahrung etwas anderes ist als der Beweis, der im Kausalschluß vom Ei auf das Huhn schließt. Sie dringt in die emotionale Tiefenschicht des Menschen und packt ihn elementarer als das rationale Kalkül des bloßen Beweises. Rahner nennt daher die Absolutheitserfahrungen, die der Mensch macht, «Hinweise», nicht «Beweise».[39] Es gibt viele solcher Hinweise auf Gott im Alltag, die jeder Mensch wahrnehmen kann, selbst wenn sie sich vielleicht anonym äußern.

– Gott kann dann erfahren werden, wenn der Mensch das
«Geheimnis» in sein Leben hineinläßt und die Grenze seiner
eigenen Möglichkeiten respektiert. «Wenn wir uns als die Begrenzten begreifen ... haben wir diese Grenze schon über-
schritten» – hinein ins «Geheimnis schlechthin», Gott.[40]

– Gott kann ebenso erfahren werden «in jenen Ereignissen,
in denen der Mensch, der gewöhnlich verloren an die einzelnen Dinge ... des Alltags lebt ... auf sich selbst zurückgewor-
fen wird», wenn er «plötzlich einsam wird», «wenn die Stille
dröhnt, eindringlicher als der übliche Alltagslärm», wenn er
sich «plötzlich unerbittlich» seiner «Verantwortung überantwortet» weiß und «keine Ausflucht», «keine Entschuldigung»
möglich ist.[41]

– Gott kann aber auch erfahren werden, wenn der Mensch
plötzlich grundlos geliebt wird; aber auch wenn der «Tod» ihn
«schweigend anblickt, der alles in seine Nichtigkeit fallen läßt
und so gerade ... nicht tötet», sondern «verwandelt, befreit in
die Freiheit», die sich auf nichts mehr «stützt».[42] «So könnte
... man fortfahren, um in tausend Abwandlungen das eine Urerlebnis des Menschen anzudeuten, in dem die Offenheit seines Daseins in das unbegreifliche Geheimnis hinein aufgeht»,
in dem das Unfaßliche mitten im konkreten Werktag begegnet
– etwa wenn uns eine «letzte Angst» packt oder wir die unbegreifliche Vergebung einer «ausweglosen Schuld» erfahren.
Alles Gotteserfahrungen im profanen Alltag, in denen «der
Mensch immer, mit den Sandkörnern des Strandes beschäftigt, am Rand des unendlichen Meeres des Geheimnisses
wohnt».[43]

Das namenlose Geheimnis Gottes

All diese «Absolutheitserfahrungen» sind ein «alles überstei-
gender Vorgriff auf das Ganze», das – wie gesagt – «namenloses Geheimnis ist». Rahner geht sogar so weit, in der modernen Säkularisation die weltliche Außenseite dieses Glaubens an
das absolute Geheimnis, das Gott ist, zu sehen. Während Gott
früher nur ein «Stück» der Welt war, wenn auch ihr bestes, läßt

die moderne «Entgöttlichung der Welt» «Gott Gott sein», läßt sie Gott Geheimnis sein. Den Gott der herkömmlichen Theologie, der in die Welt als ihr höchstes Gut (summum bonum) und ihre erste Ursache (causa prima) hineinverrechnet wurde, gibt es nach Rahner nicht, und der heutige Mensch hat recht, wenn er ihn ablehnt. Gott ist unverrechenbares Geheimnis, oder er ist nicht.[44]

Die Theologie ist in der Tat immer dann am beredtesten, wenn sie vor diesem Geheimnis verstummt. Das Wort von Dag Hammarskjöld gilt nicht nur vom zwischenmenschlichen, sondern auch vom religiösen Bereich: «Verstehen durch Stille, Wirken aus Stille, Gewinnen in Stille.»

Das Anliegen Rahners, Gott wieder als das unbegreifliche Geheimnis zu entdecken, das er ist, scheint aktuell und dringlich – nicht zuletzt in der Kirche, wo mehr denn je die Neigung besteht, Gott zum harmlos netten Übervater zu verfälschen, der generös sein Wohlwollen verschenkt. Die tiefste Gotteserfahrung des Christen wäre von daher nach Rahner die, daß er «in eine schweigende Finsternis hinein zu beten wagt und sich auf jeden Fall erhört weiß, obwohl von dort her keine Antwort zu kommen scheint ...» Glaube heißt nichts anderes als das unbegreifliche Geheimnis, das Gott ist, durchzuhalten. Vor dem Geheimnis zu kapitulieren. Gott wird dort erfahren, wo «der Mensch alle seine Erkenntnisse und alle seine Fragen dem schweigenden und alles bergenden Geheimnis anvertraut, das mehr geliebt wird als alle unsere uns zu kleinen Herren machenden Einzelkenntnisse».[45] Gott kann nicht wortfest und dingfest gemacht werden wie eine Sache dieser Welt. Er ist keine Wahrheit, die sich in ein Heft abschreiben läßt und die man schwarz auf weiß nach Hause tragen kann. Ein Gott, der eine Sache dieser Welt wäre, wäre für den Menschen irrelevant, weil er es dann nur mit einem Fragment seines Lebens zu tun hätte, nicht mit dem Sinnganzen, das er erhofft; er somit bei sich selbst bliebe und sich nicht überschreiten würde. Gott begegnet nach Rahner dem Menschen dann, wenn einer «merkt, wie das kleine Rinnsal seines Lebens sich durch die Wüste der Banalität des Daseins schlängelt, scheinbar ohne Ziel und mit der herzbeklemmenden Angst, gänzlich zu versickern» und wenn er trotzdem hofft, «daß dieses Rinnsal die unendliche Weite des Meeres findet, auch wenn es ihm noch verdeckt ist durch die grauen Dünen, die sich vor ihm scheinbar unendlich auszubreiten scheinen».[46]

Der Tod, Schlußpunkt und Doppelpunkt

Welche Gedanken haben wir beim Gang über den Friedhof? Sehnen wir uns nach dem Tod, weil wir durch ihn das volle, runde Glück erhoffen, das wir diesseits des Todes nie erreichen? Oder fürchten wir ihn, weil durch ihn die unerbittliche Bilanz über unser Leben gezogen wird? Was ist der Tod? Ist er schwarzes Loch oder Tor zum Leben, Schlußpunkt oder Doppelpunkt?

Rahner gibt eine für seine Tradition unvermutete Antwort: Der Tod ist das Ende nicht nur des Leibes, sondern auch der Seele. Der Mensch stirbt als «Ganzes», wenn es wahr ist, daß Geist und Materie untrennbar eins sind. Die Seele des Menschen trennt sich im Tod von ihrer begrenzten Leiblichkeit, um sich ins «All» hinein zu entgrenzen.[47] Sie bleibt also *in* der Materie nach dem Grundsatz Rahners «Geist *in* Welt». Der Tod ist Grenze des Lebens und Schwelle zum Leben. Grenze, denn er zieht den Schlußstrich unter ein Menschenleben, er «bringt das gesammelte Ergebnis seines ... Lebens zur Endgültigkeit», nagelt den Menschen fest auf den Ertrag seiner Existenz. Er legt ihn fest auf seine Entscheidung.[48] Er ist aber nicht nur bilanzierender Schlußstrich. Wer glaubt, daß Christus den Tod durch seinen Tod getötet hat, für den ist er nicht Ende, sondern Anfang des Lebens. Wer glaubt, daß Christus den Tod durch seinen Tod überholt hat, für den ist er nicht Gericht, sondern «Heilsereignis». Wer mit Christus stirbt, wird nicht sterben (Joh. 11,26; Röm. 6,8), wer ohne ihn stirbt, stirbt wirklich.[49] Der Tod ist Schlußpunkt und Doppelpunkt, je nachdem wie man sich entscheidet.

Rahners Todesdeutung besticht, weil sie mit dem unbiblischen Seelenglauben der christlichen Tradition aufräumt, wonach die Seele sich von der Materie trennt, um wie ein Schmetterling in eine Überwelt wegzuflattern. Sie überzeugt vor allem, weil sie die Übermacht der Gnade verdeutlicht, die ja Grundimpuls seiner Theologie ist, ähnlich wie bei Karl Barth. Obgleich wir alle den Tod als Strafe für unsere Schuld verdient haben, läßt Gott Gnade vor Recht ergehen, wenn wir das glauben. Am Kreuz, wo er stellvertretend für uns das Gericht auf sich nimmt (Gal. 3, 10 ff).

Vorreiter der konfessionellen Verständigung

Rahner hat sich – wie kaum einer – ins Feld ökumenischer Verständigung vorgewagt, ohne sich – wie andere – im Niemandsland zwischen Protestantismus und Katholizismus anzusiedeln.

Aus protestantischer Sicht ist es zum Beispiel als ökumenische Pioniertat zu werten, wenn Rahner in der Gnade Gottes keinen unpersönlichen Kraftstoff erblickt, sondern sie – wie die Reformation – als personale Zuwendung Gottes versteht. Sie ist Selbstmitteilung Gottes, nicht Sachmitteilung. Die Gabe kann nicht vom Geber getrennt werden – wie weithin in der Neuscholastik. Die Gabe ist der Geber selbst.

Erstaunlich scheint auch die Konsequenz Rahners hieraus zu sein, der «Sinn dieser Selbstmitteilung» Gottes an den Menschen bestünde in seiner «Unmittelbarwerdung Gottes» für ihn. Das Christentum sei «die Religion der Unmittelbarkeit zu Gott».[50] Genau darum ging es doch im Kern Luther, daß der Mensch unmittelbar zu Gott ist und daß sich zwischen Gott und Mensch keine anderen Instanzen dazwischenschalten können wie Kirche, Papst, Priester, Maria, die Heiligen. Daß Gott zum Menschen kommt, nicht umgekehrt der Mensch zu Gott.

Rahner war einer der ersten katholischen Theologen, die entsprechend das reformatorische «Sola gratia», «allein aus Gnade» akzeptieren. Gemeint ist die Erlösung des Menschen von Sünde und Schuld allein aus Gnade. Das «Heil» ist «rein und restlos ... die Gabe Gottes»[51], keine Gemeinschaftsleistung zwischen Gott und Mensch – als wenn hier beide an einem Strang ziehen würden.

Ebenso ist auch die *Annahme* des Heils oder der Glaube Geschenk Gottes, keine schwitzende Leistung des Menschen. Rahner bekennt sich zum reformatorischen «Sola fide», «allein durch den Glauben».[52] Der Mensch wird nur dann gerettet, wenn er es glaubt; wenn er Gott seine Bettlerhand hinstreckt, wenn er sich beschenken läßt, wenn er Ja sagt zu Gottes Ja zu ihm.

Sogar das dritte «Sola» der Reformation, das «Sola scriptura», «allein die Schrift», kann Rahner in modifizierter Weise bejahen: Die Bibel ist die letzte «Norm», an der alle spätere Tradition der Kirche zu prüfen sei.[53]

Rahner konstatiert, die «drei reformatorischen Sola» trennen nicht mehr die katholische Kirche vom evangelischen Christentum.[54] Was beide Kirchen eint, ist nach Rahner größer, als was sie trennt, nämlich das Bekenntnis zu Christus als dem einzigen Erlöser.[55]

Was trennt sie noch? Ich glaube auf jeden Fall der Stellenwert, den die katholische Kirche Maria zumißt, die als Miterlöserin und Mittlerin aller Gnaden faktisch für viele katholische Christen gleichrangig neben Christus rangiert. Ein Protestant könnte nie folgende Verse aus katholischen Marienliedern mitsingen: «Maria, schönste Rose du, du Zuflucht aller Sünder, deck meine vielen Schulden zu, sei Mutter deiner Kinder», oder «Maria, wir dich grüßen, o Maria, hilf! Und fallen dir zu Füßen, o Maria, hilf!» Ganz zu schweigen von den nach katholischer Auffassung als heilsnotwendig zu glaubenden Dogmen von 1854 und 1950, wonach Maria sündelos war und leiblich in den Himmel aufgenommen wurde. Die verharmlosende Auskunft Rahners, diese Dogmen würden nicht der «Grundsubstanz des Christentums» widersprechen, weil sie von Maria bekennen, was alle Christen erhoffen[56], befriedigt kaum. Ebenso wenig seine bagatellisierende Umdeutung des päpstlichen Unfehlbarkeitsanspruchs, der nach wie vor einen unüberbrückbaren Graben zwischen den Konfessionen aufreißt: als ginge es hier nur um die auch evangelischerseits unstrittige Tatsache, daß die Kirche nicht aus der Wahrheit herausfallen kann.[57] Das päpstliche Unfehlbarkeitsdogma von 1870, das vom Zweiten Vatikanischen Konzil ausdrücklich

übernommen wurde, gibt dem Papst praktisch eine Art Blan-
koscheck in der Wahrheitsfrage. Hier heißt es ausdrücklich
von seinen «Verlautbarungen», sie seien «aus sich selbst, nicht
aber auf Grund ihrer Übereinstimmung mit der Kirche» «unfehlbar».[58] Nach dem Neuen Testament ist nicht nur ein einziger in der Kirche Wahrheitsträger, sondern jeder, soweit er
Gottes Wort bezeugt. In der herrschaftsfreien Bruderschaft
der Kirche sind *alle* an der Wahrheitsfindung beteiligt
(1. Kor. 2,15 f).

Fazit

Hans Küng schreibt von seinem Lehrer Rahner: «Ungezählte
Türen hat er, der unermüdlich Vorstoßende, unserer Generation mit starker Hand geöffnet: an Fragen gerührt, an die sich
kein katholischer Theologe heranwagte ... kühn neue Antworten gegeben, die dann auch entsprechend verketzert wurden. In all dem hat er uns Jungen Freude an der Theologie
vermittelt, hat uns Mut zum Denken gemacht, ließ uns aus
dem starren und grauen Gehege der Neuscholastik ausbre-
chen ...»[59]

Rahner ist ein produktives Ärgernis für die Theologie der
Gegenwart. Seine Theologie ist Sperrgut und nicht als
Appetithappen goutierbar. Ein Oppositionsstachel, der die
Theologie provoziert hat, zu neuen Ufern aufzubrechen.

Der Theologie Rahners kommt vor allem das Verdienst zu,
nachgewiesen zu haben, daß sich der christliche Schöpfungs-
glaube und die darwinistische Evolutionstheorie einander
nicht aus-, sondern einschließen und daß – was noch wichtiger
ist – Schöpfung und Erlösung, Natur und Gnade, Alltag und
Religion nicht voneinander getrennt werden können. Die neue
Welt, die Gott in der Bibel verheißen hat, ist keine Welt Nummer 2 über der Welt, sondern die Erneuerung dieser unserer
Welt. Es gibt nur *eine* Welt.

Rahner hat darüber hinaus durch sein Programm «Geist in
Welt» die Materie theologisch rehabilitiert, vor die in der Geschichte des Christentums jahrhundertelang verschämt eine

Spanische Wand des Verbotenen aufgestellt wurde. Rahner hat
dadurch beigetragen zur Überwindung der unseligen abend-
ländischen Trennung von Materie und Geist, Glück und Seligkeit, Wohl und Heil, profan und religiös, weltlich und geist-
lich. Der Mensch ist um so religiöser, je weltlicher er ist, wenn
Gott Herz der Welt ist. Rahner hat es dadurch unzähligen Menschen wieder ermöglicht, ein Christ und doch ein moderner
Mensch zu sein, besser gesagt, ein Christ, weil ein moderner
Mensch zu sein. Gott ist für ihn ja als Evolutor der Evolution
die treibende Kraft des Fortschritts.

Doch der Fortschrittsoptimismus Rahners provoziert eine
Menge kritischer Rückfragen, die zum Teil bereits oben artikuliert wurden, wie die, daß sich die Welt offenbar gar nicht
aufwärts, sondern abwärts oder mindestens rückwärts entwickelt und – wenn überhaupt – dann ein Fortschritt ins
Nichts zu erwarten ist. Die an die Adresse des Marxismus ge-
richtete These von Hans Magnus Enzensberger fordert auch
die Theologie unausweichlich heraus. Er schrieb im Kursbuch
1978, «daß es keinen Weltgeist gibt, daß wir die Gesetze der
Geschichte nicht kennen, daß die gesellschaftliche wie die natürliche Evolution kein Subjekt kennt und daß sie unvorher-
sehbar ist». Der Mensch hat als Subjekt der Geschichte abge-
dankt, er ist in ihr nicht mehr Macher, sondern Gemachter.
Wer garantiert dann die Evolution, wenn nicht alles dem blinden Zufall überlassen bleiben soll? Eine übermenschliche
Macht, deren Plan sich allem zum Trotz unter dem Chaos versteckt? Der Glaube ist ja nach der Bibel ein Wagnis gegen den
Augenschein!

Viele haben Rahner nicht zu Unrecht vorgeworfen, daß in
seiner Evolutionstheologie alles zu glatt aufgeht. Wenn die
Schöpfung von der Erlösung auch nicht *ge*schieden werden
darf, so muß sie doch von ihr *unter*schieden werden. Rahner
scheint aber beide miteinander zu verwechseln, als wäre die
Schöpfung selber schon die Erlösung und als könnte sie sich
selber erlösen – was schon der Erfahrung der jüngsten Geschichte widerspricht. Das Neue Testament unterscheidet
streng die Schöpfung von der Erlösung und die neue von der
alten Welt. Die Erlösung ist im Neuen Testament nicht We-

senskonstitutive der Schöpfung – wie bei Rahner –, sondern unbegreifliches Widerfahrnis. Die Gnade ist hier nicht – wie bei Rahner – selbstverständliche Mitgift der Natur, sondern unselbstverständliches Wunder. Nach den Erfahrungen der Menschheitsgeschichte scheint nicht – wie Rahner meint – die Gnade zur Konstitution des Menschen zu gehören, sondern eher die Gnadenlosigkeit.

Eine andere Frage wäre in diesem Zusammenhang, wie der Begriff des anonymen Christentums vor dem Neuen Testament bestehen kann. Das Neue Testament kennt keine unbewußte, sondern nur die bewußt angenommene Gnade. Alles steht und fällt hier mit der Entscheidung des Glaubens. Das Christentum ist eine anonymitätsfeindliche Religion. Das öffentliche Bekenntnis ist Strukturmerkmal des christlichen Glaubens (Röm. 1,16). «Glauben» heißt im Neuen Testament soviel wie «Bekennen» (Röm. 10,9). Ein Glaube, der nicht bekennt, ist kein Glaube.

Der «Heilsoptimismus» Rahners[60] wirft noch andere Fragen auf: Die Selbstüberschreitung des Menschen muß nicht unbedingt auf Gott zielen, sie kann sich auch Illusionen vormachen! Der evangelische Theologe G. Sauter meint sogar: «Gott, zum Universalzusammenhang, zum Bedeutungsganzen, zum letzten Sinn ‹erhoben›, ist ein Götze, an dem sich ... bespiegelt, wer ihn hervorgebracht hat.»[61]

Die Kritik sollte nicht darüber hinwegtäuschen, daß es Rahner wie keiner gewagt hat, weltlich von Gott zu reden in einer Welt ohne Gott. Gott ist ja nach Rahner keine Über- und Hinterwelt, sondern Mitte der Welt. Je weltlicher also von Gott geredet wird, um so sachgemäßer wird von ihm geredet. Die evangelische Theologie hat nach Barth häufig vergessen, daß Gott in der Bibel eine Erfahrungstatsache ist, die jeder Mensch, nicht nur der Christ, wahrnehmen kann (Psalm 19; 104; Röm. 1,19f; 2,14f), nicht nur ein esoterisches Geheimwissen der Gläubigen. Hier gilt es, von Rahner zu lernen.

JOHANN BAPTIST METZ

Nicht über Nachfolge reden, sondern nachfolgen

Johann Baptist Metz wurde 1928 in Auerbach in der Oberpfalz geboren, einer «erzkatholischen bayerischen Kleinstadt». Er schreibt: «Man kommt von weit her, wenn man von dort her kommt», gleichsam aus dem «Mittelalter».[1]* Eine Herkunft, die für die theologische Entwicklung des Vorkämpfers der «Politischen Theologie» nicht unwichtig war. Doch das Klischee «Ausbruch aus klerikaler Enge» umschreibt sie unzureichend. In Gesprächen mit ihm bricht immer wieder eine fast kindliche Liebe zu seiner Kirche durch. Das Eigenkolorit des

---

* Die hochgestellten Ziffern verweisen auf die «Anmerkungen und Literaturhinweise» im Anhang, siehe Seite 298.

altbayerischen Katholizismus mit seinen Barockkirchen, Wallfahrten und Rosenkränzen prägt das Denken von Metz bis in seine herzhaft-derbe, metaphernreiche Sprache hinein. Er konnte sich vielleicht gerade deshalb weit hinaus ins Unbefahrene bewegen, weil er von einem festen Standort aus operiert. «Wer kein Haus hat, kann nicht unterwegs sein» (H. Kudszus). Metz hatte – anders als Küng – nie dogmatisch-grundsätzliche Schwierigkeiten mit seiner Kirche, sondern praktisch-ethische, wie er mir in einem Gespräch wiederholt mitteilte.[2] Seine Polemik zielt nicht auf die Dogmen der katholischen Kirche, sondern auf ihre Politik.

Metz wurde 1944 mit sechzehn Jahren zum Militärdienst eingezogen. Der Maximilianeumskandidat machte 1948 sein Abitur an der Oberrealschule Amberg, nachdem er 1946 aus der Kriegsgefangenschaft in den USA heimgekehrt war. Er studierte in Bamberg, Innsbruck und München Philosophie und Theologie. 1954 wurde er in Bamberg zum Priester geweiht. Von 1958 bis 1961 war er als Seelsorger in Ebrach und in Burgwindheim tätig. Er promovierte 1952 zum Dr. phil. und 1961 zum Dr. theol. und ist seit 1963 Ordinarius für Fundamentaltheologie* an der Universität Münster. Durch seine «Politische Theologie» hat er maßgeblich die lateinamerikanische Theologie der Befreiung beeinflußt, der sich unter anderen der nicaraguanische Kulturminister Ernesto Cardenal, der ermordete Erzbischof Romero von San Salvador und der Erzbischof von São Paulo Arns zuzählen. Sie war naturgemäß Ursache nicht weniger Konflikte mit der Amtskirche, etwa mit den Kardinälen Höffner und Ratzinger. Letzterer verhinderte sogar 1979 durch eine Intervention die Berufung von Metz an die Universität München, wogegen sein Lehrer Karl Rahner in einem Offenen Brief protestierte.[3]

Metz hat vor allem mit folgenden, in allen Weltsprachen erschienenen Büchern orientierend gewirkt: «Armut im Geiste» (1962), «Zur Theologie der Welt» (1968), «Zeit der Orden? Zur Mystik und Politik der Nachfolge» (1977), «Glaube in Ge-

---

* herkömmlich in der katholischen Theologie die Apologetik, die Verteidigung des Glaubens mit Vernunftgründen

schichte und Gesellschaft» (1977), «Jenseits bürgerlicher Religion» (1980), «Unterbrechungen. Theologisch-politische Perspektiven und Profile» (1981).

Ein Anstoß – im doppelten Sinn des Wortes – waren vor allem auch seine berühmten Reden auf dem Freiburger und Düsseldorfer Katholikentag «Messianische oder bürgerliche Religion?» (1978) und «Aufstand der Hoffnung» (1982) – ebenso wie das vor allem aus seiner Feder stammende Dokument «Unsere Hoffnung» der Würzburger Synode 1975.

Metz zeigt sich in seinem Werk vor allem von seinem Lehrer Karl Rahner geprägt. Entscheidende Impulse empfing er auch von Kant und Heidegger, später von Marx, Bloch, Benjamin, der Frankfurter Schule und dem jüdischen Denken. Immer wichtiger wurden ihm in der Spätphase aber auch Kierkegaard und Bonhoeffer. Metz spricht von einem «Bruch» in seinem Denken zwischen den beiden Büchern «Armut im Geiste» (1962) und «Zeit der Orden» (1977)[4], bedingt durch den Wechsel in der philosophischen Hintergrundszene: seiner Öffnung zum Marxismus. Hinzu kommt die entschiedene Hinkehr zum Judentum. Metz rückte von Rahners «transzendentaler Theologie» ab und ersetzte sie durch eine praktische Theologie. Es geht ihm um eine Theologie, die nicht über Jesus nachdenkt, sondern Jesus nachgeht.[5] Eine Theologie, die nicht an dem Leid der Welt vorbei zur Tagesordnung übergeht, sondern sich ihm stellt – ganz im Gegensatz zur herkömmlichen Theologie des ruhigen Pulsschlags. Metz geht es um eine Theologie der Betroffenheit und Entschlossenheit in Absage an die übliche Sowohl-als-auch-Theologie mit ihrem Fetisch der Ausgewogenheit, um eine spontane Theologie gegen die wohlabgezirkelte Schultheologie. Die ruhige Gangart traditionellen Theologisierens machte Metz schon immer ungeduldig. Gegen die gewunden reagierende Universitätstheologie wird eine Theologie gesetzt, die gradaus sagt, was zu tun ist – die eben nicht reagiert, sondern agiert, notfalls sogar agitiert. Theologie der Aktion contra Theologie der Kontemplation!

Metz schreibt von seinem Bruch: «Ich wurde mir bewußt ... daß Theologie treiben für mich bedeutete: Theologie trei-

ben im Angesichte von Auschwitz.» «Ich begann mich zu fragen: Was ist das für eine Theologie, die man mit dem Rücken
zu Auschwitz treiben kann» – wie das selbst sein Lehrer Rahner tat. «Es gibt für mich keine Wahrheit, die man mit dem
Rücken zu Auschwitz verteidigen könnte. Es gibt für mich
keinen ‹Sinn›, den man mit dem Rücken zu Auschwitz retten
könnte. Es gibt für mich keinen Gott, den man mit dem Rük-
ken zu Auschwitz anbeten könnte.» «So versuchte ich, von
nun an keine Theologie mehr zu treiben mit dem Rücken zu
den unsichtbaren oder gewaltsam unsichtbar gemachten Leiden in der Welt: weder mit dem Rücken zum Holocaust noch
mit dem Rücken zu den sprachlosen Leiden der Armen und
Unterdrückten in der Dritten Welt.»[6]

Durch diese politische Theologie hat Metz gelernt, «endlich
auch ‹Ich› zu sagen in der Theologie», sich «nicht mehr an Sy-
stembegriffen, sondern an Subjektbegriffen zu orientieren und
den hohen Apathiegehalt der christlichen Theologie, ihre
mangelnde Sensibilität für geschichtliche Katastrophen zu
durchschauen». Als «politisch sensible Theologie» bekommt
die Theologie «biographische Züge». Sie hat, wenn «sie sich
an Subjekten, an Antlitzen orientiert», «erzählende und erin-
nernde Züge».[7] Metz nennt diese neue Art zu theologisieren
narrative* Theologie – im Unterschied zu einer *argumentativen*
Theologie, die von Sachen, nicht von Personen spricht und
scheinbar unbetroffen, aus einer neutralen Abstandshaltung
reflektiert.

Metz stellt rückblickend fest: «Als ich mir meiner post-Ho-
locaust-Situation ... bewußt wurde, habe ich mich gefragt,
welcher Glaube uns während der Nazizeit mit dem Rücken zu
Auschwitz ungerührt weiterglauben und weiterbeten ließ.»
War das nicht «ein rein geglaubter Glaube, ein Überbauglaube
zu unserer bürgerlichen Identität?», «ein Glaube, der nicht
nachfolgt, sondern an die Nachfolge glaubt und unter dem
Deckmantel der geglaubten Nachfolge die eigenen Wege
geht?», «ein Glaube, der nicht mitleidet, sondern an das Mit-
leiden glaubt und unter dem Deckmantel des geglaubten Mit-

* von lat. narrare = erzählen

leidens jene Apathie kultiviert, die uns Christen mit dem Rük-
ken zu Auschwitz weiterglauben, weiterbeten ließ –?»[8]

Daß die Gesellschaft und die Kirche ein schlechtes Gedächtnis, aber kein schlechtes Gewissen haben, gilt nicht nur
im Blick auf 1933 bis 1945, sondern auch auf die himmel-
schreiende Ausbeutung des Menschen in der Dritten Welt, die
man nicht wahrhaben will und mit einem Tabu umgibt. Daher stellt sich die Frage: «Geraten wir in unserer Lebenswelt
nicht immer mehr unter das Diktat einer fühllosen (apathi-
schen) Rationalität?» – man denke an die «Trauerverbote,
Melancholieverbote» und «Leidensverbote» unserer Gesellschaft! Es ist dem Christen verboten, das «Fest der Freude»
«mit dem Rücken zur Leidensgeschichte der Welt» zu feiern.[9]
Die Tatsache, daß Metz mit sechzehn Jahren zum Kriegsdienst verpflichtet und schon so früh mit dem Massensterben
konfrontiert wurde, bleibt prägende Urerfahrung seines
theologischen Denkens.[10]

Der konkrete Nächste ist für Metz Gegenstand der Theologie, nicht globale Reißbrettentwürfe, die sie zu nichts ver-
pflichten. Diese Theologie der kleinen Leute artikuliert sich in
einer ganz anderen Sprache als die Globaltheologie. Charakteristisch ist für sie das Bunte und Besondere, nicht das Allgemeine, das Unverwechselbare, nicht das Generelle. Sie hebt
sich in ihrer konkret zupackenden Art ab von der elitär hoch-
gestochenen Wissenschaftssprache, aber auch von dem öligen
Moralin vieler kirchlicher Verlautbarungen. Man bekommt
hier sozusagen Hausbrot, keine Leckerbissen, aber auch kein
Dörrgemüse.

Im folgenden sollen ein paar Aspekte seiner Politischen
Theologie aufgeblättert werden.

Theologie der Welt oder
die gesellschaftskritische Funktion der Liebe

Es mußte im Katholizismus wie ein Sprengsatz wirken, wenn
Metz die moderne Säkularisierung positiv deutet – ähnlich wie
das vor ihm evangelischerseits Gogarten versucht hat: «Die

Welt ist heute weltlich geworden.» Der «Glaube» kann vor
dieser Situation nicht «die Vorhänge zuziehen» und «hinter
verschlossenen Türen allein auf die vertrauten Gepflogen-
heiten in Theologie und Frömmigkeit pochen».[11] Er muß
die Fenster öffnen zur Welt, wenn es wahr ist, daß diese Welt
von Gott in Jesus Christus «unwiderruflich» angenommen
wurde.[12] Durch seine «Menschwerdung» in Jesus Christus hat
sich Gott mit dieser Welt identifiziert. Wenn Gott keine Überwelt, sondern das Herz der Welt ist, kommt man zu ihm nur
durch die Welt *hindurch*, nicht *an ihr vorbei*. Wenn Gott eine
menschliche Natur angenommen hat, kann der Glaube an ihn
nichts Unnatürliches sein – wie viele meinen.[13]

Wichtig ist Metz aber nun die Schlußfolgerung aus diesem
Rahnerschen Ansatz: «Was Gott annimmt, vergewaltigt er
nicht», sondern er nimmt «das andere gerade als *das andere von
sich*» an. Er ist nicht – wie die «Götter» – «Usurpator» und
«Konkurrent» der Welt, sondern ihr «Garant».[14] Je weltlicher
ich folglich von der Welt denke, um so göttlicher. «Die Weltlichkeit der Welt, wie sie im neuzeitlichen Verweltlichungs-
prozeß entstand ... ist in ihrem Grunde ... nicht gegen, sondern *durch* das Christentum entstanden; sie ist ursprünglich ein
christliches Ereignis.»[15] Im Unterschied zum biblischen Weltverständnis wird im «Weltverständnis» der Griechen die Welt
vergöttert wie umgekehrt die Götter verweltlicht werden.
«Diese Sicht ließ die Welt nie ganz weltlich werden, weil sie
Gott nie ganz göttlich werden ließ.» Durch das Christentum
wurde die Welt wieder sich selbst zurückgegeben, indem sie
entgöttlicht und entmythologisiert, indem sie entzaubert
wurde.[16]

Der Glaube besteht folglich nicht in einer Weltflucht, sondern in der Weltbewältigung. «Hatte nicht Paulus selbst die
Devise formuliert: ‹Alles gehört euch ... sei es Welt oder Leben
oder Tod ... alles gehört euch – ihr gehört Christus ...›»
(1. Kor. 3,22 f) Zugehörigkeit zu Christus bedeutet also nicht
Abtrünnigkeit von der Welt. Der Preis, den der Christ ...
zahlt», ist nicht die «Verachtung der Welt», sondern umgekehrt die «Verantwortung» für sie, «die Bereitschaft, sich der
Welt auszuliefern».[17]

«Theologie der Welt» kann von daher immer nur «politische Theologie» sein, nicht individualistische Theologie. Metz richtet sich gegen die «extreme Privatisierungstendenz gegenwärtiger Theologie», wobei er vor allem Bultmanns existentiale Interpretation des Neuen Testaments im Visier hat[18], die einen Bibeltext ausschließlich danach bewertet, ob ich mich in ihm selbst wiederfinde. Der Egoismus: Soll die Welt untergehen, wenn nur ich gerettet werde, verfehlt die Grundintention neutestamentlicher Hoffnung, die auf die Erneuerung der *Welt* zielt. Die politische Theologie hat die primäre Aufgabe der «Entprivatisierung» des christlichen Glaubens.[19] «Das Heil, auf das sich der christliche Glaube in Hoffnung bezieht, ist kein privates Heil», es ereignet sich in der «Öffentlichkeit», ist ein «kritisch befreiendes Element dieser gesellschaftlichen Welt». «Die Kirche lebt» entsprechend «nicht neben oder über dieser gesellschaftlichen Wirklichkeit, sondern *in* ihr als gesellschaftskritische Institution». Christliche «Liebe» beschränkt sich nicht nur auf «karitative Nachbarschaftshilfe», sie hat «eine gesellschaftskritische Kraft».[20] Metz geht noch weiter: «Wenn diese Liebe sich gesellschaftlich mobilisiert als unbedingter Wille zur Gerechtigkeit und zur Freiheit für die anderen, dann kann unter Umständen gerade diese Liebe selbst so etwas wie revolutionäre Gewalt gebieten.»[21] Ob sich Metz mit dieser These auf Jesus berufen kann, für den Liebe per definitionem gewaltlos ist? (Matth. 5,38 ff)

Metz kann aber die Revolutionen auch überaus kritisch beurteilen. Er meint, die Geschichte menschlicher Selbstbefreiung mache deutlich, «daß Revolutionsgeschichte in neue Gewalt- und Unterdrückungsgeschichte ausartet; daß innerhalb emanzipatorischer Gesellschaften neue Leidensgeschichten entstehen; daß Industrialisierung und Technologie einen neuen geradezu ins Planetarische erhobenen Mechanismus der Anpassung und der Unmündigkeit in Gang setzen».[22] Schon angesichts dieser Dialektik der Emanzipation verbiete es sich, «die Sache (Jesu) in den emanzipatorischen Prozeß einzubringen und Erlösungsgeschichte als Übersteigerung, Überbietung und Vervollkommnung von Emanzipationsgeschichte zu

interpretieren». Andererseits dürfen «erlösende und emanzi-
pierende Befreiungsgeschichte» nicht voneinander – wie herkömmlich in der Theologie – getrennt werden, sie hängen zusammen, weil sie es beide mit der «Leidensgeschichte» der
Menschheit zu tun haben, mit ihrer «Unterdrückungsgeschichte», «Schuldgeschichte» und Todesgeschichte.[23] Befreiung aus dieser Leidensgeschichte, in die sich der Mensch ver-
strickt hat, ist aber nicht vom Menschen selbst zu erwarten,
nur von einer außermenschlichen Macht, vom Gott am Kreuz.
Leiden wird nur durch Leiden überwunden. Der christliche
Glaube blickt vom «Standpunkt der Besiegten» auf die Geschichte, nicht vom «Standpunkt der Sieger», wie die liberalen
und marxistischen Revolutionen.[24] Für den christlichen Glauben zählen nicht die Sieger der Geschichte, sondern allein ihre
Besiegten, vor allem der Besiegte am Kreuz. Der durch eine
Niederlage siegende Gekreuzigte, der seine Macht gerade in
der Ohnmacht offenbart. Metz diagnostiziert den Krebsscha-
den der bürgerlichen wie proletarischen Emanzipations-
schichte: sie will nichts mehr sein als «Erfolgsgeschichte»,
«Siegergeschichte», «Geschichte mit reiner Weste»[25], bringt
also im Grunde nichts Neues, sondern eine schale Neuauflage
des Alten, das sie doch andererseits beseitigen will. Der christliche Glaube erzählt gegen die «Fortschrittsgeschichte» die
«Antigeschichte» des Leidens.[26]

Die Subjektwerdung des Menschen

Der spätere Metz forciert den Gedanken christlicher Radikalität. In Kritik an der bürgerlichen Religion entwirft er das Konzept einer «politischen Theologie des Subjekts»[27], indem er
sich stark vom humanistischen Uransatz des Marxismus beeinflußt zeigt. Er geht dabei vom «Primat der Praxis» aus, der
Praxis der «Nachfolge» Jesu. «Für jede Christologie* gilt, daß
Christus immer so gedacht werden muß, daß er nie nur gedacht ist.»[28]

* Lehre von Christus

«Nachfolge» ist aber keine romantische, sondern eine gesellschaftspolitische Kategorie. Christliche Praxis zielt darauf ab, daß Menschen, die Objekte der Unterdrückung und Ausbeutung sind, «Subjekte werden und als Subjekte leben können»[29]. Dabei steht der «Name Gottes» dafür, daß die «Utopie der Befreiung aller zu menschenwürdigen Subjekten» nicht «Projektion» ist. Denn der «Gottesgedanke» ist «unweigerlich politisch».[30] Die Glaubensgeschichten der Bibel sind nach Metz alle Geschichten der Subjektwerdung des Menschen. «Menschen werden herausgerufen aus den Zwängen und Ängsten archaischer Gesellschaften», um «zu Subjekten einer neuen Geschichte» zu werden – man denke an das Volk Israel, Hiob, die Propheten oder die Jünger Jesu. Der Gottesglaube *verhindert* nicht menschliche Identität, wie der Atheismus annimmt, sondern er *ermöglicht* sie umgekehrt. Er ist auch kein Überbau über die bereits gebildete Identität, sondern selber identitätsbildend.[31] Der Glaube an den Gott, der alle Menschen zum Subjektsein herausgerufen hat[32], «teilt das marxistisch-sozialistische Interesse am solidarischen Subjektwerden der Menschen, gerade der Benachteiligten und Unterdrückten, und er wendet sich gegen eine apathieerzeugende wissenschaftlich-technische Kultur, in der der Tod des Subjekts ... antizipiert wird.»[33] Gott macht den Menschen zum Subjekt, nicht – wie oft irrtümlich angenommen wird – zum Objekt. Denn der Gott des christlichen Glaubens ist kein «apathischer Götze» und kein «unerträglicher Tyrannengott, der in einem herrschaftlichen Oben thront, zu dem unsere Sehnsucht und unsere Leiden keinen Zugang haben», nicht «die Spiegelung und Besiegelung feudalistischer Herr-Knecht-Verhältnisse» oder «ein letztlich antiemanzipatorischer Restbestand aus einer... archaischen Herrschaftsordnung»[34], sondern Gott ist gerade umgekehrt ein Revolutionär, der alles andere, was sich so nennt, an Radikalität in den Schatten stellt.

Metz fragt von daher kritisch seine vom Nord-Süd-Gegensatz zerrissene Kirche (die Kirchen Mitteleuropas und Nordamerikas und die Lateinamerikas), wie sie mit ihm fertig wird. «Wie lassen sich» die «Klassengegensätze» zwischen der Nord- und Südregion «in Einklang bringen mit der Kirche als der einen eucharistischen* Tischgemeinschaft, als der Gemeinschaft derer, die herausgerufen sind, die ihr Haupt erheben sollen, um Subjekte einer neuen Geschichte zu sein?»[35]

Der arme Gott

Es ist das Gottesbild der Frühschrift «Armut im Geiste» (1962), das in den Publikationen seiner Früh- wie Spätphase immer wieder durchschlägt: das Bild vom armen Gott am Kreuz. Dabei hat ihn vor allem die Geschichte von der Versuchung Jesu inspiriert, eine erregende Szene, die hier in der Fassung des Matthäus-Evangeliums wiedergegeben wird: «... Jesus wurde vom Geist in die Wüste geführt, um vom Teufel versucht zu werden. Als er vierzig Tage und vierzig Nächte gefastet hatte, bekam er Hunger. Da trat der Versucher an ihn heran und sagte: Wenn du Gottes Sohn bist, so befiehl, daß sich die Steine hier in Brot verwandeln. Er antwortete ihm: Es steht geschrieben: Der Mensch lebt nicht vom Brot allein, sondern von jedem Wort, das aus dem Munde Gottes kommt. Darauf nahm ihn der Teufel mit in die Heilige Stadt und stellte ihn auf den Dachvorsprung des Tempels und sagte zu ihm: Wenn du Gottes Sohn bist, dann spring hinunter. Denn es steht geschrieben: Seinen Engel befiehlt er, dich auf ihren Händen zu tragen, damit dein Fuß nicht an einen Stein stößt. Jesus antwortete ihm: Es ist aber auch geschrieben: Du sollst den Herrn, deinen Gott, nicht versuchen! Wieder nahm ihn der Teufel mit und führte ihn auf einen sehr hohen Berg. Er zeigte ihm alle Reiche der Welt in ihrer Pracht und sagte zu ihm: Das alles will ich dir schenken, wenn du dich vor mir niederwirfst und mir huldigst. Da sagte Jesus zu ihm: Weiche, Satan! Denn es steht geschrieben: Vor dem Herrn, deinem Gott, sollst du dich niederwerfen und ihm alleine dienen ...» (Matth. 4,1–11)

Diese drei Versuchungen sind nach Metz ein dreifacher Angriff auf die «Armut Jesu», auf seine «Selbstentäußerung,

---

* von Eucharistie = Abendmahl

durch die er uns erlösen will». Auf «die Radikalität seiner Menschwerdung, auf den kompromißlosen Herabstieg Gottes unter sich selbst», seinen ununterbietbaren tiefen Abstieg in menschliches Elend in Bethlehem und auf Golgatha. «Mit dem Mut zu solcher Armut begann das göttliche Abenteuer. Jesus hatte nichts behalten, sich an nichts geklammert.» «‹Er pochte nicht auf seine Gottheit› heißt es bei Paulus, ‹sondern er entäußerte sich›» (Phil. 2,6 f). Satan aber versucht, «diese Selbstentäußerung, diese radikale Armut zu verhindern». Darum ist Satans Versuch «ein Attentat auf die Selbstentäußerung Gottes und eine Versuchung zur Stärke ... zur Sicherheit und zum Reichtum im Geiste». «Satan steht gleichsam auf der Seite der Doketisten und Monophysiten» – Theologen der alten Kirche, die der Meinung waren, Gott wurde in Jesus Christus nur zum Schein ein Mensch, nicht wirklich. Satan «will, daß Gott letztlich doch nur Gott bleibe und seine Menschwerdung ein unverbindliches Schauspiel sei, eine Maske, eine Verkleidung Gottes, in der er gestikuliert, ohne sich in ihr wirklich zu engagieren».[36] Daß er sich nur zum Schein, nicht wirklich mit uns Menschen und unserer Not identifiziert. «Satans Versuchung ist ein Appell, stark zu bleiben wie Gott, tausendfach gesichert, von Engeln getragen, ‹seine Gottheit wie eine Beute festhaltend›» (Phil. 2,6); ein Appell, «die Wüste» – «Urgleichnis für die große Armut des Menschen» – «zu verraten und sich fortzuschleichen aus unserem Schicksal, das zum Himmel schreit».[37] Satan denkt sozusagen göttlicher von Gott als Gott. Er will, daß dieser Gott, der es nicht besser haben wollte, doch etwas Besseres sein soll. Anders der Gott des Neuen Testaments. «Er hat sich ganz und gar auf unsere Not eingelassen, ist den Weg der Menschen zu Ende gegangen. Er hat sich nicht in einer letzten erhabenen Verweigerung über die Abgründe unseres Lebens hinweggeträumt: mit dem ganzen Schwergewicht seiner Gottheit hat er sich in sie hineingestürzt ...»[38] Er stürzte ins Nichts, um unser Nichts einzuholen. Paulus schreibt von diesem Gott: «Er vernichtete sich selbst» (Phil. 2,7) – aus Liebe zu uns. Anders der Gott des Abendlandes, der nach Robert Musil «ein reicher Verwandter im Himmel» ist, «dessen wir armen Schnorrer uns in unserem Elend

brüsten». Es kommt der Theologie von Johann Baptist Metz
das Verdienst zu, dieses Götzenbild christlicher Tradition ent-
rümpelt zu haben. Von dem Gott des Neuen Testaments
schreibt Paulus in seinem zweiten Brief an die Korinther ganz
umgekehrt: «Er, der reich war, wurde euretwegen arm, um
euch durch seine Armut reich zu machen» (2. Kor. 8,9).

Nachbürgerliche Kirche oder die Ungleichzeitigkeit des Christentums

Die «christliche Religion» ist nach Metz «in einer geradezu är-
gerlichen Weise ungleichzeitig».[39] Ungleichzeitig hat aber
nicht den Sinn von hinter der Zeit her oder der Zeit voraus,
sondern gegen die Zeit. Gemeint ist nicht die Ungleichzeitigkeit des traditionellen Katholizismus mit seinen anachronisti-
schen Formen; man denke an die wie ein Rückstand aus dem
Mittelalter anmutende Theologie der Neuscholastik – von
Metz sarkastisch als «Theologie der Vorzeit» apostrophiert.
Ungleichzeitigkeit heißt nicht Rückständigkeit, aber noch viel
weniger Fortschrittlichkeit. Neben der «traditionalistischen
Betreuungsreligion» gibt es ja auch im nachkonziliaren Katholizismus eine «Theologie mit Aufholermentalität: den energi-
schen Versuch, Ungleichzeitigkeit abzustreifen und Theologie
auf die Höhe der Zeit zu treiben». Alle «Fortschritte» seit der
Reformation und Aufklärung nachzuholen und alle Ansprüche auf intellektuellen Chic einzulösen. Metz grenzt sich mit
aller Schärfe gegen diesen «Typ bürgerlich-liberaler Theologie» ab, deren «Vorbild» «der Standard protestantischer Theologie» ist.[40] Es geht um mehr als um ein Facelifting der Theologie.

Was versteht Metz unter Ungleichzeitigkeit? Eine nachbürgerliche Basiskirche, die *aus* dem Volk, nicht *für* das Volk ist.
Vorbild sind die lateinamerikanischen Kirchen, in denen sich
Ende der sechziger Jahre ein «Umbruch» vollzogen hat – weg
von einer «Betreuungskirche für das Volk» hin zu einer «Kirche des Volkes», in dem «das leidende und unterdrückte Volk»
endlich zum «Subjekt seiner Geschichte» geworden ist.[41] Metz

hat vor allem die Basisgemeinden Lateinamerikas im Auge, Laiengruppen vor Ort, die sich zum Gebet und politischen Kampf treffen. Sie entstanden infolge des katastrophalen Priestermangels in den lateinamerikanischen Kirchen, aber auch als Widerstandszentren gegen terroristische Diktaturen. Ein Modell, das nach Metz auf Europa übertragen werden sollte. Er wendet sich in diesem Zusammenhang immer wieder gegen den Monopolanspruch einer eurozentrischen Theologie im Gesamtkatholizismus. Er empört sich, «daß ausgerechnet die mitteleuropäische, bürgerliche Innerlichkeitsreligion» zum «Maßstab» für die lateinamerikanische Kirche gemacht werden soll.[42]

Was will die nachbürgerliche Basiskirche, die die vorbürgerliche Betreuungskirche ablöst? Sie ist messianische Gemeinde, die das Reich Gottes – sprich: den radikalen Umbruch des Bestehenden – erhofft, während es der bürgerlichen Kirche nur um die Verklärung des Status quo zu tun ist. Die neue Welt, die Gott bringt, ist Dynamit, das die alten Unterdrückungsstrukturen in die Luft sprengt, kein Reich Gottes mit Spitzendeckchen. Das Bisherige, das dem Kommenden den Weg versperrt, muß weg. Revolutionsträger sind die Basisgemeinden[43], die freilich im deutschen Katholizismus derzeit keine Gegenwart oder Zukunft haben.[44]

Metz fragt, ob das westdeutsche Christentum nicht eine «bürgerliche Religion» «ohne messianische Zukunft» sei. «Wenn die Kirche in der Bundesrepublik die messianischen Worte vom Reich Gottes und der darin eröffneten Zukunft wiederholt, dann spricht sie vorzüglich zu Menschen, die bereits eine Zukunft haben. Sie bringen sozusagen ihre eigene Zukunft in die Kirche mit – die Mächtigen und unentwegt Optimistischen, um sie sich religiös bestätigen und überhöhen zu lassen, die Ängstlichen, um sie sich von der Religion schützen und bestärken zu lassen. Die messianische Zukunft wird so vielfach zur feierlichen Überhöhung ... vorgefaßter bürgerlicher Zukunft und – angesichts des Todes – zur Verlängerung dieser bürgerlichen Zukunft ... ins Transzendent-Ewige.» Anders die «messianische Zukunft», sie «bestätigt» und «überhöht» und «verklärt» nicht unsere «bürgerliche Zukunft», «sondern *unterbricht* sie». «Erste werden Letzte sein und Letzte Erste», heißt es in der Bibel (Matth. 19,30; 20,16). Sie nennt diese «Unterbrechung, die senkrecht einschlägt und unsere mit sich selbst versöhnte Gegenwart stört», «Umkehr».[45]

Mit dieser Umkehr ist nach Metz nicht nur eine Umkehr der «Herzen», sondern eine Umkehr der «Verhältnisse» gemeint.[46] Die Kirche braucht von daher «eine sozialistische Inspiration». Eine «sozialistisch inspirierte Politik», die «in unserer mitteleuropäischen Gesellschaft» sicher nur «auf demokratischem Wege» verwirklicht werden kann.[47]

War diese Kirche, die «kein Selbstzweck» sein will, sondern «dazu da ist, um sich ... abzuschaffen für das Reich Gottes»[48], nicht eine Wunschvision Luthers? Doch Metz, ein Vorreiter ökumenischer Verständigung[49], scheint der Reformation zunehmend distanzierter gegenüberzustehen. Der Protestantismus, der nicht wie der Katholizismus vom Nord–Süd-Konflikt durchfurcht wird, ist seiner Meinung nach noch viel stärker verbürgerlicht als seine eigene Kirche. Metz redet von der «zweiten Reformation», die nicht von Wittenberg oder Rom, sondern von den Basisgemeinden Lateinamerikas kommt.[50] Er schreibt: «Der Protestantismus ist mir, aufs Ganze gesehen, zu unsinnlich.» Luther betone zu Recht die Gnade Gottes. Aber «man verkleinert sie, wenn man sie den Sinnen entreißt und damit dem sozialen Leid der Menschheit. Nach und nach wurde aus der Sündenangst der Reformation eine andere Angst», die «Berührungsangst».[51]

Wichtiger als die innerchristliche Ökumene scheint Metz die «Ökumene zwischen Juden und Christen» zu sein. Christen und Juden teilen ihm zufolge dieselbe messianische Zukunftsreligion. «Wir Christen kommen niemals wieder hinter Auschwitz zurück; über Auschwitz hinaus aber kommen wir ... nicht mehr allein, sondern nur noch zusammen mit den Opfern.»[52]

Die gefährliche Erinnerung und
der Aufstand der Hoffnung

Die Theologie von Johann Baptist Metz ist – wie die Jürgen Moltmanns – Hoffnungstheologie. Gott wird verstanden als «Grund unserer Hoffnung», nicht als «Lückenbüßer für unsere Enttäuschungen»[53], zu dem er oft mißbraucht wurde. Der Mensch wird entsprechend als das auf Hoffnung angelegte Wesen begriffen. Er ist – so Bloch – «ein riesiger Behälter voll Zukunft».

Doch dient der Hoffnungsbegriff nicht häufig nur zur Alibibeschaffung für das Versagen in der Gegenwart? Ähnlich wie bei schlechten Ballspielern, die sich auf den Gegenwind herausreden? Gleicht nicht das platte Frischwärts der Hoffnungsphraseologie unserer Zeit, die den Menschen mit unberechtigten Erwartungen vollpumpt, dem Hamster in der Trommel, der nicht aufgibt, obschon er immer auf der Stelle tritt? Der Bau von Luftschlössern kostet nichts, aber ihre Zerstörung ist sehr teuer. Der Traum der Utopie entpuppt sich schlußendlich doch immer nur als Alptraum.

Doch Metz will keiner utopischen Hoffnungsideologie das Wort reden, sondern es geht ihm um eine konkrete Realität: um die «Erinnerung» an den «gekreuzigten Herrn».[54]

Viele haben sich schon gewundert, daß Metz in seiner Zukunftstheologie die reaktionäre Kategorie der Erinnerung verwendet. Gleicht seine Theologie hier nicht einem Kaufhauskunden, der die Rolltreppe die falsche Richtung hinauflaufen will? Wie soll man auf der Rolltreppe zur Vergangenheit in die Zukunft kommen können? Erfüllt nicht zudem die Erinnerung häufig – ebenso wie die Hoffnung – eine Alibifunktion als Flucht aus einer unbewältigten Gegenwart ins Traumreich der guten alten Zeit? Doch Metz meint keine einlullende, sondern eine befreiende Erinnerung; keine verklärende Erinnerung, die zum «Opiat für unsere Gegenwart» wird[55], sondern eine «gefährliche Erinnerung». Gefährlich deshalb, weil Christi Leiden an «die Zukunft unserer Freiheit» erinnert und weil es uns aufschreckt aus der vorschnellen Versöhnung mit dem Status quo.[56] Eine gefährliche Erinnerung, die «die schleichende An-

passung unserer Freiheit» an den anonymen Apparat unserer
«Computergesellschaft» mit ihren «vorfabrizierten Lebens-
mustern» und «nivellierten Träumen»[57] nicht mitmacht. Eine
Memoria, die subversive Züge bekommt, weil uns das Leiden
Christi an das Leiden der Menschheit erinnern soll.[58] Durch
das Kreuz wird die Erinnerung wachgehalten an die ungezähl-
ten namenlosen Leiden der Menschheitsgeschichte, von denen
niemand spricht.

In diesem Zusammenhang weist Metz immer wieder auf die
auf der Abseite der Erde lebenden Christen der armen Länder
hin, mit denen zusammen er «Gnade», «Trost», «Opfer» und
«Dank» erlebt hat – «Werte ohne Verwertbarkeit» in einer Welt
der «universalen Verwertung» – «Widerstandswerte» und
«Aufstandswerte».[59] Wer auf die Befreiung durch Jesus Christus hofft, rebelliert wie von selbst gegen «die drohende Apotheose der Banalität, der Apathie oder des Hasses», gegen «die
Erniedrigung des Menschen zur reinen Arbeitskraft, zur sanft
funktionierenden Maschine, zum anpassungsschlauen Tier»
oder «zur bloßen Strafsache totalitären Zugriffs».[60] Das Kreuz
Christi unterbricht die Geschichte.

Auf dem Katholikentag in Düsseldorf 1982 bringt Metz auf
den Punkt, wogegen sich der «Aufstand» christlicher Hoffnung richtet: gegen «eine Welt, in der unsere Seelen immer
mehr kolonialisiert werden» von «anonymen Strukturen»[61],
gegen die «verschleierten Ungerechtigkeiten» wie zum Beispiel die «Arbeitslosigkeit»[62], gegen «Hochrüstung», an der
die Armen der Dritten Welt sterben,[63] vor allem aber gegen die
Verbürgerlichung des Christentums: «Haben wir wirklich
noch ein Stück messianischer Heimatlosigkeit gegenüber dieser bürgerlichen Welt gerettet? Haben wir uns noch etwas von
dem bewahrt, was das Evangelium Seele nennt und Leben gegenüber unserer Welt des Habens und Besitzens? Oder sind
wir nicht so sehr am Besitz orientiert ... daß wir gar nicht
wahrgenommen haben, wie uns darüber die Seele, das Leben
längst gestohlen wurde? Warum z. B. haben wir Christen vor
dem Atheisten Marx so viel mehr Angst als vor dem Atheisten
Freud? Etwa nur deshalb, weil Marx an unseren Besitz wollte
und Freud ‹nur› auf unsere Seele aus war?»[64]

Es überrascht, daß Metz auf die Orden als «Geburtshelfer einer messianischen Kirche» jenseits bürgerlicher Religion hinweist.[65] Sie sind «eine Art Schocktherapie des Heiligen Geistes» für die Kirche. Sie klagen gegen die «fragwürdigen Kompromisse», die die Kirche immer wieder mit der Welt einzugehen geneigt ist, «die Kompromißlosigkeit des Evangeliums und der Nachfolge» ein, halten einer «reichen Kirche» die «Armut Jesu» als Spiegel vor und sind angesichts einer «triumphierenden Kirche» die Träger der gefährlichen Erinnerung an sein Leiden auf Golgatha.[66]

Fazit

André Gide berichtete von einem alkoholfreien Wirtshaus in der Schweiz. Im Speisesaal war ein riesiges Plakat angebracht mit den Psalmworten «Der Herr ist mein Hirte; mir wird nichts mangeln». Darunter hing eine kleine Tafel mit der Inschrift: «Himbeerlimonade». Besser könnte man kaum die Situation des heutigen Christentums umschreiben. Metz hat demgegenüber wieder ganz neu eingeschärft: Die Sache Jesu ist nicht die schale Limonade, als die sie nicht selten verabreicht wird, sondern sie ist gärender Wein, der die alten Schläuche zerreißt (Luk. 5,37). Die Vision von der Revolution Gottes läßt den Menschen wieder hoffen nach all seinen Ent-Täuschungen, die er durch menschliche Revolutionen erlebt hat. Der Mensch ist weder Hirt des Seins (Heidegger) noch auch Sklave der Leere – sondern das Wesen, das allem zum Trotz hofft. Denn die Wende, die er ersehnt, und die er sich nicht selber geben kann, bringt ein anderer. Wie ein Partisanenheer, das das Land nicht selber befreien kann, aber demnächst von außen befreit wird, macht er Ausbruchsversuche. Denn der Sieg ist ihm trotz unsäglicher Rückschläge schlußendlich sicher.

Die Wiederentdeckung christlicher Radikalität bedingt einen neuen Typus von Theologie. Metz hat das große Verdienst, die Christenheit auf die liegengelassene Chance einer narrativ-erzählenden Theologie hingewiesen zu haben. Es

kommt in der Tat darauf an, «das Erinnerungs- und Erzähl-
potential des Christentums nicht aus lauter Angst vor Unwis-
senschaftlichkeit zu verstecken oder zu leugnen, sondern es
zu schützen und in neuer Weise zu mobilisieren gegen den
Bann einer vermeintlich postnarrativen Zeit». Das Christentum war von Anfang an nicht primär «Argumentationsge-
meinschaft», sondern «Erinnerungs- und Erzählgemein-
schaft». Sosehr «der Austausch von Glaubenserfahrung wie
von jeder ... Erfahrung des Neuen, nie Dagewesenen» nicht
«die Gestalt des Arguments, sondern der Erzählung» hat.[67]

Die «gefährliche Erinnerung» an den Tod Jesu Christi
wurde ja oft im Kanalsystem der theologischen Theorie still-
gelegt. Das erweist nicht nur die neuscholastische Bunker-
theologie mit ihren rationalistischen Gegenbeweisen gegen
die Moderne, sondern vor allem die modernistische Assimilationstheologie mit ihren falschen Kompromissen mit ihr. Im
Grunde geht es beiden um die in der Mitte zur Ruhe gekom-
mene Wahrheit und um das im Wissenschaftsbetrieb übliche
Ausgewogenheitspostulat. Sie «decken alle Unruhe ab», wie
«man das Feuer im Herd abdeckt»[68], während Jesus umgekehrt in der Welt ein «Feuer» entfachen wollte, das sie in Unruhe versetzt (Luk. 12,49). Die Wahrheit liegt nicht in der
«Mitte», «ja sie liegt in der Mitte begraben»[69] – wie die entscheidende Gegenthese von Metz lautet. Seine «Theologie
nach dem Idealismus»[70] ist – wie die der Bibel – ge- und betroffene Theologie, weil vom Leid der Welt beunruhigte
Theologie. Sie setzt das Spontane gegen das Stumme, Grau-
same, Neutrale, die Parteilichkeit gegen die Apathie. Sie wird
darüber sicher mitunter kurzatmig und opfert den wissenschaftlichen Esprit de finesse dem Gebot der Stunde. Aber
kann sich die Wissenschaft heute noch den langen Atem leisten, minoische Tonscherben zu sammeln, während die Welt
unterzugehen droht? Kann man nach Auschwitz noch diffe-
renziert denken? Kann man es sich nach Hiroshima noch leisten, liebevoll irgendwelche wissenschaftliche Detail- und
Randgebiete abzugrasen, wo es ums Ganze geht und das
Ganze auf dem Spiel steht? Fragen, die sich von Metz her stellen und die sich nicht nur an einige akademische Spezialisten-

monomane richten, sondern an unseren gesamten Wissenschaftsbetrieb.

Doch ist das nicht die richtige Theologie zur falschen Zeit? Zumal heute in der nachmarxistischen Phase! Metz hat wichtige Impulse aus dem Marxismus in die Theologie eingebracht, andererseits aber Entscheidendes gerade auch zur Überwindung des Marxismus beigetragen. Er vermißt im Marxismus vor allem die Kategorie der Erinnerung, der ja in seiner Theologie ein achsialer Rang zukommt. Er hält ihm vor, daß er von einem «erinnerungslosen Glück»[71] ausgeht, einem Glück, das vergißt, mit wieviel Unglück es erkauft wurde. Doch Schuld, Leid und Tod werden nicht beseitigt, wenn sie vergessen werden. Die Unmöglichkeit der Abschaffbarkeit von Unglück und der Machbarkeit von Glück trennt den christlichen Glauben vom Marxismus, der die Grenzen menschlicher Möglichkeiten nicht nüchtern in Rechnung stellt. Metz hat das so scharf wie kein anderer diagnostiziert.

Ein weiterer Markierungspunkt seines Denkens ist die theologische Rehabilitierung der Welt. Die Säkularisierung der Welt richtet sich nicht *gegen* das Christentum, sondern sie kommt aus dem Christentum. Die Entzauberung der Welt ist Konsequenz des Glaubens an den *einen* Gott, der jede Vergötterung der Welt ausschließt.

Aber wird nicht heute die Säkularisierung ihrerseits zum Gott gemacht? Finden nicht viele gerade die Entzauberung bezaubernd? Der arme Gott der Bibel, der tief unter sich herabsteigt in menschliches Elend ist nach Metz das Ende allen Zaubers.

Es bleiben noch manche kritische Fragen. W. Kasper fragt, sosehr er der Entprivatisierung der Theologie, wie sie Metz geleistet hat, voll zustimmt: «Will man unter dem Stichwort nachbürgerlicher Religion und Theologie nicht in eine vorbürgerliche Theologie zurückfallen, dann muß man alle die positiven Errungenschaften der bürgerlichen neuzeitlichen Subjektivität, den Fortschritt an Erkenntnis und Verwirklichung der Freiheit des einzelnen in die nachbürgerliche Religion einbringen.»[72] Anders gesagt: Hätte Metz bei seiner Attacke gegen die Bürgerkirche nicht den Bourgeois von dem Citoyen unter-

scheiden müssen? Der Christ ist Citoyen, aber nicht Bourgeois. Gerade weil er ein Rebell ist und nicht der Softi der gesellschaftlichen Rollenzuweisung.

Ihren Lückenbüßer nannten sie Gott.

FRIEDRICH NIETZSCHE

Nur ein Gott kann uns retten.

MARTIN HEIDEGGER

NACHWORT

Wir wollen den zurückgelegten Weg nochmals in den Blick fassen. Nicht um den Sack zuzubinden mit einer Zusammenfassung der Zusammenfassungen, einem Fazit der Fazits. Dieses Nachwort hat lediglich die Funktion, einige Gedankenlinien des Buches auszuziehen und ins Grundsätzliche hinein zu verlängern. Dabei möchte ich vor allem Fragen des Lesers, die er nach der Lektüre dieses Buches stellen wird, aufnehmen. Fragen, die vermutlich vor allem auf den Kristallisationspunkt der Theologie, *Gott*, abzielen. Trotz der vielen Argumente für Gott, die er in diesem Buch erfahren hat, wird der Leser wohl immer wieder neu und vielleicht mit einem gewissen Trotz fragen: Was sollen diese theologischen Wundertüten? Für mich als Realist existiert nur das, was sichtbar, greifbar, meßbar und wägbar ist. Gott ist nicht sichtbar, greifbar, meßbar und wägbar. Wie kann er dann existieren? Was sollen all die plausiblen Aussagen über Mensch, Welt, Tod, Zukunft, Christus und das ethische und soziale Veränderungspotential des Christentums, wenn die Basis, auf der sie beruhen, für mich nicht existiert?

Befindet sich die Theologie auf einer privilegierten, kritikent-hobenen Ebene, wo man sich denkerisch Dinge erlauben kann, die man in der sonstigen Wissenschaft niemandem ver-zeiht? Ist, was hier vorgelegt wird, nicht ein erneutes Muster-beispiel für Theologenpoesie?

Ich glaube, die Zukunft der Theologie steht und fällt mit der Beantwortung dieser Fragen, alle anderen Fragen dieses Bu-ches wie etwa die kontroverstheologischen Unterschiede der beiden Konfessionen scheinen angesichts der Gottesfrage so unernst und lächerlich zu sein wie ein Tennismatch auf einem untergehenden Schiff.

Das Argument der Erfahrung
oder der Realismus des Glaubens

Ich möchte gegen diese kritischen Fragen vor allem folgendes einwenden: Die Wirklichkeit, also das, was existiert, wird in unzulässiger Weise verkürzt, wenn man nur dem Sichtbaren, Greifbaren, Meßbaren und Wägbaren Realität zumißt. Vieles in unserem Leben ist nicht sichtbar, greifbar, meßbar und wäg-bar und trotzdem real, wie zum Beispiel die Liebe zwischen Mann und Frau. Sie ist aber etwas, was nur *erfahren* werden kann, nicht etwas, was *beobachtet* werden kann. Beobachtet wird an ihr nur Vordergründiges, nicht das Entscheidende, das sich dem Zugriff des Verstandes entzieht und Geheimnis bleibt. Nur der gegenständliche Bereich unserer Wirklichkeit kann durch Beobachtungsaussagen umschrieben werden, nicht der *personale* und *subjektive* Bereich, wie zwischen-menschliche Beziehungen, aber auch das *Gottesverhältnis*. Diese Beobachtungsaussagen, die das Meßbare und Wägbare feststellen, arbeiten mit *zwingenden Beweisen* nach Art der Na-turwissenschaft. Erfahrungsaussagen sind aber nicht zwin-gend beweisbar, sondern Sache *freier Entscheidung*. Sie erfor-dern letztlich das *Wagnis des Glaubens*. Die Liebe zwischen Mann und Frau erweist zur Genüge, wie sehr sich der perso-nale Bereich zwingender Beweise entzieht und Glaubenssache ist. Sie besteht erfahrungsgemäß sogar Gegenbeweisen zum

Trotz. Die These, nur alles empirisch Beweisbare sei real, ist selbst keine empirisch beweisbare Aussage.

Mit Erfahrung ist hier also das Gegenteil von Empirie gemeint: die Dimension des *Erlebens*. Der Mensch hat außer dem rechnenden Verstand noch andere «Wahrnehmungsweisen» für die Wirklichkeit: das Fühlen, Innewerden, Ahnen, Hoffen, Erschrecken, Staunen, Danken, Betroffensein, Überwältigtwerden, Vertrauen, Wagen. Wirklichkeit würde verarmen, hätte sie nicht diese zweite Dimension der Erfahrung; hätte sie nur die *eine* Dimension des Beobachtens – wie ein flaches Wirklichkeitsverständnis will. Die Wirklichkeit hat zwei Dimensionen. Das forschende Auge des Augenarztes sieht das Auge «mit anderen Augen» als das des Liebenden. Oder am Beispiel Blume: Der eine katalogisiert sie botanisch, der andere erlebt sie, freut sich an ihr, sie spricht zu ihm.

Der Glaube an Gott ist, wie in diesem Buch immer wieder betont wurde, ein Wagnis. Hier muß ich wie Petrus den Fuß aufs Wasser setzen (Matth. 14,28 ff). Wer nichts wagt und auf Nummer Sicher gehen will, kann nicht glauben: weder im zwischenmenschlichen noch im religiösen Bereich.

Ohne diese zweite Wirklichkeitsdimension des Glaubens hört der Mensch auf, Mensch zu sein. Ist doch der Mensch im Unterschied zum Tier ein «Mängelwesen», das sich ständig selbst überholt, das offen ist nach vorn – wie in diesem Buch immer wieder betont wurde. Erich Fromm fragt mit Recht in «Haben oder Sein»: «Kann der Mensch ohne Glauben leben? Muß der Säugling nicht an die Mutterbrust glauben? Müssen wir nicht alle an unsere Mitmenschen glauben ...? Ohne Glaube wird der Mensch ... hoffnungslos.»[1] Alle die glauben, wissen, daß dieser zweiten Wirklichkeitsdimension oft sogar ein viel höherer Realitätsgrad zukommt als der des Gegenständlichen. Der Glaube versetzt Berge, wie die Bibel sagt (Matth. 17,20).

Bekommt aber dadurch nicht Henri de Montherlant recht mit seiner These: «Der Glaube? Abdankung des Verstandes»?

Doch der Glaube ist keine Flucht ins Irrationale. Die Erkenntnis, daß Wirklichkeit über unsere Ratio hinausgeht und daß es außer ihr noch andere Wahrnehmungsorgane gibt, ist selbst eine rationale Aussage.

Wird aber dadurch der Glaube nicht ein subjektivistisches Soloerlebnis, das sich jedem objektiven Maßstab entzieht? Ich möchte dem entgegenhalten: Es geht beim Glauben nicht nur um *meine* Erfahrung, sondern um die Erfahrungen *vieler*, um *verallgemeinerungsfähige* Erfahrungssätze über Gott – wenn auch nicht um *allgemeingültige*, die für jedermann zwingend beweisbar wären wie naturwissenschaftliche Beobachtungssätze. Solche Erfahrungssätze haben argumentative Kraft.

Genug der Theorie. Jetzt folgen einige konkrete Beispiele für das Gesagte: Argumente für Gott in Form von Erfahrungen, die Menschen mit Gott gemacht haben.

Gott als universaler Bezugspunkt

Der Physiker Albert Einstein bekennt sich zu einer «kosmischen Religiosität». Sie besteht, wie er schreibt, «im … Staunen über die Harmonie der Naturgesetzlichkeit, in der sich eine so überlegene Vernunft offenbart, daß alles Sinnvolle menschlichen Denkens und Anordnens dagegen ein gänzlich nichtiger Abglanz ist.»[2] Der Physiker Werner Heisenberg glaubt ähnlich, daß hinter der Welt ein «Bewußtsein» und eine «Absicht» zu denken ist. Er meint: «Das Erlebnis der zentralen Ordnung ist immer noch ein ganz entscheidendes Erlebnis.» Einer Ordnung, in der nur ein Gott am Werk sein kann dem weltvernichtenden Zerstörungstrieb des Menschen zum Trotz.

Ein Ordnungsprinzip wird eigentlich schon evident angesichts der Sinnstruktur der Sternenwelt, ganz zu schweigen von der Zielgerichtetheit des übrigen Kosmos. Das Gesetz, nach dem die Evolution verläuft, kann logischerweise nicht Produkt der Evolution sein, sondern muß ihr vorausgehen. Wenn es nicht von einem Menschen, dem Endprodukt der Evolution, stammen kann, dann nur von einer übermenschlichen Macht. Aus nichts kommt nichts. Selbst der Zufall ereignet sich nicht blind, sondern nach Gesetzen.

Gott als Wertgarant

Doch nicht nur unbegreifliche Ordnung läßt zurückfragen nach einem Ordnungsprinzip, sondern auch unbegreifliche Unordnung. Man denke an die Eskalation des Bösen in unserem Jahrhundert seit Verdun, Auschwitz und Hiroshima. Es muß einen übermenschlichen Wertgaranten geben, der die Werte garantiert, die Menschen erfahrungsgemäß nicht garantieren, der den Menschen vor dem Menschen schützt, der den Menschen vor sich selbst schützt. Der Philosoph Leszek Kotakowski meint: «Konsequent zu Ende gedacht, bedeutet die Abwesenheit Gottes den Untergang des Menschen.»[4] Ohne diesen Wertgaranten stürzt die Welt ins Chaos.

Folgende Geschichte soll das verdeutlichen: Eine spanische Journalistin schrieb über die Landfrau Teresa aus einem salvadorensischen Dorf, die zufällig ein Massaker überlebte. Sechs Zivilisten − eine «Verteidigungspatrouille» − kamen auf der Suche nach Waffen in ihre Hütte, zerstörten ihre Lebensmittel, schlugen den Mann zum Krüppel, vergewaltigten und schwängerten die beiden Töchter, vierzehn und fünfzehn Jahre alt. «Bedenken Sie, daß es einen Gott gibt, der Sie zur Rechenschaft ziehen wird», wagte Teresa zu mahnen, doch die Männer lachten nur: «Gott ist tot, hast du das noch nicht gewußt? Wir sind jetzt die Götter.»[5]

Muß es nicht eine Macht geben, die stärker ist als das Böse, wenn nicht alles sinnlos werden soll? Bei Peter Handke habe ich den Satz gelesen: «Sich nicht um den Anschluß an eine Religion zu bemühen, sondern sich in seiner Unerlöstheit geduldig und sachlich zu beschreiben ist schon Religion.»[6] Diese Erfahrung lähmt nicht unser Tun, sondern mobilisiert es. Wer die Grenzen seiner Möglichkeiten erkennt, ist nicht schwach, sondern gerade stark.

Gott als Ziel und Sinn unseres Lebens

Man sieht den Zielpunkt nicht, kennt aber doch mehrere konvergierende Linien, die auf ihn hinlaufen. Luise Rinser hat dies

wie viele erfahren. Sie schreibt: «Als ich ein junges Mädchen
war, stand ich jeden Morgen auf der Türschwelle, schaute die
Straße entlang und wartete auf irgend etwas, nichts Bestimm-
tes.» Doch «indem ich wartete, spürte ich mich leben».[7] «Es
gibt ... nur einen einzigen wirklichen Lebensantrieb: die Hoffnung.»[8] Aber, so fragt Luise Rinser: «Haben wir nicht vielmehr allen Anlaß, eben nicht zu hoffen? Scheint uns nicht die
Erfahrung zu lehren, daß das Leben ... ins Dunkel zielt und
dort versinkt?»[9] Trotzdem, meint sie, hofft jeder Mensch. «Da
es aber Hoffnung gibt, muß es einen Grund für sie geben und
eben einen Grund, der zu dieser unermeßlichen Hoffnung berechtigt. Der Gläubige nennt diesen Grund Gott. Der Ungläubige gibt ihm andere Namen, aber er meint dennoch nichts
anderes als Gott.»[10]

Gott ist das unser relatives Glück transzendierende absolute
Glück. Der Mensch erreicht erfahrungsgemäß von sich aus
nur fragmentarisches Glück, nicht das ganze Glück, das er ersehnt. Gott ist das alle Teilziele meines Lebens überbietende
letzte Ziel, das ich erhoffe.

Hat man aber diesen Zielpunkt im Auge, dann kann man im
nachhinein selbst in einem scheinbar sinnlosen Leben Sinnlinien entdecken. Verwechselt man aber das Teilziel mit dem
letzten Ziel, dann wird man kleinkariert, und es kommt zu den
bekannten Horizontverkürzungen, an denen unsere Gesellschaft krankt. Der Gottesglaube hat die Aufgabe, die Horizonte der Welt offenzuhalten für ihr letztes Ziel.

Gott ist so der letzte Sinn meines Lebens, an den ich trotz
aller Sinnlosigkeit glaube. Auf den ich es gegen den Augenschein der Sinnleere, die mich umgibt, wage. Ist doch echter
Glaube ein Wagnis gegen den Augenschein, wie wir in diesem
Buch immer wieder feststellten.

Doch Gott ist noch mehr. Er läßt alle die genannten «Gottes-
definitionen» hinter sich. Keine holt ihn ein, weil er – was in
diesem Buch immer wieder festgestellt wurde – letztlich un-
auslotbares Geheimnis ist. Es gibt – wenn überhaupt – nur *eine*
Definition, die Gott einholt und das Geheimnis seines Wesens
auslotet: den Satz der Bibel: «Gott ist die Liebe» (1. Joh. 4,8).
Nach biblischem Verständnis hat uns *Gott in Jesus Christus diese*

seine Liebe unwiderruflich zugesagt. Entscheidend ist daher – wie ich meine – folgendes Argument für Gott, mit dem ich meine Überlegungen abschließe.

Gott als das wahre Du des Menschen

Gott ist ein anderes Wort für das wahre Du des Menschen. Gott ist ein anderes Wort für das übermenschliche Du, das immer mit mir spricht, wo Menschen nicht mehr mit mir sprechen, ein Du, das mich versteht, wo Menschen mich mißverstehen, ein Du, das mich annimmt, wo Menschen mich ablehnen. Ein Du, das mir vergibt, wo Menschen mich anklagen, ein Du, das mir unbedingt vergibt, wo Menschen mir nur bedingt vergeben. Ein Du, das mich unwiderruflich liebt.

Er ist das absolut verläßliche Du und das unzerstörbare Du, von dessen Liebe mich nichts, nicht einmal der Tod trennt (Röm. 8, 31–39). Das Du, das – im Unterschied zum menschlichen Du – immer bei mir bleibt. Gott ist das absolute Du, das absolut andere Du, das absolut anders ist als das relative Du der Menschen.

Der Sinn dieser These «Gott ist das wahre Du des Menschen» wird erst evident, wenn wir die spezifische Situation unserer Zeit in den Blick nehmen. Der Mensch war noch nie so allein wie in unserer urbanen Industriekultur, deren Charakteristika Anonymität, Berührungsangst, Sprachlosigkeit und Antwortlosigkeit sind; die «totale Beziehungslosigkeit» (Hans Werner Richter), die sich unter Scheinbeziehungen versteckt. Der Dialog mit der Sprechanlage, wo ich ausgeklickt werde und keine Antwort bekomme, ist Sinnbild dieser Situation. Ebenso die kafkaeske Gleichgültigkeit und Apathie unserer Technokratie.

Aber nicht nur die technokratische Umwelt läßt den heutigen Menschen alleine, sondern auch die tote Unendlichkeit des Weltalls, das schweigt und gleichgültig ist gegen seine Not.

Doch es gibt ein Wort im stummen Universum. Ein Du, das den Menschen herausruft aus der anonymen Masse (Jes. 42, 1), so daß er nicht mehr ein beliebiger Stein in einer Mauer ist, sondern ein unverwechselbarer Eigener, nicht Spielball einer blinden Macht, sondern etwas Einmaliges.

Es bleibt aber bei diesem Gott nicht nur bei Worten. Er läßt sich für uns Menschen ans Kreuz schlagen, er geht aus Liebe zu uns in den Tod. Simone Weil meint: «In einem Sinne ist das Geschöpf mächtiger als Gott. Es kann Gott hassen, und Gott kann es nicht wiederhassen.»[11]

Wenn man mich fragen würde, wo ich in meinem Leben dieses absolut verläßliche Du erfahren habe, dann fallen mir vor allem Menschen ein, denen ich als Seelsorger begegnet bin – wie etwa jener sterbende alte Bauer aus einem unterfränkischen Dorf, zu dem ich Anfang August 1968 gerufen wurde, als ich dort gerade meinen Dienst als Pfarrer angetreten hatte. Er betete auswendig mit lauter Stimme mehrere Kirchenlieder und verschied mit den Versen des Liedes «Meinen Jesum laß ich nicht» auf den Lippen. Ich werde seine furchtlosen und gelassenen Augen nicht vergessen.

ANHANG

Über den Autor

Biobibliographische Notiz
Horst Georg Pöhlmann wurde am 18. Juli 1933 im niederbaye-
rischen Rotthalmünster geboren. Nach dem Studium der
evangelischen Theologie. war er als Vikar in Nürnberg, dann
als Pfarrer in Maßbach bei Bad Kissingen tätig. Nach der Pro-
motion 1963 wurde er Erwachsenenbildungsreferent in Karls-
ruhe, habilitierte sich 1969 in Heidelberg, wo er seit 1975 als
Professor lehrte, bis er 1979 an der Universität Osnabrück den
Lehrstuhl für Systematische Theologie: Dogmatik und Ethik
übernahm. Horst Georg Pöhlmann lebt mit seiner Familie
(zwei Kinder) in Wallenhorst bei Osnabrück.

Bekannt wurde Pöhlmann vor allem
durch folgende Veröffentlichungen:
«Analogia entis oder analogia fidei? Die Frage der Analogie bei
Karl Barth» (1965);
Übersetzung der Apologie Melanchthons (1967);
«Rechtfertigung. Die gegenwärtige kontroverstheologische
Problematik der Rechtfertigungslehre zwischen der evange-
lisch-lutherischen und der römisch-katholischen Kirche»
(1971);
«Abriß der Dogmatik» (1973; 3. Auflage 1980);
«Wer war Jesus von Nazareth?» (1976; 4. Auflage 1981);
«Religionsphilosophie» (mit W. Brändle, 1982).
H. G. Pöhlmann ist ständiger Mitarbeiter der «Neuen Zeit-
schrift für Systematische Theologie und Religionsphiloso-
phie» sowie Verfasser mehrerer Artikel in theologischen Fach-
lexika. Außerdem hat er an Sammelwerken mitgearbeitet, wie
zum Beispiel an dem bekannten evangelisch-katholischen
Kommentar «Confesssio Augustana. Bekenntnis des einen
Glaubens» (1980).

Anmerkungen
und Literaturhinweise

EINLEITUNG

1 Heinrich Denzinger: Enchiridion Symbolorum. Freiburg, 36. Auflage 1976, 1690

2 a. a. O. 1779, 1777–1778

3 a. a. O. 1716, 1718, 1777 f., 1724

4 a. a. O. 1718

5 a. a. O. 1785

6 a. a. O. 1832, 1839

7 Walther von Loewenich: Der moderne Katholizismus. Witten, 2. Auflage 1956, S. 74

8 a. a. O. S. 82 ff.

9 Vgl. Ulrich Neuenschwander: Zwischen Gott und dem Nichts. Beiträge zum christlichen Existenzverständnis in unserer Zeit. Bern 1980, S. 81 ff.

10 Vgl. Walther von Loewenich: Luther und der Neuprotestantismus. Witten 1963, S. 144 ff.

KARL BARTH

1 Karl Barth: Evangelische Theologie im 19. Jahrhundert. Zürich (1947) 1957, S. 6

2 a. a. O. S. 10

3 Karl Kupisch: Karl Barth in Selbstzeugnissen und Bilddokumenten. Reinbek bei Hamburg 1977, S. 8 f.

4 a. a. O. S. 45

5 a. a. O. S. 9 f.

6 Adolf von Harnack: Das Wesen des Chri-

stentums. Stuttgart 1900, S. 42

7 Wilhelm Herrmann: Ethik. Tübingen 1901, 5. Auflage 1913, S. 114 ff.; vgl. Die Religion in Geschichte und Gegenwart (RGG). Tübingen, 3. Auflage 1959, 3. Band s. v. Herrmann, Spalte 275 ff.

8 Zur näheren Begründung meines Einteilungsschemas siehe mein Buch: Horst Georg Pöhlmann: Analogia entis oder Analogia fidei? Die Frage der Analogie bei Karl Barth. Göttingen 1965, S. 112 ff. Die unbedeutende vorkritische oder liberale Phase Karl Barths bleibt hier unberücksichtigt.

9 Karl Barth: Evangelische Theologie im 19. Jahrhundert, a. a. O., S. 15, 11

10 Eberhard Jüngel: Karl Barth. Theologische Realenzyklopädie (TRE) Berlin, S. 255 f.

11 Karl Barth: Der Römerbrief. Zürich 2. Auflage 1921, 12. Auflage 1978, S. XIII f.

12 a. a. O. S. 4

13 a. a. O. S. 25

14 a. a. O. S. 86

15 a. a. O. S. 132 f.

16 a. a. O. S. 193

17 a. a. O. S. 315

18 a. a. O. S. 240

19 a. a. O. S. 25

20 a. a. O. S. 77

21 a. a. O. S. 7, 18

22 a. a. O. S. 13

23 a. a. O. S. 32

24 a. a. O. S. 62

25 a. a. O. S. 73

26 a. a. O. S. 130

27 a. a. O. S. 73

28 a. a. O. S. 6

29 a. a. O. S. 5

30 a. a. O. S. 7

31 a. a. O. S. 316

32 a. a. O. S. 49

33 Als solche trägt sie den Stempel Gottes. Sie ist nicht – wie bei Barth – nur der Schatten, den Christus vorauswirft, sondern ihr kommt eine gottgewollte Eigenwirklichkeit zu. Entsprechend gibt es eine Analogia entis (Seinsähnlichkeit) zwischen Gott und Welt. Die Schöpfung ist gleichnisfähig für das Reich Gottes, wie etwa die Gleichnisse Jesu zeigen. Näherer Nachweis siehe mein Buch: Horst Georg Pöhlmann: Analogia entis oder Analogia fidei?, a. a. O. S. 120

34 In: Karl Barth: Theologische Fragen und Antworten. Zürich 1957, S. 7, 9

35 Karl Barth: Die Menschlichkeit Gottes. Zürich 1956, S. 12. Zur Wende der «Kirchlichen Dogmatik» vgl. auch Hermann Fischer in: Theologie im 20. Jahrhundert. Stand

und Aufgaben. Hrsg.
Georg Strecker (Uni-
Tb. 1238), Stuttgart
und Tübingen 1983,
S. 338 ff.

36 Karl Barth: Die
Menschlichkeit Got-
tes, a. a. O. S. 5

37 Karl Barth: Kirchliche
Dogmatik. Band III,
Teil 1, Zürich 1945,
S. 430

38 Wenn sie von seiner
bleibenden Gotteben-
bildlichkeit ausgeht
(1. Mose 1,26 f.,
5,1+3; 9,6), die Barth
ablehnt. Vgl. auch
Psalm 8,6 f.

39 Karl Barth: Einfüh-
rung in die evangeli-
sche Theologie,
a. a. O. S. 69

40 Karl Barth: Kirchliche
Dogmatik. Band II,
Teil 1, Zürich 1940,
S. 387

41 a. a. O. S. 362

42 a. a. O. S. 309

43 a. a. O. S. 288

44 Karl Barth: Kirchliche
Dogmatik. Band I,
Teil 1, Zürich 1932,
S. 404

45 Karl Barth: Kirchliche
Dogmatik. Band II,
Teil 1, a. a. O. S. 288

46 a. a. O. S. 338

47 a. a. O. S. 398

48 a. a. O. S. 339 f.

49 a. a. O. S. 350

50 a. a. O. S. 350

51 a. a. O. S. 403

52 a. a. O. S. 312

53 a. a. O. S. 131

54 a. a. O. S. 318

55 Vgl. Eberhard Jüngel:
Karl Barth, a. a. O.
S. 263

56 Heinz Zahrnt: Die Sa-
che mit Gott. Prote-
stantische Theologie
im 20. Jahrhundert.
München, Auflage

1966, S. 141 f.

57 Karl Barth: Kirchliche
Dogmatik. Band II,
Teil 2, a. a. O. 1942,
S. 1

58 a. a. O. S. 27

59 a. a. O. S. 8

60 a. a. O. S. 18 f.

61 a. a. O. S. 20

62 a. a. O. S. 177

63 Helmut Thielicke:
Theologische Ethik.
Band 1: Prinzipien-
lehre. 3. Auflage Tü-
bingen 1965, S. 193

64 Karl Barth: Kirchliche
Dogmatik. Band II,
Teil 2, a. a. O. 1942,
S. 529

65 Karl Barth: Kirchliche
Dogmatik. Band IV,
Teil 1, a. a. O. 1953,
S. 23

66 a. a. O. S. 35

67 a. a. O. S. 40

68 a. a. O. S. 35

69 a. a. O. S. 54

70 a. a. O. S. 1

71 a. a. O. S. 171

72 a. a. O. S. 710

73 a. a. O. S. 94

74 a. a. O. S. 706

75 a. a. O. S. 94

76 Vgl. Karl Barth:
Kirchliche Dogmatik.
Band III, Teil 4,
a. a. O. 1951, §§ 53–
56

77 a. a. O. S. 58

78 a. a. O. S. 632 ff.

79 Karl Barth: Wolfgang
Amadeus Mozart
1756/1956. Zürich
1956, S. 7 f.

80 Karl Barth: Kirchliche
Dogmatik. Band III,
Teil 4, a. a. O. 1951,
S. 605 ff.

81 a. a. O. S. 626 ff.; 630

82 Karl Barth: Humanis-
mus. Theologische
Studien 28, Zürich
1950, S. 7 f.; und
ders.: Kirchliche

Dogmatik. Band III,
Teil 2, a. a. O. 1948,
S. 242

83 Karl Barth: Kirchliche
Dogmatik. Band III,
Teil 2, a. a. O. 1948,
S. 128

84 a. a. O. S. 231

85 a. a. O. S. 148

86 a. a. O. S. 218

87 a. a. O. S. 218 f.

88 a. a. O. S. 231

89 In diesem Brief weist
Barth auf die Seiten
99 f. (Abschnitt 5)
meines Buches «Ana-
logia entis oder Ana-
logia fidei?» (1965)
hin, wo ich seine
Theologie so be-
schrieben habe.

90 In: Neue Zeitschrift
für Systematische
Theologie und Reli-
gionsphilosophie, 23,
Berlin 1981, S. 193

RUDOLF
BULTMANN

1 Rudolf Bultmann:
Glauben und Verste-
hen. Gesammelte
Aufsätze. Band I, Tü-
bingen 1933, S. 18

2 a. a. O. S. 2

3 a. a. O. S. 87

4 a. a. O. S. 2 f.

5 Friedrich W. Kant-
zenbach: Programme
der Theologie.
Denker, Schulen,
Wirkungen – Von
Schleiermacher bis
Moltmann. Mün-
chen, 2. Auflage 1978,
S. 212

6 Ulrich Neuen-
schwander: Denker
des Glaubens I. (GTB
Siebenstern 81) Gü-
tersloh 1974,
S. 127; Hermann

Dembowski: Karl-
Barth – Rudolf Bult-
mann – Dietrich Bon-
hoeffer. Eine Ejnfüh-
rung in ihr Lebens-
werk und ihre Bedeu-
tung für die gegen-
wärtige Theologie.
Neukirchen-Vluyn
1976, S. 77

7 In: Stimmen der Zeit.
Jg. 101 (1976), Heft
11, S. 779

8 Kerygma und My-
thos. Hg. H. W.
Bartsch. Band I, 4.
Auflage 1960,
S. 27 ff.; Rudolf Bult-
mann: Glauben und
Verstehen. Band IV,
Tübingen 1965,
S. 146, 176 f., 180

9 Kerygma und My-
thos. Band I, a. a. O.
S. 15 f.

10 a. a. O. S. 17 ff.

11 a. a. O. S. 25

12 a. a. O. S. 17

13 a. a. O. S. 18 (1941!)

14 a. a. O. S. 22

15 Kerygma und My-
thos. Band II, a. a. O.
1952, S. 182

16 Kerygma und My-
thos. Band III, a. a. O.
1954, S. 41 f.

17 In: Ein Wort lutheri-
scher Theologie. Hg.
Ernst Kinder, 1952,
S. 61, 75, 87 f.

18 a. a. O. S. 35, 50 f.

19 Karl Barth: Rudolf
Bultmann. Zürich, 3.
Auflage 1953, S. 48

20 Wilhelm Dilthey: Ge-
sammelte Schriften.
Band VI, Teil 2, Leip-
zig 1924, S. 333

21 Martin Heidegger:
Sein und Zeit. Tübin-
gen, 10. Auflage
1963, S. 144 f.

22 Rudolf Bultmann:
Glauben und Verste-

hen. Band II, Tübin-
gen 1952, S. 217 ff.

23 Kerygma und My-
thos. Band I, a. a. O.
S. 32.

24 Ebenda Band II,
S. 190

25 a. a. O. S. 199

26 a. a. O. S. 187 f.

27 Walter Schmithals:
Die Theologie Rudolf
Bultmanns. Eine Ein-
führung. Tübingen,
2. Auflage 1967, S. 23

28 Kerygma und My-
thos. Band I, a. a. O.
S. 17

29 Rudolf Bultmann:
Glauben und Verste-
hen. Band IV, Tübin-
gen 1965, S. 147

30 a. a. O. S. 188

31 a. a. O. S. 176

32 a. a. O. S. 177

33 a. a. O. S. 176

34 Ebenda Band I, S. 28

35 a. a. O. S. 26 – Her-
vorhebung von mir!

36 Ebenda Band IV,
S. 179 f.

37 a. a. O. S. 125

38 a. a. O. S. 112

39 a. a. O. S. 126

40 Rudolf Bultmann:
Glauben und Verste-
hen. Band II, Tübin-
gen 1952, S. 100

41 a. a. O. S. 2

42 a. a. O. S. 3 f.

43 a. a. O. S. 3 f.

44 a. a. O. S. 5

45 Rudolf Bultmann:
Glauben und Verste-
hen. Band II, a. a. O.
S. 84, 86

46 Oscar Wilde: Das
Bildnis des Dorian
Gray. (dtv 2083)
München, S. 25 f.

47 Rudolf Bultmann:
Jesus. Tübingen 1926,
S. 163

48 Rudolf Bultmann:
Glauben und Verste-

hen. Band II, Tübin-
gen 1952, S. 10 f.

49 Rudolf Bultmann:
Glauben und Verste-
hen. Band I, Tübin-
gen 1933, S. 36; Band
II, Tübingen 1952,
S. 10

50 Rudolf Bultmann:
Glauben und Verste-
hen. Band III, Tübin-
gen 1960, S. 204

51 Rudolf Bultmann:
Glauben und Verste-
hen. Band I, Tübin-
gen 1933, S. 4

52 Rudolf Bultmann:
Jesus. Tübingen 1926,
S. 11

53 Rudolf Bultmann:
Glauben und Verste-
hen. Band I, Tübin-
gen 1933, S. 101

54 Vgl. Hans Conzel-
mann, in: Tendenzen
der Theologie im
20. Jahrhundert.
Hrsg. H. J. Schultz,
Stuttgart 1966, S. 245

55 Rudolf Bultmann:
Das Verhältnis der ur-
christlichen Christus-
botschaft zum histori-
schen Jesus. Heidel-
berg 1962, S. 9

56 Heinz Zahrnt: Es be-
gann mit Jesus von
Nazareth. Stuttgart,
4. Auflage 1960,
S. 101 f.

57 Kerygma und My-
thos. Band I, S. 44

58 a. a. O. S. 46

59 a. a. O. S. 44

60 a. a. O. S. 20

61 a. a. O. S. 42

62 a. a. O. S. 20, 42

63 Rudolf Bultmann:
Glauben und Verste-
hen. Band II, Tübin-
gen 1952, S. 256, 258

64 Dorothy Leigh Sayers
bei Horst Georg Pöhl-
mann, in: Der ev. Er-

zieher 33. Jg. H. 1
1981, S. 16
65 Rudolf Bultmann:
Kerygma und My-
thos. Band I, Tübin-
gen 1933, S. 18
66 a. a. O. S. 30
67 a. a. O. S. 29; Rudolf
Bultmann: Glauben
und Verstehen. Band
II, Tübingen 1952,
S. 205; Rudolf Bult-
mann: Glauben und
Verstehen. Band III,
Tübingen 1960,
S. 183
68 Kerygma und My-
thos. Band II, S. 29
69 Rudolf Bultmann:
Glauben und Verste-
hen. Band II, Tübin-
gen 1952, S. 204
70 a. a. O. S. 201
71 a. a. O. S. 207
72 a. a. O. S. 209
73 Zur näheren Begrün-
dung dieses Konzepts
siehe meinen Beitrag
in: Horst Georg Pöhl-
mann, Werner
Brändle: Religions-
philosophie. Güters-
loh 1982, S. 168 ff.

PAUL TILLICH

1 Paul Tillich: Gesam-
melte Werke. Hg.
Renate Albrecht.
Band XII, Stuttgart
1971, S. 20 ff., 31 ff.
2 a. a. O. S. 56
3 Hans Jürgen Schultz:
Tendenzen der Theo-
logie im 20. Jahrhun-
dert, Stuttgart 1966,
S. 274
4 Vgl. Paul Tillich:
Gesammelte Werke.
Band XII, Stuttgart
1971, S. 13 ff.
5 Paul Tillich: Gesam-
melte Werke. Band
XII, Stuttgart 1971,

S. 20 ff., 31 ff., 42 ff.,
58 ff., 63
6 Friedrich Wilhelm
Joseph Schelling: Phi-
losophie der Offenba-
rung. 1841/42. Hg.
H. E. G. Paulus. Leip-
zig 1858
7 Karl Barth: Dogmatik
im Grundriß. Zürich
1947, § 5
8 Paul Tillich: Gesam-
melte Werke. Band
XII, Stuttgart 1971,
S. 59
9 a. a. O. S. 15 f.
10 Paul Tillich: Systema-
tische Theologie.
Band I, Stuttgart
1951, S. 166, 159 ff.
11 a. a. O. S. 278
12 a. a. O. S. 12
13 Paul Tillich: Gesam-
melte Werke. Band
XII, Stuttgart 1971,
S. 348
14 Paul Tillich: Systema-
tische Theologie.
Band I, Stuttgart
1951, S. 20 ff.
15 a. a. O. S. 247
16 Gottfried Benn: Lyrik
und Prosa, Briefe und
Dokumente. Limes-
Paperback. Wiesba-
den 1962, S. 124 f.
17 Christoph Rhein:
Paul Tillich, Philo-
soph und Theologe.
Stuttgart 1957, S. 74
18 a. a. O. S. 25
19 Paul Tillich: Systema-
tische Theologie.
Band I, Stuttgart
1951, S. 133 f.
20 Paul Tillich: In der
Tiefe ist Wahrheit.
Stuttgart 1952, S. 43
21 Paul Tillich: Gesam-
melte Werke. Band
XII, Stuttgart 1971,
S. 181 f.
22 Paul Tillich: Gesam-
melte Werke. Band V,

Stuttgart 1964, S. 35 f.
23 Paul Tillich: Systema-
tische Theologie.
Band I, Stuttgart
1951, S. 239
24 a. a. O. S. 243
25 a. a. O. S. 329
26 a. a. O. S. 330 f.
27 Paul Tillich: Gesam-
melte Werke. Band
XII, Stuttgart 1971,
S. 301
28 Paul Tillich: In der
Tiefe ist Wahrheit.
Stuttgart 1952,
S. 55 ff.
29 Paul Tillich: Gesam-
melte Werke. Band V,
Stuttgart 1964, S. 39,
41
30 Paul Tillich: Reli-
gionsphilosophie.
1925. Urban-Ta-
schenbuch 63. Stutt-
gart 1962, S. 44, 71
31 Paul Tillich: Gesam-
melte Werke. Band V,
Stuttgart 1964, S. 32
32 Näheres zu dem Be-
griff, der erstmals in
meinem Aufsatz –
Horst Georg Pöhl-
mann: Leben wir in
einem religionslosen
Zeitalter. (In: Dem
Wort gehorsam.
Dietzfelbinger-Fest-
schrift. München
1973) – verwendet
und erläutert wurde,
in Horst Georg Pöhl-
mann: Abriß der
Dogmatik. Güters-
loh, 3. Auflage, 1980.
S. 109 ff.
33 Peter L. Berger: Auf
den Spuren der Engel.
Frankfurt 1970,
S. 79 ff.; Detlev von
Uslar: Psychologie
der Religion. Zürich
1978, S. 8, 32 f., 16,
48, 50
34 Paul Tillich: In der

Tiefe ist Wahrheit.
Stuttgart 1952, S. 61

35 Paul Tillich: Die neue
Wirklichkeit. dtv-Ta-
schenbuch 70. Mün-
chen 1962, S. 75

36 Paul Tillich: Systema-
tische Theologie.
Band II, Stuttgart
1958, S. 43 ff., 103 ff.,
159 ff.

37 Paul Tillich: In der
Tiefe ist Wahrheit.
Stuttgart 1952,
S. 138 f.

38 Paul Tillich: Gesam-
melte Werke. Band
XII, Stuttgart 1971,
S. 32

39 Paul Tillich: Der Mut
zum Sein. Furche-
Stundenbuch 50,
Hamburg 1965,
S. 156, 166

40 a. a. O. S. 160 ff.

41 Paul Tillich: Der Pro-
testantismus als Kritik
und Gestaltung. Sie-
benstern Taschen-
buch 64, München
1962, S. 166

42 Paul Tillich: Der Mut
zum Sein. Hamburg
1965, S. 163 f.

43 Paul Tillich: Gesam-
melte Werke. Band
XII, Stuttgart 1971,
S. 33, 42, 154

44 Vgl. hierzu Christoph
Rhein: Paul Tillich,
Philosoph und Theo-
loge. Stuttgart 1957,
S. 27 f.

45 Paul Tillich: Gesam-
melte Werke. Band
XII, Stuttgart 1971,
S. 41 f.

46 Paul Tillich: Gesam-
melte Werke. Band
XII. Stuttgart 1971,
S. 17

47 a. a. O. S. 38 f.

48 a. a. O. S. 18

49 Noch schärfer die

Kritik bei Joachim
Track: Der theologi-
sche Ansatz Paul Til-
lichs. Göttingen 1975,
S. 42

50 Näheres zur profanen
Religiosität des heuti-
gen Menschen siehe
Horst Georg Pöhl-
mann: Abriß der
Dogmatik. Gütersl-
loh,
3. Auflage, 1980,
S. 109 ff., 332 ff.

51 Paul Tillich: Gesam-
melte Werke. Band
XII, Stuttgart 1971,
S. 304

52 Paul Tillich: Systema-
tische Theologie.
Band II, Stuttgart
1958, S. 103 f.

53 Albert Camus: Fragen
der Zeit. Reinbek bei
Hamburg 1960, Son-
derausgabe 1970,
S. 27 f.

DIETRICH
BONHOEFFER

1 Eberhard Bethge:
Dietrich Bonhoeffer.
rororo-Bildmonogra-
phie 236, Reinbek bei
Hamburg 1976, S. 9

2 Dietrich Bonhoeffer:
Widerstand und Erge-
bung. München 1951,
S. 207

3 Hermann Dem-
bowski: Karl Barth,
Rudolf Bultmann,
Dietrich Bonhoeffer.
Neukirchen 1976,
S. 95

4 Dietrich Bonhoeffer:
Widerstand und Erge-
bung. München 1951,
S. 261

5 a. a. O. S. 206

6 Ulrich Neuen-
schwander: Denker
des Glaubens. GTB

Siebenstern Taschen-
buch 87, Gütersloh
1974, S. 134

7 a. a. O. S. 35

8 Wilhelm Dilthey:
Gesammelte Schrif-
ten. Band II, Leipzig
1914, S. 348 ff.

9 Dietrich Bonhoeffer:
Widerstand und Erge-
bung. München 1951,
S. 217, 230, 236

10 Eberhard Bethge:
Dietrich Bonhoeffer.
rororo-Bildmonogra-
phie 236, Reinbek bei
Hamburg 1976,
S. 21 f.

11 a. a. O. S. 45

12 Klaus Scholder: Die
Kirchen und das
Dritte Reich. Band I,
Frankfurt 1977,
S. 322 ff.

13 Eberhard Bethge:
Dietrich Bonhoeffer.
rororo-Bildmonogra-
phie 236, Reinbek bei
Hamburg 1976, S. 48

14 Dietrich Bonhoeffer:
Ethik. München
1949, S. 211

15 a. a. O. S. 208–210

16 Simone de Beauvoir:
Alles in allem. Rein-
bek bei Hamburg
1974, S. 468 f.

17 Simone de Beauvoir:
Die Mandarins von
Paris. rororo-
Taschenbuch 761,
Reinbek bei Hamburg
1965, S. 24

18 Simone de Beauvoir:
Alles in allem. Rein-
bek bei Hamburg
1974, S. 173

19 Dietrich Bonhoeffer:
Widerstand und Erge-
bung. München 1951,
S. 178 ff.

20 a. a. O. S. 180

21 a. a. O. S. 184

22 a. a. O. S. 184, 180

23 a. a. O. S. 220
24 a. a. O. S. 183
25 a. a. O. S. 219
26 Club Voltaire. Jahr-
buch für kritische
Aufklärung. Band III,
Reinbek bei Hamburg
1969, S. 289
27 Martin Heidegger:
Sein und Zeit. 10.
Auflage, Tübingen
1963, S. 271
28 Karl Jaspers: Einfüh-
rung in die Philo-
sophie. München
1965, S. 63, 83
29 Dietrich Bonhoeffer:
Ethik. München
1949, S. 209, 135 ff.
30 a. a. O. S. 140
31 Dietrich Bonhoeffer:
Widerstand und Erge-
bung. München 1951,
S. 112 f.
32 a. a. O. S. 151
33 a. a. O. S. 181 f.
34 a. a. O. S. 210 f.
35 a. a. O. S. 182
36 a. a. O. S. 255
37 a. a. O. S. 215 ff.
38 a. a. O. S. 234
39 a. a. O. S. 236
40 a. a. O. S. 241
41 a. a. O. S. 181
42 a. a. O. S. 242
43 Tilmann Moser:
Gottesvergiftung
1976, (St 533) S. 9 f.,
14 f., 16 f., 22 f., 31,
37
44 Dietrich Bonhoeffer:
Widerstand und Erge-
bung. München 1951,
S. 237
45 a. a. O. S. 235
46 a. a. O. S. 179
47 a. a. O. S. 178
48 Zum Begriff und zur
Sache siehe meinen
Aufsatz: Horst Georg
Pöhlmann: Leben wir
in einem religionslo-
sen Zeitalter? In: Dem
Wort gehorsam.

Dietzfelbinger-Fest-
schrift. München
1973, S. 276 ff.

JÜRGEN
MOLTMANN

1 So in seinem Brief an
mich vom 28. 10. 81.
Mit den drei Stich-
worten ist der Inhalt
seiner ersten drei Bü-
cher gemeint, der Tri-
logie «Theologie der
Hoffnung» (1964),
«Der gekreuzigte
Gott» (1972), «Kirche
in der Kraft des Gei-
stes» (1975)
2 Jürgen Moltmann:
Umkehr zur Zukunft.
GTB Siebenstern
Taschenbuch 154,
Gütersloh 1970, S. 7 f.
3 a. a. O. S. 9 f.
4 a. a. O. S. 11
5 a. a. O. S. 12 f.
6 Jürgen Moltmann:
Theologie der Hoff-
nung. München 1964,
S. 11 f.
7 a. a. O. S. 17
8 a. a. O. S. 12, Hervor-
hebungen von mir!
9 Jürgen Moltmann:
Umkehr zur Zukunft.
GTB Siebenstern
Taschenbuch 154,
Gütersloh 1970, S. 32
10 Jürgen Moltmann:
Theologie der Hoff-
nung. München 1964,
S. 16
11 Jürgen Moltmann:
Umkehr zur Zukunft.
GTB Siebenstern
Taschenbuch 154,
Gütersloh 1970,
S. 90 f.
12 a. a. O. S. 128
13 a. a. O. S. 131
14 Jürgen Moltmann:
Gotteserfahrungen.
Kaisertraktate 47,

München 1979, S. 19
15 Jürgen Moltmann:
Umkehr zur Zukunft.
GTB Siebenstern
Taschenbuch 154,
Gütersloh 1970,
S. 88 ff.
16 Jürgen Moltmann:
Gotteserfahrungen.
Kaisertraktate 47,
München 1979,
S. 21 f.
17 Jürgen Moltmann:
Mensch. GTB Sie-
benstern Taschen-
buch 338, Gütersloh
1971, S. 168 f.
18 a. a. O. S. 168
19 Jürgen Moltmann:
Der gekreuzigte Gott.
München 1972,
S. 143 ff.
20 a. a. O. S. 236 f.
21 a. a. O. S. 303 f.
22 a. a. O. S. 305; Ist
nicht der gekreuzigte
Gott für alle gestor-
ben, auch für die
Reichen und
Unterdrücker?
23 a. a. O. S. 238
24 Jürgen Moltmann:
Trinität und Reich
Gottes. München
1980,
S. 25
25 a. a. O. S. 242
26 a. a. O. S. 155 ff.,
214 ff.
27 a. a. O. S. 35
28 a. a. O. S. 217
29 a. a. O. S. 214 f.
30 a. a. O. S. 235
31 a. a. O. S. 147 f.
32 a. a. O. S. 219 f.
33 Wolfgang Schmid-
bauer: Alles oder
nichts. Reinbek bei
Hamburg 1980,
S. 421, 413
34 Jürgen Moltmann:
Die ersten Freigelas-
senen der Schöpfung.
Kaisertraktate 2,

München 1971, S. 63
35 a. a. O. S. 54 f., die
letzten beiden Her-
vorhebungen sind
von mir!
36 Jürgen Moltmann:
Der gekreuzigte Gott.
München 1972,
S. 293 f.
37 Jürgen Moltmann:
Umkehr zur Zukunft.
GTB Siebenstern
Taschenbuch 154,
Gütersloh 1970,
S. 34 ff.
38 Jürgen Moltmann:
Die ersten Freigelas-
senen der Schöpfung.
Kaisertraktate 2,
München 1971,
S. 60 f.
39 Jürgen Moltmann:
Theologie der Hoff-
nung. München 1964,
S. 280
40 Jürgen Moltmann:
Gott kommt. Kaiser-
traktate 17, München
1975, S. 43
41 a. a. O. S. 44 f.
42 Jürgen Moltmann:
Die ersten Freigelas-
senen der Schöpfung.
Kaisertraktate 2,
München 1971, S. 75
43 Jürgen Moltmann:
Gott kommt. Kaiser-
traktate 17, München
1975, S. 17
44 a. a. O. S. 47
45 a. a. O. S. 48 f.
46 Jürgen Moltmann:
Die ersten Freigelas-
senen der Schöpfung.
Kaisertraktate 2,
München 1971,
S. 40 f.
47 Ähnlich die Beobach-
tung des Atheisten
Milan Machovec im
Geleitwort zu mei-
nem Buch: Horst
Georg Pöhlmann:
Der Atheismus oder

der Streit um Gott.
GTB Siebenstern
Taschenbuch 218, 3.
Auflage, Gütersloh
1979, S. 13 ff.
48 Zur näheren Informa-
tion über den Stand
der Eschatologie in
der gegenwärtigen
Theologie siehe den
zusammenfassenden
Überblick in Horst
Georg Pöhlmann:
Abriß der Dogmatik.
3. Auflage, Gütersloh
1980, S. 310–337
49 Jürgen Moltmann:
Gotteserfahrungen.
Kaisertraktate 47,
München 1964, S. 9

WOLFHART PANNENBERG

1 Wolfhart Pannenberg:
God's Presence in Hi-
story. The Christian
Century 11, 1981,
S. 261
2 Friedrich W. Kant-
zenbach: Programme
der Theologie.
2. Auflage, München
1978, S. 29
3 So in einem Gespräch
Pannenbergs mit mir
am 28. 1. 1982
4 Theologie als Ge-
schichte. Hg. J. M.
Robinson und J. B.
Cobb, Zürich 1967,
S. 289 ff.
5 Wolfhart Pannenberg
u. a.: Grundlagen der
Theologie – ein Dis-
kurs. Urban-
Taschenbuch 603,
Stuttgart 1974, S. 39
6 Friedrich W. Kant-
zenbach: Programme
der Theologie. 2.
Auflage, München
1978, S. 289

7 Offenbarung als
Geschichte. Hg.
Wolfhart Pannen-
berg. Göttingen 1961,
S. 114
8 a. a. O. S. 100
9 a. a. O. S. 98 f.
10 a. a. O. S. 102; Wolf-
hart Pannenberg:
Grundzüge der Chri-
stologie. Gütersloh
1964, S. 107 f.
11 Offenbarung als Ge-
schichte. Hg. Wolf-
hart Pannenberg.
Göttingen 1961,
S. 100 f.
12 a. a. O. S. 95
13 a. a. O. S. 98
14 Wolfhart Pannen-
berg, in: Theologie als
Geschichte. Hg. J. M.
Robinson u. J. B.
Cobb 1963, Göttin-
gen, S. 148 ff.
15 Wolfhart Pannenberg:
Glaubensbekenntnis.
Siebenstern Taschen-
buch 165, Hamburg
1972, S. 113
16 So in einem Gespräch
Pannenbergs mit mir
am 28. 1. 1982; vgl.
Theologie als Ge-
schichte, a. a. O.
S. 309 f.
17 So im Gespräch mit
mir am 28. 1. 1982
18 Vgl. Wilhelm Dil-
they: Gesammelte
Schriften. Band VII,
Leipzig 1927, S. 233,
zu der Vorstellung,
daß jedes einzelne in
der Geschichte seine
Bedeutung erst be-
kommt vom Ganzen
her.
19 Wolfhart Pannenberg:
God's Presence in Hi-
story. The Christian
Century 11, 1981,
S. 263
20 Wolfhart Pannenberg

u. a.: Grundlagen der Theologie – ein Diskurs. 2. Auflage, Urban-Taschenbuch 603, Stuttgart 1974, S. 378; Hervorhebung von mir!

21 Wolfhart Pannenberg: Wissenschaftstheorie und Theologie. Frankfurt 1977, S. 302, 304 f.; Wolfhart Pannenberg u. a.: Grundlagen der Theologie – ein Diskurs. Urban-Taschenbuch 603; Stuttgart 1974, S. 34; Hervorhebung von mir!

22 Wolfhart Pannenberg: Die Frage nach Gott. 1965. In: Grundfragen Systematischer Theologie. 2. Auflage, Göttingen 1971, S. 363, 365

23 Wolfhart Pannenberg: Gottesgedanke und menschliche Freiheit. Göttingen 1972, S. 30 ff.

24 Wolfhart Pannenberg u. a.: Grundlagen der Theologie – ein Diskurs. Urban-Taschenbuch 603, Stuttgart 1974, S. 34 f.

25 Wolfhart Pannenberg: Wissenschaftstheorie und Theologie. 2. Auflage, Frankfurt 1977, S. 305

26 Wolfhart Pannenberg u. a.: Grundlagen der Theologie – ein Diskurs. Urban-Taschenbuch 603, Stuttgart 1974, S. 36

27 Wolfhart Pannenberg: Gottesgedanke und menschliche Freiheit. Göttingen 1972, S. 40 ff.

28 Wolfhart Pannenberg: Ethik und Ekklesiologie. Göttingen 1974, S. 123, 126, 177 f.

29 a. a. O. S. 260

30 Wolfhart Pannenberg: Was ist der Mensch? Kleine Vandenhoeck-Reihe 1139, Göttingen 1962, S. 7 ff.

31 a. a. O. S. 13; Hervorhebung von mir!

32 a. a. O. S. 31

33 a. a. O. S. 10 f.

34 a. a. O. S. 11 f.; vgl. hierzu auch Wolfhart Pannenbergs im Herbst 1983 erschienenes Werk: Anthropologie in theologischer Perspektive

35 Wolfhart Pannenberg: Grundfragen Systematischer Theologie. 2. Auflage, Göttingen 1971, S. 393

36 Günter Grass: Kopfgeburten oder die Deutschen sterben aus. Darmstadt 1980, S. 87

37 Wolfhart Pannenberg: Ethik und Ekklesiologie. Göttingen 1974, S. 169

38 a. a. O. S. 198

39 a. a. O. S. 199

40 a. a. O. S. 208, 261

41 Konstitution de ecclesia. § 25

42 Wolfhart Pannenberg: Ethik und Ekklesiologie. Göttingen 1974, S. 260 f.

43 a. a. O. S. 263 f.

44 Wolfhart Pannenberg: Reformation zwischen gestern und morgen. Gütersloh 1969, S. 25

45 Wolfhart Pannenberg: Ethik und Ekklesiologie. Göttingen 1974, S. 147, 154–161

46 a. a. O. S. 123

47 So Pannenberg in einem Gespräch mit mir vom 16. 9. 1982

48 So Pannenberg in einem Gespräch mit mir am 28. 1. 1982

49 In dem Gespräch mit Pannenberg am 16. 9. 1982 meinte er, daß diese «Sachlichkeit» nicht unbeabsichtigt, sondern von ihm gewollt sei.

50 Wolfhart Pannenberg u. a.: Grundlagen der Theologie – ein Diskurs. Urban-Taschenbuch 603, Stuttgart 1974, S. 39

51 Max Scheler: Vom Ewigen im Menschen. Band I, Leipzig 1921, S. 357 f.

ROMANO GUARDINI

1 Eugen Biser: Interpretation und Veränderung. Paderborn 1979, S. 115

2 Vgl. a. a. O. S. 49 f., 114; Eugen Biser: Interpretation und Veränderung. Versuch einer Guardini-Retrospektive. In: Stimmen der Zeit, Jahrgang 103, 1978, Heft 12, S. 823

3 Eugen Biser: Interpretation und Veränderung. Paderborn 1979, S. 50

4 Eugen Biser: Interpretation und Veränderung. Versuch einer Guardini-Retrospektive. In: Stimmen der Zeit, Jahrgang 103, 1978, Heft 12, S. 828

5 Romano Guardini: Wahrheit des Den-

kens und Wahrheit des Tuns, Notizen und Texte 1942 bis 1964. Aus nachgelassenen Aufzeichnungen hg. v. F. Messerschmid. Paderborn 1980, S. 41, 85

6 Vgl. Eugen Biser, a. a. O. S. 822

7 Eugen Biser: Interpretation und Veränderung. Paderborn 1979, S. 114

8 Eugen Biser: Interpretation und Veränderung. Versuch einer Guardini-Retrospektive. In: Stimmen der Zeit, Jahrgang 103, 1978, Heft 12, S. 821

9 Eugen Biser, a. a. O. S. 831

10 Eugen Biser, a. a. O. S. 820

11 Eugen Biser: Interpretation und Veränderung. Paderborn 1979, S. 132

12 Romano Guardini: Wahrheit des Denkens und Wahrheit des Tuns, Notizen und Texte 1942 bis 1964. Aus nachgelassenen Aufzeichnungen hg. v. F. Messerschmid. Paderborn 1980, S. 31

13 Romano Guardini: Theologische Briefe an einen Freund. Paderborn 1976, S. 8

14 a. a. O. S. 10 ff.

15 a. a. O. S. 24, 21

16 a. a. O. S. 64

17 Romano Guardini: Vorschule des Betens. Einsiedeln 1954, S. 43

18 Romano Guardini: Theologische Briefe an einen Freund. Paderborn 1976, S. 66

19 Franz Diekamp: Katholische Dogmatik. Band I, 10. und 11. Auflage, Münster 1949, S. 231 f.

20 Eugen Biser: Interpretation und Veränderung. Versuch einer Guardini-Retrospektive. In: Stimmen der Zeit. Jahrgang 103, 1978, Heft 12, S. 831

21 Ludwig Ott: Grundriß der katholischen Dogmatik. 6. Auflage, Freiburg i. Br. 1963, S. 15

22 Romano Guardini: Vom lebendigen Gott. 1936. Topostaschenbuch 104, Mainz 1981, S. 54

23 a. a. O. S. 55

24 a. a. O. S. 56 f.

25 a. a. O. S. 58

26 Romano Guardini: Theologische Briefe an einen Freund. Paderborn 1976, S. 27

27 Romano Guardini: Vom lebendigen Gott. Mainz (1936) 1981, S. 58 f.

28 Romano Guardini: Glaubenserkenntnis. Herderbücherei 141, Freiburg i. Br. (1949) 1963, S. 82

29 Romano Guardini: Der Herr. 1937. 11. Auflage 1959, S. 647

30 Romano Guardini: Vorschule des Betens. Einsiedeln 1954, S. 65

31 Romano Guardini: Welt und Person. 1939. Freiburg i. Br., S. 71

32 Romano Guardini: Glaubenserkenntnis. Herderbücherei 141, Freiburg i. Br. (1949) 1963, S. 57

33 Romano Guardini: Vorschule des Betens. Einsiedeln 1954, S. 66

34 a. a. O. S. 39

35 Romano Guardini: Glaubenserkenntnis. Herderbücherei 141, Freiburg i. Br. (1949) 1963, S. 58, 60

36 Romano Guardini: Das Wesen des Christentums. Würzburg 1938, 4. Auflage, 1953, S. 81

37 Eugen Biser: Interpretation und Veränderung. Paderborn 1979, S. 73

38 Romano Guardini: Der Herr. 1937. 11. Auflage, Würzburg 1959, S. 647

39 Romano Guardini: Das Bild von Jesus, dem Christus im Neuen Testament. Herderbücherei 100, Freiburg i. Br. 1953, S. 138

40 a. a. O. S. 32

41 Romano Guardini: Der Herr. 1937. 11. Auflage, Würzburg 1959, S. 648

42 a. a. O. S. 469

43 Romano Guardini: Glaubenserkenntnis. Herderbücherei 141, Freiburg i. Br. (1949) 1963, S. 55

44 Romano Guardini: Der Heilbringer in Mythos, Offenbarung und Politik. 1946. Topostaschenbuch 84, Mainz 1979, S. 55 ff., 81

45 a. a. O. S. 68 ff.

46 a. a. O. S. 79

47 Romano Guardini: Vom Geist der Liturgie. Freiburg i. Br. 1918, 6. und 7. Auf-

lage 1921, S. IX
48 a. a. O. S. 4, 26
49 a. a. O. S. 61 ff., 69
50 a. a. O. S. 76
51 a. a. O. S. 86
52 a. a. O. S. 91 ff.
53 Eugen Biser: Interpretation und Veränderung. Paderborn 1979
54 Eugen Biser: Interpretation und Veränderung. Versuch einer Guardini-Retrospektive. In: Stimmen der Zeit. Jahrgang 103, 1978, Heft 12, S. 819, 830
55 Romano Guardini: Wahrheit des Denkens und Wahrheit des Tuns. Notizen und Texte 1942 bis 1964. Aus nachgelassenen Aufzeichnungen hg. v. F. Messerschmid. Paderborn 1980, S. 69
56 a. a. O. S. 69, 93
57 a. a. O. S. 94
58 a. a. O. S. 105
59 a. a. O. S. 106
60 a. a. O. S. 126
61 Romano Guardini: Theologische Briefe an einen Freund. Paderborn 1976, S. 39 ff.
62 Romano Guardini: Rainer Maria Rilkes Deutung des Daseins. München 1953, S. 421 ff.
63 Romano Guardini: Wahrheit des Denkens und Wahrheit des Tuns. Notizen und Texte 1942 bis 1964. Aus nachgelassenen Aufzeichnungen hg. v. F. Messerschmid. Paderborn 1980, S. 14

ERICH
PRZYWARA

1 Johann Baptist Lotz: Erich Przywara zum Gedächtnis. In: Stimmen der Zeit. Jahrgang 97, 1972, Heft 11, S. 289
2 Hans Urs von Balthasar: Erich Przywara. In: Tendenzen der Theologie im 20. Jahrhundert. Hg. H. J. Schultz, Stuttgart 1966, S. 354
3 Predigten und Ansprachen von Papst Johannes Paul II. bei seinem Pastoralbesuch in Deutschland. Hg. Sekretariat der Deutschen Bischofskonferenz. Bonn 1980, S. 167
4 Vgl. Johann Baptist Lotz, a. a. O. S. 289 f.
5 Hans Urs von Balthasar, Geleitwort zu Erich Przywara: Vier Predigten über das Abendland. Einsiedeln 1948, S. 7
6 So Hans Urs von Balthasar in einem Brief an mich vom 11. 9. 1981
7 Johann Baptist Lotz, a. a. O. S. 289
8 Erich Przywara: Briefwechsel Reinhold Schneider – Erich Przywara. Zürich 1963, S. 75, 98
9 Vgl. a. a. O. S. 28
10 Denzinger 1785
11 Bernhard Kälin: Lehrbuch der Philosophie. Band I, 5. Auflage, Paderborn 1957, S. 393, 386
12 Denzinger 432
13 Erich Przywara: Was ist Gott? Nürnberg

1945, 2. Auflage 1953, S. 30
14 Erich Przywara: Vier Predigten über das Abendland. 1948, S. 47 f.
15 Erich Przywara: Weg zu Gott 1922 – 1927. Schriften Band II, Einsiedeln 1962, S. 22
16 Erich Przywara: Gott 1926. Schriften Band II, Einsiedeln, S. 281
17 Erich Przywara: Was ist Gott? Nürnberg 1945, S. 24, 26
18 Erich Przywara: Gott 1926. Schriften Band II, Einsiedeln, S. 334
19 a. a. O. S. 290 f.
20 Erich Przywara: Weg zu Gott 1922 – 1927. Schriften Band II, Einsiedeln 1962, S. 181
21 Erich Przywara: Gottgeheimnis der Welt 1923. Schriften Band II, Einsiedeln 1962, S. 183
22 a. a. O. S. 233
23 a. a. O. S. 181
24 a. a. O. S. 202, 206 f., 211
25 Erich Przywara: Was ist Gott? Nürnberg 1945, 2. Auflage 1953, S. 49
26 Erich Przywara: Logos. Düsseldorf 1964, S. 121, 164
27 Erich Przywara: Gott 1926. Schriften Band II, Einsiedeln 1962, S. 290
28 Erich Przywara, 1958, Briefwechsel mit Reinhold Schneider 1963, S. 141
29 Erich Przywara: Vier Predigten über das Abendland. Einsiedeln 1948, S. 39
30 Hans Urs von Baltha-

sar, Geleitwort zu:
Vier Predigten über
das Abendland. Ein-
siedeln 1948, S. 7
31 Erich Przywara: Vier
Predigten über das
Abendland. Einsie-
deln 1948, S. 21
32 a. a. O. S. 21–23
33 a. a. O. S. 23–25
34 a. a. O. S. 26–28, 32,
53
35 Hans Urs von Baltha-
sar: Erich Przywara.
Sein Schrifttum
1912–1962. Einfüh-
rung. Einsiedeln
1963, S. 18
36 Erich Przywara: Gott
1926. Schriften Band
II, Einsiedeln 1962,
S. 273
37 Erich Przywara,
Schriften Band II,
Einsiedeln 1962,
S. 334
38 Hans Urs von Baltha-
sar, Erich Przywara,
in: Tendenzen der
Theologie im 20.
Jahrhundert. Hg.
H. J. Schultz. Stutt-
gart 1966, S. 357
39 Erich Przywara: Ana-
logia entis. In: Lexi-
kon für Theologie
und Kirche. Band I, 2.
Auflage 1957, S. 471 f.
40 Erich Przywara,
Schriften Band II,
Einsiedeln 1962,
S. 255
41 Horst Hirschler in:
Zeitschrift für Theo-
logie und Kirche,
Jahrgang 78, Heft 4
1981, S. 501
42 Erich Przywara: Gott
1926. Schriften Band
II, Einsiedeln 1962,
S. 272

HENRI DE LUBAC

1 Hans Urs von Baltha-
sar: Henri de Lubac.
Einsiedeln 1976, S. 19
2 Henri de Lubac: Glau-
bensparadoxe. Einsie-
deln 1972 (französi-
sche Urfassung
«Paradoxes» 1944 und
«Nouveaux Para-
doxes» 1954), S. 29
3 a. a. O. S. 67
4 Herbert Vorgrimler:
Henri de Lubac. In:
Bilanz der Theologie
im 20. Jahrhundert.
Band IV. Hg. H.
Vorgrimler, R. v. d.
Gucht, Freiburg i. Br.
1970, S. 200–202
5 a. a. O. S. 205
6 a. a. O. S. 206
7 a. a. O. S. 207 f.
8 Walter von Loewe-
nich: Der moderne
Katholizismus.
2. Auflage, Witten
1956, S. 292
9 Herbert Vorgrimler,
a. a. O. S. 208
10 Bei Hans Urs von
Balthasar, Henri de
Lubac, a. a. O. S. 8
11 Herbert Vorgrimler,
a. a. O. S. 209; vgl.
Hans Urs von Baltha-
sar, a. a. O. S. 13
12 Bei Hans Urs von
Balthasar: Henri de
Lubac, a. a. O. S. 13
13 Hans Urs von Baltha-
sar: Henri de Lubac,
a. a. O. S. 13
14 Henri de Lubac: Glau-
bensparadoxe. Einsie-
deln 1972, S. 21
15 Hans Urs von Baltha-
sar: Henri de Lubac,
a. a. O. S. 15
16 Nachweise zu diesem
Abschnitt: De Lubac,
Le Mystère de Surna-
turel. Paris 1946, Vor-

wort und S. 105 ff.,
112, 118, 148 ff.,
157 ff., Neufassung
1965, deutsch: Die
Freiheit der Gnade.
Einsiedeln, Band II;
Das Paradox des
Menschen. Band II.
Einsiedeln 1971, S.
85 ff., 192 ff., 277 ff.,
Catholicisme, 1938,
deutsch: Glauben aus
der Liebe. Einsiedeln
1970, S. 278, 319; ein
Brief Henri de Lubacs
an mich vom
2. 3. 1983
17 Karl Rahner: Schrif-
ten zur Theologie.
Band I, Einsiedeln
1954, S. 330
18 Henri de Lubac: Ca-
tholicisme, 1938,
deutsch: Glauben aus
der Liebe, Einsiedeln
1970, S. 319
19 a. a. O. S. 321
20 a. a. O. S. 315 f.
21 Henri de Lubac: Sur
les chemins de Dieu.
1956, deutsch: Über
die Wege Gottes. Ein-
siedeln 1958, S. 62 f.;
in dem Brief de Lu-
bacs an mich vom
2. 3. 1983 nennt er
Gott den «Ordonna-
teur de l'univers»
22 a. a. O. S. 322
23 a. a. O. S. 328
24 Henri de Lubac: Glau-
bensparadoxe (1944/
1954), Einsiedeln
1976, S. 14
25 Henri de Lubac: La foi
chrétienne, 1970,
deutsch: Credo, F.
Einsiedeln 1975, S.
79; vgl. Sur les che-
mins de Dieu, 1956,
deutsch: Über die
Wege Gottes. Einsie-
deln, S. 115 ff.
26 Henri de Lubac: Glau-

bensparadoxe (1944/1954). Einsiedeln 1972, S. 99 f.

27 Henri de Lubac: Sur les chemins de Dieu, deutsch: Über die Wege Gottes. Einsiedeln 1956, S. 184

28 a. a. O. S. 196

29 Henri de Lubac: Catholicisme, 1938, deutsch: Glauben aus der Liebe. Einsiedeln 1970, S. 326

30 Henri de Lubac: La foi chrétienne, 1970, deutsch: Credo. Einsiedeln 1975, S. 110

31 a. a. O. S. 101, 105, 130

32 a. a. O. S. 109

33 a. a. O. S. 108

34 a. a. O. S. 125, 229

35 Nachweis siehe Horst Georg Pöhlmann: Rechtfertigung. Gütersloh 1971, S. 250 ff.

36 Henri de Lubac: Glaubensparadoxe (1944/1954). Einsiedeln 1972, S. 26

37 a. a. O. S. 59

38 a. a. O. S. 53

39 a. a. O. S. 56

40 Henri de Lubac: Catholicisme, 1938, deutsch: Glauben aus der Liebe. Einsiedeln 1970, S. 123 f.

41 a. a. O. S. 125

42 a. a. O. S. 193

43 a. a. O. S. 196

44 a. a. O. S. 197

45 a. a. O. S. 250

46 a. a. O. S. 251

47 a. a. O. S. 255

48 a. a. O. S. 263

49 Henri de Lubac: Méditation sur l'Église, 1952, deutsch: Die Kirche. Einsiedeln 1968, S. 197, 201

50 Vgl. a. a. O. S. 283 f.

51 a. a. O. S. 204

52 a. a. O. S. 300

53 a. a. O. S. 204

54 a. a. O. S. 78

55 a. a. O. S. 122

56 a. a. O. S. 123

57 a. a. O. S. 124

58 Demnach sind die Verlautbarungen des Papstes «aus sich selbst, nicht aber aufgrund der Zustimmung der Kirche» unfehlbar. Denzinger 1839 (und Konstitution de ecclesia, § 25)

59 a. a. O. S. 244

60 a. a. O. S. 251, vgl. S. 267

61 Henri de Lubac: Catholicisme, 1938, deutsch: Glauben aus der Liebe. Einsiedeln 1970, S. 275

62 a. a. O. S. 265, 280, 45 f.

63 Henri de Lubac: Glaubensparadoxe (1944/1954). Einsiedeln 1972, S. 19, 24, 34

64 Henri de Lubac: Méditation sur l'Église, 1952, deutsch: Die Kirche. Einsiedeln 1968, S. 41

65 Henri de Lubac: Proudhon et le Christianisme, Paris 1945

66 Henri de Lubac: Catholicisme, 1938, deutsch: Glauben aus der Liebe 1938. Einsiedeln 1970, S. 15

67 a. a. O. S. 214

68 a. a. O. S. 284

69 Henri de Lubac: Glaubensparadoxe (1944/54). Einsiedeln 1972, S. 69

70 a. a. O. S. 36

71 Henri de Lubac: Catholicisme, 1938, deutsch: Glauben aus der Liebe. Einsiedeln 1970, S. 319 f.

72 Henri de Lubac: Sur les chemins de Dieu, 1956, deutsch: Über die Wege Gottes. Einsiedeln 1956, S. 193

73 Henri de Lubac: Glaubensparadoxe (1944/1954). Einsiedeln 1972, S. 45

74 a. a. O. S. 40

75 Henri de Lubac: Catholicisme, 1938, deutsch: Glauben aus der Liebe. Einsiedeln 1970, S. 318

76 Henri de Lubac: Glaubensparadoxe (1944/1954). Einsiedeln 1972, S. 68

77 a. a. O. S. 61

78 Henri de Lubac: La foi chrétienne, 1970, deutsch: Credo. Einsiedeln 1975, S. 81

79 a. a. O. S. 65

HANS URS VON BALTHASAR

1 Eugen Biser: Hans Urs von Balthasar. In: Tendenzen der Theologie im 20. Jahrhundert, Hg. H. J. Schultz, Stuttgart 1966, S. 524

2 Karl H. Neufeld, in: Stimmen der Zeit. Jahrgang 101, Heft 3, 1976, S. 210

3 Hans Urs von Balthasar: Rechenschaft. Einsiedeln 1965, S. 6

4 Hans Urs von Balthasar: Schleifung der Bastionen. Einsiedeln 1952, S. 16 ff.

5 a. a. O. S. 22 f.

6 a. a. O. S. 37

7 a. a. O. S. 52 f.

8 a. a. O. S. 79, 82 f.

9 a. a. O. S. 69

10 Zur Vita wurden u. a. verwendet Herbert

Vorgrimler: Hans Urs von Balthasar. In: Bilanz der Theologie im 20. Jahrhundert IV. Hg. Herbert Vorgrimler, R. v. d. Gucht. Freiburg i. Br. 1970; Eugen Biser: Hans Urs von Balthasar. In: Tendenzen der Theologie im 20. Jahrhundert. Hg. H. J. Schultz, Stuttgart 1966, sowie Briefe von Balthasar an mich

11 Herbert Vorgrimler: Hans Urs von Balthasar, a. a. O. S. 123

12 Herbert Vorgrimler, a. a. O. S. 129

13 Herbert Vorgrimler, a. a. O. S. 137

14 Herbert Vorgrimler, a. a. O. S. 134

15 Kay Jeffrey: Hans Urs von Balthasar ein nachkritischer Theologe? In: Concilium, Jahrgang 17, Heft 1, 1981, S. 86f.

16 Vgl. Kay Jeffrey, a. a. O. S. 87

17 Hans Urs von Balthasar: Spiritus Creator. Einsiedeln 1967, S. 322, 314 f.

18 a. a. O. S. 325

19 Hans Urs von Balthasar: Klarstellungen. Einsiedeln 1971, S. 30

20 Hans Urs von Balthasar: Spiritus Creator. Einsiedeln 1967, S. 313, 330, 97

21 Hans Urs von Balthasar: Klarstellungen. Einsiedeln 1971, S. 17

22 Augustinus: Si comprehendis, non est Deus (= wenn du ihn begriffen hast, ist es nicht Gott), Anselm von Canterbury: Comprehendit incomprehensibile esse (= man begreift, daß es unbegreiflich ist)

23 Hans Urs von Balthasar: Spiritus Creator. Einsiedeln 1967, S. 284

24 Hans Urs von Balthasar: Klarstellungen. Einsiedeln 1971, S. 26

25 a. a. O. S. 31

26 a. a. O. S. 34 f.

27 a. a. O. S. 38

28 a. a. O. S. 39 f.

29 Hans Urs von Balthasar: Verbum Caro. Einsiedeln 1960, S. 188

30 u. a. von Balthasar: Spiritus Creator. Einsiedeln 1967, S. 284

31 a. a. O. S. 295

32 Hans Urs von Balthasar: Herrlichkeit Band I. Einsiedeln 1961, S. 30

33 a. a. O. S. 146

34 a. a. O. S. 30

35 a. a. O. S. 302

36 Hans Urs von Balthasar: Verbum Caro. Einsiedeln 1960, S. 159, 163

37 Hans Urs von Balthasar: Herrlichkeit Band I. Einsiedeln 1961, S. 16

38 a. a. O. S. 316; Herrlichkeit Band II, Teil 1. Einsiedeln 1962, S. 9; Band II, Teil 2. Einsiedeln 1969, S. 349

39 Hans Urs von Balthasar: Keine Fibel für verunsicherte Laien. Einsiedeln 1980, S. 64

40 Hans Urs von Balthasar: Spiritus Creator. Einsiedeln 1967, S. 364

41 Hans Urs von Balthasar: Sponsa Verbi. Einsiedeln 1961, S. 14

42 a. a. O. S. 27

43 a. a. O. S. 149

44 a. a. O. S. 304

45 a. a. O. S. 203 ff., 234

46 Hans Urs von Balthasar: Klarstellungen. Einsiedeln 1971, S. 95 ff.

47 a. a. O. S. 69 f.

48 Hans Urs von Balthasar: Theodramatik Band IV. Einsiedeln 1983, S. 273

49 a. a. O. S. 288 f.

50 a. a. O. S. 287

51 a. a. O. S. 293

52 a. a. O. S. 266

53 a. a. O. S. 294, 303

54 Brief von Hans Urs von Balthasar vom 11. 2. 1983 an mich

55 Hans Urs von Balthasar: Klarstellungen. Einsiedeln 1971, S. 38 f.

56 a. a. O. S. 38

57 Hans Urs von Balthasar: Neue Klarstellungen. Einsiedeln 1979, S. 119

58 a. a. O. S. 126

59 Hans Urs von Balthasar: Spiritus Creator. Einsiedeln 1967, S. 51, 69 f.

60 Brief von Hans Urs von Balthasar an mich vom 29. 9. 1981; Hans Urs von Balthasar: Verbum Caro. Einsiedeln 1960, S. 260; Karl Barth, Köln 1951, S. 371 f.; Kleine Fibel für verunsicherte Laien. Einsiedeln 1980, S. 92 f.

61 Hans Urs von Balthasar: Verbum Caro. Einsiedeln 1960, S. 261

KARL RAHNER

1 Johann Baptist Metz: Karl Rahner – ein theologisches Leben. In: Stimmen der Zeit, Jahrgang 99, 1973, Heft 5, S. 315

2 Karl Lehmann: Karl Rahner. In: Bilanz der Theologie im 20. Jahrhundert Band IV, Freiburg i. Br. 1970, Hg. Herbert Vorgrimler, S. 144, 149, 172, 146

3 Luise Rinser: Baustelle. Frankfurt 1970, S. 70

4 Karl Lehmann, a. a. O. S. 149

5 Johann Baptist Metz, a. a. O. S. 314

6 Für die Vita wurden private Auskünfte Rahners und seiner Schüler Karl Lehmann und Johann Baptist Metz sowie deren oben in Fußnote 1 und 2 genannten Publikationen verwendet.

7 Karl Rahner: Schriften zur Theologie Band I. Einsiedeln 1954, S. 10 ff.

8 Karl Lehmann, a. a. O. S. 144

9 Johann Baptist Metz, a. a. O. S. 306

10 So nach dem Brief Karl Rahners an mich vom 17. 8. 1981

11 Karl Lehmann, a. a. O. S. 154

12 a. a. O. S. 154

13 a. a. O. S. 146

14 a. a. O. S. 148

15 Vgl. hierzu mein Buch: Horst Georg Pöhlmann: Rechtfertigung. Gütersloh 1971, als Beleg

16 Karl Lehmann, a. a. O. S. 147

17 So in Rahners Brief an mich vom 17. 8. 1981

18 Karl Rahner: Schriften zur Theologie Band VII. Einsiedeln 1966, S. 599

19 Karl Rahner: Schriften zur Theologie Band I. Einsiedeln 1954, S. 340

20 Karl Rahner: Grundkurs des Glaubens. Freiburg i. Br. 1976, S. 33

21 Karl H. Weger: Karl Rahner. Herderbücherei 680, Freiburg i. Br. 1978, S. 23

22 Karl Rahner: Schriften zur Theologie Band I. Einsiedeln 1954, S. 329

23 Karl Rahner: Schriften zur Theologie Band IV. Einsiedeln 1962, S. 85

24 Näherer Nachweis siehe mein Buch: Horst Georg Pöhlmann: Rechtfertigung. Gütersloh 1971, S. 340 ff.

25 Karl Rahner: Grundkurs des Glaubens. Freiburg i. Br. 1976, S. 122; Schriften zur Theologie Band IX. Einsiedeln 1970, S. 175

26 Karl Rahner: Grundkurs des Glaubens. Freiburg i. Br. 1976, S. 122

27 Karl Rahner: Herder Korrespondenz 28 / 1974, S. 83

28 Karl Rahner, Schriften zur Theologie Band XIII. Einsiedeln 1978, S. 350

29 Karl Rahner: Kriti-

sches Wort. Herderbücherei 363, Freiburg i. Br. 1970, S. 141

30 a. a. O. S. 99

31 Hans Urs von Balthasar: Neue Klarstellungen. Einsiedeln 1979, S. 49

32 a. a. O. S. 50

33 H. Kudszus: Jaworte, Neinworte. 1970, S. 75

34 Karl Rahner: Grundkurs des Glaubens. Freiburg i. Br. 1976, S. 42 f.

35 Karl Rahner: Zur Theologie der Zukunft. München 1971, S. 151 f.

36 Karl Rahner: Schriften zur Theologie Band XIII. Einsiedeln 1978, S. 126

37 Karl Rahner: Zur Theologie der Zukunft. München 1971, S. 152

38 Karl Rahner: Grundkurs des Glaubens. Freiburg i. Br. 1976, S. 194 ff.

39 Karl Rahner: Schriften zur Theologie Band IX. Einsiedeln 1970, S. 161 f.

40 a. a. O. S. 167

41 a. a. O. S. 168 f.

42 a. a. O. S. 169

43 a. a. O. S. 170

44 a. a. O. S. 171 ff.

45 Karl Rahner: Erfahrung des Geistes. Freiburg i. Br. 1977, S. 44

46 a. a. O. S. 41 f.

47 Karl Rahner: Zur Theologie des Todes. Freiburg i. Br. 1958, S. 15, 19 f.

48 a. a. O. S. 31, 26

49 a. a. O. S. 61 ff.

50 Karl Rahner: Grund-

kurs des Glaubens.
Freiburg i. Br. 1976,
S. 129, 131
51 a. a. O. S. 348
52 a. a. O. S. 349
53 a. a. O. S. 353
54 a. a. O. S. 354
55 a. a. O. S. 356
56 a. a. O. S. 375
57 a. a. O. S. 367 f.
58 Denzinger 1839
59 Hans Küng. In: Stim-
men der Zeit, 96. Jg.,
1971, Heft 1, S. 43
60 So Rahner, Schriften
zur Theologie Band
XII. Einsiedeln 1975,
S. 344
61 G. Sauter: Was heißt:
nach dem Sinn fragen.
München 1982,
S. 163

JOHANN BAPTIST
METZ

1 Johann Baptist Metz:
Unterbrechungen.
GTB Siebenstern
Taschenbuch 1041,
Gütersloh 1981, S. 12
2 Gespräch vom 25. 9.
1982 von Johann Bap-
tist Metz mit mir
3 Johann Baptist Metz:
Jenseits bürgerlicher
Religion. München
1980, S. 141, 144
4 Johann Baptist Metz:
Von einer transzen-
dentalen zu einer poli-
tischen Mystik des
Christentums. 1982
(unveröffentlichtes
Manuskript), S. 1
5 a. a. O. S. 5
6 a. a. O. S. 2
7 a. a. O. S. 3
8 a. a. O. S. 3 f.
9 Johann Baptist Metz.
In: Concilium. 10.
Jg., Heft 5, 1974,
S. 307, 309
10 Gespräch von Johann

Baptist Metz mit mir
vom 30. 4. 1983
11 Johann Baptist Metz:
Zur Theologie der
Welt. Topos-
taschenbuch 11,
Mainz 1968, 4. Auf-
lage 1979, S. 11
12 a. a. O. S. 18
13 a. a. O. S. 21 f.
14 a. a. O. S. 23
15 a. a. O. S. 16
16 a. a. O. S. 30 f.
17 a. a. O. S. 92
18 a. a. O. S. 99, 101
19 a. a. O. S. 101
20 a. a. O. S. 104–106
21 a. a. O. S. 11 f.
22 Johann Baptist Metz.
In: Stimmen der Zeit,
98. Jg., Heft 3, 1973,
S. 172–174
23 a. a. O. S. 174 f.
24 a. a. O. S. 175, 179 f.
25 a. a. O. S. 176
26 a. a. O. S. 180. Die
Deutung seiner Ge-
danken am Schluß
dieses Abschnittes
wurde von Metz im
Gespräch am 30. 4.
1983 ausdrücklich
anerkannt
27 Johann Baptist Metz:
Glaube in Geschichte
und Gesellschaft.
Mainz (1977), 3. Auf-
lage 1980, S. 29
28 a. a. O. S. 47 f.
29 a. a. O. S. 51
30 a. a. O. S. 65
31 a. a. O. S. 58
32 a. a. O. S. 65
33 a. a. O. S. 72
34 Johann Baptist Metz:
Unterbrechungen.
Gütersloh 1981, S. 23
35 Johann Baptist Metz:
Glaube in Geschichte
und Gesellschaft.
Mainz, 3. Auflage
1980, S. 68
36 Johann Baptist Metz:
Armut im Geiste.

München 1962, S. 13
bis 15
37 a. a. O. S. 16
38 a. a. O. S. 17
39 Johann Baptist Metz:
Unterbrechungen.
Gütersloh 1981, S. 11
40 a. a. O. S. 14 f.
41 Johann Baptist Metz.
In: Concilium. 15.
Jg., Heft 5, 1979,
S. 313
42 a. a. O. S. 313
43 Johann Baptist Metz:
Jenseits bürgerlicher
Religion. München,
Mainz 1980, S. 63
44 a. a. O. S. 116
45 Johann Baptist Metz.
In: Concilium. 15.
Jg., Heft 5, 1979,
S. 308
46 a. a. O. S. 309
47 Johann Paptist Metz:
Jenseits bürgerlicher
Religion. München,
Mainz 1980, S. 106 f.
48 a. a. O. S. 136
49 Nachweise in meinem
Buch: Horst Georg
Pöhlmann: Rechtfer-
tigung. Gütersloh
1971, S. 128 f., 181,
338, 371
50 Johann Baptist Metz:
Jenseits bürgerlicher
Religion. München,
Mainz 1980, S. 87 ff.
(Unterbrechungen,
Gütersloh 1981, S. 40)
51 a. a. O. S. 73
52 a. a. O. S. 4
53 Johann Baptist Metz.
In: Concilium. 11.
Jg., Heft 12, 1975,
S. 711
54 Johann Baptist Metz.
In: Concilium, 8. Jg.,
Heft 6/7, S. 401
55 a. a. O. S. 401
56 a. a. O. S. 404, 402 f.
57 a. a. O. S. 404; Concilium. 11. Jg., Heft 12,
1975, S. 715

58 Johann Baptist Metz.
In: Concilium, 8. Jg.,
Heft 6/7, S. 407.
In: Concilium, 11.
Jg., Heft 12, S. 712
59 Johann Baptist Metz:
Unterbrechungen,
Gütersloh 1981,
S. 26 f.
60 a. a. O. S. 27
61 Johann Baptist Metz:
Aufstand der Hoff-
nung, Katholikentag
1982 (Manuskript),
S. 5
62 a. a. O. S. 7
63 a. a. O. S. 8
64 a. a. O. S. 9
65 a. a. O. S. 11
66 Johann Baptist Metz:
Zeit der Orden. Frei-
burg i. Br. 1977,
S. 10 f.
67 Johann Baptist Metz:
Erlösung und Eman-

zipation. In: Stimmen
der Zeit, 98. Jg., Heft
3, 1973, S. 183 f.
68 Johann Baptist Metz:
Jenseits bürgerlicher
Religion. München,
Mainz 1980, S. 140
69 a. a. O. S. 140
70 Gespräch von Metz
mit mir vom 30. 4.
1983
71 So im Gespräch mit
mir am 30. 4. 1983
72 W. Kasper: Der Gott
Jesu Christi. Mainz
1982, S. 81

NACHWORT

1 Erich Fromm: Haben
oder Sein. Stuttgart
1976, S. 50
2 Der nahe und der
ferne Gott. Hg. H.

Rössner, Berlin 1981,
S. 162, 164
3 Bei Eike Christian
Hirsch: Das Ende aller
Gottesbeweise. Ham-
burg 1975, S. 35 ff.
4 Leszek Kolakowski:
Falls es keinen Gott
gibt. München 1982,
S. 200
5 Die Zeit Nr. 1 vom
1. 1. 1982
6 Peter Handke: Die
Geschichte des Blei-
stifts. Salzburg 1982,
S. 111
7 Luise Rinser: Über die
Hoffnung. Frankfurt
1964, S. 30 f.
8 a. a. O. S. 8
9 a. a. O. S. 18
10 a. a. O. S. 22 f.
11 Simone Weil: Zeugnis
für das Gute. Freiburg
i. Br. 1976, S. 235

Bildquellennachweise

Karl Barth: Deutsche Presse Agentur, Frankfurt; Rudolf Bultmann:
Deutsche Presse Agentur, Hamburg; Paul Tillich: Deutsche Presse Agentur, Frankfurt; Dietrich Bonhoeffer: Chr. Kaiser Verlag, München; Jürgen Moltmann: Privatbesitz Prof. Moltmann; Wolfhart Pannenberg: Privatbesitz Prof. Pannenberg; Romano Guardini: Deutsche Presse Agentur,
München; Erich Przywara: «Sein Schrifttum», Johannes Verlag Einsiedeln, 1963; Henri de Lubac: Johannes Verlag Einsiedeln, Basel; Hans Urs
von Balthasar: Johannes Verlag Einsiedeln, Basel; Karl Rahner: Katholische Nachrichten Agentur, Frankfurt; Johann Baptist Metz: Katholische
Nachrichten Agentur, Frankfurt.

Namenregister

Sieg, Martin 143
Simmel, Georg 208
Sokrates 170
Speyr, Adrienne von 233
Stauffenberg, Claus Graf
Schenk von 108
Stegmüller, Wolfgang 148
Stein, Edith 193

Tanquerey 218
Teilhard de Chardin,
Pierre 207, 209 f, 215,
219, 228, 253, 258

Thielicke, Helmut 45, 61
Thomas von Aquin 17,
170 f, 192, 212, 230 f,
249, 254
Tillich, Paul 39, 81−105,
110 f, 128, 156
Troeltsch, Ernst 80
Tyrrell, George 18

Uslar, Detlev von 93

Vorgrimler, Herbert 210 f,
234

Walser, Martin 154, 186,
197
Walser, Robert 79
Weiger, Josef 173, 189
Weil, Simone 296
Weitling, Wilhelm 137
Wellhausen, Julius 80
Wilde, Oscar 68
Wilhelm II. 27
Wolf, Erik 251

Zahrnt, Heinz 43, 70

Sachregister